मीडिया : समकालीन सांस्कृतिक विमर्श

सुधीश पचौरी

वाणी प्रकाशन

वाणी प्रकाशन

4695, 21-ए, दरियागंज, नयी दिल्ली 110 002

शाखा

अशोक राजपथ, पटना 800 204

फ़ोन: +91 11 23273167 फ़ैक्स: +91 11 23275710

www.vaniprakashan.in
vaniprakashan@gmail.com

MEDIA : SAMKALEEN SANSKRITIK VIMARSH
by Sudhish Pachauri

ISBN : 978-93-5000-730-3
Media/Literature

प्रथम संस्करण

मूल्य : ₹ 495

ओम ऑफसेट प्लेट मेकिंग
जगतपुरी एक्सटेंशन, दिल्ली-93

वाणी प्रकाशन का लोगो मक़बूल फ़िदा हुसेन की कूची से

भूमिका

कल तक 'समस्याएँ' थीं, 'संकट' थे, 'संघर्ष' थे। अब 'मनोरंजन' है, आनन्द की निर्मितियाँ हैं।

मीडिया ने अपने अहर्निश उद्यम से जो प्रपंची साइबर जगत बनाया है, उसने 'यथार्थ' की जगह 'आभासी यथार्थ' को स्थापित कर दिया है। इससे हमारे अनुभवों में, प्रतिक्रियाओं में कई 'शिफ्टें' आयी हैं।

समस्याएँ अब भी हैं, संकट जारी है, लेकिन वैसी तीखी प्रतिक्रियाएँ नहीं हैं जो बीस-पच्चीस साल पहले नजर आती थीं।

मनोरंजन उद्योग के प्रभाव स्वरूप समाज के अन्तर्विरोधों, तनावों का 'रंजक समाहार' होता गया है।

यों आजकल हर दिन, हर पल समस्याएँ, घोटाले, हंगामे हैं, लेकिन किसी की भी उम्र एक सप्ताह से ज्यादा नहीं होती। मीडिया की जबर्दस्त उपस्थिति ने यथार्थ को दैनिक या साप्ताहिक भर बना डाला है। बहुत देर तक, अटूट भाव से, आप किसी केन्द्रीभूत समस्या का अध्ययन करने चलो और पाँच-सात साल में कोई मोटा पोथा तैयार करें, उसके लिए न किसी को फुरसत है, न दिलचस्पी है। इस नये युवा नागरिक जगत में अस्थिरता, चंचलता, खंडखंडता के अनुभव ज्यादा हैं। टिकाऊ, स्थायी, कुछ दिन टिक जाने वाले अनुभव और तज्जन्य विचार बहुत कम नजर आते हैं। जीवन के भीतर हलचल है, हड़बड़ है। बाहर के तमाम उपद्रव भीतर तक तोड़फोड़ करते रहते हैं। लेकिन बहुत देर तक कुछ नहीं टिकता।

यह नयी पूँजी का अतिचंचल भूमंडल है जिसने हमारे अनुभवों, कल्पनाओं को आच्छादित कर लिया है। आप अपने खूँटे समेत उखड़े हैं। 'ग्राउंडिंग' की समस्या है।

यह लेखक अपने दैनंदिन के अनुभवों, क्रियाओं और अभिव्यक्तियों का उतना ही त्वरित, चलित, चंचल पाठ करने का आदी हो चला है जितना कि सम्भव है। चीजें तेजी से आती जाती हैं। घटनाएँ क्षिप्र हैं, बहुल हैं, जटिल हैं। किसी एक का सिरा पता नहीं किस-किससे कहाँ-कहाँ उलझा है।

मीडिया इस जटिल प्रक्रिया का सरल जटिल प्रतिबिंब बनाता है जो हमारे जीवनानुभवों को लगभग नियंत्रित करता है। आप मीडिया की गुलामी में हैं। वही

एजेंडा सेट करता है। प्राथमिकताएँ बनाता है। यह एकदम नया अनुभव है।

अब रीयलिटी नहीं, 'शो' है। 'जनता' नहीं 'नागरिक' हैं। समाज नहीं 'जाति' है, आन्दोलन नहीं 'आतंक' है। एक अभूतपूर्व विनिमय है।

दिल्ली में रहते आप जिस मेट्रो अनुभव से गुजरते हैं, वह आपको ताकत के अपने जादू में बाँधे रखता है। आप जिन 'स्पेसों' को बनते देखते हैं, उनमें कमजोर की जगह का क्रमशः गायब होते जाना मध्यवर्गीय लालचों को कम नहीं करता।

इन दिनों कोई अनुभव शुद्ध 'लोकल' नहीं है, ग्लोबल+लोकल है, ग्लोकल है। अस्थिरता इसके केंद्र में है।

हर सप्ताह मीडिया और समाज, मीडिया और मनोरंजन, और मीडिया सम्बन्धी प्रश्नों से टकराते हुए यह लेखक सिर्फ मीडिया तक, उसके तकनीकी पक्ष तक स्वयं को सीमित नहीं कर पाया। मीडिया से समाज और समाज से मीडिया के बीच के तमाम तरह के सवालों के बीच आवाजाही एक आदत सी बन चली है। यह लेखन की साप्ताहिकता है जिसमें 'डेटेड' होने का इतिहास है। 'नित्य' का इतिहास है।

पिछले पच्चीस सालों से मीडिया के तमाम पहलुओं से टकराते इस लेखक ने जाना है कि भारतीय मीडिया के प्रश्न न तो शुद्ध यूरोपीय मॉडल से समझे जा सकते हैं, न अमेरिकी मॉडल से। वे अपने मॉडल आप हैं। इस लेखक ने ऐसे चिह्नों को यथास्थान बताया है।

—सुधीश पचौरी

अनुक्रमणिका

गुजरात के 'महान्' प्रयोग 9
सूचना पर बढ़ते खतरे 12
इतने पास आपातकाल 15
देह विज्ञापन 18
ब्राण्ड मार्क्सवादी 21
चिल्लर पट्टी खबर 24
चमक है, खनक गायब 27
स्टिंग : बेहद की हदें 30
बहस का तीसरा पक्ष 33
मीडिया और आतंक का निर्माण 36
रियलिटी शो की भेड़चाल 39
'परकटी औरतों' की इबारत 41
मीडिया और मोदीत्व 44
एकतरफा संचार परिसर 48
ब्राण्ड को बाजार बनाने की ललक 51
खबर और मिथक 53
अब तमाशा बना खेल 56
बिकेगा तो लिखेगा 59
गुलाबी खबरों की समस्याएँ 62
सरोगेट विज्ञापन यानी 'चोर कला' 65
फैशन का 'पतझड़ शो' 68
हिंसा के बनते-बढ़ते मुहावरे 71
किसिम-किसिम की भक्ति 74
'इडियट बॉक्स' का महँगाई दर्शन 77

'ब्लॉग' बना अखाड़ा	80
शो और शिकार	83
ब्लॉग, आजादी और जिम्मेदारी	86
बिग स्टोरी के अन्तर्विरोध	89
अमिताभ और सरकार 'राज'	92
बॉलीवुड में हड़ताल	95
शिकायत की एक जगह	98
माध्यम के फासिस्टी एक्शन	101
प्रिण्ट से दूर होते पाठक	104
छोटे परदे का संकट	107
मन्दी के दौर में मीडिया	110
साठ घण्टों के सबक	113
अन्त में एक संहिता	116
वीर में हास्य	119
गुम होते पापा और कार	122
घण्टी बजाओ	125
आ राजा का बाजा बजा	128
कोड़ा है जमालशाही	131
चैनलों के इन्द्रिय निग्रह	134
मेरे पास माँ है	137
विज्ञापनों में भारत	140
टीवी-बहस की चुनौती	143
रिपब्लिक से गायब पब्लिक	146
पादुका विमर्श	149
अनादर्श पत्रकारिता	152
छविधा भक्ति पद्धति	155
दर्पोद्धत चेहरे	158
पीएम की सेल	161
गप्पें और यथार्थ	164
नयी सरकार : नया मन्त्रालय	167
शुक्रवार का इन्तजार	170
'ग्लोकल' खबर	173

उसकी कहानी 176
उत्तर-नटराज की विदाई 179
नंग मनंग 182
सच या सेक्सिस्ट क्विज 185
'बिजनेस ईथिक्स' का कोड़ा 188
मीडिया और जनोन्माद 191
पचास का हुआ दूरदर्शन 194
रोग का राग 197
गिनीपिग नहीं हैं बच्चे 200
अकेलेपन की आरामतलबी 203
टीवी का स्वनिर्मित जनक्षेत्र 206
ताम्बूल से तँबोला युग 209
वह एक कोमल पात 212
किताबों की तिखालों की जरूरत 215
एक उत्तर आधुनिक घर 218
शोक में मोमबत्तियाँ 221
पिछले जन्म में 224
बिग बॉस का जीवन 226
इस साल का हाल 229
'बीस-दस' से 'बीस-बीस' तक 232
अन्धविश्वासों की मार्केटिंग 235
पेरोडी की उत्तरआधुनिकता 238
नये बाजार नये विज्ञापन 241
टीवी का आम आदमी 244
रियलिटी शो की नयी 'स्त्री सुबोधिनी' 247
असामाजिक तत्त्व मीडिया और दर्शक 250
सुपर आइकन सचिन 253
चैनलों का नरम-गरम पोर्नरंजन 256
अखबार के भीतर विज्ञापनी परचे की लीला 259
टीवी की आंचलिकता 262
आईपीएल का जादू और मीडिया 265
मीडिया और माओवाद 268

मोबाइल समाज	271
नहीं रहे सिनेमाहॉलों के फ्रण्ट बेंचर्स	274
निजता और सार्वजनिकता	277
आतंकी का स्पेस	280
टीआरपी में दर्शक कहाँ	283
बिन्दास ब्लॉग साहित्य	286
भीषण भाषावादी माओवाद	289
काइट्स से कोलम्बो तक	292
रियलिटी शो का मंच गाँव	295
नागरिक अनुभव के क्षण	298
मीडिया और जाति	300
मेट्रो के सांस्कृतिक तर्क	303
गाली और गोली का युग	306
दर्शक बदल गया	309
टीवी का शब्दकोश	312
'फेस बुक' का स्पेस : एक नीला आईना बेठोस!	315
नागरिक संवाद की जगह	318

गुजरात के 'महान्' प्रयोग

यह एक चैनल ही था, जिसके एक बेहतर चर्चाकार करण थापर ने नरेन्द्र मोदी को बुलाया था। करण ने मोदी के मुख्यमन्त्रित्व के दौरान हुई कथित उपलब्धियों के बरक्स गुजरात में 'आयोजित-प्रायोजित' साम्प्रदायिक दंगों, एक खास समुदाय के हजारों लोगों को आखेट बनाने और प्रशासन के 'मौन' सक्रिय सहयोग करने को लेकर सवाल किये। जब वे सवालों से बचने लगे तो करण ने फिर-फिर सवाल किये। मोदी पहली बार सवालों से बचते दिखे। कहा भी कि आप अपने सवालों को 'एंज्वाय' कीजिए। अन्तिम सवाल था कि क्या इतने बड़े नरसंहार के प्रायोजन के बावजूद आप गुजरात में अपने किये पर गर्व करते हैं? नरेन्द्र मोदी के चेहरे पर एक हल्की सी उत्तेजना आयी। नियन्त्रित उत्तेजना रही। वे जानते थे कि वे देश के एक तेज तर्रार पत्रकार के सामने हैं जो सबकी खबर लेने के लिए विख्यात हैं। वे कहने लगे, उन्हें जाना है। वे उठकर चल दिये।

यह पिछले सप्ताह की बात रही। और तभी यह लक्षण दिख गये थे कि मोदी मीडिया को किस तरह डील करने वाले हैं। वे करण का कुछ नहीं कर सकते थे। उन्हें अपनी छवि की चिन्ता थी। गुजरात के आसन्न चुनाव में वे जीतने की तमन्ना रखते हैं। अपने तमाम गुजरात प्रयोगों को गर्व से कहते हैं। बस, दंगों का दाग, वे अपने दामन पर नहीं स्वीकारते। और यही 'दाग' और प्रामाणिक ढंग से पूरे राष्ट्र को, दुनिया को दिखा दिया 'तहलका' ने। इसके लिए सबसे ज्यादा सक्रिय हुए अहमदाबाद कलेक्टर। देखते-देखते पूरे गुजरात में स्टिंग दिखाने वाले चैनल गायब हो गये। सरकार से चुनाव आयोग ने जवाब तलब किया तो सरकार की ओर से बताया गया कि उसने कोई आदेश नहीं दिया है। जिला कलेक्टर ने स्थानीय स्थिति को देखकर दिया होगा।

दंगा करने वाले, जिनके नाम दंगाइयों और हत्यारों की सूची में, आरोपितों में आते हैं, वे 'तहलका' के गुप्त कैमरे के आगे दो बातें खास कहते हैं। गोधरा के बाद तुरन्त मोदी की प्रतिक्रिया थी 'बदला लेंगे'। दूसरी बात यह कही, बतायी गयी कि यह तीन दिन का लाइसेंस था जो दिया गया था। यह भी मोदी ने ही कहा था। हरेश भट्ट और शाह दोनों विश्व हिन्दू परिषद के नायक रहे। वे कह रहे थे। और भयानक

था। भयानक सच की तरह। इसकी प्रतिक्रिया तेजी से हुई। कई जगह मोर्चे निकले। मोदी को गिरफ्तार करने, फाँसी देने से लेकर सीबीआई जांच की बात हुई। मीडिया के 'सच' का असर ऐसा ही हो सकता है।

इस असर को अहमदाबाद और गुजरात में कन्ट्रोल किया जा रहा है। 'आपत्तिजनक' 'खतरनाक' मीडिया गुजरात के लोगों की मोदी परिभाषा को बिगाड़ता है। उसे आज्ञा नहीं दी जा सकती कि वह ऐसा आजादी से करे। मीडिया को पूरी तरह कैसे वश में रखा जाए, वश में न आये तो नियन्त्रित-दमित कैस किया जाए। मोदी ने अपने शासन काल में मानो एक पक्का 'एक्शन प्लान' ही बना रखा है, जो एकदम नग्न फासिस्ट तरीके से चलता है। और 'खूबसूरती' यह है कि इसे सरकार या उसके मुखिया कभी नहीं करते। मीडिया को मैनेज करने के ये गुर गुजरात के 'मीडिया प्रयोगों' से कोई भी ऐसा प्रशासन सीख सकता है, जो जनतन्त्र के ऊपरी तामझाम के बावजूद फासिस्ट तरीकों को बाजाप्ता अपनाता रहे। हर प्रतिकूल सूचना कण्ट्रोल हो जाए। गुजरात 'महान्' दिखे। उसका 'हीरो' सुपर हीरो दिखे। 'आर्थिक विकास के भीतर हुए नरसंहार' जैसे भावार्थ वाले प्रश्नों से भड़ककर ही मोदी उठकर चैनल से चल दिये थे न।

मोदी एक नया बनाया गया 'ब्राण्ड' है। बहुत से तत्त्व उसके साथ अन्तर्क्रिया करते हैं : कथित आर्थिक विकास और 'अल्पसंख्यकों के नरसंहार', अल्पसंख्यकों के क्रमिक विस्थापन को सुनिश्चित करना, हिन्दू धर्म के तात्त्विक रूप एवं व्यवहार के अलावा अन्य धार्मिक समुदायों के व्यवहारों, प्रतीकों, सांस्कृतिक पहचानों को 'मेजोरिटेरियनिस्ट' ढंग से, 'साम दाम दण्ड भेद' से नियमित-नियन्त्रित करना, और इस सब को व्यक्त करने वाले मीडिया पर पूरा अंकुश रखना, जनतंत्र के चोले में फासिस्ट जीवन व्यवस्था पैदा करने की कला है। 'एक धर्म एक देश' के नये प्रयोग हैं : ऊपर विकास है। अन्दर हिंसा है।

पहला प्रयोग दंगों के दौरान चैनलों, पत्रकारों पर हमले रहे। फिर पत्रकारों की एक जाँच समिति को डराने धमकाने की बातें सामने आयीं। गुजराती भाषी समाचार पत्रों का दंगा प्रबन्धन रहा। आमीर खान की फिल्म और सलमान की एक फिल्म का गुजरात के सिनेमाघरों में न दिखाना नया प्रयोग जुड़ा। यह काम सिनेमाघरों के मालिकों के 'अनुकूलीकरण' के जरिये किया गया। अब केबल आपरेटरों को सीधे या प्रकारान्तर से अनुकूलित करके स्टिंग को रोका गया।

और यह खबर छोटी सी खबर भी मीडिया पर ही आयी : गुजरात की महानता का गुणगान करने वाली एक किताब का विमोचन हुआ। एक खोजी पत्रकार की एक लाइन गजब लगी। कहा कि नरेन्द्र मोदी तो राष्ट्रीय नायक हैं। उनका शब्द शायद 'नेशनल स्टफ' था। शायद इसलिए यह लाइन प्रिण्ट में किसी दैनिक में छपी है। सचमुच, अगर भाजपा के विचार में ऐसा है तो 'गुजरात के महान् प्रयोग' पूरे

देश में लागू करने वाला नायक हमारे सामने है। इस नायक का संकेत यह है कि मीडिया उसका चारण क्यों नहीं है? जो अनुकूल नहीं है। वह गुजरात के विकास में बाधा है।

और एक प्रखर पत्रकार का ही मानना है, वे तो 'नेशनल स्टफ़' हैं। ऐसे में 'तहलका' तो सचमुच 'घनघोर अपराधी' ठहरा। मगर क्या करें? उधर भी तरुण तेजपाल' हैं : संघर्षवादी पत्रकार। और जीत तो मीडिया की ही होती है।

28 अक्टूबर, 2007

सूचना पर बढ़ते खतरे

पटना में एनडीटीवी के पत्रकार प्रकाश सिंह और एएनआई के कैमरामैन के साथ जो हुआ वह निन्दनीय है। पत्रकार का काम विशेष और समाज का एक जरूरी काम है। वह विशेष किस्म का चौथा पाया है। न्यायपालिका, कार्यपालिका और विधायिका नामक तीन पायों में सबकी कानूनी हैसियत है, प्रिविलेज हैं जबकि पत्रकारिता वाला चौथा पाया एक प्रकार से स्वयं सेवा या सेवा-क्षेत्र का है। और उसे कोई वैसा कानूनी विशेषाधिकार प्राप्त नहीं है जो बाकी तीन को है। समय ऐसा है कि कोई भी हिंसा और आतंक की मार से परे नहीं है। पत्रकारिता एक नरम-निशाना ही है।

सूचना पर यों तो हर तरफ से खतरे हैं। जब समाज अपराधीकरण की गिरफ्त में हो तो मीडिया ही सबसे ज्यादा वेध्य निशाना होता है। यदि उसे कोई बचाता है तो अभिव्यक्ति की आजादी के कानून जिन्हें पुकारना पड़ता है, लागू कराना पड़ता है। पत्रकारिता पर व्यावसायिक, सरकारी, दलीय, गुटीय, साम्प्रदायिक, धार्मिक, आतंकवादी दबावों के अलावा अब एक सर्वत्र उपस्थित दबाव बाहुबलियों का है। देहरादून में जिस दिन अमरमणि जेल ले जाये जा रहे थे, उस दिन भी पत्रकारों पर हमले किये गये। पटना में रेशमा-काण्ड के बारे में खबर लेने के लिए गये एनडीटीवी के पत्रकार ने पहले ही एमएलए अनन्त सिंह से समय ले लिया था। लेकिन यहीं उसे बन्दी बनाया गया। दो घण्टे तक बन्धक रखा गया, मारा-पीटा गया। प्रकाश सिंह ने एनडीटीवी पर आकर खुद ही बताया कि यह सिर्फ ईश्वर की ही कृपा है कि वे जीवित बच गये। अनन्त सिंह मीडिया पर हाथ डालने के बाद डर गये। अगर वे प्रकाश सिंह को नहीं छोड़ते तो बात आगे बढ़ती। बहुत से पत्रकार उनके बँगले आ गये। बात बढ़ने लगी तो प्रकाश को छोड़ना पड़ा। लेकिन गिरफ्तारी के बाद भी मीडिया पर उनके गुण्डों का हमला जारी रहा।

पत्रकारों पर आये दिन हमले होने लगे हैं। गनीमत है कि अभी तक अपने यहाँ कोई डेनियल पर्ल की गति को प्राप्त नहीं हुआ है। लेकिन ऐसी सम्भावनाएँ नजर आने लगी हैं। पहले स्थानीय छोटे मीडिया वाले स्थानीय हिंसा के शिकार होते रहे हैं। अब तो राष्ट्रीय ग्लोबल मीडिया तक उनका शिकार होने लगा है। यह मीडिया की जमीनी सच्चाई है। पेशे का जोखिम बढ़ा है। अब गुण्डे बदमाश मीडिया को सीधे

डण्डे से कण्ट्रोल करना चाहते हैं। वे अपनी दुष्ट छवि को लेकर भी चिन्तित हैं। वे चाहते हैं कि मीडिया उनकी बुरी बातें न दिखाये।

अनन्त सिंह की छवि के क्या कहने? एनडीटीवी ने दिखाया कि एक सीन में वे अपने बँगले के दरबार में झूले पर झोंटा लेकर झूलते दिखे। फिर उन्होंने अपने घोड़े को सहलाया। गर्दन पर हाथ फेरा, फिर वे जिम में कसरत करते दिखे। घमण्ड मण्डित मूँछे, धीमी चाल। बाहुबली की एक पक्की छवि। एकदम बालीवुडिया एक्शन फिल्म की तरह। पत्रकारों की पिटाई भी ऐसी ही नजर आती है। बाहुबलियों को अब किसी की परवाह तक नहीं है। कानून को ठेंगे पर रखते ही रहे हैं। राजनीति उनकी मुट्ठी में है। रह गये पत्रकार। वे न मानें तो पिटाई कर दो। बाद में सुलह-सफाई कर लो। मीडिया क्या है? पैसे का गुलाम न! देख लेंगे।। 'गुरु' फिल्म में गुरु भाई कहता है : मीडिया में अपने लोग जहाँ बैठे हैं सबको काम पर लगा दो... मीडिया के उपयोगों के बारे में गुरुभाई की समझ और मीडिया में घुसपैठ आँखें खोलनेवाली है। गुरुभाई उभरता उद्योगपति है। मीडिया के उपयोग जानता है।

मीडिया के बारे में एक समझ अपराधियों की भी है। पहले वे मीडिया से डरते थे। फिर वे मीडिया में आने जाने लगे। छवि बनाने लगे। जब मीडिया ने उन्हें नंगा किया तो वे बेशर्म होकर अपने किये को डिफेण्ड करने लगे। अपराध कर मीडिया में आकर बताने के लिए भी तैयार हो गये। उन्हें मालूम हो गया कि उनकी खलनायकी की कहानी बिकती है। उनका रुतबा बढ़ता है। गर्व से कहने लगे कि हाँ, मैंने किया है। कर लो क्या कर लोगे!! जरूरत पड़ने पर मीडिया का इन्तजाम करने लगे। पत्रकारों की बिरादरी माफ करे, बहुत से छुटभैये पत्रकार साथी भी कहीं न कहीं अपने कर्म की मर्यादा और संहिता को तोड़ बैठते हैं और इस तरह के सूत्रों से जुड़े नजर आते हैं। बहुत से पत्रकार ऐसे तत्त्वों के अन्तरंग भी सुने जाते हैं। लाभ-लोभ कमाते नजर आते हैं। दिल्ली के प्रेस क्लब के गलियारों तक में उनकी घुसपैठ रही है। वे पत्रकारों को अपने अनुकूल करते रहे हैं और 'रखने' लगे हैं। अन्य राजधानियों और इलाकों में तो और भी बुरी स्थिति होनी चाहिए जहाँ पत्रकार-राजनेता-थाना और बाहुबली सब मिलकर काम करते प्रायः नजर आते हैं।

ऐसे में जब कभी कोई हठीला पत्रकार कोई अखबार, कोई चैनल सच निकालने के लिए उद्यम करता है तो उसे दादागीरी झेलनी पड़ती है। यथार्थ शायद इससे भी ज्यादा भयानक हो। पत्रकार बिरादरी की भीतरी कहानियों में अपराध के रंग आने की खबरें नयी नहीं हैं। इन बातों से पत्रकारिता जैसे जन सेवा के पेशे में कमजोरी पैदा होती है।

यहीं मीडिया की भूमिका बदलनी है। उसे देखना ही होगा कि जिन अपराधियों की खबर वह देता है, उसमें कहीं उनकी छवि ही तो नहीं बन रही? वह उनमें नकारात्मकता की वैल्यू तो नहीं जोड़ रहे, जिसे वे डरी मानसिकता के समाज में

पाजिटिव बना डालें। यानी अपराध की हर खबर एकदम क्रिटिकलिटी के साथ दी जानी चाहिए। असावधानीवश एक बाइट भी अगर अपराधी को लाभ देती है तो उसे रोका जाना चाहिए। मीडिया अपनी आजादी अपने ही औजारों से हासिल कर सकता है। हर खबर पर टीआरपी बढ़ाने, वाहवाही लेने की जगह देखना चाहिए कि कहीं मीडिया अपने को वेध्य तो नहीं बना रहा?

4 नवम्बर, 2007

इतने पास आपातकाल

पाकिस्तान में आपातकाल लगा है। अपने उन्नीस महीने के आपातकाल की याद आ रही है। पाकिस्तान में मीडिया का हाल लगभग वैसा ही है जैसा आपातकाल में अपने यहाँ रहा था। पाकिस्तान में पूरी तरह मीडिया कन्ट्रोल में है। उसकी आजादी निलम्बित है। सिर्फ सरकारी मीडिया जारी है। हर तरफ सख्त पहरा है।

मीडिया के इस युग में मीडिया का इस तरह से गला घोंटना हास्यास्पद ही है। सब जानते हैं कि अन्ततः मीडिया को जीतना है, तानाशाही को हारना है। पाकिस्तान का अतीत इस तरह के इतिहास से भरा है जितनी बार फौजी तानाशाही आयी, उतनी ही बार मीडिया बन्द हुआ है और उतनी ही बार मीडिया ने, वहाँ के शब्द कर्मियों ने अगने प्रतिरोध के तरीके विकसित किये हैं। उनकी भाषा ने नये प्रतीक बनाये हैं। उनकी शेरो शायरी इस बाबत बड़े काम की रही है। उसका प्रतीकवाद राजनीतिक अर्थ ग्रहण करता रहा है। फैज अहमद फैज की शायरी तो जेलखाने में ही परवान चढ़ी जो आज तक हर तानाशाह हुकूमत के आने पर लोगों की जुबान पर चढ़ जाती है और प्रतिरोध का नया मुहावरा बन जाती है। वहाँ का मीडिया भी व्यंजनाओं में प्रतिरोध को आवाज देने का अभ्यस्त है। पाकिस्तान के ड्रामे और हास्य व्यंग्य के कार्यक्रम बड़े काम के साबित होते रहे हैं। उनका एक इतिहास है। और इसीलिए कहा जा सकता है कि पाकिस्तान की जनता, उसका मीडिया और साहित्यकार सब इस तरह की निरंकुशताओं से निपटने के लिए ज्यादा तैयार रहते हैं। आखिर आपातकाल से पहले भी अनाफिसियल तनाशाही ही तो थी जिसमें वे रह रहे थे।

जितनी खबरें टीवी पर रोज दिखती हैं, उससे ज्यादा इन दिनों इण्टरनेट पर दिख रही हैं। विजुअल कम हैं, लेकिन एक तरह का सिटीजन जर्नलिज्म वहाँ अचानक शुरू हो गया है। हर आदमी पत्रकार बना है और खबर देता है। एमएमएस पर, इण्टरनेट पर यों तो पाबन्दी लगा दी गयी है लेकिन प्रतिरोध के आन्दोलनों की खबरों से लगता है कि कहीं न कहीं, कोई न कोई संचार-सूत्र सक्रिय है जो नगर-नगर खबर देकर कुछ एक्शन करता रहता है। इण्टरनेटिया ओर कुटिया समूह जग उठे हैं। ब्लॉग सक्रिय हैं। ज्यादा संख्या में लोग उनका उपयोग कर रहे हैं। कहीं-कहीं वे सीधे

प्रतिरोध की बात न करके शेरो शायरी से बात कर रहे हैं और अपनी नाराजगी दिखा रहे हैं।

पाकिस्तान का मीडिया अरसे से दो अतिवादी ताकतों के बीच पिस रहा है। एक ओर धर्मतत्त्ववादी ताकतें हैं जो मीडिया पर अपने दबाव डालती रही हैं, दूसरी ओर निरंकुश फौजी प्रशासन अपना दबाव बना रहा है। पाकिस्तान के मीडिया में दुहरे-तिहरे दबाव बड़े-साफ नजर आते हैं। इस वक्त धार्मिक दबाव पीछे चले गये हैं और प्रशासनिक दबाव ज्यादा जोर पर हैं।

यह जमाना भूमण्डलीकरण का है। मीडिया का है। मानवाधिकारवादी आन्दोलनों और एनजीओज का है। साइबर स्पेस ने सूचना को अधिक तेज और बन्धन मुक्त किया है। इसीलिए इस्लामाबाद में टीवी पर भले सीधा प्रतिबन्ध लगा हो और अखबार पर पहरे बैठे हों मगर इण्टरनेट पर इतनी आसानी से पाबन्दी नहीं लग पा रही है। ब्लॉगर समूह अपना काम कर रहे हैं और वे 'सही' सूचना-संचार के बड़े माध्यम बन उठे हैं। एक ब्लॉगर कैम्पस प्रदर्शन की खबर दे रहा है। दूसरा उर्दू की एक कविता को प्रकाशित कर रहा है जो निरंकुशता को चैलेंज कर रही है। तीसरा आँसू गैस के गोलों से निपटने के लिए घरेलू तरकीबें सुझा रहा है। यह सीन इन दिनों अनेक ब्लॉग्स पर है। मुशर्रफ की इमरजेंसी ब्लॉग की दुनिया में आकर फेल हो गयी है। पाकिस्तान के बहुत से लोग ब्लॉग पर ही अपनी अभिव्यक्तियाँ कर रहे हैं। वे खबरें ले-दे रहे हैं। वे गिरफ्तार लोगों के परिजनों को खबरें दे रहे हैं। आपातकाल-विरोधी सारे स्वर ब्लॉग पर आ रहे हैं। ब्लॉग अचानक एक बड़ा मीडिया बन उठा है।

पाकिस्तान में इण्टरनेट का उपयोग करने वालों की संख्या ज्यादा नहीं है। एक कमजोर से मध्यवर्ग में प्रचलित इण्टरनेट सुविधा कुल आबादी में दस से पन्द्रह फीसदी के बीच ही उपलब्ध है। लेकिन प्रतिरोध करने के लिए वह भी कोई मामूली संख्या नहीं। ग्लोबल जगत् में अब प्रतिरोध भी इसी तरह के, लेकिन ग्लोबल मिजाज के होते हैं।

यह बात मुशर्रफ के आपात प्रशासन पर लागू होती है। पिछले फौजी तथा गैर फौजी पाकिस्तानी तानाशाह अपेक्षाकृत एक राष्ट्र-राज्य के भीतर अपनी-सी कर गुजरने के सुभीते में रहे। एक राष्ट्र-राज्य का निरंकुश कानून लागू किया। फौजी बूट गलियों में उतारे। जेलों में विरोधियों को डाल दिया। मीडिया सहमा दिया गया। प्रतिरोध दब गया।

लेकिन इस नये दौर में मीडिया की पहुँच इस कदर और इतने तरीके से है कि जेलों में डाल देने के बावजूद जनता आपस में सम्पर्क में रहती है। मोबाइल पर पाबन्दी लगा दीजिए तो भी पूरी पाबन्दी नहीं लग पाती। सन्देशों का प्रकट उग्र मुहावरा दबा दें, मगर संकेतों के मुहावरे नहीं दबते। एसएमएस का माध्यम अपने सांकेतिक सन्देशों में बड़ी राजनीतिक बात भी कह सकते हैं। चाहे वे फूल-पत्ती की

बातें ही क्यों न करते हों। फैज ने लिखा था : 'जान जाएँगे जानने वाले तुम करम या सितम की बात करो...' करम की बात करना भी सितम के मानी देता है।

मीडिया और आपातकाल का एक अनुभव यह है कि आपातकाल या निरंकुशताएँ शब्द को अनेक अर्थ अपने आप देने लगते हैं। इस तरह मीडिया का हर शब्द अधिक मानीखेज होने लगता है। इसीलिए दुनिया का हर तानाशाह मीडिया की आजाद खयाली से डरता है और अन्ततः मीडिया के हाथों ही ढेर होता है।

11 नवम्बर, 2007

देह विज्ञापन

अखबारों के विज्ञापनों में देह के दुकानदार रहते हैं टीवी पर अभी नहीं दिखते, लेकिन कुछ दिनों बाद दिखने लगेंगे। टीवी पर अभी देह की सुघड़ायी की जरूरतें बतायी जाती हैं, नाच-गाने के जरिये फिटनेस की यौनिक परिभाषाएँ दी जाती हैं। फिल्मों में भी ऐसा है। एलबम तो ऐसा करती ही रहती है। टीवी पर एकदम क्लोजअप में होते हुए देह की लीला लगातार दिखती रहती है। इसके मुकाबले अखबारों में देह के क्रेता-विक्रेता हाजिर हैं। देह के न कहें तो देह-सेवा के कहें।

अखबारों में फुल बॉडी मसाज पार्लरों के ढेर सारे विज्ञापन छपे नजर आते हैं। शनिवार-रविवार के अखबार ज्यादा भरे नजर आते हैं। यों वे किसी भी दिन हो सकते हैं।

एक अंग्रेजी दैनिक में क्लासीफाइड विज्ञापनों की श्रेणी में कोई डेढ़ दर्जन बॉक्स छपे हैं। उनकी भांषा तक समान नजर आती है। वे तमाम 'तुन्दरुस्ती' और 'फिटनैस' पर जोर देते हैं। अफगानी मसाज करने वाले 'देह सेवा' देते बताये जाते हैं। सेवा करने वाले 'होते' हैं। सेवा करने वाली 'होती' हैं। अंग्रेजी में 'ही शी', 'मेल फीमेल' लगता है तो बात साफ होती है। हिन्दी में हर क्षेत्र में हर बात के लिंगभेद को बताने वाली भाषां चलन में नहीं है, सो 'सेवक' में सेविका शब्द छिप जाता है। इन विज्ञापनों में सेवक की जगह सेविका पर ही जोर नजर आता है। कहीं-कहीं तो हाउस वाइफ तक मसाज सेवा में बतायी जाती हैं।

कुछ विज्ञापनों में 'बोल्ड एण्ड ब्यूटीफुल' 'रूसी', 'टर्किश', 'भारतीय मसाज' देते हैं। ऐसा लिखा दिखता है। आगे बात और खोली जाती है यानी यह सेवा मेल देते हैं। फीमेल देती हैं। विज्ञापन को उसके शीर्षक से आगे पढ़ें तो लिखा मिलता है : 'सैंसेशनल ब्यूटी मसाज' यहाँ होता है। यह 'चार्मिंग' सुशिक्षित मेलों-फीमेलों द्वारा किया जाता है। हमारे मालिश वाले 24 घण्टे की सेवा देने को हाजिर होते हैं।

कई जगह 'हॉट ते हॉट मसाज' लिखा होता है, कई जगह 'हाई प्रोफाइल' 'भारतीय-तुर्की हाईजिनिक मसाज' की व्यवस्था बतायी जाती है। कई जगह 'आयुर्वेदिक हर्बल मसाज तेल मालिश' की व्यवस्था बतायी जाती है। कहीं-कहीं तो 'स्विस थाई मसाज' भी हैं कहीं चीनी मसाज भी है। कहीं 'फन एण्ड प्ले बॉडी

मसाज' लिखा होता है। इसी क्रम में कई जगह 'मेल-फीमेल बॉडी एस्कोर्ट' की व्यवस्था बतायी जाती है। कई जगह 'ब्राण्ड माइण्डेड मेल-फीमेलों द्वारा सेवा दी बतायी जाती है।

ये सेवा का नया क्षेत्र है, जो लगातार बढ़ रहा है। बड़े उद्योग की तरह बढ़ रहा। है। इस तरह के विज्ञापनों की बढ़ती जगह बताती है कि बढ़ रहा है।

इन विज्ञापनों को पढ़ना नए सेवा क्षेत्र के साथ जुड़े समाज को पढ़ना है। समाज की जरूरतें विज्ञापनों में प्रतिबिम्बित होती हैं। विज्ञापन जिस भाषा में उपभोक्ताओं की जरूरतों को सहज या जरूरी कामना बनाकर पेश करते हैं, वह सेक्सी है। विज्ञापन की क्षमता इस बात में नहीं होती कि वह विज्ञापन कैसा बना है। विज्ञापन इस असल प्रोडक्ट की क्वालिटी और उपभोक्ता के सन्तोष के बीच पुल का काम करते हैं।

इस नजर से ये विज्ञापन कम शब्दों में बहुत कुछ कहते हैं। इनमें एक 'कूट' भाषा काम करती है। 'मसाज' 'ब्रोड माइण्डेड' या 'ब्यूटीफुल गोर्जियस' 'मेल-फीमेल' 'हाई प्रोफाइल' द्वारा मालिश सांकेतिक कूट पदावली में कहा जाता है जिसे जानने वाले ही जान सकते हैं। इनके उपभोक्ता मेल उपभोक्ता हो सकते हैं। वे इनमें से अपने मतलब की बात आसानी से निकाल सकते हैं। यह एकदम मेल की सेक्स भाषा शब्द कोश से निकलने वाले शब्द हैं। सांकेतिक हैं। 'कूट' से काम करते हैं। 'कोड' से चलते हैं। अंग्रेजी में जिसे कोड कहा जाता है। हिन्दी में उसे कूट कहा जा सकता है। बार-बार दुहरकर सन्दर्भों को स्थिर करते हुए यह कूट भाषा अपना अलग संसार रचती है। ये पद कानूनी नजर आते हैं। यह इनकी चतुराई होती है।

इन्हें पढ़कर कोई भी कह सकता है कि भारत के महानगरों में, उसके टूरिस्ट क्षेत्रों में, होटलों के पैकेजों में कई जगह मसाज सेवा ज्यादा प्रमुख रहती है। इसे हैल्थ टूरिज्म भी कहा जाता है। हैल्थ टूरिज्म यों एक व्यापक पद है जिसमें अस्पताल सेवा भी आती है, लेकिन यहाँ इस खास सन्दर्भ में वह मसाज सेवा बनकर कुछ स्वतन्त्र अर्थ देने लगती है।

बिजनेस वाले इस तरह के सकल हैल्थ टूरिज्म को दस से पन्द्रह फीसदी तक बढ़ रहा बताते हैं। जाहिर है उसमें मसाज सेवा भी शामिल है। इस तरह के बिजनेस को बढ़ते बताते लेख वैध ही बनाते हैं।

'मसाज' शब्द अपने आप में ही कूट पदावली को नियन्त्रित करने वाला पद है। मसाज या मालिश की क्रिया देह की क्रिया है। अमीरी की निठल्लेपन की प्रतीक भी है। शरीर के रोग और दर्द के निवारण के लिए परम्परागत आराम देने के तरीकों में मालिश बतायी जाती है, लेकिन उसमें ब्यूटीफुल का टच देकर बात मसाज से कुछ ज्यादा, कुछ और ही कर दी जाती है। मालिशिये यानी एस्कोर्ट या निजी अँगरक्षक बना दिया जाता है। यहाँ अँगरक्षक भी कूट है।

शादी-ब्याहों के विज्ञापन भी कूट भाषा से काम करते हैं। कम शब्दों में ज्यादा अर्थ पैदा करना कूट पद की खासियत होती है। विज्ञापनों को पढ़ने के लिए कूट की विकूटीकरण या डिकोडीकरण करना होता है। यदि हम विज्ञापनों की भाषा को ध्यान से पढ़ें, तो हमें उनमें सक्रिय कूट पद नजर आते हैं। कूट चिह्न नजर आते हैं, जिन्हें बिना विज्ञापन की भाषा की पड़ताल नहीं कर सकते, जो प्रायः कानूनी और संसदीय सीमा में होती है तो भी वह उससे बाहर रहती है। यहीं उनके सन्देशों और उनकी कूटशैली का प्रपंच बनता है। देह भाषा विज्ञापनों की भाषा में बनती है। विज्ञापनों को पढ़ना नयी देह भाषा को पढ़ना-समझना है।

18 नवम्बर, 2007

ब्राण्ड मार्क्सवादी

अरसे से चढ़ा हुआ मार्क्सवादी ब्राण्ड इन दिनों पिट रहा है। वाम, गैर वाम सब प्रीतिपूर्वक ठोक रहे हैं। मीडिया आनन्दित है। दबे हुए कम्युनिस्ट विरोधी भावों का विरेचन हो रहा है। नन्दीग्राम को तस्लीमा से जोड़कर इस्लामी तत्त्ववादियों का हिंसक बन्द और उसका कवरेज मार्क्सवादी ब्राण्ड के विभव और पराभव पर विचार करने को विवश करता है।

भारत में मार्क्सवादी पार्टी साम्राज्यवाद विरोधी ब्राण्ड बनी है। नन्दीग्राम के कुप्रबन्ध इस ब्राण्ड की गलफाँस है तो इसीलिए कि पार्टी और मोरचा खुले मीडियायुग की दुविधावादी समझ के बीच फँस गया है। बुद्धदेव कल तक मीडिया के ब्राण्ड बुद्ध थे, अब वह ब्राण्ड युद्ध बन रहे हैं। यह इस मार्क्सवादी पार्टी के सकल ब्राण्ड बाजार की हानि है। वह नकारात्मक ब्राण्ड बन चली है, उसके विपक्षी उस ब्राण्ड को बाजार से खदेड़ नहीं पाये हैं, क्योंकि कोई भी चलता हुआ ब्राण्ड तब तक पूरी तरह से बाहर कभी नहीं होता, तब तक आप अपना बेहतर ब्राण्ड नहीं लाते। तब तक वह निश्चिन्त रह सकता है। लेकिन क्या इतना पर्याप्त है? उसे जनविरोधी ब्राण्ड माना जाए या जनपक्षधर? सोचना उसे ही है।

मार्क्सवादी पार्टी के लिए मीडिया एक दुविधा की तरह रहा है। यह हर कम्युनिस्ट पार्टी का सच है। मार्क्स ने उसे उस तरह की दुविधा नहीं माना। उसे वर्गीय कहा। तो भी अमेरिकन अखबारों, जर्मन अखबारों में लिखा। अपने विचार विकसित किये। मार्क्सवादी नजर में मीडिया सत्तावर्गीय विचारों के वर्चस्व का वाहक ही हो सकता है। सत्ता का वर्चस्व मीडिया से ताकत पाता है और जनता को इस तरह बताता है कि जनता उसके विचार को अपना ही समझती है।

वर्चस्ववाद सिर्फ प्रचार नहीं होता। जब सत्ताशाली विचार और संस्कारों को, जीवनशैली को अन्य सत्ता रहित जन भी अपना-सा मानने लगते हैं, जब यह सब उनके लिए स्वाभाविक हो उठता है तब उसे वर्चस्व कहा जाता है। वर्चस्व बलपूर्वक काम नहीं करता। अपने बल को कमनीय, स्वीकार्य और स्वगत बनाकर काम करता है। सांस्कृतिक विमर्शों में मार्क्सवादियों ने इस बात को बार-बार कहा है। तमाम चिन्तकों ने भी मीडिया का उपयोग करते हुए भी वैकल्पिक मीडिया की बात चलायी

है। लेकिन जो वैकल्पिक मीडिया समाजवादी देशों में विकसित किया गया, वह स्वयं प्रचारवादी, सत्तावादी रहा। पूरा वर्चस्ववादी बनने में असफल ही रहा। उसके सत्तावाद के विकल्प बने। सोवियत काल में अण्डरग्राउण्ड चलने वाले लेखन और मीडिया को सत्ता ने दबाया, लेकिन अन्ततः सत्ता के वर्चस्व के पाये इस चुपके-चुपके बनने वाले तरह-तरह के साहित्य से, विचारों से हिलने लगे।

मार्क्सवाद का मानना है कि वर्गीय समाज में मीडिया कभी आजाद नहीं होता। वह एक या दूसरे वर्ग का वाहक होता है। वर्गीय समझने के बाद जनसंचार और मीडिया को कण्ट्रोल का क्षेत्र ही कहा जाता है। सत्ता बदलने के बाद उस पर कण्ट्रोल करना जरूरी होता है। बुर्जुआ वर्ग उसका बुर्जुआकरण करता है तो सर्वहारा उसका सर्वहाराकरण क्यों न करे? लेनिन की राज्य सत्ता की परिभाषा के अनुसार और मार्क्सवादी व्यवहार के अनुसार ऐसा होना तर्कसंगत बताया जाता रहा है। चीन में भी मीडिया का हाल ऐसा ही रहा और अब जबकि चीन विकसित पूँजीवादी बाजार और तकनीक से अपने को मिलाजुला रहा है और दुनिया के बाजारों को अपने सामान से पाट रहा है, तो उसका ब्राण्ड नाम ही बाजार बना रहा है। वह कितना समाजवादी है, इसमें अनेक संशय है। चीन के बने सामान का कोई विज्ञापन कहीं नहीं नजर आता। तो भी चीनी वस्तुओं का मेड इन चाइना ब्राण्ड चलता है। चीन के मीडिया में भी कई जगह बड़े ब्राण्डों के विज्ञापन आते हैं। मगर इण्टरनेट पर ब्लॉग पर वे सेंसर बिठाने की कोशिश करते रहते हैं। बाजार का लाभ लेना, और देश के भीतर मीडिया को कण्ट्रोल में रखना! यह नीति अब तक अपनायी जाती रही है। चीन पुराने ढंग से मीडिया से निपटता है। वह राज्य सत्ता के बरक्स किसी भी सीधी आलोचना को बर्दाश्त नहीं करता। पार्टी ही वहाँ राज्य सत्ता है। हाँ, इण्टरनेट सेवाएँ एक आफत जरूर हैं। वे याहू, गूगल तथा अन्य सेवाओं को दबाव से अपने काबू में रखते रहे हैं। मोबाइल की सघनता एक अलग समस्या है।

यह समस्या विकसित पूँजीवादी समाजों की भी है कि वे अब सूचनातन्त्र पर पूरा कण्ट्रोल नहीं रख पाते। तो भी विकसित देश अपने पूँजीवाद की विश्वविजय को इतिहास की अन्तिमता मानते हैं जबकि बचे-खुचे कम्युनिस्ट उसके साथ अवसरवादी और दुविधाग्रस्त नजरिया अपनाते हैं। यह वर्चस्ववादी समझ की सीमा है। पूँजीवादी देश भी ऐसा ही करते हैं। अमेरिका का नियन्त्रणवाद इसका उदाहरण है। मीडिया की भूमिका आज जन संचार की बदलती प्रकृति, उसके पाठक-श्रोता या दर्शक की मीडिया के पाठ की बहुवचनता और अर्थ की उन्मुक्ति से तय होती है। इसके आगे वर्चस्ववादी सिद्धान्तिकी पुरानी पड़ गयी है। अब सूचना जटिल है व वर्चस्ववादियों के लिए कण्ट्रोलेबल नहीं होती।

मार्क्सवादियों को सूचना के अर्थ की बहुवचनता या अनेकार्थता को समझना होगा। कोरे अवसरवादी वर्चस्ववादी नजरिये से काम नहीं चलने वाला। आपका ब्राण्ड

बाजार पाने लगे तो बल्ले-बल्ले करने लगे, अब पिटाई होने लगी तो ढीठ होकर मीडिया को दोष देने लगे। तीसरी दुनिया में मार्क्सवाद एक पॉपुलर ब्राण्ड ही बन सकता है। उसका कोई विकल्प नहीं है। उसे ब्राण्ड की तरह उपयोग में लाने वालों को अपने ब्राण्ड के पराभव पर विचार जरूरी है।

25 नवम्बर, 2007

चिल्लर पट्टी खबर

टीवी की खबरों का भी एक सौन्दर्य होता है। उनका सौन्दर्यात्मक फ्रेम होता है। प्रस्तुति आकर्षक होने का अर्थ जनता की सुरुचि के समकक्ष होना भी है। सुन्दर डिजाइनर रूप सज्जा वाले वाचक-वाचिकाओं की तिक्तमधुर वाणी के अलावा भी स्क्रीन का अपना सौन्दर्य होता है जो उनके रंगों से उनकी उपोद्घाती धुनों या दृश्य-मिश्रणों से बनता है। चैनल का अपना ब्रांड इसी से तय होता है।

चैनल का चेहरा आँखों को आराम देने वाला हो सकता है। पढ़ी-दिखलायी जाती खबर का दर्शक खबर को खबर की तरह देख-महसूस कर सके। टीवी की खबर सिर्फ सुनी या देखी नहीं जाती, फील भी की जाती है। खबर पढ़ने-सुनने का एकान्त टीवी नहीं रहने देता तो भी खबर के लिए अपना एकान्त तो चाहिए ही। संचार के लिए यह हमेशा जरूरी है।

आप बीबीसी वर्ल्ड के चेहरे को देखें, आपको खबर देखने में एक सुकून-सा मिलता है, एक प्रामाणिकता का बोध होता है कि कोई अफरा-तफरी नहीं दिखती। यह समाचार प्रस्तुति का अनुभव से पाया गया एक जमा हुआ तरीका है। खबर प्रस्तुति का मिजाज यहाँ चंचल और शोर भरा न होकर थोड़ा ठहरा हुआ है। न ज्यादा हाइप; न मारा-मारी और न बिखराव।

इसकी तुलना में अपने यहाँ के स्क्रीन भयानक ही कहे जा सकते हैं। एक ही वक्त में इतनी सारी बाइटों की दुहराव भरी ठूँस-ठाँस है कि आपको लगता है आप किसी सब्जी बाजार की बोरी के सामने हैं, जो अचानक फट गयी जिसमें से कहीं आलू निकलकर भाग रहा है, कहीं प्याज लुढ़क पड़ी है। कहीं मूली दाँत दिखा रही है, कहीं पालक रो रहा है, कहीं बन्दगोभी, फूलगोभी से बहस में फँसा है। खबर का रैप भँगडा-सा नजर आता है।

टीवी की स्क्रीन अपने फ्रेमों से अर्थवान होती है, लेकिन आप एक ही छोटी स्क्रीन को काटकर चार-पाँच खण्डों में करते रहें, कई छोटी बड़ी खबरों के शीर्षक यत्र-तत्र लगाकर चलें तो आपको खबरों का शादी के आर.जे. के गानों का अनुभव होगा। खबर जरा-सी झलकी कि दूसरी लाइन उसे झाड़कर आ बिराजी। यही हो रहा है। निजी चैनलों में यह चिल्लरबाजी भयानक है। एक दिन की खबरों का हाल देखें–

अस्पताल। हड़ताल। वाचक दृश्य श्रव्य बनाये दे रहा है। उसके ठीक नीचे एक पट्टी है, जिस पर आता है—डीटीसी बस ने एक को कुचला। उसके नीचे भी एक पट्टी लग गयी है, कहती है—किरन बेदी ने इस्तीफा दिया। फिर किरन बेदी का इस्तीफा देना ऊपर आ जाता है। आगे की पट्टी उलटी होती रहती है। किरन बेदी का इस्तीफा बार-बार झमकता रहता है। नीचे की पट्टी फिर बदलती है। वर्दी उतारेंगे मुशर्रफ। आप सोचते हैं कि ऊपर के सीन में वे वर्दी उतारते दिखने चाहिए, लेकिन कहाँ जी? वहाँ तो अब बेदी जी कहने लगी हैं कि उन्हें पढ़ने का शौक है और वे उसे पूरा करना चाहती हैं। नीचे की पट्टी पर आप फिर गौर करते हैं कि वहाँ का इस सीन से कोई तालमेल बन रहा है कि नहीं? और लीजिए उस छलिया पट्टी ने अब दिल्ली के सात अस्पतालों में हड़ताल कराना शुरू कर दिया है। इसके नीचे की पट्टी में विदेश मन्त्री का बयान कहीं हो रहा है। उसकी लाइन है। फिर कोलकाता की लाइन आती है निचली पट्टी में कि विमान बोस को कोर्ट की अवमानना का नोटिस दिया गया है। अब भी अगर जगह बची होती तो एक पट्टी और आती है कि और पट्टी चाहिए। ऊपर के स्क्रीन का सीन अब फिर बदल गया है। यह पट्टीलीला एक बड़े पॉपुलर खबर चैनल की है। हर चैनल का हाल इसी तरह का है।

मुख्य खबर को देखें-सुनें कि पट्टी पढ़ें। जब पट्टी पढ़ें तो किसे देखें? और फिर निचली पट्टी पढ़ें तो ऊपर की आ जाती है और सीन तो सामने आता ही नहीं। किरन जी जो कह रही हों, कहें, अब तो नीचे की पट्टी विज्ञापन चिल्लाने लगी है और कुछ बहुत छोटे अक्षरों में रेंगता नजर आता है। दायीं ओर सेंसेक्स बराबर चलता फिरता नजर आता है जो जरूर मुम्बई के स्टॉक से तैयार होकर जुड़ा है।

मुख्य स्क्रीन लगातार चल-विचल रहती है, पट्टियाँ भी चल-विचल हैं। आप किसे पढ़ें—दृश्य को या कि लाइन को, या दोनों-तीनों-चारों को? पूरा ध्यान किसी पर, आ पाये, बस खबर की खुशबू लें और फूटें। ठहरकर खबर पढ़ना-सुनना मुहाल है। किरन बेदी को भागते हुए विज्ञापन के साथ देखें। खबर तलाशें कि विज्ञापन देखें? दर्शक कितनी देर खबर पढ़ पा रहा है, यह सोचने की बात है। पहली जो खबर होगी वो जरूर चीखती हुई होगी। वाचक दम लगाकर पेश करता होगा।

ऊपर लिखा रहेगा : आ जाओ कर्सटन—फिर लिखा मिलेगा टीम के महाबली। फिर कर्सटन की जगह कहा जाएगा : क्या खिली हुई दीवारें हैं। नीचे आयेगा—पत्रकारों की पिटाई। बसपा के विधायक की लोगों ने पिटाई की। ऊपर सीन आयेगा—किसी की नाक टूटी हुई है, किसी की आँख फूटी हुई है। कराह रहे हैं, सीन बन गये हैं। घायलों की मरहम पट्टी की पट्टीबाजी के होते हुए विज्ञापन आ रहा है : क्या खिली हुई दीवारें हैं? फिर नीचे की पट्टी कहेगी—टीम के महाबली। वाह क्या बात है। जिनकी पिटाई हुई वे महाबली हैं या कर्सटन हैं या विधायक के लोग हैं?

आप चकित-थकित खबर की पूँछ पकड़कर चलना चाहते हैं, मगर खबर

तरल-चपल इतनी है और इतनी बँटी हुई और ध्यान बँटाने वाली है कि आप उसका हिसाब नहीं रख सकते। अपने को अखबार जैसा बनाने के चक्कर में स्क्रीन खबरों का कोलाज-सा बन जाता है। आप कुछ का कुछ पा सकते हैं।

टीवी में ज्यादा खबरें दृश्य में नहीं होतीं। खबरों के टुकड़े बिखरे रहते हैं। यह खबरों के खबर होते हुए भी न होने का मंजर है।

2 दिसम्बर, 2007

चमक है, खनक गायब

वालीवुड संकट में है। इतने बड़े मनोरंजन उद्योग का यह संकट उसकी बन चली संरचना का है, अन्तर्वस्तु का है, उसकी विचारविहीनता का है, उसकी प्रयोग विहीनता का है। इतना पैसा, इतने सितारे मगर इस कदर नकल और नकल की नकल। रचनात्मकता का ऐसा ठहराव इतिहास में कभी नहीं देखा गया।

ठहराव के कई कारण हैं। सबसे बड़ा कारण सृजनशील इच्छा का अभाव है। उसकी जगह कमायी की इच्छा बड़ी बन उठी है। सितारे करोड़ों की बात करते हैं, निर्माता करोड़ों की करते हैं। निर्देशक करोड़ों मे खेलते हैं। बाजार का एक कठोर नियम यह है कि अगर प्रोडक्ट में दम नहीं होता है तो सिर्फ विज्ञापन से काम नहीं बना करता। फिल्म का मामला भी ऐसा है। आप फिल्म को बेहतर नहीं बनाते तो उसके हाइप में चाहे कितने दम लगा दें काम नहीं बना करता। इन दिनों फिल्में सिर्फ हाइप पर निर्भर कर दी गयी हैं, उनमें कोई प्रोडक्ट वेल्यू नहीं होती और इसीलिए फिल्में अपनी लागत की कमायी पहले तीन दिन की बुकिंग से ही कर लेती हैं। दर्शक और फिल्म के बीच क्षणभंगुरता इस तरह बढ़ रही है। यह भी एक संकट है कि दर्शक की लॉयल्टी फिल्म के साथ नहीं है। यह बॉलीवुड की संरचना का संकट है। बाजार का भी है। बाहरी पूँजी का अधिकाधिक निवेश बॉलीवुड के ग्लोबलाइजेशन का परिणाम है। इसी दौर में बॉलीवुड में घरानावाद पुत्र-पुत्रीवाद और परिवारवाद का बोल बाला है।

यों तो राजनीति से बालीवुड का सीधा सम्बन्ध प्रायः दिखलायी नहीं पड़ता, लेकिन इन दिनों उसे खूब देखा जा सकता है। राजनीति में 'पीछे देख' वाली प्रवृत्ति बढ़ रही है। बॉलीवुड में भी बढ़ रही है। विकास की भविष्यात्मकता के बरक्स बीते कथित महान् युग की याद कर उसमें किसी तरह से रहने की कोशिश की जा रही है। उसी की तर्ज पर बॉलीवुड को पुरानी फिल्मों के गोल्डन युग, मैजिकल युग का विरह सताने लगा है। मैजिकल युग यानी सन् पचास के बाद से लेकर सन् साठ-पैंसठ तक की फिल्में।

इस निरन्तर वर्तमानता के समय में क्या कोई पीछे लौट पाता है और क्या जबर्दस्ती लाया बनाया गया अतीत वाकई अतीत रह पाता है? या कि वह सिर्फ

वर्तमानीकृत अतीत ही होता है जो अतीत का धोखा देता है। यह बॉलीवुड की रचनात्मकता का संकट है जो इन दिनों काफी स्पष्ट नजर आता है। यदि हम हिन्दी फिल्मों के केन्द्रीय भाव प्रेम के ही बदलते रूप का अध्ययन करें तो हमें यह देख हैरत हो सकती है कि अब जिसे 'लव' कहा जाता है, उसमें अपेक्षित रोमाण्टिक तत्त्व का एकदम अभाव है। यह एक बड़ा संकट है। प्रेम की अन्तर्वस्तु के अभाव के अनेक उदाहरण देखे जा सकते हैं।

क्या हम शाहरुख खान के बुढ़ाते चेहरे और उसके पेट की छह मछलियों के साथ उसके यंग प्रेमी के रोल की गाइड के अधेड़ होते देवानन्द के चेहरे के रूमानीपन से मिलाकर किसी समानता तक पहुँच पाते हैं? क्या हम दिलीप की बाद की फिल्मों की लयात्मकता के मुकाबले करन जौहर के प्रवासी भाव के ग्लोबल युवा प्रेम को तुल्य पाते हैं? क्या हम 'सिलसिला' के अमिताभ और 'कुछ-कुछ होता है' के शाहरुख या कि 'कहो ना प्यार है' के रितिक रोशन की तुलना कर सकते हैं।

ये दो युग हैं, दो कहानी हैं, दो चेहरे हैं। पुरानी फिल्मों में प्रेमी-प्रेमिका की जो मासूमियत वातावरण की तरह नजर आया करती थी, वह इन दिनों गायब ही नजर आती है। दिलीप, देवानन्द या राजकपूर मसलमैन नहीं थे, न वे अपनी मछलियाँ दिखाकर दर्शकों को जिम जाने की कला बेचते थे। वे सिर्फ प्यार करने के लिए बने थे। गाना गाते थे। और प्रेम की मिठास गानों में होती थी। फिल्म के बैकग्राउण्ड में संगीत तैरता रहता था। उसे वातावरण की तरह बनाया जाता था। यह मासूमियत से एकदम सिंक में होती थी। प्रेम का एक लयात्मक अनुभव होता था।

इन दिनों के हीरो-हीरोइन अपने पहली एण्ट्री से बता दिया करते हैं कि वे प्रेम के मासूमकर्त्ता नहीं हैं, बड़े खेले-खाये हैं और उनसे सपनीले रूमानीपन की उम्मीद नहीं की जा सकती। उनकी बॉडी लैंग्वेज, उनकी संवाद शैली, उनके कपड़े लत्ते और मछलियों को दिखाने से तय हो जाता है कि ये बन्दे एक्शन हीरो हैं, रोमाण्टिक हीरो नहीं। रूमान का सामान उनके पास नहीं होता। उसकी प्रेमिका उसकी मछलियों से प्रभावित नहीं होती और आप पता करते थक जाएँगे कि वह क्या उसके साथ भी है? न वैसी परम्परा में रहने वाले, कुल मर्यादा में जीने वाले माता-पिता हैं, न वैसे खलनायक ही बचे है।

सिर्फ मछलियाँ दिखाने की बात पर आयें तो अपनी फिल्मी दुनिया में साठ-सत्तर के दशक में पहलवान दारासिंह का आगमन हुआ जो कभी ए ग्रेड की अभिरुचि तक नहीं पहुँचे। हाँ, शेट्टी का ठोस शरीर उन्हें खल पात्र बनाने का काम करता रहा। ताकत और खलत्व एक साथ दिखता रहा। हीरो निरीह, निरपराध और मासूम इश्क करने वाला बना रहा। देवानन्द, दिलीप, राजकपूर अपने कसरती बदन के लिए नहीं जाने जाते। बदन की मछलियों से ज्यादा चेहरे के हावभाव उनकी पूँजी रहे। कहानी में ताकत थी कि फिल्म चलती थी। क्लासिक बनती थी। इन दिनों

कहानी गायब है। हीरो-हीरोइन की परिकल्पना तक ढीली है, जबकि हिन्दी फिल्मों की जान कहानी रही है।

ऐसे में मैजिकल युग या गोल्डन युग के लिए तरसना बॉलीवुड की अघायी, ऊबी पीढ़ी की जड़ता का प्रमाण है। सब जानते हैं कि आप किसी गोल्डन एज में डुबकी नहीं लगा सकते।

यहीं तो बॉलीवुड फँसा है। इतनी चमक है मगर खनक गायब है। उसका यह अन्तरंग संकट है।

9 दिसम्बर, 2007

स्टिंग : बेहद की हदें

स्टिंग पर दिल्ली कोर्ट ने विचार किया है। स्टिंग के खेल पर लगाम लगा दी है। कुछ शर्तें लगा दीं। एक अर्थ में वे जरूरी भी रही हैं, क्योंकि स्टिंग का खेल गैर जिम्मेदार हाथों में पड़कर हिसाब चुकता करने वाला और कुछ भी कर गुजरने वाला गैर जिम्मेदार खेल बन चला है।

उमा खुराना के ऊपर लाइव इण्डिया चैनल से प्रसारित, उसके एक पत्रकार द्वारा तैयार किये गये स्टिंग ने इस घटना को केन्द्र में ला दिया कि कोई व्यवस्था, कोई नियमन तो होना ही चाहिए। कोर्ट ने ऐसी खबरों पर दूरगामी व्यवस्थाएँ दी हैं।

कोर्ट के इस तरह के विचारों एवं व्यवस्थाओं पर पत्रकार जगत् में विवाद छिड़ सकता है। स्टिंग को लेकर जो केस चल रहे हैं, उनके अंजाम पर भी प्रभाव पड़ सकता है। 'स्टिंगित' या भावी 'स्टिंगेय' लोग राहत महसूस कर सकते हैं। चैनल वाले इसे अपनी आजादी पर अंकुश-सा मान सकते हैं। ढेर सारे बड़े-छोटे, खरे-खोटे पत्रकार बेरोजगार हो सकते हैं। हजारों हुए पड़े स्टिंग अब शायद कभी न दिखें। खोजी पत्रकारिता के नाम पर 'पीत पत्रकारिता' की तरह काम करने की आसान कला पर अंकुश लगने से पीत पत्रकार अपने को बन्द हुआ मान सकते हैं। विवाद के बढ़ने को पूरी गुंजाइश लगती है। कोर्ट की व्यवस्थाएँ दूर तक जाती हैं। ब्लैक मेल की पत्रकारिता पर अंकुश लगाती हैं।

कोर्ट का मानना है कि अगर कोई लालच देकर फँसाने की प्लानिंग करके, एण्ट्रेप करके, किसी से अपराध कमिट कराने की स्थिति बनाकर, स्टिंग करता है तो उसे उचित नहीं कहा जा सकता। ऐसे काम को अच्छी खोजी पत्रकारिता नहीं कहा जा सकता।

कोर्ट ने कुछ इस प्रकार की व्यवस्थाएँ दी है :

– स्टिंग की जिम्मेदारी सम्पादक की मानी गयी है। वही कण्टेण्ट के लिए जिम्मेदार होता कि स्टिंग में दिखायी गयी सामग्री प्रामाणिक है या नहीं।

– सम्पादक को लिखित में सारे प्रमाण रखने होंगे। इसका अर्थ यह है कि सिर्फ औपचारिक आज्ञापत्र मात्र नहीं, बनायी गयी कहानी की पटकथा और सम्पादन के सारे क्रमिक स्तर और उन सबके लिखित रिकार्ड रखने होंगे।

— ऐसी स्टिंग किसी पूर्व हाई कोर्ट न्यायाधीश द्वारा क्लियर की जाएगी।

— असम्पादित या सम्पादित टेप जमा करने होंगे।

— जो सीन दर्शक को परेशान करने वाले हों, उनकी अभिरुचि पर प्रहार करने वाले हों, उनसे बचना जरूरी है।

— चैनल का प्रमुख सम्पादक आत्म नियमन के लिए जिम्मेदार होगा।

— स्टिंग को पिच्चानबे के केबल एक्ट के अनुकूल होना चाहिए।

— स्टिंग द्वारा किसी की प्राइवेसी का हनन नहीं किया जाना चाहिए।

— जनता में किसी तरह का डर बैठाने या धार्मिक भावनाओं को भड़काने वाली सामग्री नहीं होनी चाहिए।

— स्टिंग के तथ्यों में सटीकता होनी चाहिए।

— स्टिंग सामग्री में समाज में स्वीकृत भद्रता, मर्यादा आदि की रक्षा जरूरी है।

कोर्ट ने मीडिया घरानों और टीवी चैनलों से साफ कहा है कि वे ऐसे किसी भी कार्यक्रम को प्रसारित न करें, जिसमें किसी व्यक्ति को फँसाने या एण्ट्रेप करने वाली बात आती हो अथवा जो कि कृत्रिम निर्माण हों या कि निजता में चुपके से पैठ बनाने वाले हों या बेहद संवेदनशील मसलों पर हों।

मीडिया का काम लालच देकर किसी व्यक्ति को एक्सपोज करना और किसी रहस्य से पर्दा उठाने वाला 'स्कूप' कहकर चलाना औचित्य के दायरे में नहीं आ सकता। मीडिया अगर समाज के अँधेरे पक्ष को उजागर करने के लिए काम करता है और उसके लिए अपने औजारों का उपयोग करता है तो ठीक है, लेकिन इस काम में वह किसी को लालच देकर अपराध करता दिखाये/जिसे वह व्यक्ति अन्यथा नहीं करता/गलत है। कोर्ट ने लालच देने वाली बात को पुराण कथा से स्पष्ट किया है कि जिसमें मेनका ने विश्वामित्र को ललचाया था।

कहने की जरूरत नहीं कि जब मीडिया घरानों और चैनलों ने अपने लिए समय रहते नियमन नहीं बनाये तो ऐसी अराजकता पैदा हो गयी कि नकली स्टिंग असली होने लगे। चैनल वाले या निजी कैमरे वाले जाते। पूर्व रचित पटकथा का सीन पैदा करते और चुपके से किसी को फँसाते। उसे दिखाते और चैनल अपनी टीआरपी बढ़ाते। जनता को सच लगता। किसी व्यक्ति की 'बदनामी' होती। सतही सत्यवाद चलता। कुख्यात लोगों पर स्टिंग होते। उनके बारे में दुनियाँ जानती होती तो भी वे स्टिंग के 'असत्य' को चैलेंज करने लगते। हेकड़ी दिखाने लगते। निरपराध कमजोर पकड़ में आ जाते। ताकतवर बचने के नुस्खे ढूँढते। अच्छी, खोजी पत्रकारिता की जगह स्टिंग कम समय में ही एक डरावना ब्लैकमेल बन गयी। उमा खुराना के केस ने मानो उसे चरम पर पहुँचा दिया।

कई बार अभिव्यक्ति की आजादी के सदुपयोग और दुरुपयोग के बीच बहुत कम फासला रह गया। कोर्ट का यह फैसला एक हद तक व्यवस्था देता है, मगर

आशंकाएँ भी पैदा करता है।

अब भी समय है कि मीडिया हाउस और चैनल अपने काम की हदों और बेहद को नियमित करने के लिए कुछ सोचें, अन्यथा ऐसी व्यवस्थाओं में उनके आजाद काम काज पर नकारात्मक असर पड़ सकता है। अच्छी से अच्छी व्यवस्थाओं के भी सदुपयोग-दुरुपयोग हो सकते हैं। इस मामले में लगातार विचार होते रहना चाहिए।

16 दिसम्बर, 2007

बहस का तीसरा पक्ष

कुछ समय पहले अदालत ने सुझाव दिया था कि चैनलों द्वारा स्टिंगादि दिखाने से पहले स्टिंग टाइप के कार्यक्रमों की जाँच-परख की व्यवस्था होनी चाहिए। यह बात न्यूज ब्रॉडकास्टर एसोसिएशन की चिन्ता का विषय बनी है। एसोसिएशन के अध्यक्ष जी कृष्णन ने कहा है कि मोटीवेटेड किस्म की रिपोर्टिंग और खबर को सिरे से गढ़ने तथा इस तरह से लोकप्रिय बनाने की कोशिशों को एसोसिएशन निन्दनीय समझती है। ऐसा करने वाले पत्रकारिता की साख की कीमत पर ऐसा करते हैं। ऐसे काम टीवी पत्रकारिता की साख पर बट्टा लगाते हैं और मीडिया मात्र को सन्दिग्ध बनाते हैं, लेकिन इसका मतलब यह नहीं है कि स्टिंग ऑपरेशन सिद्धान्तः गलत है। एसोसिएशन का मानना है कि स्टिंग रिपोर्टर एक वैध पत्रकारीय औजार है और खोजपूर्ण पत्रकारिता का माध्यम है। हर ताकतवर औजार की तरह इसका भी पूरी समझदारी और जिम्मेदारी के साथ इस्तेमाल किया जाना चाहिए।

एसोसिएशन का बयान शायद मंगलवार का रहा। उसके लगभग प्रति—उत्तर में सूचना प्रसारण मन्त्री ने बयान दिया। उन्होंने कहा कि सरकार ने ब्रॉडकास्टिंग बिल को पेश करने को 'डिले' कर दिया है, क्योंकि बड़े प्रसारक घराने उसका विरोध कर रहे हैं। उन्हें सरकार की सुनने की जगह अदालती आदेश ज्यादा पसन्द आते हैं। बात व्यंग्य में कही गयी है, मगर बताती है कि सरकार और प्रसारक घरानों के बीच प्रसारण मसलों को लेकर सुलह-सफायी अभी तक नहीं हुई है। सरकार अपनी सी करना चाहती है। वह समझती है कि बिल को कानून बनाकर समस्या का हल हो जाना है। प्रसारक समझते हैं कि ऐसा करना उनकी आजादी पर चोट की तरह होगा।

बिल की धमकी दो साल से सुनी जा रही है। सरकार ने बिल से पहले दो-तीन बड़े प्रस्ताव भी किये है जो तर्क बनकर सामने आये हैं कि अगर ऐसे-ऐसे ही करते रहे तो आपको रोका जायेगा। बिल ऐसा ही करने वाला है। इसलिए आइए बिल पर बात करें। सरकार ने अपने एक्शनों से बिल की सम्भव व्यवस्थाओं को एक तरह से ट्रायल पर तो ला ही दिया है। इसका डर चैनलों में बैठा है। वे गोलबन्द हुए हैं और कहते हैं कि वे अपनी आचार संहिता खुद बनाने वाले हैं।

पिछली बार जब सरकार और निजी प्रसारकों में आमना-सामना हुआ, जिसके बाद बिल को पीछे हटा लिया गया, उस वक्त प्रसारकों ने अपनी एसोसिएशन के जरिये यह आश्वासन दिया था कि वे आपस में मिलकर एक आदर्श आचार संहिता एक साल में तैयार कर देंगे। अब खबर है कि वे भारत के पूर्व सॉलिसिटर जनरल न्यायविद् एवं वरिष्ठ न्यायविद् श्री हरीश साल्वे की सहायता से ऐसी आचार संहिता तैयार करा रहे हैं, जिसे जल्द ही वे पेश करेंगे। उधर खबर है कि मन्त्रालय अपने बिल को रिड्राफ्ट कर रहा है और कहने वाले ये भी कहते हैं कि अब उसमें काफी पानी मिलने वाला है।

मगर मामला सिर्फ स्टिंग का तो नहीं हो सकता। स्टिंग का ही होता तो फैशन टीवी कौन-सी स्टिंग कर रहा था जिस पर प्रतिबन्ध लगाया गया? या कि एक्शन चैनल ने कौन-सा स्टिंग किया था? इसलिए विवाद का विषय सिर्फ स्टिंग का नहीं हो सकता। लेकिन बनाया ऐसा ही जा रहा है। मनोरंजन कार्यक्रमों की व्यवस्था कौन करेगा? इस बात पर सब चुप हैं।

भारत में मनोरंजन उद्योग से जुड़े जो प्रसारक हैं, वही ज्यादातर न्यूज से भी जुड़े हैं। जैसे स्टार या जी इत्यादि। अब तो एनडीटीवी जैसे चैनल तक मनोरंजन में आ गये हैं। सिर्फ न्यूज प्रसारक कितने हैं? यह भी बहस का विषय तब हो उठता है जब हम देखते हैं कि न्यूज में मनोरंजन का कण्टेण्ट काफी बढ़ता जा रहा है। वे इन्फोटेनमेण्ट करते हैं। उसमें बहुत कुछ मनोरंजन वाला तत्त्व होता है। ऐसे में कोई भी प्रसारण व्यवस्था या उसे लेकर उठने वाला विवाद शुद्ध न्यूज का मामला नहीं हो सकता। मामला समग्र प्रसारण का ही हो सकता है। एसोसिएशन की बात समझें तो न्यूज की व्यवस्था तो किसी तरह से हो जानी है। स्टिंग दिखाने न दिखाने के नियमादि बन जाने हैं, लेकिन मनोरंजन के मामले पर क्या प्रसारक सरकार के ऊपर सब कुछ छोड़ देना चाहते हैं?

ब्रॉडकास्टिंग विधेयक का दायरा व्यापक है। उसमें समग्र प्रसारण की बात आती है। कण्टेण्ट की व्यवस्था की बात आती है जबकि फिलहाल बात सिर्फ न्यूज की व्यवस्था की हो रही है। प्रसारक एसोसिएशन के सामने टीवी के समग्र प्रसारण की व्यवस्था की चुनौती होनी चाहिए। उसे समग्र प्रसारण से सम्बन्ध रखने वाली एसोसिएशन होना चाहिए। आचार संहिता के लिए उसके सामने मनोरंजन के नाम पर दिखाये जाने वाले कार्यक्रम होने चाहिए, जिन पर जनता/दर्शक लगातार अपनी आपत्तियाँ दर्ज करते रहते हैं।

सरकार एक ओर स्टिंग से चिन्तित है तो दूसरी ओर मनोरंजन कार्यक्रमों से अश्लीलता पर चिन्तित नजर आती है। स्टिंग का मामला उमा खुराना स्टिंग के बाद अपनी वैधता संदिग्ध बना चुका है। इससे हर स्टिंग करने वाले की नीयत पर शक होने लगा है। सरकार का स्टिंग पर संवेदनशील होना राजनीति के यथार्थबोध के कारण

भी हो सकता है। लेकिन मनोरंजन कार्यक्रमों पर वह एक नैतिक पुलिस की तरह टीवी को डिफाइन करने के चक्कर में है। यह भी उतनी ही चिन्तनीय बात है।

इसलिए प्रसारकों और सरकार के बीच जो नूर कुश्ती सी नजर आती है, उसमें नागरिक संस्थाओं का तीसरे पक्ष की तरह हस्तक्षेप जरूरी है, अन्यथा प्रसारक और सरकार सेलेक्टिव ढंग से न्यूज प्रसारण की व्यवस्था कर लेंगे और मनोरंजन में नैतिक पुलिस भाव हावी हो जाएगा।

23 दिसम्बर, 2007

मीडिया और आतंक का निर्माण

बेनजीर मारी गयीं तो सब किस्म के अखबारों ने लिखा कि बहुत बुरा हुआ। उनके प्रति शोक श्रद्धांजलियाँ छापीं। उनका जीवन वृत्त छापा। यह जरूरी था। मगर एक बात लगभग सारे अखबारों में रही। वह यह कि पाकिस्तान के लोगों को अपनी करनी का फल मिल रहा है। आतंकवाद उन्होंने प्रेरित किया और अब वही अपनी सन्तानों को लील रहा है। इस तरह शोक 'राजनीतिक' रहा। 'मानवीय' नहीं रहा।

शोक मीडिया के इस युग में 'मानवीय' हो भी नहीं सकता। दरअसल 'शुद्ध मानवीय' तो कुछ भी नहीं होता। इन दिनों तो सब कुछ सिरे से अशुद्ध यानी 'राजनीतिक' होता है। 'इम्पैक्ट' के लिए। आतंकवाद कहें या धार्मिक अतिवाद या कट्टरवाद, जो चाहें कहें, वह जिस परफेक्ट रूप में स्वयं को पेश करता है, लगता है कि मीडिया के लिए ही बनाया गया होता है। जिस तरह से फिल्मी प्रोड्यूसर, डायरेक्टर, टीवी रिपोर्टर, सम्पादक आदि कोई सीन बनाते हैं, आतंकवादी संगठन, उनके नायक, उनके फिदाइन सब लगभग वैसा ही करते हैं। उदाहरणों की कोई कमी नहीं है। आँखें अब आतंकी एक्शनों के सीनों की अभ्यस्त हो गयी हैं। टीवी पर टुकड़े देख-देख कोई भी कह सकता है कि यह तो सर्किट कैमरे का खेल है या गुप्त का खेल है या आतंकी का बनाया गया वीडियो है।

इतना-इतना कैमरा तन्त्र है, इतना वीडियो है, ऊपर सैटेलाइट्स तक हैं जो हर वक्त देखते रहते हैं कि कहाँ क्या हुआ? हर वक्त फोन रिकार्ड करते रहते हैं कि कहाँ क्या बात हुई? तो भी आतंकवाद रुकता नहीं। बर्बर, नृशंस हत्यारे रुकते नहीं। हत्यारे सीन एक से एक बनते रहते हैं।

कुछ पहले लंदन ट्यूब रेलवे में हुए धमाकों के बाद जिस सन्दिग्ध को पुलिस ने पकड़ा था, उसके पकड़ने, दौड़ने, गिरने की एक-एक छवि सामने आयी। तो भी आतंक का डर नहीं गया। हर तरफ कैमरे बढ़ गये। आतंक नहीं ही गया। बल्कि बढ़ा। पिछले ही दिनों श्रीलंका के मन्त्री के दफ्तर में एक आत्मघाती महिला ने खुद को उड़ा डाला। वह मन्त्री को मारने आयी थी, नहीं मार पायी। दफ्तर में लगे कैमरे ने बताया कि किस तरह वह बैठी बात कर रही थी, किस तरह उसने बटन दबाया और धमाका हुआ। किस तरह वह चीथड़ों मे बदल गयी।

हाल में जब बेनजीर मारी गयीं तो वही सीन दुहरा। भीड़। बेनजीर। गोली की आवाज। धमाका। और खबर कि बेनजीर की हत्या कर दी गयी। अलकायदा ने जिम्मेदारी ली कि उसी के बन्दे ने मारा है। तो भी उत्कण्ठा बनी रही कि सब किस क्रम से घटा होगा। पाठक दर्शक चाहता है कि ऐसी बड़ी घटना के घटने के हर पहलू को पूरी तरह खोल दिया जाए। अखबारों, टीवी, ब्लॉग आदि पर बेनजीर से जुड़ी सारी खबरें मिलकर भी यह पक्के तौर पर नहीं बता पातीं कि सब आखिर कैसे हुआ होगा?

और यहीं आतंक एवं मीडिया संचार के नये अन्तर्विरोधी पहलू उजागर होते हैं। जिस 'मीडिया एज' को सर्वाधिक पारदर्शी कहा गया, 'मीडिया' को ही 'मेसेज' कहा गया उसी मीडिया युग में जितनी सूचना इकट्ठी होती जाती है, उतनी ही जिज्ञासा, सन्देह और नयी-नयी सूचना की लालसा बढ़ती जाती है। यदि बेनजीर को मारने वाले चेहरे को पूरी तरह दिखा दिया जाता तो फिर यह सवाल उठता कि ऐसा कैसे दिखाया जा सका? क्या सारा सीन पहले से 'प्लान' था? सारे 'फ्रेम' तय थे? और अगर नहीं है (जैसा कि लगता है कि नहीं है) तो यह सन्देह बना रहता है कि कहीं मुशर्रफ या कि नवाज शरीफ या कि इन्हीं के दल के बन्दे ने तो नहीं मरवा डाला।

मीडिया का इतना-इतना होना उसी की प्रामाणिकता पर सन्देह पैदा क्यों करता है?

इस सवाल के साथ यह सवाल और भी तीखेपन से उठता है कि तब हमें फिर-फिर मीडिया पर भरोसा क्यों करना पड़ता है? सत्ताएँ क्यों मीडिया को प्रमाण की तरह पेश करती हैं? क्यों अपनी प्रतिसत्ता बनाने वाले आतंकवादी तत्त्व मीडिया को अपने लिए भरोसेमन्द मानते हैं?

जाहिर है कि इस 'भरोसे' और 'सन्देह' के बीच ही कुछ बनता रहता है, जिसमें सच-झूठ की मिलावट होती है और हम मिलावट का झूठ या मिलावट का सच ही प्राप्त करते हैं।

अगर हम इस 'थीसिस' पर भरोसा करें (कुछ देर) कि मीडिया 'इम्पेक्ट' की राजनीति करने का मार्ग भी है तो हमें मीडिया अध्ययनों को एक बहुत सी पुरानी थीसिसों को पुराना मानकर छोड़ना पड़ेगा जो मीडिया और यथार्थ के सम्बन्ध में सीधा सम्बन्ध मानकर चलती है। यह सीधा सम्बन्ध नहीं रह गया है। शायद सीधा सम्बन्ध कभी था भी नहीं। यह बात अब ज्यादा साफ है कि सम्बन्ध अब सीधा हो ही नहीं सकता।

इन्दिरा गाँधी की हत्या हुई। तब इतने कैमरे नहीं थे। डीडी के कैमरे उनकी अर्थी की परिक्रमा देते, शोक मनाते लोगों पर रहे। तीन दिन। तीन दिन दंगे चले। 'खून का बदला खून' पुकारा गया। और प्रमाण? अब तक पक्के नहीं हो सके।

राजीव गाँधी मारे गये। तब कैमरे थे। पर्याप्त। और पक्का प्रमाण अब तक नहीं। आरोपित सन्दिग्ध ही रहे। गुजरात। दंगे। प्रमाण तो भी विवादास्पद।

दो तीन नतीजे निकलते हैं : मीडिया का सच सन्दिग्ध रहता है तो भी आदमी के पास वही भरोसे का जरिया है। मीडिया सन्देह का व्यापार करता है। सच कभी नहीं देता तो भी सच देने का भ्रम बनाये रखता है।

सत्ताएँ और प्रतिसत्ताएँ (यथा आतंकवाद या दबाव समूह) उसके जरिए इम्पेक्ट डालकर राजनीति करते हैं। मीडिया के जरिये यह राजनीति 'इमीजिएट' हो जाती है, 'तुरन्ता' हो जाती है। सत्य क्षणभंगुर हो जाता है। जो लोग 'सत्य' को 'सातत्य' में देखते हैं, 'खण्डित सत्य' को सन्दिग्ध मानते हैं।

30 दिसम्बर, 2007

रियलिटी शो की भेड़चाल

टीवी पर शिल्पा शेट्टी ने पूरे साल ज्यादा टाइम दिया। एड्स विरोधी अभियान में रिचर्ड गेर के साथ विवाद में रहीं, लेकिन इससे ज्यादा कुछ न हो पाया। बिग बॉस रियलिटी शो तो कब आया कब उतर गया, कोई नहीं याद रख सकता। खर्च हुए दोयम दर्जे के हीरो-हीरोइनों और मॉडलों को दर्शनीय बनाकर बाजार देने का काम करने का प्रायोजन पहले ही दिन से साफ रहा। राखी सावन्त में अपने शो को पूरी तरह भुनाया। इस साल फिल्मी सितारों और आइटमवादियों के लिए टीवी मुँह दिखायी की जगह बना। वे हर कहीं आकर बैठे रहते हैं। टीवी पर किसी भी कीमत पर दिखें, इस बीमारी के सारे बॉलीवुड वाले शिकार हो गये हैं। राखी ने सबसे ज्यादा दिखने की चर्चा में रहने की कोशिश की। राजू श्रीवास्तव के साथ हँसी वाले कार्यक्रमों में आती रहीं, जबकि हास्य के कार्यक्रम इस साल अपने भौंडेपन के चरम पर पहुँच गये।

इण्डियन आइडल ने इस बार ज्यादा हाइप किया। इसकी परिणति विवाद में हुई। संगीत जब एक आइटम बना तो फिर बनता ही चला गया। सारे खर्चित संगीतकार, गायक यहाँ आने लगे। झूठी लड़ाइयाँ, पीछे से करायी गयी एसएमएस वोटिंग की राजनीति हावी रही। टेलेण्ट का ही रुण्ट हो गया। ऐसे कार्यक्रमों का हश्र संगीत के महायुद्ध टाइप के टाइटिल देने में हुआ। फिर सीरियलों के हीरो हीरोइनों को जोड़ी बनाकर नचाने का ही धन्धा शुरू किया गया। नाच-ही-नाच, गाना-ही-गाना। उधार के गानों पर बच्चे-बूढ़े, गृहस्थ, आदमी, औरतें सब नचाये जाने लगे।

भारतीय टीवी के पास मनोरंजन की कोई मौलिक कल्पना नहीं बची। नच बलिए हुआ तो जिसे देखो वो नाचता रहा। बोर करता रहा। नयी उम्र के कोरियोग्राफर पता नहीं किस जादू से सामने आते रहे। लगा यह सब इन सबकी लांचिंग का पैड मात्र है। इन दिनों अपने टीवी में यह सब निर्लज्ज भाव से दिखता है। पहले फ्रेम से आखिरी तक दिखने लगता है। यही नहीं सारे गामा पा का जूनियर बनाया गया। पाँच-सात साल के बच्चे तक लाइन में लगवा दिये। गर्भस्थ शिशुओं के कम्पटीशन ही नहीं कराये गये! बस!!

लीजिए, एक ओर जावेद अख्तर गाने के फलसफे झाड़ते रहे, उधर कहीं शबाना आजमी गानों की बारीकियों में जाती रहीं। संग में महेश भट्ट तक आ गये। लालू

जी को भी लाइन में लगा दिया गया। तब भी मन नहीं भरा तो पाकिस्तान के क्रिकेटर शोएब अख्तर से ही गाने गवा डाले। आखिर में तो शाहरुख खान की फिल्मी क्रिकेटी पाठशाला ही खुल गयी जिसमें धोनी और युवराज फिल्मी डायलॉग बोलने लगे।

मनोरंजन चैनल बॉलीवुडिया सितारों के जमघट लगाते रहे। टीवी 'ओम शान्ति ओम' का सर्कस बन गया, जिसमें एक साथ सारे सितारे अपना चेहरा दिखाने के कम्पटीशन में रहे।

इस साल राजनेताओं से मीडिया ने मार खायी। लेफ्ट ने कहाः मीडिया झूठ बोलता है। भाजपा ने कहाः कांग्रेस ने कहा कि मीडिया झूठ बोलता है। मोदी जी ने तो यहाँ तक कहा कि मीडिया का फोकस ही गड़बड़ है। मीडिया के एक्जिट पोलों की पोल एक बार फिर खुली। उनका मजाक बना।

इस साल सीरियल ढेर हो गये। एकता कपूर का जमाना खत्म हो गया। कोई मेगा सीरियल इस साल नहीं आया तो मनोरंजन का चेहरा बदलता। हाँ रावण नामक सीरियल जरा नयी बात करता लगा।

खबर चैनलों में भूतप्रेत की हवेली, साक्षात् नाग और लड़की की शादी, प्रतिमाओं का दूध पीना या उगलना, कहीं भी कभी भी देवी का प्राकट्य आदि चलते रहे। कुछ चैनलों ने खबर का चयन इसी नजर से किया। खबरों में फेमिली झगड़े राष्ट्रीय बना दिये गये। सिटीजन पत्रकार की अवधारणा को पॉपुलर किया गया। नागरिक पत्रकार बनाये गये। यहाँ तक कि आप यदि कैमरे वाला सेलफोन रखते हैं तो आप चैनल को अपने माल को दिखा बेच सकते हैं। खबरों की बहुत-सी आउटसोर्सिंग चली।

तो भी मीडिया एक पहरेदार की तरह हर कहीं मौजूद रहा। जनता उसे अपना समझती रही। सीधे खबर प्रसारणों में अभिषेक-ऐश की शादी के पीछे पड़ जाना विवाद का विषय बना। खबरों के शीर्ष की भावुक भाषा वाले भड़काऊ भाषा वाले रहे। खबर प्रसारण प्रायः एक तरफ पोजीशन करने वाला रहा। मीडिया पर मुकदमा चलाने और तुरन्त फैसले देने वाला होने के आरोप लगे।

फिर सारे इनाम नामी चेहरों ने हड़प लिए। महान् ही महान् होते रहे। न्यूज कास्टरों में भी भयानक मोनोपोली है। अरे भई जरा नयों को भी जगह दो। एनडीटीवी ने अपनी टोकरी में कई चैनल बढ़ाये। मेट्रोनेशन किया। इमेजिन इण्डिया किया। दुबई चैनल खोल दिया। नाइनएक्स क्विक मनोरंजन लेकर आया। बिन्दास भी जमा।

नये चैनल खोलने का धन्धा सस्ता हुआ। सात से दस करोड़ में चौबीस घण्टे का चैनल खुलने लगा है। अनगिनत चैनल पाइप लाइन में हैं। कौन कितना टिकता है? पता नहीं।

मीडिया बूम-बूम हो रहा है। कब डूम-डूम होने लगे पता नहीं।

30 दिसम्बर, 2007

‘परकटी औरतों’ की इबारत

महिला आरक्षण विधेयक जितना यूपीए, बीजेपी, वामदलों या सोनिया गाँधी का ‘अपना’ रहा, उससे कहीं ज्यादा यह मीडिया का ‘अपना’ रहा। जिस दिन विधेयक राज्यसभा में पेश किया गया, उस दिन उस पर वोट न करा पाने की सत्तापक्ष की ‘विवशताओं’ और अगले दिन उसको पास करा लेने के यूपीए, बीजेपी और वामदलों के समवेत उल्लास को मीडिया के जबर्दस्त ‘प्रोएक्टिव रोल’ के बिना सबके लिए अनुभव कर पाना असम्भव था।

जिस दिन यह पास नहीं हो सका, उस दिन की खबरें और तस्वीरें उनको खलनायक की तरह पेश करती रहीं जो हंगामा करते रहे। राज्यसभा अध्यक्ष के हाथ से कागज छीनकर फाड़ते-फेंकते रहे। मीडिया ने उनकी इस हरकत के पक्ष में कोई हमदर्दी या तर्क खड़े नहीं किये। प्रिण्ट और टीवी दोनों ने अपना मत बिधेयक के पक्ष में दिया और उस लम्पटता को नायक नहीं बनने दिया जो अक्सर ऐसा हंगामा करके मीडिया में छा जाती रही है।

स्त्री हितों को लेकर मीडिया का रोल दोतरफा रहा है। मनोरंजन के क्षेत्र में उसने अक्सर ऐसी स्त्री बनायी है जो आधुनिका लगती है, लेकिन जो परम्परा को अपने ढंग से बना रही है। फिल्मों में बनी औरत पहले प्रेमिका और आखिर में पत्नी बन घर जरूर बसाती है। इस समूची प्रक्रिया में उसका अपना ‘बल’ पति के पक्ष में छीजता रहता है। वह शुरू के सीनों में अपने गाते-नाचते ‘प्रेम’ के जरिये जो स्पेस अपने लिए बनाती है, वह आखिर में पति और एक अदद ‘घर’ की खातिर समर्पित कर देती है।

समकालीन उदारीकरण और ग्लोबलाजेशन के दौर में टीवी और उसके दबाव में प्रिण्ट ने जो स्त्री-छवि बनायी है, वह काफी हद तक ‘प्रोफेशनल’ और अपने रोल को पुरुष के बराबर, किन्तु भिन्न ढंग से परिभाषित करने वाली किसी ‘सहोदरा अन्य’ के हक के लिए लड़ने वाली, एक नवीन तर्कशीला स्त्री है। यह नयी स्त्री कथित परम्परा (साड़ी, पल्लू, घूँघट, लाज) वादी स्त्री की जगह एक नयी स्त्री को नित्य सच की तरह स्थापित करती है। यह अबला की जगह सबला है। विधेयक शरद यादव की कथित ‘परकटी औरत’ को वाणी देता है, इसीलिए विधेयक के पक्ष में

मीडिया की हमदर्दी है।

इस सांस्थानिक स्तर पर महिलाओं के समुचित प्रतिनिधित्व के लिए आरक्षण बहुत सारे महिला संगठनों, एनजीओ समूहों, यौन अतिचार विरोधी आन्दोलनों और नागरिक अधिकारवादियों की माँग रही है। मीडिया ने इन सबको जगह दी है। उनकी वाणी को लगभग अपनी वाणी बनाकर बोला है। जेसिका लाल का केस हो या रुचिका का या कहीं भी ऐसे केस हों, मीडिया ने उनको पुनरचित (रिकंस्ट्रक्ट) करके और विखण्डित (डिकंस्ट्रक्ट) करके उनको दबा दिये जाने को रोका है, साइबर अभियान चलाये हैं और कई एक केसों में मीडिया ने मिटा दी गयी न्याय की पुकार को बहरे कानों तक पहुँचाया है।

हम मीडिया का अध्ययन करते हुए अक्सर विचारधारात्मक मसलों को प्रमुख मानकर मीडिया और आम औरत की नित्य की सम्मुखता और अन्तर्क्रिया की बारीकियाँ नहीं पढ़ पाते और मीडिया के रूढ़ बना दिये गये पद 'दर्शक' (ओडिएंस) में अक्सर औरत को शुमार नहीं करते, जबकि मीडिया मारकेटिंग शोध बराबर घर में खाली वक्त में टीवी देखती आम औरत का खयाल करते रहे हैं और बताते रहे हैं कि किस तरह यह आम औरत टीवी देखकर निजी और गृह शैली को अपनी हैसियत के हिसाब से बदलने की स्पृहा रखती है।

जिस तरह आम आदमी को कभी उत्तर-नेहरूवादी राजनीति और उससे जुड़े प्रिण्ट मीडिया ने गढ़ा था, उसी तरह इस नयी आम 'औरत' को टीवी ने गढ़ा है। जी हां! यह पुरुष निर्भर 'गूँगी गुड़िया' नहीं है। चौदह साल पहले महिला विधेयक की चरचा के प्रथम चक्र में शरद यादव की कही स्त्री विरोधी कटूक्ति वाली दुर्दमनीय 'परकटी औरत' है, जिसने अपना स्पेस बनाया है, जो इकनॉमी चलाती है, जो संस्थान चलाती है, जो सक्रिय है, जिसकी अपनी वाणी है, जिसकी अलग पहचान है, जो अतिचार के खिलाफ और न्याय के लिए बोल और लड़ सकती है। यह स्मार्ट चुस्त तर्कशीला एम्पावर्ड स्त्री है।

कन्धे तक छोटे बाल, तटस्थ कूल चेहरा व्युत्पन्न और प्रति-उत्पन्न आमने-सामने दो टूक कमेण्ट करता, सामने वाले की बात काटता, असहमत होता, प्रोफेशनल लुक्स वाला चेहरा स्त्री का नया चेहरा है, जो टीवी ने बनाया है। इसकी 'भाषा' अभी तक नहीं समझी गयी है। विधेयक इस नयी औरत का ही एक भाष्य करता है, जो सिर्फ टीवी में बन्द नहीं है। टीवी से बाहर निकलकर समाज में हर कहीं व्याप्त है। इलेक्ट्रानिक मीडिया के व्यापक प्रोएक्टिव रोल बिना इस 'आम औरत' की कल्पना नहीं की जा सकती।

मीडिया का अपना जगत् स्त्री पक्ष का जगत् है। सोप-ओपेराज की असल श्रोता/दर्शक स्त्रियाँ ही हैं। यह तो स्पष्ट ही है कि प्रिण्ट के मुकाबले टीवी में काम करने वालों में महिलाओं की संख्या ज्यादा है। टीवी पर समाचार वाचिकाओं की

संख्या वाचकों से ज्यादा है। इस लेखक ने एक टीवी स्टूडियो में एक कैमरा वूमन भी उसी तरह से सक्रिय देखी है, जिस तरह पुरुष कैमरामैन होते हैं। जाहिर है, टीवी निर्माण से जुड़े तमाम कार्यों में वे पीछे नहीं हैं। और तो और सास-बहू को सुपर ग्लैमरस उपभोक्ता औरतों के रूप में बनाने वाली एक 'एकता कपूर' ही रहीं। उदाहरण नित्य हैं, स्पष्ट हैं और उनके होने का तर्क भी सर्व स्वीकृत है।

टीवी बुनियादी रूप से 'अस्मिता जनक' माध्यम है। टीवी ने हर कहीं 'स्त्री अस्मिता' के विचार और वातावरण का निर्माण किया है। टीवी की मुख्य आवाज औरत की आवाज है। (गलतफहमी न पाल लीजिएगा। यह कोई औरताना आवाज नहीं है। मीडिया का प्रमुख कण्टेट औरत सम्बन्धी कण्टेट है और मीडिया' की मुख्य दर्शक औरत है। (इसका अर्थ यह नहीं कि मीडिया हर हाल में स्त्रीत्ववादी है।)

महिला आरक्षण सम्बन्धी विधेयक एक अस्मिता-मूलक 'औजार' है। उसके पीछे भी सोनिया, सुषमा और वृन्दा-सुभाषिणी के चेहरे दीप्तमान हैं। जिस माध्यम का 'कर्ता' और 'भोक्ता' दोनों मुख्यतया स्त्रीजाति हो, उसकी हमदर्दी स्त्री के प्रति होगी ही। इसीलिए 'पुल्लिंगवादी' यादव-त्रयी या उन जैसे अलग-थलग पड़े हैं। विधेयक पारित हो या रुके, मीडिया के लिए वह 'अपना' विषय रहना है। और जब कभी ऐसा कोई विधेयक पारित होगा मीडिया की भूमिका के बिना न होगा। जो पुरुषवादी रबर टीवी को अक्सर अपसंस्कृति फैलाने वाला कहते रहते हैं, वे ही महिला आरक्षण के विरोध में हैं। उनकी नजर में यह बिल 'परकटी औरतों' की 'अपसंस्कृति' फैला सकता है न!

हाय! क्या करें सर जी!

मीडिया और मोदीत्व

मोदी से मीडिया का रिश्ता उन दिनों तब अचानक अपने चरम पर खुला जब मोदी ने मीडिया के लेंसों के फोकस के दोष गिनाये। किसी अच्छे कैमरा विशेषज्ञ की तरह ही उनकी टिप्पणी लगी। वे बोले : मेरी छवि बड़ी इसलिए लगती है, क्योंकि आपके लेंसों की सबसे बड़ी सीमा यह है कि वे मुझ पर ही रुक जाते हैं। अगर आप अपने फोकस को वाइड करें तो आप उन हजारों भाजपा कार्यकताओं को देख सकते हैं, जिन्होंने मुझे अपने कन्धे पर उठा रखा है।

वे अपनी उस छवि का एक तरह से स्पष्टीकरण दे रहे थे जो कि चुनाव के दौरान बनी थी और मीडिया और पापुलर राजनीति के चर्चाकारों के द्वारा भाजपा से या उसके किसी भी केन्द्रीय नेता के कद से बड़ी मानी जा रही थी। जवाब देते इस क्षण में वे भावुक हुए। ऐसा मीडिया ने बताया। उन्होंने स्पष्ट किया कि वे भाजपा से कभी बड़े नहीं हो सकते। भाजपा उनकी माँ है। क्या बेटा माँ से बड़ा हो सकता है?

ये मीडिया के छवि-चिह्नों के दिन हैं। साउण्ड बाइटों के दिन हैं। राजनीति, विचार और एक्शन सब छवि-चिह्नों के जरिये बनते-बिगड़ते हैं। जमीन की राजनीति से कहीं ज्यादा निर्णायक राजनीति साइबर स्पेस के चिह्नों की रहती है। सत्ता मूलक विमर्श अब सिर्फ जमीन से नहीं तय होते, वे सूचना बाइटों, उनकी व्यवस्थाओं से भी तय होते हैं। कई बार यथार्थ पड़ा रह जाता है और बाइट की फाइट जीत-हार तय करने लगती है। मोदी के मामले में एक बड़ा तत्त्व मीडिया की मीडिएक्रिसी के खेल का भी है।

अगर हम इस गुजरात चुनाव के जरिए हिन्दुत्व द्वारा जीती गयी चीजों की फेहरिस्त बनायें तो उसमें सबसे पहले हरायी गयी चीज सेकुलरिज्म ही कही जाएगी। लेकिन ऐसा सोचकर हम एक गलती करेंगे कि हम जीत-हार को इस मीडिया युग के चिह्न शास्त्र में देखने की जगह विचारधारात्मक नाटकीयता में लेंगे तो मोदी और उनका मोदीत्व मुश्किल से पकड़ में आ पायेगा।

गुजरात के चुनाव की एकल विशेषता यह रही है कि वह छवि के खेल से तय हुआ है। उसने छवियों को बनाया है, वे उसमें विचार से ज्यादा बिकी हैं। छवि और विचार इसी में कुशलता से मिक्स किये गये हैं। छवियाँ अपनी प्रस्तुतियों के जरिये

बहुत कुछ बोल सकती हैं, तो फिलहाल उसी पर चर्चा रहनी चाहिए।

अब हम मोदी की छवि चिह्नों के त्रिभुज की ओर आयेंगे जो इस चुनाव में बना। मोदी चाहें तो त्रिभुज को हिन्दुत्व छाप त्रिशूल भी कह सकते हैं। इस त्रिभुज में एक इम्युनिटी बनी। मोदी त्रिभुज में रहने लगे। अगर इस त्रिभुज को नहीं पढ़ा गया तो विचारधारात्मक रूप से यही कहते रह सकते हैं। कि साम्प्रदायिकता के खिलाफ कांग्रेस ने जमकर संघर्ष नहीं किया। हम यह भी नहीं समझ पा सकते कि कहीं विरोधी को अलग-थलग करने के तौर-तरीके में तो कोई नुक्स नहीं रह गया कि हमने जितना अलग-थलग करने की कोशिश की वह कमजोर की जगह ताकतवर होता चला गया।

तो पहले मोदी के मोदीत्व के निर्माण के क्रम को देखा जाए। मोदी से मोदीत्व का निर्माण देखना इसलिए भी जरूरी है कि मोदी की वह खासियत नजर आये जो अन्य नेताओं में नहीं है, जिसकी व्याख्या भी इस चुनाव में हुई है। ये खासियतें ही मोदी का मोदीत्व हैं।

इसे टीवी बाइटों की क्रमिक निर्मिति में देखा जा सकता है और जमीनी चुनावी सभाओं की बाइटों से मिलान में रखा जा सकता है। एक चैनल पर एक चुनाव चर्चा संयोजक और एक संयोजिका ने मोदी की छवि के बारे में प्रसन्नवदन होकर कहा : छप्पन इंच की छाती। गुजरात का शेर। मरद मानुष! यह हिन्दी में बोला गया। रिजल्ट आने के ऐन पहले यह बात एक साप्ताहिक में भी कही गयी थी।

जब एक और बड़ी पत्रकार मोदी पर विचार करा रही थी तो भाजपा के एक तर्कतीर्थ ने कहा कि भाई आपने उनकी उँगलियों के वी फॉर विक्ट्री के संचालन को ज्यादा देखा बताया है। आप अब मान लें कि यह जीत स्ट्रांग नेशनलिज्म की है, इत्यादि।

ये बाइटें अब गुजर चुकी हैं। रह गयी हैं तो कुछ तैरती आती मिक्स होती छवियाँ। टीवी पर मोदी की बाइटें सब पर भारी रहीं, मानो रोज का हिसाब तय किया जाता हो कि कल क्या बाइट है। दो बाइटें इस चुनाव अभियान में याद आती हैं : एक गाड़ी में मोदी बैठे हैं। सवाल चल रहे हैं। कैमरे के आगे जवाब हो रहे हैं। लेकिन ज्यों ही पूछा जाता है कि आपसे नाराज लोग बहुत हैं पार्टी में, वीएचपी आदि आपके साथ नहीं दिखते, तो मोदी एक लम्बी चुप्पी लगाते हैं। इससे पहले एक चैनल पर गुजरात के विकास की जय-जय करते मोदी से जब एक पत्रकार ने इस आशय का तीखा सवाल किया कि जिस पर गर्व है वह विकास क्यों अपने लिए साम्प्रदायिक हिंसा को जरूरी समझता है? तो वे नाराज हो गये। पत्रकार का आशय शायद यह भी था कि आपको क्या इस पहलू पर भी गर्व है? नाराज मोदी ने पानी महँगा। थकान का बहाना कर चल दिये।

ये और बहुत-सी छवियाँ मोदी के विराट छविशास्त्र की अंग हैं। मोदी के छविशास्त्र को बनते देखना है तो हमें उनके संदेशों को भी छवि के 'सिंक' में मानकर

मिलाकर रखना होगा। उनके मिक्स को भी रखना होगा। यह एक बिखरा हुआ जटिल कार्य है। यहाँ उसकी कुछ महत्त्वपूर्ण छवियाँ जुटायी जा सकती हैं। इसका अर्थ यह नहीं कि इसमें मोदी का विचार छिपेगा।

मोदी के जिस मोदीत्व को मीडिया के चपल तुरन्ताबाज़ लोगों ने गढ़ा है। एक ने तो 'गुजरातत्त्व' भी गढ़ा, वे भी नहीं जानते होंगे कि जल्दी में गढ़े गये शब्द का भी अपना क्रियमाण अर्थ होता है क्योंकि वह ऐसे पल में बनता है जब अभिव्यक्ति के उपलब्ध औजार कमतर पड़ जाते हैं। एक पत्रकार जब फाइट करा रहे थे तो वे मोदीत्व के साथ गुजरातत्त्व लगा गये।

अंग्रेजी के पत्रकारों की भाषाई दिक्कत मोदी को लेकर वही रही जो मोदी को लेकर सोनिया जी की रही होगी। सोनिया जी ने 'मौत का सौदागर' छाप एक ढीली बॉल दी और नुक्कड़ की भाषा के उस्ताद मोदी ने उस पर सोहराब का जो छक्का लगाया तो सोनिया बेन की मौत के सौदागर वाली बॉल ढूँढे न मिलीं!

इस स्थानीयतावादी प्रादेशिक राष्ट्रवाद के मोदी के गुज्जू विमर्श को समझ पाने की फुरसत किसी को नहीं रही। भाजपा का परिचित अखिल भारतीय राष्ट्रवाद इस गुज्जूवाद के आगे कब गिर गया, उसे भी पता नहीं चला। हाँ उसने पुराने अखिल भारतीय राष्ट्रवाद की जगह गुज्जू गर्व निःसृत स्थानीयतावाद से मिलकर रहने की ठानी। इसीलिए मोदीत्व से काम चलाया गया। रविशंकर प्रसाद का स्ट्रांग राष्ट्रवाद इस क्रम में जरा टेढ़ा वाक्य रहा।

अब हम इस छवि व्यवस्था के त्रिभुज की तीसरी भुजा, उनके निजी व्यक्तित्व की ओर आ सकते हैं। कहा गया कि उनमें इण्टेग्रिटी, करिश्मा और सादगी है। ताकत, चमत्कार और सादगी, ये तीन गुण एक नये नेता को अलभ्य बनाने के लिए काफी हैं। ये मिलकर जादू रच सकते हैं। आभामण्डल रचते हैं। भाजपा के एक प्रवक्ता ने कहा कि वे इण्टेग्रिटी वाले हैं। दूसरे प्रवक्ता ने कहा कि वे उनके करिश्मे से प्रभावित हैं। ये प्रवक्ता क्रमशः अरुण जेटली और रविशंकर प्रसाद रहे, जिनकी ऐसी बाइटें टीवी चर्चाओं में आयीं।

तीसरे बड़े प्रवक्ता अरुण शौरी ने चुनाव से काफी पहले मोदी के मोदीत्व की व्याख्या दी। काफी पहले एक पुस्तक के विमोचन के दौरान आडवाणी की उपस्थिति में गुजरात में फरमाया बताया गया कि मोदी तो 'नेशनल स्टाफ' हैं। फिर इन चुनाव परिणाम के आसपास ही दिल्ली की एक पुस्तक गोष्ठी में अरुण शौरी ने कहा कि अगर सच्चर कमेटी लायी गयी तो मोदी को दिल्ली आने से कोई नहीं रोक सकता। मोदी तो राष्ट्रीय नायक हैं ऐसा कहने वाले अरुण शौरी रहे, बाकी के प्रवक्ता अरुण जेटली और रविशंकर प्रसाद बाद में ही आते हैं।

आप अगर एक भावी प्रधानमन्त्री के रूप में मोदी को लेते हैं तो इसी कारण कि सारी बाइटें क्रमिक ढंग से एक दूसरे की पूरक हैं।

मोदी की कुछ बातों में एकदम सच्चाई लगती है। मसलन उनका यह कहना कि चुनाव में कोई मजा ही नहीं आ रहा था। यह तो तब शुरू हुआ जब सोनिया बेन ने आकर मौत का सौदागर कह डाला। एकदम माचो पोजीशन, जो सारे चुनाव को अपने और सोनिया बेन के बीच रिड्यूस कर चुका है। उक्त यों ही एकत्र किये विवरणों से और अगर पिछले पखवाड़े की छवियों की बाइटों को किसी ने जाना है तो वह इनमें कुछ और चिह्न, कुछ और बाइटें जोड़ सकता है।

अब हम इन सबका एक क्रम और व्यक्ति क्रम करके चलना चाहेंगे। पहले क्रम से देखें। मोदी बराबर गोधरा। मोदी बराबर दंगा। उनके विरोधी सेकुलरों ने उनके व्यंजनाक्रम यही बनाये। चाहे सीधे न कहा गया, मगर मौत का सौदागर मुहावरे की व्यंजना कहीं न कहीं से ही चिह्नों के बीच गिरती थी, जिसका सख्त और तुरन्ता प्रतिवाद मोदी ने किया और सोहराब के उल्लेख को आतंकवाद के खिलाफ खुले विमर्श से सफलतापूर्वक जोड़ा। मोदी का फोकस लगातार ताकत की सघनता बनाने में लगा रहा, जबकि सेकुलर राजनीतिक विचारधारात्मकता का सारा फोकस मोदी के 'खेल तत्त्व' पर रहा।

उनके शासन या उनकी तरह के फासिज्म या उनकी तरह के डेंजर की चर्चा करने वाले आदमी को उनका इतना कायल जरूर होना चाहिए कि मोदी में अपने छवि को लेकर सजगता है। अकेलेपन को पसन्द करने वाले, अपनी माता को भी मंच पर स्पेशली नहीं पहचानने वाले नेता की छवि निश्चित ही कुछ नयी है जो इन्हीं दिनों में सामने आयी। सादगी और संन्यास का मिलाजुला दुहरापन छवि को इस उपभोक्तावादी समय में अलग तर्क और ताकत-सी देता है।

यहाँ हम उनकी नाटकीय भाषणशैली की तुरूता हाजिर जवाबी की बात नहीं कर सके। उसके लिए तो अलग से जगह चाहिए। यहाँ हम सिर्फ इतना कह रहे हैं कि उनकी तरह के माचोवाद पर कुर्बान होने वाले भाजपाई या कि उनके विरोध में खड़े होने वाले और फिलहाल अवाक् सब सेकुलर लिबरल बन्धुओं को उनकी ताकत का अन्दाजा होना चाहिए कि उनके पास जो अतिरिक्त हैं, वे सब मिलकर उसका मैच नहीं हैं।

मोदी का अध्ययन फिर से किया जाना चाहिए कि सेकुलर आलोचना उनसे टकराकर भोथरी क्यों हो गयी, कि जनता पर उसका असर तक नहीं हुआ। इस भोथरेपन का कारण शायद यही है कि वे यहाँ नहीं थे, जहाँ निशाना लगाया जा रहा था। वे जगह लगातार बदलते रहे। अपने त्रिभुजीय कवच कुण्डल के साथ वे बचते रहे।

इसका अर्थ यही है कि मोदी का मोदीत्व दुर्भेद्य नहीं है, अगर आप उनका कवच भेद सकें तो।

4 जनवरी, 2008

एकतरफा संचार परिसर

हर मीडिया का अपना परिसर होता है। अखबार का अपना, टीवी का अपना। यह उनमें काम करनेवालों से तो बनता ही है, उनके 'विषयों' से भी बनता है। यदि इस परिसर में कुछ ही लोगों की आवाजाही रहे तो फिर यह परिसर अपने खुलेपन को खो देता है और एकतरफा संचार का परिसर बन जाता है।

यदि मीडिया के कर्ता और उनके 'विषय' जो कुछ खबर बनाते या पेश करते हैं अगर उसे वे अपने लिए ही पकाते-खाते हैं तो एक संकुल चक्र-सा बन जाता है जो सौ, हजार या एक लाख लोगों के बीच ही रहता है। बाकी जन यानी दर्शक उसके मुखापेक्षी उपभोक्ता भर बने रह जाते हैं। आम उपभोगवादी स्थिति में ऐसा ही होता है। अपना मीडिया इस वक्त इसी तरह की संकुलता में है, जिसके कर्ता उसके दर्शक से दूर जा पड़े हैं। यह स्थिति मीडिया के अति-एलीटिज्म को बताती है जो कि एक बीमारी की तरह ही है। उदाहरण के लिए यों तो मीडिया के लोग, उनके प्रतिष्ठान जनता के प्रति उन्मुखता की बात करते हैं, लेकिन आप उनके फोन नम्बर मिलाइए तो कोई उठाएगा नहीं। कोशिश करने पर भी कोई लाइन पर नहीं आयेगा। ऐसी शिकायतें बहुतायत में इसीलिए मिलती हैं कि आप पब्लिक डोमेन में रहकर भी पब्लिक के पास नहीं होते। सुलभ नहीं होते। यह मीडिया-एलीटिज्म है।

सम्पादक इतने अलग-थलग रहेंगे और पत्रकार इतने खुशबूदार कि मैले होने से बचें तो मीडिया का जो मॉडल बनेगा वह अपने विषय/जनता या दर्शक से निरपेक्ष होगा ही। यह भारतीय मीडिया की अपनी अन्तर्विरोधी स्थिति है। प्रिण्ट हो या टीवी सब की हालत ऐसी ही हो चली है।

मीडिया का बूम अगर है तो इसी स्थिति को मजबूत करता हुआ है। नये पाठक या दर्शक की तलाश की जगह, जो है उसी की लूटमार में व्यस्त मीडिया अपने विस्तार के लिए उतना चिन्तित नहीं दिखता, जितना कि अपने मुनाफे को अपने सीमित दायरे में बढ़ाने में रहता है। यह वर्टिकल ग्रोथ की तरह है। इससे इजारेदारी का रास्ता निकालता है। कुल मिलाकर अपना संचार एकतरफा संचार ज्यादा है। एकतरफा संचार पर बल के फलस्वरूप आदेशित-निर्देशित समाज बनते हैं। आजाद समाज नहीं बनते, क्योंकि वह अपने सीमित परिसरपन में चयन की आजादी नहीं छोड़ते।

यों अपने मीडिया की पहुँच हर कहीं है तो भी वह महानगरों तक या कि बड़े नगरों तक है। निचले पिछले नगरों-ग्रामों में, आदिवासी इलाकों में उसकी पहुँच नहीं है, क्योंकि उन जगहों पर बड़े ब्राण्डों के सम्भव बाजार नहीं हैं। मीडिया इन दिनों खबर चुनने से पहले, या मनोरंजन चुनने से पहले बाजार यानी कारपोरेट ब्राण्डों के लांच और उनके लिए जरूरी उपभोक्ता-पट्टी की तलाश करता है। इसका अर्थ यह है कि मीडिया के कण्टेण्ट को, उसकी प्रस्तुति को निर्धारित करने वाला कारपोरेट सीधे माँग करता है कि ये हो और वो न हो। जिस तरह से बॉलीवुड में फाइनेंसर सीन तय करता है कि हीरोइन कितना वैट या बैड सीन, कितना आइटम कहाँ, किस तरह से देगी, उसी तरह से खबर मीडिया में होने लगी है।

इससे मीडिया कण्टेण्ट का स्थिरीकरण होने लगा है। एक ही तरह का कण्टेण्ट सब तरह के मीडिया पर हावी है : सीमित दर्शक और सेलीब्रिटीज सोशलाइट और चन्द चेहरों को लगातार बेचना। उन्हें जनता की बुद्धि का नायक बना डालना। यह एक सुरक्षित बाजार है। किसी भी बड़ी कहानी का निर्माण इस सिलसिले में देखा जा सकता है। हर बड़ी कहानी में चन्द बड़े लोग ही रिपीट होते हैं। दर्शक का हस्तक्षेप भी एसएमएस के जनतन्त्र के सीमित हवाले से होता है और प्रायः एक लाइन में होता है। अपनी शर्म बचाने के लिए मीडिया ने एमएमएस के जनतन्त्र को जनता का पर्याय बनाकर यही कहा है कि मीडिया अपने परिसर से बाहर कच्चे जगत् में जाने से डरता है। इसलिए अपने ही इर्द-गिर्द चक्कर काटता मीडिया विषय-क्षेत्र की नजर से सिर्फ सेलिब्रेटिव एलीटिस्ट होता गया है।

मीडिया की सीमित एलीटवादी परिक्रमा विदेशी निवेश के लिए सबसे अच्छा अवसर देती है, क्योंकि जो भी मॉडल यहाँ है वह कारपोरेट के निहायत अनुकूल है। इसकी भूमिका अरसे से बनती रही है। अब जरा तेज तथा खुलेआम हो गयी है। दस पन्द्रह साल पहले विदेशी खबर या मनोरंजक सूचनाएँ सप्ताह में एक बार दो कॉलम के बाक्सों में आया करती थीं। अब चलन इतना आगे आ गया है कि मुखपृष्ठ पर मास्टहैड के आजू बाजू विदेशी मॉडलों, खिलाड़ियों और हीरो-हीरोइनों की तस्वीरें छपा करती हैं और उनकी जीवनशैलीनुमा कहानियाँ बड़े, शीषकों में दी जाती हैं। वे फीचर की तरह होती हैं। जिनमें इन दिनों अपने हीरो-हीरोइन, माडल और क्रिकेट खिलाड़ी भी होते हैं, अखबारों में टीवी की तरह सिर्फ सेलीब्रिटी आइटमों की जगह रह गयी है। हर पेज पर, हर जगह या तो उनकी बनायी खबर है या उनके बारे में खबर है या उनकी फिल्म का टीवी प्रोमो है या उनके महान् बेकार से ऊलजलूल से विचार होते हैं।

टीवी में सेलीब्रिटाइजेशन इतना ज्यादा है कि उस पर कोई आपत्ति तक नहीं करता। यह मीडिया का सेलीब्रिटीज के साथ इण्टरफेस है। राजनेता, अपराधी, सोशलाइट, डिजाइनर, मॉडल, बड़े वकील, बड़े डॉक्टर और सब और बड़े-बड़े लोग

अन्दर-बाहर मीडिया की सारी जगह घेरने लगे हैं। ये ही सब मिलकर टीवी का परिसर बनाते हैं। इनकी कुल संख्या एक हजार तक नहीं बैठती। किसी भी मौलिक प्रयोगात्मक विचार के बिना पिछला साल काटकर वह इस नये साल में आ गया है। अपने ही काम के प्रति ऐसी लापरवाही मीडिया के अपने परिसरों को गैर जिम्मेदार बनाती है।

6 जनवरी, 2008

ब्राण्ड को बाजार बनाने की ललक

जितने चैनल हैं, किसी न किसी 'ब्रांड' के लांच के स्थान हैं। लांच का मतलब किसी वस्तु या ब्राण्ड को 'घटना' बनाना होता है। उसके बारे में खबर देना होता है और उसका तुरंता बाजार बनाना होता है। क्रेज पैदा करना होता है। उसकी साख बनाना होता है। यह तो नहीं कहा जा सकता कि किसी चैनल वाले को इससे क्या कोई सीधा ठोस लाभ होता है, यानी कि क्या लांच तयशुदा होते हैं? या कि इवेण्ट को बताने-दिखाने के धर्म को निबाहने के काम में किये जाते हैं। मगर इन दिनों जिस तरह से और जिस कदर नयी कारों के बारे में पिछले दिनों महाकाव्य लिखे जाने, पढ़े जाने लगे हैं, वे अजीब लगते हैं। वे एक नया सौंदर्य और वर्णन भाषा लेकर आते हैं।

मसलन एक कम्पनी की गाड़ी है तो उस वर्ग की कई गाडियों के बारे में जानकारी दी जाती है। उसके भीतरी और बाहरी डिजाइन का जी खोलकर वर्णन किया जाता है। उसकी एक्सीडेण्ट में मजबूती की चर्चा की जाती है। इसकी बड़ी व्यंजनाएँ हैं। एक दिन देखा तो पाया कि एक धनपति की कम्पनी ने फिस्चेला नाम के ड्राइवर महाशय को एक फार्मूला वन टाइप रेस के खिलाड़ी के रूप में एक टीम के साथ खरीद डाला है। चैनल ने बड़ी वफादारी से फोर्स वन की टीम में लिए जाने की खबर दी। फोर्स वन फार्मूला वन वाली टीम है। अब उस चैनल के नये लांच वाले चैनल का पटका आता रहा कि अगर असल देखना हो तो वहाँ देखना। समझ लें कि मामला 'मनोरंजन हिताय' है।

फार्मूला वन टाइप की रेसों की कारें आम सड़कों पर नहीं चला करतीं। उनका सब-कुछ स्पेशल स्पीड के लिए बना होता है। कार्तिकेयन ने चीन की रेस जीती तो बड़ी चर्चा हुई। फिश्चेला महोदय दुनिया के चैम्पियन ठहरे। उन्हें साथ लाने का अर्थ यही है कि अब अपने यहाँ भी फार्मूला घुर्र-घुर्र किया करेगी।

हमें अपने एक मित्र की बात याद आयी, जिसे फार्मूला वन से बेहद प्यार है। वे बता चुके थे कि फार्मूला वन को ज्यादातर पबो में देखा जाता है। लोग पीते-खाते हैं और रेस का आनन्द लेते हैं। रेस का अपना नशा होता है। पीकर देखना एक खास तरह का काकटेल बनाता होगा और इसके बाद का सीन हम समझ सकते थे। काश हमारा वह मित्र सिर्फ हाँक रहा होता, लेकिन ऐसा भी कहाँ होता है? हाँकने

वाला भी सच-सा बोल जाता है।

मुम्बई में नशे के साथ ड्राइविंग करते लोग पकड़े गये तो लगा कि वहाँ फार्मूला वन चढ़ गया होगा। कहीं पटरी पर सोते या सड़क पार करते लोगों को कोई बीएमडब्लू टाइप कुचल जाए तो लगता है कि फार्मूला वन का सीन एक पल को चलाने वाले के दिमाग में आ गया होगा। आदमी मर सकता है, पर गाड़ी अमर है। ऐसा लगता है। और तब लगा कि हम सब जो सड़क पर चलते हैं, फार्मूला वन या फिश्चेला की प्रतिभा का या कार्तिकेयन की प्रतिभा का उससे बड़ा गहरा ताल्लुक है। अब पीपुल्स कार नैनो टीवी पर आयी तो लगा कि कारें बरस रही हैं। एफएम चैनलों में से हरेक कोई एक्स्पो में जाकर बैठ गया और बताने लगा कि गाडियाँ जीवन की गति हैं, मति हैं, वे ईश्वर हैं।

यहीं टाटा का लांच सवाया रहा। टाटा की कार आयी तो ड्रीम कार बन गयी। होगी भाई होगी। एक लाख की कार लेने पाँच करोड़ लोग लाइन लगाएँगे। माँग इतनी होगी कि पूर्ति नहीं कर पाएँगे। टाटा एक बड़ा ब्राण्ड है और साख वाला है। रतन टाटा का अपना ब्राण्ड है। इस कार को सिंगूर में बनाया जाएगा। जो लोग विरोध करते हैं, वे इतने लोगों का विरोध करते नजर नहीं आना चाहेंगे।

लोग बताते हैं कि कभी अमरीका में फोर्ड ने कार क्रान्ति की थी। उस कार क्रान्ति का असर यह हुआ कि अमरीका में सड़क और स्पीड क्रान्ति हो गयी। बाद में फोर्डिज्म नामक एक पूरा पूँजीवादी विकास का सिद्धान्त ही निकल पड़ा, जिसे पढ़ाया जाता रहा है। उसका जिक्र आता है। तब दूसरी लड़ाई और पहली लड़ाई के बीच और बाद का जमाना रहा। अमरीका दुनिया पर कार क्रान्ति यानी स्पीड से छा गया। क्रान्ति के लिए तेल की जरूरत पड़ी, तेल के लिए हथियार की लड़ाई की। अब भी ऐसा ही हो रहा है। फोर्ड बैठ गयी है। उतनी अच्छी हालत में नहीं हैं, मगर बुश साहब अफगानिस्तान ईराक में तेल की लड़ाई चलाये हैं। उनका चुनाव इससे सम्बद्ध है।

एक कार कहाँ-कहाँ नहीं निकलती है? सड़क पर निकलती है, स्पीड से निकलती है, मगर तेल और युद्ध तक जाती है। अपनी टाटा नैनो क्या करायेगी? यह एक प्रकार का फोर्डिज्म टू हो रहा है, टाटाइज्मि हो रहा है। अमरीका नया था। भारत पाँच हजार साल से बना हुआ है। शहर हैं, सड़कें हैं, मगर पतली-दुबली हैं, भीड़ है। अब कार लांच के इस सुनहरे मौके पर भड़ककर जो दस लाख आदमी एक्सपो विजिट करेंगे वे तफरीह के लिए तो करेंगे नहीं। वे कार के पास जाएँगे और कोई एक कार उनके सपनों की रानी बनेगी ही।

कारें होंगी। सड़कों पर जगह न होगी। लोग कारें सड़कों पर निकालेंगे और जगह न होने पर पैदल जाया करेंगे। बैलगाड़ी के युग से सीधे नैनो युग में आना विकास की सबसे लम्बी छलाँग है, जो लग रही है। मीडिया सबको नैनो दे के छोड़ेगा।

13 जनवरी, 2008

खबर और मिथक

इन दिनों कुछ खबरिया चैनल मिथक कथाओं को ऐसे पेश करते नजर आते हैं, जैसे वे सच हों। वे उसे आस्था विश्वास का मामला बनाकर पेश करते हैं। ख़बर को आस्था बना डालना फीचर प्रस्तुति का वही सनसनीवादी तरीका है। सच को मिथक और मिथक को सच में मिक्स करने के आदी मीडिया को विज़ुअल की सुविधा है। दृश्य को वे संरचना/कंस्ट्रक्ट/न कहकर सच कहने के आदी हैं। यही जनता को बताया जाता है कि जो दिखता है, वही सच है। सच के निर्माण की ऐसी सरल प्रविधियाँ पॉपुलर कल्चर की प्रचलित परिचित थियरीज के सीमान्त तक जाती हैं, जिनमें सच बनते-बनते मिथक बन जाता है।

मिथक को सच बनाने की एक कला बन चली है। अक्सर दृश्य दिखाते हुए कहा जाता है या कि जिसने दृश्य खींचा है उसके हवाले से कहलवाते हैं कि यह ऐसा है, वैसा है। हमने जाके देखा है। आपको दिखा रहे हैं। प्रस्तुति देने वाला उसमें अपनी कमेण्ट्री का विह्वलभाव से छौंक लगाता चलता है कि अब हम आगे आपको दिखाने जा रहे हैं...जो दिखाया जा रहा होता है, उसके बारे में कहा जाता है कि फलाँ स्थान मिला। यह यहाँ मौजूद है, पहली बार हम इसे आपको बता रहे हैं। मिथकीय स्थान यथावत मिलते दिखाये जाते हैं मानों मीडिया पुरातत्त्व का उत्खनन करके आ रहा हो। पूरे आत्मविश्वास से एक मीडिया आर्कियोलॉजी गढ़ी जाती है, जिसका परिचित आर्कियोलॉजी अनुशासन से कुछ लेना-देना नहीं है।

इन दिनों मिथक निर्माण का यह काम प्रिन्ट में कम होता है, इलेक्ट्रॉनिक मीडिया में ज्यादा दिनों प्रस्तुति ऐसी बना दी जा रही है कि जो कुछ पब्लिक देखे उसके होने को सच माने। कुछ पहले एक चैनल ने पाण्डवों को स्वर्ग ले जाने वाली सीढ़ियों की तलाश कर ली थी। एक और चैनल ने रामायण के बहुत से स्थलों को ओरिजनल मानकर शूट कर डाला।

मिथक निर्माण की नयी पारिस्थितिकी देखी जा सकती है। रामायण एक सीरियल की तरह एक अन्य चैनल पर है, जिसे अपने को पॉपुलर बनाने की जरूरत आन पड़ी है। उधर रामसेतु और राम मन्दिर वाली शक्तियाँ भी हैं जो कहीं-न-कहीं गुन्ताड़े में हैं कि कुछ परिस्थिति बने और उनकी बात बने। चैनल इस समूचे में

मिथक निर्माण की ओर जा रहे हैं। एक हिन्दुत्ववादी नेता ने ही कहा है कि रावण इत्यादि की खबरों की सीडी श्रीलंका सरकार ने जारी की है। तो मिथक निर्माण की नयी कला संयोग भर नहीं है।

इस समूची मीडिया लीला के कई आशय हैं। वे एक वातावरण बनाते हैं, जिसकी फसल कल कोई तत्त्ववादी काट सकता है। यदि ऐसा माना जाए तो यह भी मानना होगा कि मीडिया में ऐसे तत्त्व हैं जो मीडिया के तर्क को मिथक के तर्क से मिलाकर चल रहे हैं। उनका हेतु प्रकटतः टीआरपी लेना हो, मगर इसके फलागम से जो मिथक मानसिकता मजबूत होती है, वह एक विकास विरोधी वातावरण बनाती है।

हम प्रस्तुतियों की टाइमिंग देखें। राजनीतिक पारिस्थितिकी की क्रमिक क्रिया देखें और रामसेतु को लेकर विवाद बनाये रखने के प्रयत्नों को देखें। उनका क्रम व्यवस्थित करें। ऐसे प्रसंग में प्रवीण तोगड़िया जी भी इस मिथक को सबकी तरह मानकर व्याख्या करते हैं। वे करें तो करें, लेकिन मीडिया भी यदि वैसा करता दिखे तो चिन्ता होती है।

इस प्रसंग में हम दो चीजें होती देखते हैं।

एक : रामकथा अब रामायण सीरियल के नेरेटिव में कहानी के रूप में नहीं आ रही बल्कि हार्ड न्यूज का फीचरीकृत हिस्सा बनकर आ रही है।

दूसरे : रामायण सीरियल लीला की तरह आता था, अब लीला को कैमरे सच की तरह दिखाने पर तुले हैं। यहीं मिथक और खबर के बीच उस बारीक लाइन को मिटाने की कोशिशों को देखा जाना चाहिए जो खबर की अन्तर्वस्तुगत राजनीति की बाइटों से ज्यादा मिथक को ही राजनीतिक सच बनाती है।

ये प्रस्तुतियाँ हिन्दूजनों के चित्त से खेलते हुए उन्हें अतीतोन्मेष का तोष और गर्व देते हुए उन मिथक पूजकों से मिला देती है जो टेम्स नदी को तमसा मानते रहे हैं। वे एक हिन्दूमयता के भाव प्रवाह का वातावरण तैयार करते हैं जो अन्यथा मन्दिरवादी रथयात्राओं से अब सम्भव नहीं दिखता।

इस मायने में ये प्रस्तुतियाँ सांस्कृतिक राजनीति करती हैं। उन्हें सांस्कृतिक विमर्श के रूप में देखा जाना चाहिए। अब तक ऐसे विमर्श सड़कों पर पहले बनते रहे हैं। अब कुछ लोग मिथक को खबर की तरह बनाकर भूमिका बना रहे लगते हैं। कई मीडिया अध्ययनों में 'रामायण' सीरियल को, बाद की राम मन्दिरवादी राजनीति और हिन्दुत्ववादी राजनीति के उभार के एक उत्प्रेरक की तरह पढ़ने की कोशिश की गयी है। ऐसे कम-से-कम दो अध्ययन और बहुत सारे उल्लेख इस टिप्पणीकार ने देखे हैं, जिनमें रामायण के प्रसारण को बाद की हिन्दुत्ववादी राजनीति से सीधे जोड़कर देखा गया। हिन्दुत्ववादी राजनीति ने रामायण का उपयोग किया है। अनेक लोग ऐसा मानते हैं और सिद्ध करते हैं। कई हिन्दुत्ववादी तत्त्वों ने रामायण को अपने सीरियल की तरह डिफाइन भी किया है। ऐसे पाठ सहज-सरल दिखा करते हैं।

लेकिन मीडिया के प्रभाव को पकड़ना इतना दो टूक इकहरा हमेशा नहीं माना जा सकता। प्रभाव को हमेशा ही दो दूनी चार के गणित से नहीं समझा जा सकता। प्रभाव के निर्माण में अनेक तत्त्व कार्य करते हैं। निर्माता के प्रयोजन, प्रसारक के प्रयोजन, प्रायोजक के हेतु और दर्शक की अन्तर्क्रियाओं को मिलाकर कई स्तर वाले प्रभाव बनते बिगड़ते हैं। मीडिया किसी इवेण्ट को अपने लाभ से बदलने वाले होते हैं। मार्केटिंग के लोग किसी ब्राण्ड को मार्केट करते हैं। उसके ब्राण्ड को मेंटेन करते हैं तो उसकी पोजीशनिंग पर खास ध्यान देते हैं। रामायण यदि एक ब्राण्ड रहा तो उसकी पोजीशनिंग एक अवसर देती रही जिसका कुछ तत्त्वों ने राजनीतिक उपयोग किया। इस अर्थ में एक बार फिर मिथक नये सिरे से पेश किये जा रहे हैं। उनकी पोजीशनिंग बदल गयी है। वे अब मिथक/कहानी नहीं सीधे खबर की तरह सामने आते हैं। यह मीडिया की सांस्कृतिक राजनीति का एक नया क्षण भी हो सकता है और/या नया एक आइटम भर हो सकता है जिसमें इस बार कोई वृत्तान्त सम्भव ही न हो।

20 जनवरी, 2008

अब तमाशा बना खेल

इण्डियन एक्सप्रेस ने 25 जनवरी को इस खबर पर शीर्षक दिया है 'डोमेस्टिक क्रिकेट गेट्स सेक्स अपील।' इसी दिन के हिन्दुस्तान टाइम्स ने शीर्षक लगाया—'स्टार्स एण्ड कैप्टेन्स स्प्लैश 723 मिलियन डालर ऑन ट्वेण्टी 20'। आगे लिखा कि बालीवुड और उद्योग क्रिकेट की महान् पार्टी में शामिल हो रहे हैं। इण्डियन प्रीमियर लीग की कीमत अब पौने दो मिलियन डालर है। टाइम्स ने शीर्षक दिया : 'आईपीएल काउन्स इण्डिया क्रिकेट जार्स' आगे व्याख्या है : बॉलीवुड स्टार्स बिग बिजनेस ने आठ नगरों की टीमों के लिए बोलियाँ लगायीं।

टीवी पर जिस तरह से इस घटना की खबर पेश की गयी वह कुछ इस तरह रही। बंगलौर विजय माल्या/यूवी समूह का हुआ। कोलकाता शाहरुख खान/रेड चिलीज ने लिया। मुम्बई रिलायंस की हुई, दिल्ली जीएम आर होल्डिंग्स की झोली में गया। मोहाली प्रीति जिण्टा के पास रहा...।

खेल उद्योग की भाषा कुछ नयी रही, क्योंकि घटना ही कुछ नयी रही। खेल का कारपोरेटीकरण मीडिया और बिजनेस के कारपोरेटीकरण के इकट्ठे होने की क्रिया में नीलामी की भाषा इसी तरह की बन सकती थी, जिसमें बिग बिजनेस, बिग मीडिया और बिग लीग का बिग साइज बार-बार चिह्न बनें। इन सबका आना एक बहुत बड़ी घटना बनी। हर खरीदार ने अपने सम्भव स्टार खिलाड़ी के नाम तक दिये।

जब शाहरुख खान से पूछा गया कि आप क्रिकेट के एक नगर के क्लब को अपने दामों पर खरीदकर क्या करेंगे तो वे बोले कि मैं ज्यादा नहीं जानता, पर क्रिकेट का फैन हूँ। मैं छात्र जीवन में सेविन डाउन आता था और बस चला जाता था, लेकिन गोलकीपर अच्छा था। जब फिर पूछा गया तो आप बोले कि मैं एक अच्छी टीम बनाऊँगा और टीम को चुटकुले सुनाकर हँसाऊँगा।

इस तिहरे कारपोरेटी संयुक्त मोर्चे से नतीजा निकाला जा सकता है कि मीडिया और मनोरंजन उद्योग और उससे जुड़ता बिग बिजनेस अब एक साथ उठता-बैठता है। बीस-बीस वाली क्रिकेट इसका एक उदाहरण भर है। कुछ दिन पहले एक बिग बिजनेस हाउस ने फार्मूला वन की अपनी एक टीम खरीदी है, जिससे भारत में आने वाले दिनों में फारमूला वन टाइप की कार रेस की शुरुआत करायी जाएगी।

इस प्रक्रिया में राजनीति और राजनेताओं का, दलों का दबाव एकदम अनुपस्थित रहा। यह महत्त्वपूर्ण है। इसके अपने संकेत हैं।

मीडिया और बिग बिजनेस और बिग मनोरंजन के एक साथ आने से यह सिद्ध होता है कि मीडिया के हित बिग बिजनेस और बिग मनोरंजन के हितों से जुड़े हैं। वे अब भी एक-दूसरे के हमजोली-हित ही रहे, लेकिन अब तो एक दूसरे की तिजोरी में सीधा हिस्सा रखने वाले होंगे। उनके हित अलहदा नहीं, एक-दूसरे पर निर्भर होंगे। वे एक दूसरे के हित साधने वाले होंगे।

इसमें एक नयी इकाई वे स्टार खिलाड़ी हैं जो कहीं न कहीं इस सारे त्रिविध संयुक्त मोर्चे के चौथे हिस्सेदार हो सकते हैं। वे लाभ के हिस्सेदार हो सकते हैं। बोली लगाने के साथ ही 'सम्भव स्टार' की गिनती करना बताता है कि मामला दूर तक नियोजित है। आखिरकार एक फिल्म से करोड़ों की कमाई को वे कहाँ रखें!

अब इस उदाहरण की कल्पना करें : बीस-बीस का मैच हो रहा है और कोई एक स्टार खराब फार्म में चल रहा है, लेकिन उसका हिस्सा इस टीम में है। तब क्या उसे नहीं खिलाना होगा? या कि इस उदाहरण का उलट करें कि उस खिलाड़ी को खिलाना है और खराब फार्म वाले को किसी तरह बढ़िया फार्म वाला बनाये रखना है, तब चयन किस तरह होगा?

हम इस बात का रोना नहीं रो सकते कि खिलाड़ी दिहाड़ी मजदूर हो जाएगा। उसे होना ही चाहिए। उसे होना ही है या कहें कि नयी व्यवस्था में वह हो चुका है। हमें तो मीडिया के उस कंस्ट्रक्ट की चिन्ता है जिसे अब तक वह तटस्थ भाव से 'दिखाने-बताने वाला' कहा जाता है। अब वह उसे 'बनाने वाला' भी बन उठेगा। हर टीम का एक मीडिया होगा। दूसरा मीडिया उसका अ-मित्र भी हो सकता है और देर-सबेर उठापटक वाली बात भी आ सकती है।

इससे खेल और खिलाड़ी के साथ हितबद्ध मीडिया की नाजुक रग खुल जाती है। उसे उस रग की खातिर अपनी कथित सीमित आजादी गिरवी रखनी पड़ सकती है। मीडिया बदलने वाला है।

खेल शुरू से आखिर तक 'डिजाइन' किये जा सकते हैं और परिणाम तक में 'डिजाइन' पैदा किया जा सकता है। इसके आगे-पीछे सक्रिय रहने वाले क्रिकेट के सटोरिये रहेंगे ही और तब ऐसा सम्भव है कि सट्टे का खेल भी किसी डिजाइन को बना बैठे। चूँकि इस नीलामी में ही एक प्रकार की सट्टाबाजारी गन्ध सक्रिय है, उसके मित्र क्रिकेट सटोरिये भला पीछे कैसे रह सकते हैं?

खिलाडियों की नजर से यह एक हद तक लाभकर हो सकता है कि वे भूखों नहीं मर सकते। उनके पास पैसे हो सकते हैं, लेकिन तब उस मानसिक दबाव का क्या होगा, जब हर रन की एक कीमत तय होगी?

मीडिया का खिलाड़ियों पर अब भी दबाव रहता है। उनका हर वक्त दिखना

उन्हें किसी फिल्म स्टार से बड़ा ब्राण्ड वाहक बनाता है। हर क्षण मीडिया की नजर में रहने के कारण निजता नष्ट हो जाती है। उसका दबाव समग्र होता है।

नये मनोरंजन उद्योग के संयुक्त मोर्चे के कुछ अपने लाभ भी कहे जा सकते हैं। ग्लोबलाइजेशन में खेल बड़े निवेश के लिए खुल जाने हैं। टीमें यूरोपीय लीगों की तरह स्टाक में रहेंगी। साथ ही सर्वोत्तम की स्पर्धा सम्भव रहेगी, भले सर्वोत्तम के बीच हेराफेरी हो। तीसरे कि खेल अब एक तमाशा होगा, एक स्पेक्टेकिल होगा। मीडिया तमाशेबाज होगा।

इस एक घटना के अपने अनेक असर सम्भव है। मीडिया की इसमें खुली भागीदारी यही बताती है कि अब मनोरंजन की ओर अन्धे होकर दौड़ते मीडिया से आप तमाशा मनोरंजन की उम्मीद कर सकते हैं।

27 जनवरी, 2008

बिकेगा तो लिखेगा

जो बिकेगा सो लिखेगा। जितना बिकेगा उतना लिखेगा। जहाँ बिकेगा वहाँ लिखेगा। जैसा बिकेगा वैसा लिखेगा। जो खरीदेगा वो पढ़ेगा। जिसे जिसकी जरूरत होगी सो उसे पढ़ेगा। जरूरत बदलेगी। पढ़ने की आदत बदलेगी। पठनीय सामग्री की जगह भी बदलेगी। इस प्रक्रिया में जो लिखेगा और बिकेगा वह लेखक होगा। 'आलतू-पालतू, फालतू-फण्डिया-मनगढ़ंतिया-अनुभूतियाँ अभिव्यक्तियाँ वाले नहीं बचेंगे। यह मीडिया के विकास का तर्क है श्रीमन्! कोरी गप्प नहीं। इसलिए कहा कि जो बिकेगा सो लिखेगा। जो नहीं बिकेगा, नहीं छपेगा। बाजार में नहीं छपेगा। प्रसारित नहीं होगा। छपना-प्रसारित होने में दाम खर्च होते हैं। अगर लिखा हुआ बिकने वाला नहीं हुआ यानी लागत दाम लौटाने वाला न हुआ तो कौन बेवकूफ प्रकाशक उसे छापेगा?

वह चाहे तो इस बाजार से बाहर छपता रह सकता है। बाजार ने उसके लिए इण्टरनेट ब्लॉग और कम्प्यूटर कापी की सुविधा दे रखी है कि सौ-पचास दोस्ताना सर्कुलेशन के लिए कापी छापें-बाँटें, गोष्ठी करे और खुश रहें। उसके लिखने पर मनाही नहीं है बल्कि तकनीक और बाजार ने उसकी बाजार निर्भरता को व्यवस्थित कर दिया है कि चाहे तो अपने क्लब के लिए, ब्लॉग समुदाय के लिए लिखें। यह भी लेखन है। और खूब हो सकता है। निजी साहित्यिक लेखन के लिए बाजार में रहने की शर्तें कड़ी हैं प्रभु जी।

यथार्थ यह है कि प्रिन्टित किताबों का एक बड़ा बाजार है। अंग्रेजी वालों को किताब से और बाजार से कोई शिकायत नहीं नजर आती। क्योंकि वहाँ हर कोई लेखक नहीं होता। हिन्दी वालों के सदा शिकायती स्वर में यह एक स्थायी सुर की तरह बजता रहता है कि हिन्दी की किताबों का बाजार सिकुड़ रहा है। वे इसी साँस में यह भी कहते हैं कि हिन्दी का बाजार सिकुड़ रहा है, अंग्रेजी छाये जा रही है। यह वही बीमारी है—बाजार की पॉकेटमारी है। हिन्दी की किताबों का बाजार बढ़ा है। हाँ, काम की किताबों का बढ़ा है। साहित्यकार साहित्य में बाजार के खिलाफ चिल्लाते रहते हैं, लेकिन चाहते हैं कि उनकी किताब का बड़ा बाजार हो। वो बिके। उन्हें करोड़ों मिलें और अदा यह है कि वे बिकने के लायक लिखते नहीं। वे लिख ही नहीं सकते। हिन्दी के साहित्यकार लिखने में अक्षम हैं। हिन्दी के साहित्यिक

लेखन के कन्सर्न बेहद सेल्फिश हैं।

लेखक किताब के उद्योग का कण्टेण्ट प्रोवाइडर है। लेकिन उसका कण्टेण्ट उसका निजी होता है वह 'जनता' के नाम पर कौन-सी जनता, कौन-सी पब्लिक के लिए लिखता है, उस जनता को नहीं जानता। उसकी जरूरतों को नहीं जानता। 'जनता', 'जन' हिन्दी में एक दिव्य अमूर्तन है। किताब की जनता जेब वाली होती है। मार्केट ने अपनी जनता और पब्लिक सुनिश्चित कर ली है। लेखक के लिए जनता एक मिथक भर है। किताब उद्योग का कण्टेण्ट प्रोवाइडर हिन्दी में साहित्यकार नामक जीव है। 'लेखक' नहीं। हद-से-हद उसे साहित्यिक कविता-कहानी करने वाला कहा जा सकता है। हिन्दी में 'लेखक' शायद बना ही नहीं। कवि, कथाकार यानी साहित्यिक लेखक बने हैं। 'लेखक' नहीं। कविता-कहानी जितनी बिकती है उससे ज्यादा उसकी सप्लाई है। माँग-आपूर्ति के चक्र में उसका दाम गिर जाता है। और जब तक वह माँग और आपूर्ति के नियम के भीतर काम नहीं करेगी, तब तक उसका मूल्य नहीं होगा। भले साहित्यकार अपनी रचना को अमूल्य मानता रहे।

हिन्दी मीडिया का हर क्षेत्र बढ़ रहा है। किताबों का भी बाजार बढ़ रहा है लेकिन काम की किताबों का जो ज्ञान दे, उपयोगी हो और पाठकों की विविध रुचियों की माँगों की आपूर्ति करे। इन दिनों हिन्दी जनता की जरूरतें गैर साहित्यक किताबें ज्यादा पूरा कर रही हैं। अच्छे ज्ञान स्तर वाली समाजशास्त्र की किताबें बिकती हैं। नये विमर्श, जमके बिकते हैं। रेपिडैक्स, तसलीमा की लज्जा, रामदेव, रजनीश, शिवखेड़ा, आरोग्य, ज्योतिष, धार्मिक साहित्य, जनरल नॉलेज की किताबें खूब बिकती हैं। हाइप विवादी किताबें बिकती हैं। मीडिया पर किताबें बिकती हैं। वोकेशनल किताबें बिकती हैं। लोग ठोस माँग की आपूर्ति के तहत किताब लेते हैं। हिन्दी क्षेत्र अभी इतना नहीं कमाता कि किताब उनका शौक बने। अभी जरूरत ही नहीं बनी। शौक बहुत बाद में बनेगी।

हिन्दी मीडिया को जो जोर और बढ़त इन दिनों हासिल है, वह हिन्दी किताब को नसीब नहीं है, क्योंकि हिन्दी का बाजार कम मुद्रा वाला बाजार है। अभी वहाँ प्राथमिक उपभोक्ता वस्तुओं का बाजार बन रहा है। किताब के न्यूनतम रूप उपभोग के बन रहे हैं। धार्मिक व्रत कथाएँ, फिल्मी गाने, काम सिखाने वाली किताबें बिकती हैं। हिंदी में साहित्यिक है, पेशेवर लेखक नहीं हैं। पेशेवर लेखन बड़ा डिमाण्डिंग होता है। आपको सटीक और डेडलाइन पर भेजना होता है और स्पर्धात्मक मीडिया के बाजार में यदि वह स्पर्धात्मक न हुआ तो बेकार है।

हिन्दी में लेखन निजी है, प्रकाशन कुटीरी है। लेखक बिग आइडिया वाला नहीं है। पेशेवर और यथेष्ट श्रमिक-लेखक नहीं हैं। प्रकाशक कारपोरेट भाव वाला नहीं हैं। लेखक उद्यमी बने, प्रकाशक कारपोरेटी तो हिन्दी प्रिन्टित किताब का बाजार आगे बढ़े। इससे पुस्तक उद्योग का तर्कीकरण होगा। रेनेसां के व्यामोह में फँसे हिन्दी

लेखक को भी तमीज आयेगी कि जो वह लिखता है, बिकने से तय होता है, लिखने से नहीं। हिन्दी मीडिया की उठान भरोसा देती है। जो पत्रकारिता में हुआ है हिन्दी किताब के साथ हो सकता है। नये मीडिया के लिए हिन्दी के नये पत्रकारों ने पुराने ढंग की पत्रकारिता को विदा कह कर नये ढंग की पेशेवराना पत्रकारिता के लिए अपने को तैयार किया। आज कोई नहीं कहता कि हिन्दी पत्रकारिता में हिन्दी में काम नहीं होता। हिन्दी प्रकाशन जगत् में भी एक नया उभार आने वाला है। रोना-धोना और अपनी महानतावादी बीमारी छोड़कर वह इस अवसर के लिए तैयार हो तो उसके ब्रह्मराक्षस की भी मुक्ति हो, अज्ञान से मुक्ति हो।

10 फरवरी, 2008

गुलाबी खबरों की समस्याएँ

बाजार और मीडिया के अन्तर्सम्बन्ध को बताने वाले दो बड़े उदाहरण सामने आये हैं। पहला : 'इकनॉमिक टाइम्स' का हिन्दी संस्करण, और दूसरा : 'सेबी' के अध्यक्ष दामोदरन का वित्तबाजारी चैनलों के प्रस्तोताओं को लेकर की गयी टिप्पणियाँ। दोनों उदाहरण दो समस्याओं की ओर इंगित करते हैं। इकनॉमिक टाइम्स का हिन्दी में आना बाजारी हिन्दीभाषी जनता और उसके वित्त बाजार से जुड़ाव के बारे में बताता है। यह हिन्दी के मीडिया को, उसके विकास को, उसकी गति को समझने में सहायक है। दूसरा उदाहरण बताता है कि वित्त सम्बन्धी खबरों में सब कुछ ठीक चल रहा हो, ऐसा नहीं है। वहाँ खबरों में स्टॉक बाजार या वित्त बाजार को इधर-उधर करने की कवायदें होती रहती हैं, जिनका असर निचले शेयर बाजार में निजी पैसा लगाने वाले की जेब पर पड़ता है। कुछ कम्पनियों को नीचा किया जाता है, कुछ को ऊँचा आसन दिया जाता है। एक ही वक्त में वित्त बाजार और उसके मीडिया कवरेज की ये दो बातें बताती हैं कि मीडिया के अगले सवाल वित्त बाजार से ताल्लुक रखने वाले होंगे।

इकनॉमिक टाइम्स का हिन्दी में आना एक बड़ी घटना है। जैसा कि पाठक जानते हैं कि 'द इकनॉमिक टाइम्स' देश का एक प्रतिनिधि बिजनेस अखबार है। वह नव-उदारतावादी रीतियों-नीतियों का पोषक रहा है और सरकारी हल्कों में उसका बड़ा मान है। उस अखबार का अंग्रेजी से हिन्दी में आना यह बताता है कि हिन्दी के पाठकों को स्टॉक बाजार से कायदे से जोड़ने की मुहिम शुरू हो चुकी है। एक और बिजनेस अखबार हिन्दी में आ रहा है। हिन्दी में पैसा है, लोग शेयर बाजार में पैसा लगाते हैं और अब उन्हें कायदे से बाजार के शेयरों, नये स्क्रिपों के बारे में वित्तीय नीतियों, कम्पनियों-कारपोरेटों के आपसी समझौतों-विलयों के बारे में, विदेशी निवेश के बारे में पूरी जानकारी होनी चाहिए। यह एक नया पाठक वर्ग है जो बन चला है और जिसके लिए हिन्दी इकॅनामिक टाइम्स निकाला गया है।

इकनॉमिक टाइम्स का यह संस्करण कितना बिक रहा है, कहाँ-कहाँ सर्कूलेट ज्यादा हो रहा है, इसका आकलन अभी नहीं है, मगर जिस तरह से सोलह पेज का हिन्दी में अंग्रेजी से रूपान्तरित सामग्री दी जा रही है। फारमेट अंग्रेजी के इकनॉमिक

टाइम्स वाला ही है। वही गुलाबी पेपर। उसे जिस तरह की हिन्दी में दिया जा रहा है, वह वित्त बाजार में न्यूनतम दिलचस्पी रखने वाले के लिए पठनीय है।

इसे हिन्दी भाषा की महिमा की तरह भी पढ़ा जा सकता है। पहले दिन के अंक का लोकार्पण करते हुए प्रधानमन्त्री मनमोहनसिंह ने जो कहा वह इसका प्रमाण है। उन्होंने कहा कि हिन्दी देश की धड़कन है। हिन्दी में, मीडिया में उल्लास इस आर्थिक सुधार की पूरी कहानी का सबसे उत्साहजनक पहलू है। उन्होंने यह भी कहा कि आर्थिक सुधार के इस युग में अनेक क्षेत्रीय भाषाओं और संस्कृतियों के पीछे छूट जाने का डर था, वैसा नहीं हुआ है।

इकनॉमिक टाइम्स का सम्पादकीय हिन्दी को पहली बार नमन करता है : पिछले दिनों भारतीय अर्थ व्यवस्था में बड़े परिवर्तन हुए हैं। कारोबार की शक्ति बढ़ी है। सात समन्दर पार की कम्पनियाँ भारत आ रही हैं। इकनॉमिक टाइम्स का पहले पेज का आमुख कहता है कि राष्ट्रभाषा के रूप में हिन्दी देश को एक सूत्र में बाँधती है, लिहाजा हमने सोचा कि हमें भी इस कड़ी का हिस्सा होना चाहिए। हम हिन्दी के दम और ईटी के खम के जरिये आपसे अटूट रिश्ता जोड़ेंगे। हम आपको अर्थ जगत् में ले चलेंगे, उन इलाकों में ले जाएँगे जिनकी राहें अब तक हिन्दी भाषियों के लिए कठिन बतायी जाती रही हैं। हम बताएँगे वे उपाय, जिनसे पूँजी को ढो सकेंगे। उसकी रक्षा कर सकेंगे...।

अखबार की भाषा और प्रस्तुति सरल बनायी गयी है। कठिन पदावली अंग्रेजी नागरी में रखी गयी है।

अरसे से दैनिकों के कॉमर्स-बिजनेस के पेज ज्यादा मजबूत बनने लगे हैं। बजट की आमाद के दिनों में तो ऐसा होता ही रहा है, पूरे साल ऐसे पेज निकलने लगे हैं। बहुत पहले एक अखबार तो उदारीकरण के पहले दौर में हिन्दी में अपना बिजनेस संस्करण भी निकाल चुका है। अब वित्तीय पत्रकारिता का दूसरा दौर है। जब अंग्रेजी वाले हिन्दी में आ रहे हैं। यह हिन्दी की जेब और उसकी सजगता के बारे में बताता है।

वित्तीय पत्रकारिता का दूसरा मामला 'सेबी/स्टॉक एक्सचेंज बोर्ड के अध्यक्ष के बयान से निकलता है जो इण्डियन एक्सप्रेस में अठारह फरवरी के दिन छपा है। प्रसंग पिछले दिनों के स्टॉक के उतार-चढ़ाव का है। अध्यक्ष ने कहा है कि अब मीडिया वित्त मामलों का सलाहकार बनने लगा है। वह हर बार अपने बुलेटिनों में ऐसी सलाहें दिया करता है। देने वाले वित्त बाजार की खबरों के प्रस्तोता होते हैं। वे संकेतों में बहुत से क्षेत्रों पर जोर देते हैं। बहुतों को किनारे कर देते हैं। सेबी के अध्यक्ष का कहना है कि इलेक्ट्रॉनिक मीडिया में ऐसे व्यक्ति काम करते हैं जो किसी शेयर को उठाने का, किसी को गिराने का खेल खेलते रहते हैं। ऐसे लोगों के पक्षपात से आम निवेशक को बचाने के उपाय नहीं हैं। कायदे से तो उनके हितों/हिस्सेदारियों

का खुलासा होना चाहिए कि इस खबर देने वाले व्यक्ति की किस स्टॉक में कितनी हिस्सेदारी है?

बात साफ है। वित्त खबरों में स्टाक मार्केट के सीधे प्रतिनिधि नहीं तो उनके प्रेरित बैठे होते हैं। उनके हिस्से होते हैं और वे खबरों को 'टिल्ट' करते हैं। भोला निवेशक हानि उठाता है। लाभ खबरियों का, उनकी कम्पनी का होता है। बहुत सी चैनल कम्पनियाँ स्टॉक रखती हैं, ऐसे में निश्चित ही उनकी खबर में झुकाव होगा।

क्या मीडिया अपने लाभ की ही सोचेगा या कि जनता के हित की सोचेगा? क्या वह बाजार-हित से पेशेवराना तटस्थता बरतेगा? अगर नहीं बरतेगा तो निश्चित रूप से वित्त पत्रकारिता की हानि करेगा।

24 फरवरी, 2008

सरोगेट विज्ञापन यानी 'चोर कला'

स्वास्थ्य मन्त्री हो उठे हैं। वे शराब सिगरेट आदि के 'सरोगेट विज्ञापनों' पर रोक चाहते हैं। इस बाबत उन्होंने सूचना प्रसारण मन्त्री से भेंट की है। जिस तरह की खबरें मिल रही हैं, उससे लगता है कि सूचना प्रसारण मन्त्री सहमत हो रहे हैं कि मीडिया में कहीं भी ऐसे विज्ञापनों के प्रसारण पर रोक लगे। उन्हें मॉनीटर किया जाए।

विज्ञापन कई तरह के होते ही हैं। उनके मोटे तौर पर दो भेद किये जाते हैं : 'प्रत्यक्ष' और 'परोक्ष'। आमतौर पर हम ब्राण्ड को किसी कैच लाइन के जरिये 'प्रत्यक्ष' बताने-दिखाने वाले विज्ञापनों को पढ़ते-सुनते-देखते हैं। ये सीधे वस्तु या ब्राण्डकी विशेषताएँ बताते हैं। उसके उपयोग के बारे में, फायदे के बारे में बताते हैं और अपने ब्राण्ड को सीधे जमाते/पोजीशन करते हैं। ये प्रत्यक्ष खेल खेलने वाले होते हैं। लीगल होते हैं यानी कि ये प्रसारण कानूनों के अन्तर्गत ही काम करते हैं। यह अलग बात है कि वे उसकी ढील का लाभ दूर तक उठाते हैं और सरकार देखती रहती है। कोका कोला बेचना है तो सीधे दिखाएँगे कि ये रहा कोक, ले लो।

सरोगेट (प्रतिनिधि) विज्ञापन परोक्ष शैली के होते हैं। वे उन्हीं वस्तुओं के या ब्राण्ड़ों के होते हैं, जिन्हें दिखाने की मनाही होती है। इसीलिए बहुत से ब्राण्ड जो अपने को सीधे नहीं दिखा सकते परोक्ष तरीके का सहारा लेते हैं। वे ब्राण्ड के चिह्न को प्रकारान्तर से दिखाते हैं। मसलन वे सोडे के झाग दिखाएँगे या वीरता दिखाएँगे और उसी क्रम में असल शराब या सिगरेट बनाने वाली कम्पनी के ब्राण्ड चिह्नों को भी दिखाएँगे। बस, वे उस ब्राण्ड को नहीं दिखाएँगे जिनके लिए मनाही है।

ऐसे विज्ञापनों को दर्शक याद कर सकते हैं : वह विज्ञापन जो अक्सर क्रिकेट मैचों के प्रसारण के दौरान दिखता रहा है जिसमें कैच लाइन होती है : 'खूब जमेगी जब मिल बैठेंगे आप हम और ये ब्राण्डनेम 'या ऑन द रॉक्स' या कि उस वीरत्व व्यंजक विज्ञापन की याद की जा सकती है जिसमें एक हीरो आग से जलते हुए मकान में घुसता था और दिलेरी दिखाता हुआ एक बच्ची को बचाकर लाता था। बाद में कैच लाइन आती थी : 'रेड एण्ड व्हाइट वालों की बात ही कुछ और है'। बाद में इस विज्ञापन के कण्टेस्ट तक दिखाये गये थे। ये सरोगेट विज्ञापन की कोटि

में आते हैं। इस बार स्वास्थ्य मन्त्री का निशाना इन विज्ञापनों पर है। उनका तर्क रहा है कि ये विज्ञापन प्रचलित प्रसारण नियमों की अवहेलना करते हैं। शराब और सिगरेट के सीधे विज्ञापनों पर रोक है। लेकिन प्रकारान्तर से उन्हे दिखाया जाता है छापा जाता है। मेक्डोवेल, जॉनीवाकर, हेवार्ड्स, डर्बी, रॉयल चैलेंज, किंग फिशर आदि के सरोगेट विज्ञापन आते ही रहते हैं। हर बड़ी इवेण्ट के साथ ये आते हैं।

सरोगेट विज्ञापन एक चोर कला है, प्रकारान्तरी कला है, व्यंजना प्रिय कला है। व्यंजना और चिह्नशास्त्रीय प्रविधियों का वह पूरा इस्तेमाल करती है। दरअसल वह चिह्नों पर पलती है। चिह्नों से अपनी जगह बनाती है। यह ठीक बात है कि शराब सिगरेट स्वास्थ्य के लिए हानिकारक हैं। उनके विज्ञापन रोके जाने चाहिए। आप 'प्रत्यक्ष' शैली वाले विज्ञापन रोक सकते हैं मगर सरोगेट विज्ञापन 'पोजीशण्ड व्यंजना' वाले होते हैं। उनकी पोजीशनिंग सिर्फ टीवी में नहीं होती। वह टीवी से बाहर 'ईवेण्ट' में होती है। वे इवेण्ट के पैकेज बन कर आते हैं। इस तरह प्रसारण के पैकेज बन जाते हैं।

इसे एक उदाहरण से समझा जा सकता है : क्रिकेट के सीधे प्रसारणों में अक्सर क्रिकेट के मैदान को कैमरे पैन करते हैं। कैमरे बॉलर के पीछे या उसे लांगशॉट में कवर करते ही हैं। फिर कट करके दूसरे कैमरे बॉलर और बैट्समैन को दिखाते हैं। इस क्रम में अक्सर दो जगह 'प्रीफिक्स सरोगेट विज्ञापन' नजर आते हैं। वे अपनी निश्चित जगह दिखते ही हैं। जिस जगह से बॉलर दौड़ता है उस जगह जमीन पर रंग में कई बार विल्स या रॉयल चैलेंज आदि लिखा रहता है। फिर विकेट के पीछे के इलाके में बाउण्ड्री पर भी आपको विल्स या रॉयल चैंलेज या ऐसा ही कोई और ब्राण्ड चिह्न लिखा दिख सकता है। मैदान की बाउण्ड्री पर तरह-तरह के इलेक्ट्रॉनिक विज्ञापन दिखते ही रहते हैं। बॉल जाती है तो आप बॉल के पीछे-पीछे खिलाड़ी के दौड़ने के साथ विज्ञापन के चिह्न को भी देखते हैं। मैदान इस तरह के चिह्नों से सज्जित रहता है। आप बॉल न देखकर चिह्न देखते हैं। जीत-हार आँकड़ों में बदल जाती है। याद रहते हैं सरोगेट विज्ञापन के देखे चिह्न! यही उनकी ताकत है।

ऐसे सारे विज्ञापन प्रकारान्तर से चिह्न का प्रचार करते हैं। उनकी पोजीशनिंग/यानी जहाँ उन्हें जमाया गया है, ही उनका अनिवार्य प्रसारण सम्भव करती है। बॉलर के पास नीचे मैदान की घास पर लिखा विज्ञापन बॉलर की दौड़ को दिखाने के साथ दिखेगा ही। उधर बाउण्ड्री के विज्ञापन बॉल के जाने के संग दिखने ही हैं। ऐसे मैदानों में बॉलर और बॉल सरोगेसी के सबसे बड़े माध्यम होते हैं। इन दिनों तो ऐसे विज्ञापन खिलाड़ी के शरीर से लेकर बॉल, बैट, जूते मैदान हर कहीं होते हैं। ऐसे में क्या-क्या कहाँ-कहाँ रोका जा सकता है? यह एक विकट समस्या है। किसी अन्य देश के खिलाड़ी की कमीज पर कोई ऐसा ब्राण्ड लिखा दिख सकता है जिसकी मनाही अपने यहाँ हो। प्रसारण में वह दिखते रहना है। आप उसे कैसे रोकेंगे? आप प्रसारण

ही बन्द कर दें तो अलग बात है।

बड़े खेल बड़े पैसे से चलते हैं। बड़े खेलों के प्रायोजक बड़े होते हैं। ये बड़े अक्सर वे होते हैं, जो इसी तरह के आइटम निर्माता होते हैं। वे खिलाड़ी की समग्र ड्रेस खरीद डालते हैं। वे मैदान के विजुअल स्पॉट को खरीद डालते हैं और आजकल तो पूरी-की-पूरी टीम खरीद रहे हैं। देखना दिलचस्प होगा कि मन्त्रालय ऐसे विज्ञापनों को रोकने के लिए किस तरह के कदम उठाता है?

9 मार्च, 2008

फैशन का 'पतझड़ शो'

सरक गया। रैम्प पर मॉडल का परिधान कन्धे पर अटका था, सरक गया। सरका रहा दो-चार पल। खबर बन गया। देह का दर्शन प्रदर्शन अब भी एक बड़ी खबर है। कुछ दिनों बाद देह दर्शन भी खबर नहीं रहनी है। मीडिया में देह दर्शन/प्रदर्शन की अति एक दिन देह को संचारात्मक क्षमता से रहित कर देगी। रैम्प पर अचानक नग्न दिख पड़े कन्धे को लेकर कैमरों में होड़ मच गयी। दे-दनादन फ्लैश चमकने लगे। मॉडल विदेशी थी। उसे जरा देर से महसूस हुआ कि कुछ सरक गया है। उसने निचाट कन्धे के नीचे कुहनी तक झूल आए कपड़े को फिर कंधे पर धर लिया। दर्शकों में बैठी महिलाओं की ओह-आह निकली। मर्दों की गैलरी से सीत्कार की आवाजें आने लगीं।

ये फैशन का 'पतझड़ शो' चल रहा है। पतझड़ से सिंक करती ईवेण्ट है। डिजाइनरों का भी पतझड़ है। मॉडलों का भी पतझड़ है। पतझड़ में पत्ते गिरते रहते हैं। रैम्प पर कपड़े गिरते रहते हैं। मीडिया ने स्त्री देह के दर्शन-प्रदर्शन के नित नये प्रयोगों के जरिये देह के दर्शन को दार्शनिक ऊँचाइयाँ दे दी हैं और साथ ही भयानक विधा की आकर्षक शोषण क्रिया पैदा कर दी है। उधर पत्ते झर रहे हैं। ईवेण्ट वाले प्रकारान्तर से प्रसन्न ही होने चाहिए। इसके बाद अपने मीडिया में वही होता है जो सबसे आसान होता है। यानी एक दोस्ताना चर्चा शुरू हो जाती है कि देह कितनी दिखाई जानी चाहिए? रैम्प पर कपड़े 'गिर जाते' हैं या जानबूझकर गिराये जाते हैं?

डिजाइनर कहते हैं कि ऐसा हो सकता है कि कपड़े सरक जाएँ, लेकिन जानकर नहीं होता। कपड़े कभी-कभी सरक ही जाते हैं। पहले भी लक्मे फैशन वीक 2006 में सरके थे। सरकना स्वाभाविक है। कपड़े पहनने का टाइम बेहद कम होता है। डिजाइनरों की बिरादरी एक सुर से कह रही है कि कमबख्त कपड़ा खुद-ब-खुद सरक जाता है, सरकाया नहीं जाता। अपने मीडिया में सेक्स बहुत बिकता है।

इस देह दर्शन-निदर्शन ने इतना तो किया है कि उस मोरल पुलिस को अवाक कर दिया है जो आए दिन 'अनैतिक-अनैतिक', 'अश्लील-अश्लील' चिल्लाती रहती थी। कस्बे-कस्बे, गाँव-गाँव अब लड़कियों की अपनी देहभाषा जरा खुली-खुली बन चली है। लेकिन इस क्रिया में मीडिया ने स्त्री देह को जिंस में बदलकर ब्राण्डों का

वाहक मात्र बना डाला है। इसके देह पर गहरे असर हैं, जिन्हें पढ़ा नहीं जाता। जिस तरह एक क्रिकेट खिलाड़ी ब्राण्डों द्वारा दिये गये चिह्नों से ज्यादा जाना जाता है, उसी तरह किसी फैशन शो में किसी फिल्म में किसी सीरियल में विज्ञापन में प्रदर्शित मॉडल स्त्री की देह की कीमत इस बात से आँकी जाती है कि वह कितने महंगे परफ्यूम की बाण्ड एम्बेसेडर है यानी उसकी देह कितने मंहगे की करीयर है। इस तरह उसे सामाजिक रूप से एम्पावर करने की जगह 'एक्स्पलॉइटेबिल एम्पावराइजेशन' की तरफ, बेजान जिंसीकरण की तरफ, धकेल दिया जाता है जिसके चलते वह अपनी देह से भी बेगानी हो जाती है, जबकि उसके लिए उसकी देह उसका 'समग्र' है, जिस पर अतिचारों की इबारतें गहरी खुदी हैं। वह किसी ब्राण्ड का पोस्टरमात्र नहीं। कभी किसी मॉडल की देह की भाषा को यों ही पढ़ें यानी कि जब वह रैम्प पर आती-जाती हो, तब पढ़ें।

उनकी देह पतली लम्बी रहती है। यह बहुत-सी सामाजिक स्त्री-देहों की समतलीकरण है और मर्दों की दुनिया मूल्य बन चली है कि जो ऐसी नहीं है, वह भी क्या औरत है? इसके अपने परिणाम हैं। जो ऐसी नहीं हो सकतीं, उनकी हीनताएँ-दीनताएँ प्रकट होती रहती हैं। स्त्री-देह पर कसरती अतिचार बढ़ते हैं। मॉडलों के लुक्स और उनकी चाल, उनकी खाल सब एक वक्तव्य की तरह आते हैं, जो वक्तव्य उनसे ज्यादा उनके फैशन डिजाइनर बनाते हैं। उनके लुक्स सबके पार देखते निकलते हैं। ये लुक्स सबको देखते पर किसी को नहीं देखते। ये लुक्स किसी से रिलेट नहीं करते। सबसे बेपरवाह, अपनी देह के वैसे होने के रुतबे को बताने वाले लुक्स इन बातों की कहाँ परवाह करते हैं कि कौन उन्हें देख रहा है। उनके लिए देखने वाले होते ही नहीं।

मॉडल की ट्रेनिंग में कई बातें आती हैं। सबसे पहले स्त्री की सामाजिक रूप से सतत 'रिलेटेड' देहभाषा को 'अनरिलेट' करना सीखना होता है। यह एक जटिल क्रिया है, जो स्त्री देह की नयी भाषा होती है, जो उसका 'कमोडीफिकेशन' करती है, जो रिलेट नहीं करती, फिर भी होती है और आप उससे ठीकठीक रिलेट नहीं कर सकते। हाँ, उसके परिधान से रिलेट कर सकते हैं। उसमें जा सकते हैं। उस परिधान से ही अपने को बदल सकते हैं। इस तरह मॉडल के 'अनरिलेट' करने वाले लुक्स दरअसल अपनी ही क्रिया से बेगाने, अपनी देह से भी बहुत हद तक बेगाने, होते हैं। इसीलिए वे ठण्डे, तीखे और सीधे किसी एक को न देखने वाले होते हैं। यह लुक्स का जिंसीकरण या कमोडीफिकेशन ही है जो कि देह को अपने अनुभव से अजनबी बना डालता है।

एक मॉडल अपने कपड़े से, अपने आसपास से, अपने देखने वालों से अलग, अकेली और निःसंवाद होती है। उसका इस तरह होना उसे देह और उसके सेल्फ की भयानक विभक्ति है। उसकी देह ही उसकी सेल्फ बन जाती है। इसीलिए यदि

उस मॉडल को कपड़ा गिराने के बाद उसे ठीक करने का खयाल आया तो वह अचानक अपने आप से 'रिलेट' कर गयी, तभी उसने कानूनवश या औचित्यवश नग्न हो चले अंग को छिपाया। इसका अर्थ है कि जिंसीकृत देह में सेल्फ और बेगानी देह के द्वन्द्व रहते हैं।

यहीं वह थोड़ी सी जगह बचती है जिसमें स्त्री का सेल्फ नयी भाषा के लिए छटपटा सकता है। मर्द दिमाग का मीडिया उसकी देह को भुनाता है, मगर देह की किंचित सी छटपटाहट कुछ कहती ही है। देह के इस विराट कारपोरेटाइजेशन के बावजूद अपने से 'रिलेट' करने के ऐसे पल ही असली होते हैं।

16 मार्च, 2008

हिंसा के बनते-बढ़ते मुहावरे

ब्रिटेन सरकार ने ब्रिटिश समाज में एक वैधानिक चेतावनी की व्यवस्था की है, जो वीडियो गेम्स पर लिखी होगी। उसे पढ़कर ही खरीदें-खेलें। बच्चों के लिए वीडियो गेम्स अलग होंगे, वयस्कों के लिए अलग। अरसे से ब्रिटेनवासी बच्चों और किशोरों में बढ़ती हिंसक वृत्तियों के प्रति चिन्तित नजर आते हैं। बहुत से अध्ययन कराये गये हैं, जिनसे पता चला है कि हिंसक खेल वाले वीडियो गेम्स बच्चों और किशोरों में हिंसक व्यवहार बढ़ाते हैं। उन पर चेतावनी रहेगी तो जो जिस वर्ग के लिए 'सही' नहीं, जो अ-दर्शनीय व अ-खेलनीय है, उसे बच्चे न खेलें। उम्मीद है, इस तरकीब से हिंसक वृत्तियों पर अंकुश लगेगा।

आम वीडियो गेम्स की सीन जरा अलग-सा है। वहाँ वीडियो गेम्स ज्यादा प्रचलित हैं। उनके प्रभावों पर वहाँ बहुत से अध्ययन होते रहते हैं। आगे दिन किशोर-हिंसा की खबरें आती रहती हैं। स्कूलों, कालेजों के छात्र बन्दूक लेकर दस-बीस को उड़ा डालते हैं। अपने कारनामों को किसी ब्लॉग या वीडियो में शाया करते हैं। एक से एक लोमहर्षक हिंसक जुनून की कहानियाँ पिछले ही दिनों आयी हैं। वे अपनी मानसिक अवस्था के बारे में भी बताते रहते हैं। ऐसे कई हिंसक किशोर अपने सामान्य क्लास व्यवहार में अलग से बताये जाते हैं। कई बड़े तेज तर्रार भी कहे जाते हैं। उनके परिवार टूटे-फूटे होते हैं। कोई तनाव उनके भीतर फट पड़ता है। वे दूसरों को मारकर उसे बाहर निकाल देते हैं।

ऐसों को विक्षिप्त मानकर उनकी कहानी भुला दी जाती है। यह यदि सौ फीसदी सच न माना जाए तो भी इतना माना ही जाने लगा है कि बाल-मन पर पड़ने वाले प्रभाव ही बच्चों के व्यक्तित्व को बनाते हैं। वे सहज विश्वासी होते हैं। यथार्थ और उसके आभास में ज़ल्द फर्क नहीं कर पाते। आँखों देखी की नकल करते हैं। उनकी अभिरुचियाँ, उनकी जीवनशैली सब उनके जगत् में उपलब्ध जीवनशैली से तय होती हैं। और जो जीवन शैली इन दिनों दी जाती है, उसमें बहुत सी हिंसक क्रियाओं का बोलबाला रहता है। वैसे ही उपकरण उलब्ध रहते हैं। बच्चों के बीच हिंसा का एक अपना उपभोक्ता जगत् बन चला है। इस कच्चे जगत् में विविध हिंसक गेम्स उनके मन में हिंसा की एक धनात्मक छवि पैदा कर देते हैं। यदि जीवन का सबसे बड़ा

मूल्य 'हर कीमत पर जीत' है तो फिर अन्य सारे मूल्य बेकार हो जाते हैं।

अपने समाज में भी किशोर-हिंसा की घटनाएँ बढ़ रही हैं। बच्चों का जगत् तेजी से बदला है। उनकी इन्नोसेंस खत्म हो गयी है। वे बालपन में ही बड़े हो गये लगते हैं। वे एक अनजाने हिंसक जगत् में प्रवेश कर गये हैं। वे बहुत सी हिंसक वारदातों से दो-चार होते रहते हैं। मीडिया की कहानियों में हिंसा के अनेक मुहावरे रहते ही हैं। मनोरंजन में हिंसा जरा सुन्दर बनाकर पेश की जाती है। वीडियो गेम्स ज्यादातर हिंसक नजर आते हैं, जिन्हें बच्चे शौक से खेलते हैं।

वीडियो गेम्स की भूमिका बहस में आ गयी है। अपने समकालीन चुनाव में हिलेरी क्लिंटन तक ने कहा है कि वीडियो गेम्स एक प्रकार की खामोश महामारी की तरह फैल रहा है, जिसकी वजह से पूरी की पूरी पीढ़ियाँ बर्बाद हो रही हैं। वीडियो गेम्स एक साइबर क्रीडा है, जिसमें दर्शक खिलाड़ी बनता है। और साइबरी गणित से तय किये गये खेल में शामिल होता है और मानसिक आभासी जीत-हार का आनन्द लेता है। इण्टरनेट पर उपलब्ध बहुत से खेल, जैसे ताश के खेल या शब्द पहेली के खेल या अन्य नम्बर गेम्स सट्टा खेल या सामान्य क्विजेज किसी न किसी इनाम से या किसी स्पांसर के किसी देन-लेन से जुड़े होते हैं। लाटरी से जुड़े होते हैं। बहुत से बच्चे उन्हें खेलते हैं। मगर बच्चों के जगत् में ज्यादातर हिंसक किस्म के वीडियो गेम्स पॉपुलर हैं।

इण्टरनेट या वीडियो गेम्स खेलने की क्रिया एक प्रकार की 'सक्रिय निष्क्रियता' ही कही जाती है। दिमाग एक्शन में रहता है। हाथ-पैर कम एक्टिव रहते हैं। वे एक तरह से कामना के अण्डरग्राउण्ड में सक्रिय होते हैं। जीत-हार के हर खेल में हिंसा-बर्बरता एक बड़ा साधन बनती है। आप हमेशा हर हाल में जब जीतने के पक्ष में होते हैं तो आपका दिमाग उस सबको उचित मानकर चलता है जो आप वहाँ चिह्नों को एक्टिव करके कराते हैं। दिमागी एक्शन जरा से फिजिकल एक्शन को शामिल करता है। आँखें, हाथ, उँगलियाँ सब एक्टिव रहते हैं, मगर साइबरी खून खराबे में सच का खून खराबा नजर नहीं आता और इसलिए हिंसा एक लीला की तरह खेली जाती है। हिंसक लीला में आना ही दरअसल वह तत्त्व है, जिससे यह हिंसा विचारेतर एक स्वयंपूर्ण मूल्य बन जाती है। जीत गया आदमी उछल सकता है। उसका ईगो तृप्त होता है। हारा पिटा बुझा-सा होता है। झगड़ालू भी हो सकता है। दिमाग की 'सक्रिय निष्क्रियता' समाज में कभी भी सचमुच में सक्रिय हो सकती है।

वीडियो गेम्स इन दिनों वार-गेम्स में बदल गये हैं। युद्ध ही जब साइबरी खेल बन जाए तो फिर क्या कहने? उनके नाम हिंसक और बर्बर चिह्न लिये होते हैं। उनके नायक ऐसे ही भयानक नामों वाले होते हैं। हिंसा को एक लीला आइटम बना डाला गया है। इसीलिए जब जीवन में कोई काम होता नहीं दिखता तो अपेक्षित सहनशीलता और धीरज की जगह या जनतान्त्रिक प्रक्रियाओं के पूरे होने के इंतजार

की जगह 'तुरन्त रिजल्ट चाहिए' वाला अन्दाज पैदा हो जाता है।

अपने समाज में भी हिंसा के तरह-तरह के मुहावरे बन रहे हैं। बढ़ रहे हैं। सड़कों पर, घरों में, दफ्तरों में, सभ्य कहे जाने वालों के बीच हिंसक व्यवहार के अनेक रूप बढ़ रहे हैं। यदि एक-दो पीढ़ियाँ हिंसक मुहावरों से ही लैस होने लगेंगी तो किसी दिन हिंसा एक नकारात्मक मूल्य नहीं रहेगा और स्वीकारात्मक होते ही वह आत्मध्वंसकारी होगा। अपने यहाँ भी क्या वीडियो गेम्स में उम्र के हिसाब से वर्गीकरण और चेतावनी जरूरी नहीं?

30 मार्च, 2008

किसिम-किसिम की भक्ति

मीडिया से स्वर्ग अब एक कदम की दूरी पर है। कुछ चैनल मुक्ति की गारण्टी देने लगे हैं। स्वर्ग की गारण्टी, मुक्ति की गारण्टी तो प्राचीन काल में पोप भी दिया करते थे। कुछ खबर चैनल पोप की तरह स्वर्ग की सीट की पर्चियाँ नहीं बाँटते, मगर जिस भाषा में बात करते हैं उसमें मुक्ति का, मोक्ष का, भक्ति का, स्वर्ग का और मोक्षादि को दिलाने की गारण्टी देते हैं।

कई लोग समझते हैं कि दर्शक इस सब पर यकीन कर रहा है, लेकिन दर्शक तो बेहद चण्ट होता है। इसलिए वह इस सबको अलग से आनन्द के लिए देखता है। देखते-देखते खाता-पीता रहता है। पूजा का भाव कमतर होता जाता है और ऐसी खबरें या ईवेण्ट आनन्द का विषय बनकर रह जाती हैं, लीला का विषय बनकर रह जाती हैं। यानी मुक्ति का आइडिया अन्ततः आनन्दोत्सव में बदल जाता है। यही वह परिणति है जिसमें आकर भक्ति का भाव अपने अर्थ-गाम्भीर्य को खो देता है, उसको हल्का कर देता है, काम चलाऊ बना डालता है। भक्त का ऐसा फारमूला भक्ति के कहे गये उच्चतर आध्यात्मिक अर्थ को तमाशों में बदल डालता है। टीवी है ही तमाशे का माध्यम। इसलिए जो टीवी के भक्ति के आइटमों को अन्धविश्वास फैलाने वाला मानते हैं, वे टीवी की तमाशे वाली भूमिका को नहीं पहचानते। कई खबर चैनल स्वर्ग की सीढियाँ दिखाने लगे हैं। तीर्थ और बाबा लोगों की चाँदी हो गयी है।

भक्ति चैनलों में जो किसिम-किसिम की भक्ति दिखायी पड़ती है, उसकी लीला न्यारी है। सारे कथावाचक स्वामी जी, बाबाजी, महर्षि या विश्वगुरु या राम कथा या भागवतवाणी के अद्वितीय गायक के एकमात्र अधिकारी वाचक या जगतमान्य बताये जाते हैं। उनकी पदवियाँ बतायी जाती हैं। उनके रूप-स्वरूप निराले ही बने होते हैं। ज्यादा मेकअप होता है ताकि चेहरा टीवी में ठीक से शूट हो सके। बड़े हाल पण्डालों में मंच की तगड़ी व्यवस्था होती है। सुसज्जित मंच पर स्वामी जी का सुन्दर सज्जित सिंहासन होता है। पीछे इष्टदेव की मूर्ति या चित्र होता है। बाजू में पुष्ठसंगीत की पूरी व्यवस्था होती है। यह भक्ति म्यूजिकल होती है, रसमय अधिक होती है।

सामने बहुत बड़ी संख्या में स्त्री-पुरुष होते हैं। इतनी भीड़ देखकर नेता लोग ईर्ष्या कर सकते हैं। उन्हें इतनी भीड़ नसीब नहीं होती। सब स्वामीजी एक से एक

दिव्य रूप में दिखायी पड़ा करते हैं। कहीं स्वामीजी लाल छींटदार डिजाइन वस्त्रों में सजे हैं। कहीं काली में, पीली में। कहीं वे तिलक, बिन्दियों के भीतर बिन्दियाँ लगाये हैं। कहीं वे सीना खोले ही बैठे हैं, कहीं सिली हुई बनियान ही पहने हैं, कन्धे पर काली कमली या इष्टदेव नाम लिखा कपड़ा शॉल की तरह झूलता रहता है। सामने पढ़ने की तिपाई पर पोथी ऐसी जगह पर रखी होती है जो कैमरे को दिखलाई नहीं पड़ती। स्वामी जी को हर बार नयी कथा, नया प्रसंग कहना पड़ता है तो पोथी देखनी पड़ती है। संस्कृत श्लोक देखकर अर्थ समेत बताने होते हैं। श्लोकादि कुछ ही स्वामियों को कण्ठस्थ हैं। कहीं वे भागवत् कह रहे हैं। लाइव चल रहा है। सर्वत्र राम कथा नहीं होती। अब तो भागवत् ही ज्यादा चलता है, जिसमें सारी कथाएँ हैं।

कहीं योग चल रहा है। बाबा-रामदेव फैक्टर सब बाबाओं को स्वीकार हो चला है। वे भक्तों का पूरा खयाल करते हैं। माया प्रबोध, ज्ञान-महिमा, गुरु महिमा, ईश्वर महिमा, लीला की अपरम्पारता, मन को वश में रखने की कला, चित्त को चरणों में रत करना आदि सब बातों के अलावा वे स्त्रियों तक को प्रबोधते हैं। वे समूची वैकल्पिक लगने वाली जीवन शैली देते हैं। वे भक्तों के दिल की बात करते हैं, उनकी चिन्ताओं से उन्हें मुक्त करने की बात करते हैं। वे उनके विश्वास भाजन बन जाते हैं। यह एक नया अन्तर्संचार है जो टीवी पर भक्ति ने पैदा किया है, जिसे समझना चाहिए। जरा सोचें जब हर खबर दुर्घटना या आतंक की, दंगों की, मारामारी की, तनाव की हो, वहाँ अचानक ऐसी बातें जो मन को चैन देने वाली हों या अमन चैन देने का भ्रम देनेवाली तो कौन नहीं देखना चाहेगा। यही तो इस तरह के चैनलों और खबरों की थिरेपी है। थिरेपी चैनल लोकप्रिय हो ही सकते हैं। इस तरह जो धर्म भावना या भक्ति यहाँ देखने-सुनने को मिलती है, वह एक बड़े स्लॉट को भरती है।

भक्ति यहाँ एक तमाशा या लीला बना दी जाती है। उसकी प्रस्तुति भव्य होती है। भक्तिरस बरसता है। प्रेमरस बरसता रहता है। स्वामी लोग अच्छे वादकों और संगीतकारों के साथ अपने लिखे या अपने भक्तों के लिखे भजनों को किसी प्रसिद्ध धुन में गाकर सुनाते हैं। कोई ताली देकर सुनाते हैं। कोई नाच भी उठते हैं। भक्त स्वयं को नाच में, गायन में शामिल कर, उस दृश्य के हिस्से बन उठते हैं, जिसमें वे अन्यथा प्रवेश नहीं कर सकते थे।

भक्ति तो सधती ही है, तमाशों में हिस्सेदारी भी हो जाती है। यह निराला नया तत्त्व है जो टीवी ने भक्ति के आइटम में जोड़ा है। अब वे एक परफॉर्मेंस हैं। स्वामी जी परफॉर्मर होते हैं। दर्शक उस परफार्मेंस के भोक्ता और हिस्सेदार दोनों होते हैं। वे पंडाल की स्क्रीनों में अपने को लाइव नाचता, कवर होता देखते हैं। भजन गीत लम्बे खींचे जाते हैं। बीच-बीच में कोई जैकारा, फिल्मी गीत का टुकड़ा, कोई दृष्टान्त चलता रहता है। सिंथेसाइजर लहरा देता रहता है। बाँसुरी सुनायी पड़ती रहती है। सब लाइव ही होता है।

यहाँ किसिम-किसिम की भक्ति है। लेकिन हर भक्ति भक्त के लिए थोड़ी देह का आनन्द देने वाली होकर आती है। यह भी जनरुचि है। टीवी तो इसे ही बनाता है। आप रोइए चाहे हँसिए। यह बड़ा बाजार है। ज्यों-ज्यों आर्थिक संकट बढ़ रहा है, इसे भी बढ़ना है। संकट का भक्ति के प्रसार से परस्परता का रिश्ता है। इसकी निन्दा का आसान रास्ता नहीं बनाया जा सकता। इसकी स्तुति करके मुक्ति नहीं पायी जा सकती। खेल जरा टेढ़ा है।

6 अप्रैल, 2008

'इडियट बॉक्स' का महँगाई दर्शन

टीवी महँगाई को बना सकता है। उसे दिखा भी सकता है, लेकिन रोक नहीं सकता। मीडिया के रूप में टीवी की सबसे बड़ी सीमा यह है कि वह इडियट बॉक्स है। सरकार नहीं। सरकार इडियट बॉक्स से या तो कुछ कम हो सकती है या ज्यादा, जैसा अपने यहाँ दिखता है।

टीवी का काम सरकार को और उसकी लीला को नित्यप्रति दिखाना है। उसके पक्ष में जनता को लाना है। लेकिन टीवी सरकार को चला नहीं सकता। टीवी किसी सरकार को बनाये तो रख सकता है, उसकी कमी छिपाये रख सकता है, लेकिन बचा नहीं सकता। पूरे तीन चार साल तक सरकार की पंजीरी खाकर मीडिया अचानक जनता के पक्ष में झुकने लगे तो समझिए कि जहाज डूबने को है और चूहे भाग रहे हैं। जबसे मुद्रास्फीति बढ़ी है, महँगाई की बात चली है, खबरों का रुख कुछ तिरछा हुआ है। लेकिन मीडिया ने सरकार के बखिये नहीं उधेड़े हैं। जनता की बात, तकलीफ भी ज्यादा नहीं दिखायी। बस रूखी-सूखी 'गृहिणी-किचन-बजट' खबर की तरह बनायी चलायी है। जब कोई नेता बोलता है कि महँगाई बढ़ी है या अब अखबार फीचरनुमा खबर बड़ी बनाकर देते हैं कि मुद्रास्फीति इतने पर चली गयी तो वह भी खबर देता है मगर ऐसे विषयों पर महान् सेलिब्रिटी-ग्लैमर चर्चाएँ नहीं कराता।

महँगाई या मुद्रास्फीति को ठीक-ठीक खबर बनाना मीडिया के स्वभाव में तो है ही नहीं, उसके वश में भी नहीं है। उसके लिए महँगाई की हर कहानी राजनीतिक आशय ले लेती है। मीडिया सरकार की नीतिगत कमी की ओर नहीं आता। सरकार ने कहा कि हमारे पास महँगाई रोकने की कोई जादू की छड़ी नहीं है तो मीडिया ने नहीं पूछा महाराज से कि आपके पास फिर है क्या? महँगाई से निपटने के मीडिया के कुछ तरीके बड़े कामयाब हैं। अकाल, विपक्ष की तिकड़म, ट्रेडर्स की तिकड़म, तेल की कीमतों का बढ़ना इत्यादि। इस तरह महँगाई का औचित्य स्थापित हो जाता है और सरकार इस सब में साफ बची रहती है। अब तक सरकार के दो मन्त्री कह चुके हैं कि महँगाई तो ग्लोबल मामला है, क्या करें? यानी कि महँगाई एक जीवन शैली है, उसे अपना लें। मीडिया की भूमिका यहीं आती है कि वह क्या करें? वह

अपने सवाल कठिन करता चले कि इसी लाइन को माने यानी मन्त्री बोले तो उसे ज्यादा बार दिखाये। जनता बोले तो उसे दिखाये न दिखाये।

महँगाई से निपटने के कुछ नुस्खे उपभोक्ता सामान बनाने वालों ने ईजाद किये हैं। ऐसी एक घटना के बारे में दिल्ली के एक अंग्रेजी अखबार ने अच्छे ढंग से बताया कि किस तरह से महँगाई से 'निपटने' के लिए सौ ग्राम के मैगी नूडल का पैक पिचानबे ग्राम का हो गया। दाम वही रहे। कम्पनी ने ब्राण्ड को बनाये रखने के लिए चंटई का नुस्खा अपनाया। वजन चुपके से कम कर दिया। लेकिन बात पकड़ी गयी।

मीडिया को चाहिए कि इस तरह की कहानियाँ ज्यादा लाये-दिखाये ताकि जनता महँगाई से निपटने के इन चीटिंग के तरीकों को जान सके। कारपोरेटाइज्ड मीडिया से महँगाई एक मामूली खबर की तरह ही आती है। अक्सर वह ब्राण्डों की मात्रा और पैकिंग के हेर-फेर से बनायी जाती है। ताकि महँगाई रहे तो रहे, लेकिन चुभे नहीं। कोका की बोतल की साइज बदल जाएगा, दाम उसी अनुपात में रहेंगे, शायद अनुपात में ज्यादा ही रहेंगे। उपभोक्ता को ज्यादा देने पड़ेंगे, लेकिन बात इस तरह से ही की जाएगी जैसे नयी चीज न दे रहे हों, कोई खैरात दे रहे हों। ब्रांडों का साइज बदलकर दाम उसी तरह से रखना कि मुनाफा बना रहे। महँगाई से निपटने का एक कारपोरेटी तरीका है। मीडिया उसे ऐसे दिखाता है मानो यह सब प्रश्नों से परे हो।

यहीं आप मीडिया के कार्यक्रमों में उपभोक्ता और कारपोरेट का डिवाइड देख सकते हैं। कार्यक्रम विज्ञापनों के लिए सारी जगह छोड़ते हैं। हर पाँच मिनट, तीन मिनट पर हर चैनल पर कारपोरेट के विज्ञापन होते हैं। सैकड़ों विज्ञापनों के बीच, दर्जनों ब्राण्डों के बीच एक उपभोक्ता-आवाज नहीं होती कि वह किस तरह से इस सबसे प्रभावित हुआ।

मीडिया ने मान लिया है कि उसका काम उपभोक्ता ब्राण्डों को आँख मूँदकर मार्केट करने का है। यहीं से उसे पैसा मिलता है। 'जितने पाठक दर्शक उतने विज्ञापन उतना लाभ।' इसी गणित से मीडिया काम करता है। चैनल या अखबार अपने विज्ञापन स्पेस का रेट उसी अनुपात में बढ़ाते हैं। इस तरह से हर अखबार या रेडियो या चैनल जनता को उपभोक्ता में बदलने का काम करता है और साथ ही जनता को चुपके से कारपोरेट के हाथों बेचने का काम करता है। सबसे बड़ी चीटिंग यही है।

मीडिया यों तो अपनी असली मालिक जनता या दर्शक या पाठक को ही मानता है, मगर असल में उसके हित की बात बहुत कम करता है। उसे निष्क्रिय उपभोक्ता बनाने में वह फायदा समझता है। यहीं गलती करता है। विकसित मीडिया का एक बड़ा काम दर्शक पाठक को अधिकार सजग उपभोक्ता बनाना भी है, लेकिन अपने मीडिया में कहीं भी उपभेक्ता मसलों पर उपभोक्ता के हित की रक्षा हेतु चिन्ता नहीं

दिखलायी पड़ती। वार्निंग भी उसी तरह आती है, जिस तरह बहुत से विज्ञापनों में 'आखिरी शर्तें' बहुत छोटे अक्षरों में लिखी जाती हैं या तूफानी गति से बोल दी जाती हैं जैसे 'कन्डीशन एप्लाई' कहा जाता है। मीडिया का कारपोरेट को यह टोटल सरेण्डर है।

मीडिया अगर सजग दर्शक नहीं बनाता तो मीडिया कारपोरेट के चंगुल से आजाद नहीं हो सकता। गुलाम दर्शक अच्छे मीडिया की गारन्टी नहीं। गुलाम मीडिया सजग दर्शक की गारण्टी नहीं। महँगाई का मीडिया-दर्शन इसी का द्योतक है कि उसे दर्शक या पाठक की तकलीफ से कोई वास्ता नहीं। उसकी जेब को ढीला कराने में उसकी दिलचस्पी जरूर है।

13 अप्रैल, 2008

'ब्लॉग' बना अखाड़ा

इन दिनों ब्लॉगिंग चर्चा में है। अमिताभ की ब्लॉगिंग ज्यादा चर्चा में है। वे गम्भीर हैं और फालतू फण्डिया आरोप लगाने वालों तथा पीत पत्रकारिता को जमकर खबर ले रहे हैं जो उन पर बेवजह लांछन लगाते रहे हैं। अमिताभ अपनी फिल्मों के हीरों की तरह ही एकदम निश्चित जवाबी फाइटिंग मूड में हैं और इस तरह उनका गद्य अद्भुत प्रवाह और क्षुब्ध ओज लिये है, जिसमें एक सटीक क्रिटिकलिटी रहती है। इससे उन्होंने हमलों को उल्टे पैर दौड़ा लिया है। अमिताभ जैसा सुपरस्टार, जब एक आदमी की तरह मार्मिक बातों से अपनी बात कहे तो उसमें नयी रचनात्मक ऊर्जा पैदा हो जाती है। अमिताभ का संस्कार भी तो साहित्यिक रहा है, उनका ब्लॉग अंग्रेजी में है। पढ़ने-लिखने वालों के लिए नया अनुभव है।

आमीर खान की ब्लॉगिंग 'मेरा ब्लॉग मेरा डॉग' टाइप खेल के लिए चर्चा में है। खेल बड़ों का है। उसमें संकेत हैं। पुराने हिसाब-किताब हैं, लेकिन सब कुछ होते हुए भी सीधे कुछ नहीं है। यह बेहद तिरछी व्यंजना है। कुत्तें का नाम शाहरुख होने को लेकर जो एक प्रकार 'सेलिब्रिटी मर्दन' का आनन्द आता है, वह उसकी जान है। सेलिब्रिटीज के आपसी हिसाब-किताब हमेशा दिलचस्पी पैदा करते हैं। जाहिर है कि इन बड़े नामी लोगों के ब्लॉगिंग के शौक से ब्लॉगिंग लेखन को उछाल मिलेगी। अमिताभ, आमिर जो करते हैं, उसका असर होता है।

ब्लॉग एक नयी मुक्ति है, एक नयी अभिव्यक्ति है, एक नया और अपना मुक्त मंच है। अगर आपको लगता है कि आपको कोई आजादी से कहने नहीं दे रहा है, चारों तरफ से आप पर हमला है, आप पब्लिक डोमेन में रहते हैं और जिम्मेदार व्यक्ति हैं, लेकिन जिसे देखो वह आप पर कुछ न कुछ ज्यादतियाँ कर रहा है तो आप अपना ब्लॉग बनाएँ और अपनी बात कहें। आपको राहत मिलेगी। अभिव्यक्ति राहत देती है। ब्लॉग क्रान्ति ऐसी क्रान्ति है जो अखबार क्रान्ति से ज्यादा आगे की चीज है। अखबार के बारे में अपने यहाँ एक शेर में कहा गया : 'खींचो न कमानों को, न तलवार निकालो। जब तोप मुकाबिल हो तो अखबार निकालो।'

जब अंग्रेजों का शासन और दमन था और एक के बाद एक ऐसे कानून अंग्रेज बनाते थे, जो लोगों पर अंकुश लगाते थे, तब एक मशहूर शायर ने उक्त शेर कहकर

बताया कि अखबार तोप से ज्यादा असरदार हमला कर सकता है। तोप की सत्ता हिला सकता है। संचार के महत्त्व को बताने वालों को यह शेर अचानक बता गया कि अखबार की मार तोप की मार से ज्यादा गहरी होती है। सूचना की मार के आगे बड़े-बड़े सत्तावान परेशान रहते हैं। अखबार आज तक अपना धर्म निभाते आये हैं। मीडिया इसी एक भूमिका वाक्य पर आज भी काम करता है। हाँ, ब्लॉग क्रान्ति के लिए इस शेर में इतना और जोड़ सकते हैं : 'जब निन्दा मुकाबिल हो तो ब्लॉग निकालो।'

ब्लॉग के बारे में रवीन्द्रनाथ टैगोर की तरह कहा जा सकता है—जब तुम्हारी पुकार पर कोई तुम्हारे साथ न आये तो एकला चलो रे। रवीन्द्र का यह अमर आत्म और जगत् प्रबोधनात्मक गीत अपनी अकेले की आवाज को बुलन्द करने, अपने मार्ग पर कायम रहने पर बल देता है। ब्लॉग अकेले का मंच है। अगर हम ब्लॉग के प्रकार्य की सांस्कृतिक विशेषताओं की बात करें तो उसमें अखबार और रवीन्द्र के आत्म सम्बोधन की मिक्स झलक मिलती है, लेकिन ब्लॉग इससे भी कहीं ज्यादा है। वह अपना निजी अखाड़ा भी है। आपके अखाड़े में आसानी से कोई पंगा नहीं ले सकता। ब्लॉग लेखन एक तरह से रचनात्मकता की कोटि में आता है। अखबार में सूचना और विचार की प्राथमिकता रहती है, साहित्य में भाव निर्माण और विचार की प्राथमिकता रहती है। ब्लॉग में इन सबका तथा साइबरी अर्थप्रक्रिया का मिक्स रहता है, क्योंकि ब्लॉग की एकल विशेषता उसकी साइबरी निजता है, निजीपन है। जिस तरह आप अपना 'ईमेल आईडी' बनाते हैं जो आपका नितान्त अपना होता है, क्योंकि उसका एक पासवर्ड होता है, जो आपका, सिर्फ आपका होता है। यह निजता ही ऐसे ब्लॉग की जान है, क्योंकि यह आपका अपना होता है। साहित्य की रचना प्रक्रिया में यह निजता केन्द्रीय भूमिका में रहती है। अमिताभ का ब्लॉग करना रचनात्मक है, आमिर का ब्लॉग करना रचनात्मक है। दरअसल ब्लॉग का स्वभाव निजी और अभिव्यक्तिपरक यानी रचनात्मक है, इसलिए रचनात्मकता के कुछ तत्त्व उसमें रहते ही हैं। देखना यह होता है कि उसमें रचनात्मकता के कितने कैसे तत्त्व हैं। ये उसकी समीक्षा के मानकों के नये सवाल हैं, जो परम्परागत मीडिया समीक्षा के प्रतिमानों में पूरी तरह नहीं अंटते।

शायद तीसरी और सबसे निर्णायक चीज ब्लॉग में निहित आजादी की परम-चरम भावना है, जो सिर्फ रचना में ही होती है, साहित्य में ही होती है। एक तरह की आवारगी और दुनिया को ठेंगे पे रखने की अदा। इसलिए भी ब्लॉग को साहित्य के अंग या विधा की तरह माना जाना चाहिए। हिन्दी के बहुत सारे पत्रकारों, लेखकों, अभिव्यक्तिकारों के ब्लॉग चलते हैं और नित्य नये बन रहे हैं। एक बड़ी भाषा होने के नाते हिंदी में अवश्य ही एक दिन सर्वाधिक संख्या में ब्लॉग सम्भव हैं। हर नागरिक का अपना ब्लॉग सम्भव है। लोगों ने अपने ब्लॉग बनाये हैं, जो

उन्हें निकनेम से लिखते हैं। कविता, कहानी, गुह्य विचार, पंगे, भाषा विवाद, विनोद, सूचना विश्लेषण, पोलखोल, शोधपरक लेख। उनका दृश्य अद्‌भुत है।

अमिताभ बच्चन के ब्लॉग के साक्षात्कार बतातें हैं कि यह एक बहुत बड़े युग निर्माणकारी सीनियर अभिनेता का ही मंच नहीं है, वह एक नये किस्म के मेच्योर लेखक का मंच है। हिन्दी में बहुत सारे ब्लॉगर हैं। उनके अपने अलग रंग हैं। वे जीवन्त अभिव्यक्तियों के संसार हैं। एकदम ताजादम और खुले-खुले। हिन्दी की अभिव्यक्तियाँ यहाँ बदल रही हैं। विधाएँ चोले बदल रही हैं। बहसों के पेराडाइम बदल रहे हैं।

18 मई, 2008

शो और शिकार

इन दिनों टीवी का मनोरंजन बिजनेस 'रियलिटी शोज' पर टिका है। रियलिटी शो शब्द में ही रियलिटी का पैकेज निहित है यानी कि रियलिटी एक पैकेज की तरह है। कच्ची रियलिटी (यथार्थ) वह नहीं है। उसे शो में बदला गया है। बनाया गया है। बनाने की प्रक्रिया में रियलिटी बदली है। इस तरह वह कैमरे की बनायी रियलिटी है, रियलिटी नहीं है। जाहिर है कि जिनके हाथ में कैमरा है, वे उसे अपने ढंग से ही बना सकते हैं। यहीं रियलिटी की मिल्कियत का सवाल आ जाता है। जो शो दिखाया जा रहा है उसकी मिल्कियत किसके पास है? टीवी पर हर शो एक तमाशे की तरह ही हो सकता है। इस तरह रियलिटी शो का मामला 'अनरियल तमाशा' होता है, लेकिन उसे पेश ऐसे किया जाता है जैसे रियल हो।

टीवी इसी प्रकार से नित रियलिटी को बनाता दिखाता रहता है। उसे किसी क्षण में 'रियलिटी शो' का नाम देना पड़ा तो इसीलिए कि उसे हर दिन अपने काम के लिए एक नये नारे, एक नये नाम की तलाश रहती है। रियलिटी, रियलिटी होती है। वह जटिल होती है। सीधे पकड़ में न आने वाली होती है। हरेक के लिए अलग-अलग हो सकती है। मनोरंजन में लाकर उसे सबके लिए बनाना कठिन कार्य है, लेकिन टीवी यही सम्भव करता है। इसके लिए वह कुछ वेल्यू बीच में डालता है। हर रियलिटी शो दर्शक के इण्टरएक्शन की दरकार रखता है। यानी रियलिटी को जिस जनता के लिए बनाता है उसे निमन्त्रित करता है कि वह शामिल हो। उसका त्वरित उपभोग करे। इस शो का मकसद दर्शक जनता को उसके उत्कट क्षण में पकड़ने का होता है। रियलिटी शोज प्रायः कम्पटीशन के जरिये इनामात देने की व्यवस्था करते हैं। ये इनामात भी बनाये गये ढंग से लिये दिये जाते हैं। सहजात प्रक्रिया कोई नहीं होती कि वाकई किसी प्रतिभाशाली को सीधे दे दिया जाए। इसके लिए जजमेण्ट का नाटक भी किया जाता है। जनता की उभरती स्पर्धा की भावना का दोहन इसी तरह किया जाता है। पिछले दिनों से कई चैनलों पर यह धन्धा जोर पकड़ने लगा है। पुराने जमाने के बेरोजगार हो चले सितारे अब जज बनकर बैठ जाते हैं। रियलिटी के शो में आने के लिए वे मानक निर्धारित करते हैं। अरसे से जजों का व्यवहार विवाद का विषय बनता रहा है। पिछले ही दिनों शिंजिनी नामक

एक लड़की को एक जज ने इस बुरी तरह से सबके सामने दुरदुराया कि वह बीमार हो गयी। हालात इतनी बिगड़ी कि मरते-मरते बची। माता-पिता ने कहा कि वह सार्वजनिक अपमान बर्दाश्त नहीं कर सकी।

इसी तरह की एक खबर बताती है कि एक बड़े मॉल में टीवी के कथित रियलिटी शो 'खतरों के खिलाड़ी' के लिए एक कम्पटीशन रखा गया। इस शो की असल यूएसपी तेरह स्टण्ट सुन्दरियाँ हैं। उनके संग खतरों का हीरो बनना कौन नौजवान न चाहेगा? उसने भी सोचा होगा कि मौका अक्षय से बराबरी करने का है, सो जान लड़ाकर देख। जान लड़ा दी। कम्पटीशन के तहत स्पर्धी नौजवान को काँच के बड़े चौकोर हौज में साँस बन्द करके पानी के नीचे देर तक रहना था। जो अधिक देर तक रह सकता, उसे ही असल खतरों का खिलाड़ी कहा जाना था। उसे शो में जगह मिल सकती थी। बहरहाल खबर बताती है कि वह तीन मिनट तक अन्दर रहने के चक्कर में मरते-मरते बचा। जब वह पानी में बेदम-सा होने लगा तो उसे लोगों ने निकाला। उसके फेफड़ों में पानी चला गया। उसका इलाज चल रहा है।

रियलिटी शोज में भाग लेने, उनके इनामों में भाग लेने के लिए हजारों युवक-युवतियाँ पहुँचते हैं। यह रियलिटी शोज की पकड़ है। वे लोगों की इमेजिनेशन में बैठ गये हैं। हालात ये है कि आप किसी शो को, किसी इवेण्ट को किसी ग्लैमर सितारे से जोड़ दीजिए तो हजारों की तादाद में स्पर्धी पहुँच जाते हैं। उन्हें कुछ नाम, कुछ नामा चाहिए होता है। ऐसे शोज उनमें स्पर्धा का भाव जगा देते हैं। अनेक असफल इतने भर से सन्तुष्ट हो जाते हैं कि चलो उन्हें यहाँ तक आने का मौका तो मिला। अगली बार वे और आगे जा सकते हैं। अनुभव तो हुआ।

जब शुरू में गीत संगीत टैलेण्ट शो शुरू हुए तो इसी तरह की भीड़ें देखी गईं। शहर-शहर कतारें देखी गयीं। उम्मीद से भरे उत्सुक और साहसी नौजवान घण्टों लाइनों में खड़े अपनी बारी का इन्तजार करते। पसीने-पसीने वे सब सहते रहते। आयोजित करने वाले उनकी तकलीफों की परवाह नहीं करते। उनकी सोच है कि जैसे-तैसे कुछ हो ही जाएगा। जनता का क्या है। वही तो इसी तरह आती रहती है। बाकी का सम्पादकीय स्तर पर ठीक कर लेंगे। संगीत स्पर्धाओं में साफ नजर आता रहा है कि सब कुछ बना बनाया होता है। स्पर्धा सचमुच की नहीं होतीं। कहीं-न-कहीं से मैनेज होती रहती हैं। एसएमएस तक मैनेज होते हैं। इस तरह जो लोग पिछड़ते हैं, वे पिछाड़े जाते हैं। जो लोग अव्वल आते हैं, वे अव्वल बनाये जाते हैं। स्वस्थ स्पर्धा नहीं होती। जिस समाज में सामन्तीय भाव जनता में और स्पांसरों तक में जीवित हों जज अपने को खुदा समझते हों और स्पर्धी सहज भाव से तैयार होकर आते हों प्रकारान्तर से वे भी अपने पव्वे/कण्टेक्ट की तैयारी करते हैं।

महत्त्वपूर्ण बात यह है कि आप रियलिटी शो को उसी तरह से न देखें जिस तरह से टीवी के अन्य शो देखते हैं। वे बने बनाये हैं जिनमें सबकी गुजर नहीं है।

इन दिनों हर आदमी अपने को खुदा समझता है। इन खुदाओं का प्रवेश बेहद सँकरे दरवाजे से होता है और नकली प्रतिभाएँ असली बनायी जाती हैं। तुरन्त कुछ नेम कुछ फेम, कुछ पैसा कमा लेंगे, यह भाव तर्कसंगत नहीं लगता। ग्लैमर का जादू बहुत-बहुत फीका हुआ करता है। भोले-भाले इसके चक्कर में आ जाते हैं, चतुर बच जाते हैं।

20 जुलाई, 2008

ब्लॉग, आजादी और जिम्मेदारी

ब्लॉग लेखन साइबर-लेखन है। साइबर-स्पेस नयी तरह की आजादी वाला स्पेस है। हिन्दी में ब्लॉग बढ़ रहे हैं। यहाँ एकदम नवांकुर-नवेच्छु अभिव्यक्तियाँ करने लगे हैं। इनमें नये पत्रकार ज्यादा हैं। बहुत से अखबारों में काम करने वाले हैं, बहुत से टीवी आदि में काम करते हैं, बहुत से एनजीओ वाले हैं और बहुत से लिखने-पढ़ने के शौकीन हैं। इन सब में एक समान तत्त्व मिलता है : अपने मत को साइबर से धड़ल्ले से व्यक्त करना।

जिस हिन्दी में अनेक पढ़े-लिखे लोग, बुद्धिजीवी कल तक कम्प्यूटर क्रान्ति के विरोध में रहे, उसे खतरा मानते रहे, उनकी जगह नये आ रहे हैं। और धड़ल्ले से साइबर स्पेस का उपयोग कर रहे हैं। यह एक प्रगतिशील तत्त्व है। एक नयी पीढ़ी, नये ढंग की आजादी में 'आजाद' हो रही है। साहित्य-संस्कृति के बहुत सारे बौद्धिकों के चंगुल से बाहर निकलकर वे अपनी अभिव्यक्तियों की दुनिया रच रहे हैं। यह अच्छी बात है।

उनके विषय अनन्त हैं। बहुत से ब्लॉग गम्भीर काम करते हैं। वे सामाजिक महत्त्व की टिप्पणियाँ करते रहते हैं। बहुत से ब्लॉग उतने गम्भीर नजर नहीं आते हैं। ज्यादातर हिन्दी ब्लॉगर हिन्दी और समाज तथा निजी विचार करते हैं। कई राजनीति पर लिखते हैं और राजनीति-सी करते रहते हैं। कई पर्सनल स्कोर सेटल करने के चक्कर में रहते हैं। भाषा अराजक-सी हो उठती है। उनके लेखक अपने लक्ष्य के एकदम समक्ष होते हैं और उनके आहत-अनाहत भी उनसे सम्मुखता में रहते हैं। यहाँ बेहद 'तात्कालिकता' का दृश्य बना रहता है। उसी में उनके हिस्सेदार भी रहते हैं। ऐसे कई ब्लॉग हैं, जिनमें निजी समक्षता और तीखा तुरन्तापन नजर आता है। दुश्मन साफ नजर आते हैं। मारने वाले भी सामने होते हैं और मजेखोर भी।

हिन्दी ब्लॉग का यह वर्तमान सीन सातवें दशक के आसपास की 'लिटिल मैग़जीनों' के विस्फोट की याद ताजा करता है। तब का सीन ऐसा था : किसी छोटे शहर से या कहीं से भी कोई छोटी पत्रिका निकाल बैठता। उसमें अपनी रचना, अपने दोस्तों की रचनाएँ और विचार देता। वह नये लोगों के बीच प्रसारित रहती। पुरानों के बीच जाती। भाषा में नाराजगी एक स्थायी भाव की तरह होती। बड़े संस्थानों के

विरोध में उनमें टिप्पणियाँ रहतीं। बड़े प्रेस के विरोध मे उनमें लिखा रहता। भाषा तीखी, एकदम पर्सनल हिसाब निपटाने की भी रहती।

अकविता, अकहानी और मोहभंग के लेखन के तीखे नये स्वर यहीं नजर आये। उनसे एक प्रवृत्ति बनी। कई कवि ख्यात हुए, कई कहानीकार बने, अपने निजीपन अपनी तात्कालिकता और गरम मिजाजी के कारण छोटी पत्रिकाएँ नयों का ध्यान खींचती। उनकी दीक्षा-सी करतीं। उनका मंच बनतीं। अन्ततः यह प्रवृत्ति अपनी ताजगी खो बैठी। गुस्सा पिलपिला हो गया और ठहराव आ गया।

ब्लॉग लेखन का स्पेस लिटिल मैगजीन के स्पेस से जरा अलग है। यह साइबर है, इसलिए 'अनन्त' का अहसास देता है, ज्यादा आजाद जगह का अहसास देता है। भारत में कम्प्यूटर अभी कम हैं। हिन्दी क्षेत्रों में उनका ज्यादा प्रवेश नहीं है। इण्टरनेट का उपयोग करने वाले बहुत नहीं हैं। उसका निजी अभिव्यक्तिपरक उपयोग करने वाले और भी कम हैं, इसलिए उसकी नागरिकता अभी सीमित है। इसलिए इसमें उपलब्ध होने वाली आजादी अपने निश्चित समाज के अनुशासन में नहीं होती, क्योंकि यहाँ कोई निश्चित समाज या कहें, परंपरागत पाठक नहीं रहता। नये पाठक होते हैं, प्रतिक्रिया करने वाले सक्रिय पाठक होते हैं। वे प्रतिक्रियाएँ देते भी हैं। उन्हें भी स्पेस मिलता है। इस तरह ब्लॉग स्पेस मूलतः इण्टरएक्टिव है।

यहीं साइबर स्पेस की आजादी के यथार्थ अन्तविरोध पैदा होने लगते हैं। वहाँ 'स्थिरता' और 'आजादी' में विलोम का भाव रहता है। उसके ताजापन यानी तात्कालिकता और शब्दार्थ की निरन्तर परिवर्तनशीलता में अ-विरोध रहता है। वहाँ अर्थ की अराजकता रहती है। यह लेखनी का क्रीड़ा-स्थल बनता है। चूँकि साइबर स्पेसी लेखन में पोस्टमॉडर्न के लक्षण भी रहते हैं, इसलिए उसमें कुछ अनिवार्य नैतिक विमर्श काम करते हैं। साइबर स्पेस के लेखन में आजादी और नैतिक विमर्शों के बीच तनाव रहते हैं। साइबर स्पेस में पुराने ढंग के साहित्य की उम्मीद करना व्यर्थ है। यह अच्छा भी है और बुरा भी है।

पाठक के प्रति समक्षता रहती है, मगर पाठक की साक्षात् उपस्थिति का अभाव रहता है। तिस पर भी एक ब्लॉग कम्यूनिटी का अहसास तिहरे अन्तर्विरोध को जन्म देता है। समक्ष है, लेकिन साक्षात् नहीं। समाज है, लेकिन निर्गुण है, लेकिन यह जीवन तो सगुण है भाई।

इस तरह किसी भी समाज में आते ही उसके कानून से इस आजादी का टकराव होता है। प्रिन्ट में कानून सीधे लागू होता है इसलिए स्थिरता रहती है, टीवी आदि में भी रहती है, लेकिन साइबर स्पेस की आजादी इस खयाल में अपनी अति पर रहती है कि उसकी नकेल किसी के हाथ में नहीं है। यह गलतफहमी एक हताशा ही साबित हो सकती है।

आजादी है, तो जिम्मेदारियाँ कम नहीं होतीं, बढ़ती जाती हैं। जितने आप

आजाद हैं उतने आपको जिम्मेदार होना होता है और उतनी ही आजादी दूसरे को देनी होती है। साइबर स्पेस का असल मूल्य उदारवाद है, सहने की क्षमता है। अगर साइबर स्पेस एकतरफा निजी आजादी का स्पेस बना रह जाता है, तो वह जिम्मेदारी से विरत होने वाली बात है। यहाँ अभिव्यक्तियाँ करने वाले अपने शौक या काम के अन्तर्विरोधों के बारे में सोच-विचार किया करें। इससे साइबर स्पेस वयस्क और जिम्मेदार बनेगा।

27 जुलाई, 2008

बिग स्टोरी के अन्तर्विरोध

पहले कोसी की बाढ़ बिग स्टोरी बनी और लुढ़की। फिर नन्दा का केस बिग स्टोरी बना और मीडिया में हमदर्दी का तकाजा उभरा। दोनों रिपोर्टें खबरवीसी की बेहिसी 'बेपरवाह' जल्दबाजी और चैनलों-रिपोटरों के निहित स्वभावों को ही बताने वाली रहीं।

बिग स्टोरी और लीड स्टोरी की अपनी जटिलताएँ और जिम्मेदारियाँ होती हैं। आप उसे यों ही लेकर नहीं बैठ जाते। अखबार जिसे सबसे बड़ी खबर समझता है, उसे 'लीड स्टोरी' या 'हेड लाइंस' कहा जाता है। इसे ज्यादा जगह दी जाती है। खबर चैनलों में चैनल जिसे दिन भर की महत्त्वपूर्ण खबर समझते हैं, उसे बिग स्टोरी का नाम देते हैं और उसे ज्यादा समय देते हैं। अखबार का मुखपृष्ठ लीड स्टोरी को पेज के बिल्कुल ऊपर पहली स्टोरी की तरह देता है, जबकि टीवी खबर चैनल उसे 'प्राइम टाइम' में दिया करते हैं।

हर बिग स्टोरी या लीड स्टोरी तभी 'बड़ी' बनती है, जब मीडिया में उसके बनने और उसके आगे पीछे के सारे सन्दर्भ एक पक्के खबरनवीस की तरह प्रस्तुत किये जायें। बिग स्टोरी दबाव बनाये बिना नहीं रहती। लेकिन बिग स्टोरी के अपने अन्तर्विरोध होते हैं।

मीडिया और जो सचमुच 'बिग' हो। बिग स्टोरीज का आग्रह बहुत-सी छोटी स्टोरी को निगल रहा है। बिग स्टोरीज स्वयं एक आततायी की तरह कमजोर इलाकों की कथाओं को दबाती चलती हैं। खबरनवीसी की नजर से अन्य खबरों के लिए ये 'दमनात्मक' ही कही जा सकती हैं।

इन दिनों टीवी का टाइम और स्पेस बिग स्टोरीज को बनाने में अधिक दिलचस्पी लेता है। बिग स्टोरीज मीडिया के भाव या विचार के अनुकूल और भी जोरदार बनायी जाने लगी है। हर बड़ी खबर में ऐसे अर्थ सन्दर्भों को आसानी से पढ़ा जा सकता है, जो बता सकते हैं कि उसकी इस प्रस्तुति के पीछे किसका स्वार्थ खड़ा है, कौन किसे सर्व कर रहा है। पिछले दिनों कोसी की बाढ़, बीएमडब्ल्यू वाले संजीव नन्दा के केस की कवरेज को इस सिलसिले में देखा जा सकता है।

कोसी की बाढ़ को कवर करने वाले कैमरे जब बाढ़ पीड़ितों के पास पहुँचे तो

उनमें से कइयों ने पहले तो उस विभीषिका का जिक्र एक मुहावरेदार भावुक भाषा में किया ताकि जो हुआ है, उसका प्रभाव दर्शक तक सीधे जाए। फिर रिपोर्टर अपनी-सी पर आ गये। मसलन एक चैनल में एक रिपोर्टर ने बाढ़ पीड़ित एक व्यक्ति से पूछा कि आपको कैसा लग रहा है? प्रसंगात बता दें कि उस आदमी के बारे में खबर देने वालों ने बताया कि उसका घर जो बड़ी मेहनत से बनाया गया था, डूबा है। और वे सीधे इस बाढ़ के शिकार हैं तो पूछा कि आपको कैसा लग रहा है? रिपोर्टर ने दो बार कुरेदा कि आपने अपने जीवन भर की कमायी लगा दी होगी, ऐसे में आपको अब कैसा लग रहा है!

आगे की रिपोर्टें बाढ़ को पाप-प्रलय बतातीं-बनातीं जल्द ही कोसी का 'प्रकोप' या 'कोप' बताने लगीं। यह खबर में 'रूपक' का प्रवेश था यानी तटबन्ध तोड़कर बाढ़ बन जाना, अपना रास्ता बदल देना, कोसी का प्रकोप है। कोप-प्रकोप की पदावली खबर को एक ऐसा रूपक दे गयी जैसे कोसी नदी कोई देवी हो और उसका कोप किसी पाप के कारण ही हुआ हो। कोप किसी को अकारण तो न आएगा। इस रूपक के लगते ही कहानी की पीड़ा सहनशील हो गयी। यह कोप-प्रकोप अखबारों में भी रहा। ऐसे अवसरों पर टीवी पर कुछ बेहतरीन रिपोर्ताज की सम्भावना होती है मगर वह वहाँ नहीं रही। रिपोर्ताज से ज्यादा चैनलों की दिलचस्पी नीतीश और लालू के झगड़े को जगह देने की रही। टीवी ने नीतीश-लालू के बयानों, अन्य नेताओं को आमने-सामने करने पर जोर होने लगा।

बाढ़ के बाद जिस तरह महामारी आती है, खबर के आखिरी पलों में टीवी में राजनीतिक उठापटक आने लगती है। इससे खबर की हानि होती है। टीवी चैनल उसकी परवाह नहीं करते।

संजीव नन्दा के केस की कवरेज पढ़ें-देखें। नन्दा को सजा की खबर से दो तरह की बातें सामने आयीं। पहले वकीलों के गवाहों से बात करने की, उन्हें तोड़ने की और स्टिंग की बड़ी खबर बनी। फिर जब नन्दा को सजा सुनायी गयी तो नन्दा के पक्ष को सामने लाकर एक प्रकार का बैलेंस किया गया। फैसले के बाद नन्दा के वकील ने मीडिया पर तंज किया कि 'अब तो मीडिया सन्तुष्ट होगा'।

चर्चाओं में कई सामाजिकों ने कहा कि मीडिया सलेक्टिव है। अगर यही किसी ट्रक ड्राइवर ने किया होता तो ऐसा बेमानी न होता। मीडिया अपने लक्षित पात्र चुनता है। जो रिच एण्ड फेमस होते हैं, उन्हें निशाना बना डालता है।

अंग्रेजी के कई अखबारों में संजीव नन्दा के प्रति हमदर्दी पैदा करने वाली कहानियाँ भी दी गयीं। जाहिर है कि आरोपित भी इन्सान होता है, इस खातिर दी गयीं। मगर अब अतिरिक्त हमदर्दी किसलिए बरसायी गयी? एक चैनल ने तो खबरों में ही हमदर्दी का वातावरण पैदा करने की कोशिश की। और बीएमडब्ल्यू की शिकार गरीब महिला को जरा-सी जगह दी गयी। उसने कहा कि सजा का भरोसा

नहीं है हमें। हमदर्दी की सचमुच शिकार को जितना स्पेस दिया गया, उससे ज्यादा अंग्रेजी के अखबारों में नन्दा के प्रति हमदर्दी पैदा करने वाली कहानियों को दिया गया। ऐसा क्यों किया गया?

टीवी की अपनी स्वामी 'क्लास' का खेल ठहरा!

7 सितम्बर, 2008

अमिताभ और सरकार 'राज'

निरपराध जया बच्चन ने 'द्रोण' फिल्म के कैसेट की लांच पार्टी में 'हिन्दी वाला होने के नाते मराठी में न बोलकर 'हिन्दी में बोलूँगी' कहकर हिन्दी में बोलीं। इस पर महाराष्ट्र नवनिर्माण सेना (मनसे) के चीफ राज ठाकरे ने अपना 'सरकार राज' कायम करते हुए माफी माँगने की शर्त लगा दी। हमेशा की तरह सारा देश बड़े दल, उस राज्य की निरीह सरकार देखती रही। 'महाराष्ट्र का अपमान' करने के आरोप में मनसे पब्लिक माफीनामे पर अड़ी रही।

फिर अमिताभ ने कहा कि किसी की भावनाओं को आहत करना जया का अभीष्ट नहीं था, फिर भी यदि किसी को चोट पहुँची है तो वे माफी चाहते हैं। अन्ततः माफी को राज ने मान लिया। इस बीच अमिताभ की 'दि लास्ट लीयर' की रिलीज रुकी। सिनेमा हॉल पर मनसे की भीड़ ने हमला किया। पोस्टर फाड़े। धमकी दी कि आगे से महाराष्ट्र में अमिताभ की फिल्में प्रदर्शित नहीं होने दी जाएँगी। सब देखते रहे। मीडिया की पूँछ उग आयी। अमिताभ सॉफ्ट टारगेट रहे। मीडिया भी बन सकता था। सो मीडिया ज्यादा न बोला। लेकिन आम जनमानस को यह ठीक नही लगा। बालीवुडी बिजनेस को भी यह ठीक नहीं लगा।

अमिताभ अरसे से मनसे के निशाने पर रहे। बार-बार बेजा आरोप लगाये गये कि अमिताभ मुम्बई की कमाई खाते हैं और गाने यूपी के गाते हैं। कितना बड़ा अपराध! इस लेखक के और अनेक असंख्य लोगों के आइकन अमिताभ को इस तरह परेशान किया जाना क्या किसी को अच्छा लग सकता है?

इस प्रकरण में मनोरंजन उद्योग के अपने अन्तर्विरोध सक्रिय हैं। उन्हें देखा जाना चाहिए। राजठाकरे ने आखिर में अमिताभ-प्रकरण में अन्ततः भले कहा हो कि अमिताभ-सचिन बड़े आइकन हैं, उन्हें सीमाओं में नहीं बाँधा जा सकता। मगर मामला इतने तक सीमित नहीं है। असल लड़ाई बालीवुड पर कण्ट्रोल की है।

फिल्म उद्योग के प्रति जो व्यवहार पहले शिवसेना ने और अब मनसे ने दर्शाया है, वह मराठी अस्मिता, मराठी भाषा बरक्स बालीवुड और हिन्दी के खरबों रुपये के मनोरंजन उद्योग के अब तक के सम्बन्धों पर नये सवाल खड़े करता है। साफ है कि तात्कालिक रूप से ये सवाल सिर्फ विद्रोही शिवसैनिकों, राजठाकरे की नयी पार्टी

की राजनीतिक जरूरत के हों, मगर सन्दर्भ और संकेत गहरे हैं। मनोरंजन उद्योग को एक खतरनाक जगह धकियाया जा रहा है।

समस्या गहरी है। वह मनोरंजन उद्योग और दलीय राजनीति के अनिवार्य सम्बन्धों से जुड़े हैं। तामिलनाडु में तेलगू से वह सम्बन्ध जारा पहले बना और निपटा। करुणानिधि, एमजीआर और एनटीआर फिल्म और राजनीति को मिलाकर सामने आये। वहाँ भी फिल्म कण्ट्रोल के कुछ ऐसे ही अनुदार तरीके अपनाए जाते रहे होंगे। तमिल तेलुगू की समकालीन राजनीतिक प्रतिस्पर्धाओं में यह दिखता है। कोई अध्ययन ही इस सम्बन्ध की परतें खोल सकता है। हॉलीवुड और भीड़ोन्मद माफिया सरगनाओं के सम्बन्धों में अध्ययन हुए हैं। अपने यहाँ भी दाऊद से लेकर अबू सलेम और न जाने कौन-कौन बॉलीवुड पर दाम और दण्ड से कब्जा करने की लड़ाइयाँ लड़ते रहे हैं।

राज ठाकरे और बाल ठाकरे के बालीवुड से बनते सम्बन्ध अपने आप में 'मनोरंजन उद्योग और उसके संकटापन्न स्पेस' की पहचान कराते हैं। यह स्पेस जो एक जमाने में लगभग निर्विघ्न-निश्चित-सा, एक बड़ी फिल्म और उसके बॉक्स ऑफिस और दर्शक के बीच था, अब वह निश्चित नहीं है। जबकि दाँव सैकड़ों करोड़ के होते हैं। सम्बन्धों में तनाव का एक बड़ा कारण यह पारिस्थितिकी है कि बाजार की स्पर्धा 'निरंकुश' राजनीतिक नायकों के हस्तक्षेप से नियमित हो कि बाजारी स्पर्धा से हो।

अमिताभ प्रकरण की मौजूदा 'शान्ति' के पीछे अमिताभ की आने वाली दो-तीन फिल्मों में सैकड़ों करोड़ रुपये की लागत और स्थानीय आमदनी एक बड़ा कारण बतायी जाती है। उद्योग और राजनीति के बीच एडजस्टमेण्ट हो गया है, मगर उसका होना बताता है कि मनोरंजन की आमदनी और राजनीतिक समीकरण नये ढंग से बनाये जा रहे हैं।

शिव सेना का इतिहास बॉलीवुड के पिछले तीन दशक के विकास के सन्दर्भ में यदि पढ़ा जाए तो राज ठाकरे के व्यवहार को समझा जा सकता है। यह वही है जिसके तहत सॉफ्ट टारगेट को कण्ट्रोल किया जाता है।

हमलों के कारण बालीवुड और उसके स्पेस 'बहिरागत' और 'पराया' महसूस करने लगते हैं। मुम्बई में बालीवुड केन्द्रित होना मुम्बई के विकास में एक बड़ी भूमिका रखता है। हिन्दी का मनोरंजन बाजार मुम्बई कण्ट्रोल करती है और पचास करोड़ आबादी वाले हिन्दी समाज को इस पर कभी आपत्ति नहीं रही है। यदि ऐसे हमले होते रहे और अमिताभ की तरह बालीवुड के आइकनों को तंग किया जाता रहा तो एक दिन ऐसा आ सकता है कि जब फिल्म उद्योग मुम्बई में उसी तरह किनारा करने की सोचने लगे जिस तरह टाटा सिंगुर विवाद के गहराने के बाद सोचने लगा है।

बड़ी देशी और ग्लोबल पूँजी और तकनीकी क्रान्ति ने फिल्म निर्माण और प्रदर्शन को ग्लोबल बना रखा है। वह एक जगह केन्द्रित होकर काम करे, यह जरूरी नहीं। बालीवुड मुम्बई से शिफ्ट भी हो सकता है। यह एकदम सम्भव है। ऐसी स्थिति में उसे कण्ट्रोल करने का सपना देखने वाले क्या करेंगे? यह उन्हें सोचना चाहिए।

14 सितम्बर, 2008

बॉलीवुड में हड़ताल

गत सप्ताह कभी बन्द न होने वाली सदा नाचती-गाती, ग्लेमर के रसरंग में रमने वाली बॉलीवुड की दुनिया में, फिल्म और टीवी कार्यक्रम निर्माण में काम करने वाले श्रमिकों ने दो दिन की हड़ताल की।

दो दिन निचाट सन्नाटा छाया रहा। सब कामकाज ठप रहे। स्टूडियोज में शूटिंग बन्द रही। लाइट-कैमरा-एक्शन की कमान सुनायी नहीं दी। निर्माताओं का नुकसान होने लगा। फिल्म निर्माण उधार पूँजी और ब्याज के फाइनेंस पर निर्भर रहता है। अगर चक्का जाम होता है और फिल्म समय से पूरी नहीं होती तो सब कुछ तीन-तेरह हो जाता है। टीवी उद्योग पर भी हड़ताल का बुरा असर हुआ। रियलिटी शो 'बिग बॉस' पर असर हुआ। उसके पिछले सप्ताह के आखिरी सीन शूट नहीं हो पाये। शिल्पा शेट्टी निष्कासित सदस्य को रिसीव नहीं करती दिखीं। इसका कारण कर्मियों की हड़ताल रही। नुकसान को देख प्रोड्यूसर्स ने कर्मियों से समझौता किया। टीवी वाले भी अपने बजटों पर विचार करने वाले हैं।

दिन-रात चमक-दमक वाली बॉलीवुडीय दुनिया में यह ऐतिहासिक घटना बीसियों साल बाद हुई है। इसका ऐतिहासिक महत्त्व है। यह इसलिए भी याद करने योग्य है कि हड़ताल लगातार ग्यारह घण्टे की बातचीत के बाद खत्म हुई। बॉलीवुड के कई बड़े निर्माता घरानों और संघों ने हड़ताली कर्मियों के संगठन के साथ बात चलायी और समझौता किया। आठ बिन्दुओं वाले समझौते पर हस्ताक्षर हुए।

श्रमिक संगठनों ने अपनी माँगें एक साल पहले से बतानी शुरू कर दी थी लेकिन बड़े फिल्म प्रोड्यूसर्स संगठनों ने उनकी माँगों पर कोई कान नहीं दिया। वे माँगों की उपेक्षा करते रहे। हड़ताल ने उन्हें माँगें मानने को मजबूर कर दिया।

बॉलीवुड की फिल्मों और अब टीवी चैनलों के दर्शक यह बात शायद नहीं समझते कि फिल्म या सीरियल रियलिटी शो का मतलब सिर्फ हीरो-हीरोइन या नाच-गाना नहीं होता।

एक फिल्म या सीरियल के पीछे हजारों लोगों की मेहनत लगी होती है। फिल्म निर्माण के पीछे एक बड़ा संगठित टीम वर्क होता है। किसी भी एक फिल्म या सीरियल में बहुत से असिस्टेण्ट काम करते हैं। प्री-प्रोडक्शन तथा पोस्ट-प्रोडक्शन

काम करने वाले, रिकार्डिंग-डबिंग में काम करने वाले, शूट में स्पाट-ब्यॉय से लेकर लाइटमैन, कैमरामैन उनके सहायक और उनके नीचे छोटे-छोटे काम करने वाले श्रमिकों की संख्या बहुत बड़ी होती है। बॉलीवुड के काम से जुड़े लोगों की संख्या लाखों में है। हड़ताल में डेढ़ लाख कर्मी सक्रिय रहे।

टीवी उद्योग में तो फिल्म निर्माण से भी ज्यादा अराजकता है। टीवी कार्यक्रम निर्माता बेहद कम बजट में ज्यादा-से-ज्यादा मुनाफाबाजी में यकीन करते हैं। आर्टिस्टों से लेकर अन्य काम करने वालों के पेमेण्ट रेट तय नहीं है जबकि कमायी पूरी है।

नये समझौते के अनुसार श्रमिकों की तनख्वाहें बढेंगी। श्रमिक एक शिफ्ठ में आठ घण्टे ही काम करेंगे। एक शिफ्ठ आठ घण्टे की होगी। बारह घण्टे से ज्यादा कोई यूनिट काम नहीं करेगी। उसका पेमेण्ट रेट अलग होगा। लेकिन हर पेमेण्ट तीस दिन के भीतर होगी। ठेकेदारों से श्रमिक नहीं लिये जाएँगे।

वर्तमान में लोगों को बीस-बीस घण्टे काम करना होता था। काम के घण्टे तय नहीं थे और पेमेण्ट के रेट तय नहीं थे। काण्ट्रेक्ट पद्धति से काम करने वाले बॉलीवुड में कुछ भी तयशुदा नहीं रहा। इस अराजकता की मार निचले कर्मियों पर ज्यादा पड़ती है। हीरो-हीरोइन बड़े आर्टिस्ट तो अपनी मनमानी कर छूट जाते, लेकिन बाकी काम का असली बोझ निचले कर्मियों पर पड़ता। आठ घण्टे की जगह वे बीस घण्टे का काम करने को अभिशप्त होते और पेमेण्ट एक शिफ्ट की ही होता।

नये समझौते के अनुसार आगे यह नहीं होगा। यही नहीं, अनेक विवादित मुद्दों को सुलझाने के लिए कई तरीके सोचे गये हैं। चार प्रोड्यूसर्स और चार श्रमिक प्रतिनिधियों वाली आठ सदस्यीय समिति आने वाले विवादों को सुलझाया करेगी, ऐसा माना गया है।

अरबों रुपयों की लागत से संचालित और अब एफडीआई से संचलित बॉलीवुड के काम-काज में अराजकता जग जाहिर है। बार-बार आन्दोलन होते रहे हैं, प्रोड्यूसर्स गिल्ड बनती-बिगड़ती रही है, कर्मियों के संगठन भी बदलते रहे हैं, लेकिन यह पहली बार है जब हड़ताल का असर दिखा है। यह मनोरंजन उद्योग के लिए एक सन्देश देता है कि विकास के इस चरण में अपने काम-काज को वे संयोजित व संगठित करें और अपने कर्मियों के प्रति जवावदेह बनें।

मनोरंजन उद्योग की विकासदर अन्य उद्योगों से कहीं ज्यादा कूती जाती है। अधिक लाभ कमाने वाले अपने काम को कायदे से न करें तो अराजकता बढ़ती है। कर्मियों ने अपनी जिम्मेदारी का परिचय दिया है। प्रोड्यूसर अपनी जिम्मेदारी निभाएँगे। इस हड़ताल ने बता दिया है कि मनोरंजन उद्योग श्रम-निर्भर होने के कारण दबाव के आगे झुक सकता है। इसीलिए उसने अपने श्रम-सम्बन्ध तर्कसंगत करने की कोशिश की है। यह बॉलीवुड के एक उद्योग में बदलने का प्रमाण भी है।

अजीब संयोग कहा जा सकता है कि दुनिया के नम्बर वन मनोरंजन उद्योग हालीवुड में पिछले दिनों राइटर्स और स्क्रिप्ट राइटर्स की लम्बी हड़ताल चली थी। वह एक महीने तक चली, जिसका असर टीवी, फिल्म और केबल उद्योग पर भी पड़ा। अन्त में उनकी बातें मानी गयीं। मुम्बई के बॉलीवुड में अभी श्रमिकों के संगठनों ने ही दस्तक दी है।

वह उद्योग के संगठित और जिम्मेदार उद्योग में बदलने की निशानी है। इस घटना में बालीवुड के विकास के नये चिह्न निहित हैं। दुनिया के दूसरे नम्बर के मनोरंजन उद्योग का 'वर्क कल्चर' सर्वत्र तर्कसंगत होना ही चाहिए। कल्चरल इण्डस्ट्री को सचमुच की 'कलचरल इण्डस्ट्री' होना जरूरी है।

5 अक्टूबर, 2008

शिकायत की एक जगह

न्यूज ब्रॉडकास्टर्स ने अपने समाचार कार्यक्रमों के सन्दर्भ में पब्लिक की शिकायत सुनने और विवादों को निपटाने के लिए 'न्यूज ब्रॉडकास्टिंग (डिस्प्यूटरिड्रसल) अथारिटी, बनायी है जिसके अध्यक्ष भारत के पूर्व मुख्य न्यायाधीश के श्री जेएन वर्मा बनाये गये हैं। अधिकरण में नौ सदस्य हैं। ये सभी प्रख्यातनामा व्यक्ति (एमिनेट पर्सन्स) और समाचार चैनलों के सम्पादकीय कामों में लगे व्यक्ति हैं।

इस अधिकरण में 'प्रख्यातनामा' श्रेणी के अन्तर्गत इतिहासविद् रामचन्द्र गुहा, 'नासकॉम' के अध्यक्ष किरन कार्निक, जेएनयू के प्रसिद्ध समाजशास्त्री प्रो. दीपंकर गुप्ता, प्रसिद्ध अर्थशास्त्री एवं यूएनओ के पूर्व अवर सचिव नितिन देसाई का नाम शामिल बताया जाता है। 'सम्पादकीय' श्रेणी से इण्डिया टीवी के विनोद कापड़ी, जी न्यूज के बीवी राव, स्टार न्यूज के मिलिन्द खाण्डेकर, और टाइम्स नाउ के अर्णव गोस्वामी का नाम बताया जाता है। अधिकरण की कार्य व्यवस्था इस प्रकार बतायी जाती है।

कोई भी दर्शक किसी समाचार कार्यक्रम में यदि किसी बात को आपत्तिजनक या शिकायत के योग्य समझता है तो वह उस समाचार प्रसार के पास अपनी शिकायत भेज सकता है। वह शिकायत प्रसारक के पास समाचार प्रसारण के सात दिनों के भीतर पहुँच जानी चाहिए।

—ब्रॉडकास्टर यानी समाचार प्रसारक को उसका जवाब एक सप्ताह के भीतर देना होगा।

—अगर दर्शक उस जवाब से सन्तुष्ट नहीं होता तो वह अधिकरण के पास प्रति शिकायत पर एक हजार रुपये फीस जमा करके अपनी शिकायत फिर से भेज सकता है।

—अधिकरण सच्चाई की जाँच-परख करके प्रसारक के समक्ष प्रबोधित कर सकता है, चेतावनी दे सकता है, उसे सेंसर कर सकता है, प्रसार के कार्यक्रम को 'डिसअप्रूव' कर सकता है, 'और/या' एक लाख रुपये तक जुर्माना ठोंक सकता है। वह सम्बद्ध अधिकारी को उस प्रसारक को निलम्बित करने या उसके लाइसेंस को रद्द करने के लिए भी कह सकता है। प्रसाक एसोसिएशन द्वारा आपस में विचार

करके तय किये गये 'कोड ऑफ कण्डक्ट' महत्त्वपूर्ण हैं, जिनके बारे में पहले भी इस कालम में बताया जाता रहा हैं। इनमें 'तटस्थता' और 'वस्तुगतता' पर जोर है। एसोसियेशन द्वारा इस सबके सन्दर्भ में एक अधिकरण गठित कर उसे सक्रिय करने की तत्परता काबिलेतारीफ कही जा सकती है। अधिकरण में कार्य करने के लिए जो नाम बताये गये हैं। वे अपने-अपने क्षेत्रों के जाने-माने व्यक्ति हैं और सभी अपने काम की जिम्मेदारियों को बेहतर समझते हैं। यह कदम दर्शकों के प्रति प्रसारकों की एक हद तक जिम्मेदारी की भावना की झलक देता है।

यहाँ से असल काम शुरू होता है, प्रसारकों के लिए भी और दर्शकों के लिए भी। इस अधिकरण के सक्रिय होने के बाद प्रसारक और दर्शक एक नये, अनिवार्य से सम्बन्ध में नियुक्त होते हैं और दोनों की जिम्मेदारियाँ बढ़ जाती हैं। यहाँ से दोनों की वयस्कता का दौर शुरू होता है, मगर यह सब तभी हो सकता है जब अधिकरण कोरा 'कागजी अधिकरण' न बना रह जाए बल्कि कुछ हस्तक्षेपकारी भी हो और दर्शक मात्र उसे अपनी अदालत समझें। इस भरोसे का पहला कदम बड़ा आश्वस्तिकारक है कि कोई भी दर्शक एक सप्ताह के भीतर शिकायत कर सकता है और चैनल को एक सप्ताह के भीतर जवाब भी देना होगा। लेकिन जब बात आती है कि सन्तुष्ट न होने पर दर्शक एक हजार की फीस देकर अपनी शिकायत अधिकरण के पास भेज सकता है तो शिकायत कक्ष एकदम महँगा और सलेक्टिव-सा होने लगता है, जो आम दर्शक की शिकायत को पैसा-निर्भर उसी तरह बनाता है जिस तरह अदालतें बनाती हैं। यानी कि अगर पहले चक्र में दर्शक चैनल के जवाब से सन्तुष्ट नहीं होता है तो अपने सन्तोष के लिए वह अधिक पैसा खर्च करे, एक शिकायत पर हजार तो पाँच पर पाँच हजार। यह दर्शक की शिकायत को उसके खर्च करने की क्षमता से उसकी हैसियत को उसकी शिकायत से जोड़कर देखता है। उसकी शिकायत को उसका बोझ बनाता है। और इस तरह सलेक्टिव शिकायत की बात करता है। यह कवायद ठीक भी लगती है। खासकर तब, जब हम समाज में देखते हैं कि नाना निहित स्वार्थ एक दूसरे से स्कोर सेटिल करने के लिए, एक दूसरे के आरोप-प्रत्यारोप का मनमाना उपयोग करते रहते हैं। यह भी सच है कि स्वयं स्फूर्त अनेक शिकायत करने वाले ऐसे भी होते हैं, जिन्हें जिन्दगी भर हर बात से शिकायत बनी रहती है और जो हर समय शिकायत के बक्से होते हैं। 'शिकायत के रोगी' इस समाज में कम नहीं। हो सकता है कि एक हजार रुपये प्रति शिकायत की शर्तें ऐसे चिर-रोगियों को हतोत्साहित करने के लिए रखी गयी हों! लेकिन इसका दूसरा पहलू भी है और वह यह है कि इससे बहुत-सी हिचक पैदा हो सकती है और शिकायतों का फ्री फ्लो रुक सकता है।

दर्जनों समाचार चैनल हैं। वे करोड़ों दर्शकों को जो कुछ दिखाते रहते हैं वह सब सही भी नहीं है। ऐसे में आरम्भ में शिकायतें भी बहुत सारी संख्या में ही हो

सकती हैं। उन्हें आने देने में ही भलाई है। वे इसलिए ज्यादा आ सकती हैं, क्योंकि इतने प्रसारकों के होते हुए भी अब तक कोई शिकायत कक्ष तक नहीं बना और यह पहली बार बन रहा है।

आरम्भ में ही उनके लिए शर्तबन्दी ठीक नहीं लगती। जब आरटीआई की फीस दस रुपया है तो यहाँ फीस एक हजार करना शिकायत को ही हतोत्साहित करने वाली बात है। प्रसारक निधड़क हैं कि जो चाहे दिखाएँ और देखने वालों को शिकायत पर भी टैक्स देना हो। यह जँचता नहीं। इसी मानी में यह व्यवस्था प्रसारकोन्मुखी लगती है, दर्शकोन्मुखी नहीं।

12 अक्टूबर, 2008

माध्यम के फासिस्टी एक्शन

आगे के दिनों में जब कभी इन दिनों अभ्यास में लाये जा रहे नये किस्म के फासीवादी प्रयोगों का इतिहास लिखा जाएगा तो उनके दैनिक निर्माण और उसे पॉपुलर बनाने में टीवी के उन चैनलों की भूमिका जरूर रेखांकित की जाएगी, जिन्होंने टीवी के ही युग में ऐसे प्रयोगों को सम्भव करने में एक बड़ी भूमिका निभायी। इस तरह संचार माध्यमों के इतिहास ने टीवी (जो एक आजाद माध्यम है) और फासिज्म (जो हर आजादी का दुश्मन है) के बीच एक नये असम्भव से अन्तर्विरोध को जन्म दिया।

ये दिन ऐसे ही हैं जब टीवी जैसा अन्तर्क्रियात्मक जनतान्त्रिक माध्यम फासिस्टी एक्शनों को बड़े अपनापे के साथ हाईलाइट करता रहता है। पिछले अरसे से अनेक चैनलों (हिन्दी अंग्रेजी दोनों) में अनेक बार हमारे इसी दौर का एक निरंकुशतावादी व्यक्तित्व, जिसे आशीष नन्दी ने 'कापी बुक फासिस्ट' कहा है, कहता रहा है कि वह मीडिया का विशेषकर आभारी है जिसने उसे एक विश्व स्तर की पहचान दी और लोकप्रिय बनाया। यही बात उसके नये छुटभैये ने महाराष्ट्र में एकाधिक बार कही है कि मीडिया ने उसे राष्ट्रवादी छवि दी है।

कहने वाला तो कह सकता है मगर यह देखना चौंकाता है कि मीडिया में आलादिमाग रखने का गर्व वाले नामी-इनामी मीडियाकर्मी इस बाबत एक बार भी चिंतित करते नहीं दिखे कि उनका दुश्मन उन्हें क्यों शाबाशी दे रहा है? उसे आखिर मीडिया की कौन-सी बात अच्छी लगी? कहीं मीडिया अनजाने उसकी सेवा ही तो नहीं कर रहा? उन्हें ऐसी तारीफ को स्वीकार करने में एक बार भी हिचक क्यों नहीं हुई? ऐसे लोगों से बात करते-कराते वे एक बार को ऐसी तारीफ को सधन्यवाद वापस करने के लिए क्यों नहीं ठिठके, क्यों नहीं कहा कि श्रीमन जब तक आप अपने हमलों के लिए शार्मिंदा नहीं हैं और माफी नहीं माँगते, तब तक हम आपसे बात नहीं कर सकते। क्या यह किसी चैनल या किसी अखबार पर सिर्फ बाजार का दबाव है कि वे ऐसा नहीं करते? या कि यह उदार व्यवहार उनकी लिबरल पत्रकारिता की वृत्ति है, जिसे उन्होंने मूल्य देकर सींचा है? या कि वे स्वयं किसी प्रकार की निरंकुशतावादी और प्रशासनिक फासीवादी वृत्ति के शिकार हैं, जिसके चलते उन्हें ऐसे छली नायक अपने दोस्त से लगे।

जो नायक कुछ पहले प्रतिहिंसक भाव का नजर आता रहा हो और स्वयं मीडिया ने उसे सबको वैसा बताया हो, वही मीडिया उसके 'बदलते चेहरे' को 'सिर्फ बदलता चेहरा' कहकर उसके सेहरे लिखते फिर रहा है। बताने को सिर्फ इतना भर बता रहा है कि वह आदमी अपनी छवि को बदल रहा है, क्योंकि राष्ट्रीय स्तर पर उसकी भूमिका बन रही है। मीडिया के बड़े हिस्से के दिमाग का ऐसा 'अनुकूलन' तब तक सम्भव नहीं है, जब तक मीडिया में ही स्वयं फासिस्टिक व्यवहार के लिए अनुकूलता न हो। और यह तथ्य तो अब बहस का विषय भी नहीं रहा कि मीडिया अपने आचरण के लिए अपनी मर्यादा से अवगत होते हुए भी नहीं होता दिखता। न्यूज ब्रॉडकास्टर्स एसोसिएशन ने जो संहिता बनायी है, उसमें सारी भली बातें कहे जाने के बावजूद न्यूज कण्टेण्ट में दिखती लालची स्पर्धा और निरंकुशता की अनुकूल प्रस्तुतियों को लेकर कोई मानक नहीं बनाया गया, जबकि स्वयं मीडिया इन दिनों जगह-जगह खास प्रकार के उन्मादी नायकों, उनकी उन्मादित भीड़ों और उसकी हिंसा के बीच अपने को घिरा पाता है। अपनी आजादी को खबर बनने की उस सड़क पर ही बाधित पाता है जो कि उसके लिए एक आजाद 'पब्लिक स्पेस' है, जिसकी हिफाजत किये बिना उसकी 'आजाद खबरनवीसी' एक दिन बाधित होते-होते 'खत्म' भी हो सकती है।

ये बातें तब अचानक ध्यान में आयीं, जब एक बड़े नामी चैनल समूह द्वारा 'सिटीजन जर्नलिज्म' की विधा को समारोहित करने के आयोजन का निमन्त्रण पत्र भेजा। सिटीजन जर्नलिज्म का प्रयोग स्वागत योग्य है, लेकिन सिटीजन जर्नलिज्म के विचार के साथ इन दिनों मीडिया-व्यवहार में बनता एक नया 'शून्य' महसूस हुआ कि मीडिया की आवाज अब उन जगहों में आजाद नहीं रह गयी है, जिन जगहों में उपद्रव है, हिंसक द्वन्द्व है और जहाँ 'पब्लिक स्पेस' एकदम खत्म कर दिया गया है। उदाहरण के लिए जम्मू कश्मीर और महाराष्ट्र की पिछले दिनों के कवरेजों को देखा जा सकता है, जहाँ कवरेज लगभग लाइव होते हुए भी 'कटा-छँटा' होता है। वह काट-छाँट दिखती नहीं, लेकिन जो हर दम रिपोर्टर/कैमरामैन की 'कनपटी' पर बन्दूक की तरह तनी होती है। इसे हम मन्दी और लूट-पाट, छीन-झपट के मारे तन्त्र की उदासीनताओं के बीच मीडिया के कण्टेण्ट की सिकुड़नें कह सकते हैं।

इसके संग उस पौराणिक पूजापाठी अन्धविश्वासी कर्मकाण्डी फीचर आइटमबाजी के निर्माण और उसके असर को जोड़ें तो नये किस्म के फासिस्टिक पुनरुत्थानवादी वातावरण का पूरा चेहरा बन उठता है, जिसे कुछ चैनल कुछ अपने धन्धे और कुछ अपने 'तिलकछापा' प्रियता के कारण नित्य बनाने पर तुले हैं।

अब बड़ी तस्वीर को देखा जा सकता है। उड़ीसा में जो हिंसक फासिस्ट का नंगा नाच हुआ, उसके प्रति मानवाधिकारवादी नजरिये से जरूरी आलोचनात्मक जनमत कितने चैनलों ने कितना पैदा किया? कश्मीर में जो हो जाता है, महाराष्ट्र

में जो हो रहा है, उसके प्रति कितना वातावरण बनाया जाता है? ऐसे प्रसंगों में कितने 'सिटीजन जर्नलिस्ट' सामने आये? कितने एसएमएसिया प्रयत्न कराये गये?

इतने जागरुक पत्रकारों के होते हुए, इतने चैनलों के होते हुए यह स्थिति दयनीय ही है कि उनके होते उन्हीं की आजाद जगह छिनती जा रही है और वे हतप्रभ या स्थिति के अनुकूलन में जीने लगे हैं। यह समय और मीडिया की ऐसी चुप्पियाँ नये फासिज्म को सहारा देती-सी लगती हैं।

26 अक्टूबर, 2008

प्रिण्ट से दूर होते पाठक

युवा पाठक वर्ग प्रिण्ट से दूर जा रहा है। एक ओर जहाँ सर्कुलेशन के आँकड़े बढ़त पर नजर आते रहे हैं, वहीं दूसरी ओर यह भी चिन्ता सामने आयी है कि पाठक संख्या में लगातार गिरावट जारी है। हो सकता है, कि सर्वे के सेम्पल का दोष हो। लेकिन जो तथ्य सामने आये हैं, वे बदलने वाले नहीं लगते।

यह बात मीडिया रिसर्च यूजर्स काउंसिल के वाइस चेयरमैन एण्डू पुरुषोत्तम ने नये इण्डियन रीडरशिप सर्वे 2008 के रिलीज के मौके पर कही है। यह सर्वे इस बात को बताता है कि सबसे 'ज्यादा बिकने वाले अखबार' कौन से हैं? ऐसे आँकड़े अक्सर 'असली नम्बर वन कौन' के विवादों को जन्म देते रहते हैं। ऐसे सर्वे के मानक या सर्वे के परिणामों को लेकर विवाद हर साल की तरह इस बार भी हो सकता है। ऐसे विवाद बहुत मानी नहीं रखते।

इस बार इस 'नम्बर वन' वादी खेल से परे सर्वे ने प्रिण्ट के गिरावट या ठहराव के खतरे के जो संकेत दिये हैं वे सारे प्रिण्ट और मीडिया उद्योग के लिए विचारणीय हैं। सर्वे का सबसे महत्त्वपूर्ण निष्कर्ष यह है कि सकल रीडरशिप/पाठक संख्या गिर रही है। यद्यपि अभी यह बहुत चिन्ताजनक नहीं लगती, लेकिन इसकी उपेक्षा भी नहीं की जा सकती। अभी यह गिरावट ऐसी नहीं लगती कि विज्ञापनदाता प्रिण्ट के अग्रणी अखबारों से हटने लगे, मगर यदि यह गिरावट कुछ दिन इसी गति से चली तो बात गम्भीर हो जानी है। प्रिण्ट में मन्दी आ सकती है।

सर्वे ने सबसे ज्यादा बिकने वाले अखबारों और पत्रिकाओं में 'टॉप टेन' के आँकड़े अलग-अलग दिये हैं। सर्वे दो चक्र में किया गया है। पहले वाले चक्र के अनुसार, अंग्रेजी भाषा में छपने वाले पहले दस अखबारों की सकल पाठक संख्या 39.2 मिलियन (एक मिलियन बराबर दस लाख) बतायी गयी जो कि इस सर्वे में घटकर 38.8 मिलियन रह गयी है। जाहिर है यह एक मामूली गिरावट ही है, मगर गिरावट तो है ही। इसी सर्वे में हिन्दी प्रिण्ट की कहानी कुछ और ढंग से आयी है। यह अंग्रेजी की तरह की गिरावट की कहानी नहीं है, बल्कि कुछ दशमलव बढ़त की ही कहानी है। सर्वे कहता है कि हिन्दी के टॉप टेन अखबारों की सकल पाठक संख्या पहले चक्र में जहाँ 190.9 मिलियन थी जबकि वर्तमान दूसरे चक्र में 191.2 हो गयी।

यानी मामूली दशमलव प्रतिशत बढ़ी ही। गिरावट के सकल समय में इतनी बढ़त भी अलग से कही जाने योग्य मानी जानी चाहिए।

हिन्दी पत्रिकाओं के बारे में गिरावट के संकेत जरूर ध्यान देने योग्य हैं। पहले चक्र में टॉप टेन पत्रिकाओं की सकल पाठक संख्या 68.5 मिलियन बतायी गयी है। जबकि दूसरे चक्र में यह सकल संख्या 59.2 मिलियन बतायी गयी है। यह गिरावट का संकेत है। इन टॉप टेन पत्रिकाओं में हिन्दी, अंग्रेजी, तमिल, मलयालम आदि की पत्रिकाएँ शामिल की गयी हैं। यह आकलन उनके सकल सर्कुलेशन और प्रति कापी पर औसत पाठक संख्या के आधार पर किया गया है। सर्वे के सच में सच का इतना दावा जरूर लगता है कि प्रिण्ट मीडिया अपनी बढ़त की गति को खो रहा है। अंग्रेजी में कुल गिरावट के संकेत आ रहे हैं और हिन्दी में अखबारों में गिरावट के संकेत नहीं हैं तो बढ़त के भी बहुत मजबूत संकेत नहीं हैं जबकि पत्रिकाओं में गिरावट साफ देखी जा सकती है। प्रिण्ट मीडिया में इस सांकेतिक गिरावट के कारण कई हो सकते हैं। इनमें सबसे बड़ा कारण यह माना जा सकता है कि नये पाठकवर्ग में प्रिण्ट के प्रति आकर्षण घट रहा है। प्रिण्ट में गिरावट के और भी कई कारण हो सकते हैं :

नयी पीढ़ी टिककर बैठकर पढ़ने वाली नहीं है। वह उड़र्न-छू, और हवा-हवाई भाव में रहने वाली, चंचल चित्त वाली है। उसके पास एक पत्रिका को पढ़ने का समय नहीं। वह पल्लवग्राही है और सुर्खियों से काम चलाती है, इसलिए पत्रिकाएँ उसका मुख्य माध्यम नहीं हैं। इसका कारण उसका देशकाल है जिसमें 'डिपॉलिटिसाइजेशन' या अराजनीतिकरण की प्रक्रिया ज्यादा वेगवान है। पूँजीवाद के नये लूट-समय में ठहर कर सोच-विचार या चित्त के ठहराव के अनुकूल वातावरण नहीं बचा है। एक कारण युवा वर्ग के बीच इण्टरनेट और ब्लागिंग के चलन का बढ़ना है। इण्टरनेट पर उपलब्ध अखबार, पत्रिकाएँ थोड़ा-बहुत पढ़ी जाती हैं। जाहिर है तब प्रिण्ट की नहीं पढ़ी जातीं और ब्लागिंग के चस्के के बाद युवावर्ग परम्परागत यानी ठहरकर पढ़ने वाला शौकिया पाठक नहीं बना रहता है, क्योंकि वह साइबरस्पेस के संचार में खुद का एक संचारकर्ता बन जाता है, खुद एक माध्यम बन जाता है। एक और कारण यह है कि यह समय अनन्त जटिलताएँ लिए है। सरलताएँ बची नहीं हैं। इकहरे विचार, इकहरे उपदेश और इकहरी सूचनाएँ काम की नहीं लगतीं। सूचना, विचार और काम की बातें सब अनेक ज्ञान-अनुशासनों पर अन्तर्निर्भर होने लगी हैं। जिन्दगी इकहरेपन को पसन्द नहीं करती।

प्रिण्ट की ओर से मन उचाट करने वाला एक बड़ा कारण टीवी का कवरेज और रेडियो, टीवी, इण्टरनेट से कनैक्टेड मोबाइलों के नये संस्करण हैं, जिनमें खबरें और विजुअल्स लगातार रहते हैं। राजनीति और अर्थनीति के ठहराव के साथ पाठकों में ठहराव भी एक स्वाभाविक बात है।

समाज की अर्थनीति और राजनीति में ठहराव या मन्दी का वातावरण पढ़ने की आदत को प्रभावित करते हैं। मीडिया का इतिहास गवाह है कि नये पाठकों का निर्माण हमेशा रेडिकल राजनीति के विकास ने किया है। रेडिकल पालिटिक्स के अभाव में पाठकता में गिरावटें अक्सर दर्ज की गयी हैं।

समाज में सूचना की ललक उसकी खपत और सूचनाप्रेरित व्यवहार बढ़त पर है, इसलिए पाठक संख्या के उक्त आँकड़े सिर्फ तात्कालिक ठहराव के संकेत हैं। अपने समाज में अभी आगे बढ़ने की इच्छा मौजूद है। वही अपने मीडिया को ठहराव से मुक्ति देगा।

9 नवम्बर, 2008

छोटे परदे का संकट

मनोरंजन की टीवी मण्डी में सन्नाटा है। स्टार टीवी, जी टीवी सब एकदम ठण्डे हैं। स्टार पर अब सीरियल रिपीट हो रहे हैं। टीवी जगत् में अगर कुछ नया है तो वो है न्यूज या रियलिटी शोज, जिनमें बहुत ज्यादा तकनीशियनों की जरूरत नहीं होती। इस ठहराव का लाभ सिनेमा चैनल्स को मिल रहा है। हॉलीवुड की अनेक फिल्में इन दिनों एक दर्जन की संख्या में उपलब्ध फिल्मी चैनलों पर हिन्दी में डब होकर आती हैं। वे दर्शक खींच रही हैं। हिन्दी के दर्शक अपने मनोरंजन के लिए बड़े पैमाने पर इस ओर मुड़ रहे हैं। यही नहीं दर्शक रिपीट सीरियल छोड़कर अंग्रेजी फिल्मों और स्टारप्लस या जी-कैफे के सीरियलों की ओर मुड़ रहे हैं। दर्शकों की संख्या के रेटिंग-प्वाइण्ट्स में एक आंकलन के मुताबिक 26 से 36 फीसदी तक की गिरावट दर्ज की गयी हैं।

टीवी इण्डस्ट्री बीसेक साल के इतिहास में पहली बार बड़ी मेहनत से बनाये अपने दर्शक बाजार को खोने के कगार पर है। एक बार दर्शकों की स्मृति में अपने देसी किस्म के सीरियलों को देने वाले चैनल पीछे गये तो फिर उन दर्शकों को दोबारा जुटाना कठिन होगा। यह खतरा दिख रहा है। लेकिन प्रोड्यूसर अपनी जगह अड़े हैं। ब्रॉडकास्टर चैनल अपने बजट बढ़ाने को कतई तैयार नहीं हैं और यूनियन बिना कुछ लिए हड़ताल वापस करने वाली नहीं दिखती। हड़ताल के कारकों को समझने के लिए तकनीशियनों की वाजिब माँगों को समझना जरूरी है। समकालीन सीरियल निर्माण उद्योग में सबसे ज्यादा हानि में रहने वाला अगर कोई वर्ग है तो वीडियो फिल्म से तकनीकी पक्ष के काम करने वालों का। पिछले दिनों हिट रहे किसी भी सीरियल की बजट व्यवस्था जानने से यह पता लग सकता है कि सीरियल निर्माता और उनके ब्रॉडकास्टर अपने लाभ को अधिकाधिक बढ़ाने में दत्त चित्त रहे हैं और वे अपने कामगारों की तनिक भी परवाह नहीं करते।

जरा देखें। एक मामूली से सीरियल का एक एपीसोड बनाने के लिए प्रोड्यूसर को ब्रॉडकास्टर पाँच लाख तक देता है। इस पाँच लाख में प्रोड्यूसर आधे से ज्यादा अपनी जेब में रखता है, और बाकी आधे में सीरियल का एक एपीसोड किसी तरह शूट करके देता है। कोई-कोई प्रोड्यूसर तो तीन-साढ़े तीन लाख तक अपनी जेब

में डालता है और बाकी से काम चला डालता है। जाहिर है कि इस कंजूसी की गाज निचले काम करने वाले तबकों पर ही पड़ती है। साथ ही सीरियल की क्वालिटी भी गिरती है। अच्छे स्टारकास्ट वाले सीरियलों के लिए ब्रॉडकास्टर्स बीस लाख प्रति एपीसोड तक का बजट देते हैं। बड़ा ब्रॉडकास्टर्स बड़ा निर्माता बड़ी स्टार कास्ट लेकर सीरियल बनाता है, लेकिन बड़े बजट के बावजूद तकनीकी कामगारों के रेट वही रहते हैं जो छोटे बजट के सीरियलों वाले कामगारों के रहते हैं।

एकता कपूर ने अपनी सीरियल फैक्ट्री मे पिछले चार-पाँच साल में जो नीति अपनायी वह सीरियल निर्माण के लिए कोई अच्छी मिसाल पेश नहीं करती। एकता की देखा-देखी अन्य निर्माता भी कमखर्च की नीति अपनाने लगे। वे एक सेट पर एक शिफ्ट में कई-कई एपीसोड शूट कर एक ही खर्च में तीन गुना लाभ कमाने लगे, जबकि कामागरों की कमाई वहीं की वहीं बनी रही। कई निर्माता तो नये कलाकारों को पैसे तक नहीं देते। ऐसी बातें खूब सुनी जाती रही हैं। ऐसे निर्माता कलाकारों को पैसा देने के बदले कह देते हैं : अरे हमारा अहसान मानो कि तुम्हें रोल दे रहे हैं। ब्रेक ही नहीं पाते तो कहीं दिखते तक नहीं। कई तो कलाकारों से ब्रेक देने के बदले पेमेण्ट ले लेते हैं। ऐसे लोग तकनीशियानों को ही पेमेण्ट करते हैं। जाहिर है कि यह उद्योग अपने तेज विकास के साथ अपने औद्योगिक किस्म के कायदे नहीं बना सका है। और उसी राह पर चल रहा है। जिस राह पर कभी हिन्दी फिल्म उद्योग चला करता था। एक वक्त था जब फिलों में तकनीशियनों के काम घण्टे निश्चित नहीं थे और पगार मनमानी होती थी। बाद में वहाँ यूनियनें बनीं। हड़तालें हुईं और बार-बार समझौते किये गये, तोड़े गये। टीवी और फिल्म उद्योग के लाभ के गणित में जरा फर्क है। इसे टीवी प्रोड्यूसरों को समझना चाहिए। फिल्म का मार्केट अलग है, टीवी का अलग। फिल्म और दर्शक के बीच थर्ड पार्टी नहीं है। जबकि टीवी में थर्ड पाटी असल पार्टी है। यह है विज्ञापन देने वाली एजेंसियाँ। टीवी सीरियलों का प्रसारण फिल्म की तरह नहीं होता।

टीवी में ब्रॉडकास्टर विज्ञापनदाताओं पर निर्भर होते हैं। सब चैनलों की अर्थव्यवस्था विज्ञापन खींच सकने की ताकत पर निर्भर होती है। विज्ञापन तब आते हैं, जब सीरियल उपभोक्ता वर्ग के दर्शक जुटाने और बढ़ाने वाली टी आर पी बढ़ाने में सक्षम हो। अगर सीरियल क्लिक नहीं किया, दर्शक वर्ग नहीं बना तो विज्ञापन नहीं आएँगे और विज्ञापन नहीं आएँगे तो सीरियल नहीं बनेंगे। उद्योग ठप्प हो जाएगा। इस तर्क से चलें तो नये सीरियल यदि दर्शक के नयेपन के चस्के को तुष्ट करने वाले नहीं होंगे, तो दर्शक वर्ग उनसे दूर चला जाएगा। एक ओर दर्शक हटा तो विज्ञापक हटे और वे हटे तो सीरियल बन्द हो जाएँगे। यह सच है।

तकनीशियन यूनियन की माँगों को प्रोड्यूसर आसानी से पूरा कर सकते हैं। कुल माँगों को पूरा करने की प्रक्रिया में प्रति एपीसोड की सकल बजटिंग में एक

से डेढ़ लाख की बढोत्तरी की जरूरत है। आँकड़े बताते हैं कि मनोरंजन वूम के इस दौर में बड़े ब्रॉडकास्टरर्स और बड़े प्रोड्यूसर का लाभ खर्च बढ़ा है। अगर इन्हें अपना बालीवुडी देसी बाजार नहीं खोना है तो वक्त रहते यूनियन से नरमी से पेशा आना होगा, ताकि टीवी उद्योग चल सके। टीवी के दर्शक की वफादारी एकदम क्षणिक रिमोट के एक क्लिक की दूरी पर रहती है।

16 नवम्बर, 2008

मन्दी के दौर में मीडिया

भारत के एक प्रमुख टीवी ब्रॉडकास्टर ने एक जगह कहा है कि मन्दी का दबाव मीडिया पर पड़ रहा है। विज्ञापन कम मिल रहे हैं, यह दबाव प्रिण्ट मीडिया पर भी है और टीवी पर भी।

कम्पनियाँ अब कम विज्ञापन दे रही हैं। वे अखबारों का स्पेस कम खरीद रही हैं, टीवी का टाइम कम खरीद रही हैं, विज्ञापन का रेट कम कर रही हैं। उनके अपने बजट कम हो रहे हैं, क्योंकि विज्ञापन का काम देने वाली कम्पनियाँ अपना कारोबार कम कर रही हैं। मन्दी के दिनों में मीडिया की दुनिया तेजी से बदल रही है। मीडिया की अर्थव्यवस्था के बारे में मन्दी के सन्दर्भ में सोचा जाने लगा है। इसका कारण विश्व बाजार में आयी मन्दी है। मीडिया एक ग्लोबल अस्तित्व रखता है। कम्पनियाँ मीडिया में अपनी जगह और अपना दखल रखती हैं। इसलिए अर्थव्यवस्था में आयी मन्दी का प्रभाव पड़ना स्वाभाविक है।

पिछले वर्षों में जब अर्थव्यवस्था उठान पर रही तो मीडिया में बढ़त बनती रही, बूम आता रहा। दस से बीस फीसदी तक की बढ़त देखी गयी। पिछले वर्ष तक बढ़त जारी रही। मीडिया की बढ़त उसके प्रसार के जरिये तो आँकी ही जाती है, लेकिन असल बढ़त तब होती है, जब मीडिया का 'रेवेन्यू' बढ़े, आमदनी बढ़े। मीडिया एक आर्थिक-चक्र के अन्तर्गत काम करता है। वहाँ प्रसार संख्या किसी अखबार के विज्ञापन के रेट तय करती है, टीवी में चैनल की दर्शक संख्या चैनल में दिखने वाले विज्ञापनों के रेट को तय करती है।

मीडिया की अर्थव्यवस्था 'प्रसार और विज्ञापन दर' के अनुपातिक नियम से काम रकती है। जितना अधिक प्रसार, उतना अधिक विज्ञापन रेट, उतनी ही आमदनी।

प्रिण्ट में यह नियम कुछ आगे जाकर बदल जाता है। अब तक का मीडिया के बूम और बर्स्ट का इतिहास ऐसा ही कहता है। प्रिण्ट में यह बात अक्सर देखी गयी कि प्रसार संख्या की बढ़त एक हद से आगे जाकर लाभकर नहीं रह जाती। विज्ञापन रेट बढ़ता है मगर अखबार का खर्चा भी बढ़ता है। और एक वक्त ऐसा आता है कि लाभ हानि में बदलने लगता है। एक हद तक पहुँचने के बाद प्रिण्ट

मीडिया आगे नहीं बढ़ता। अखबार की एक लिमिट है। बढ़त के बाद वह घटत पर आने लगता है, यद्यपि टीवी के संग यह नियम ठीक इस तरह लागू नहीं होता। समकालीन इतिहास में इसका कोई उदाहरण नहीं मिलता।

आज मीडिया का जमाना है। प्रिण्ट और इलेक्ट्रानिक ग्लोबल मीडिया घराने हैं, जो एक साथ टीवी, रेडियो और प्रिण्ट का कारोबार करते हैं। आज के बड़े मीडिया कॉरपोरेट मीडिया के अन्य कॉरपोरेट क्षेत्रों से जुड़कर संजाल बनाते हैं। वे विज्ञापन एजेंसियाँ चलाते हैं। विज्ञापन एजेंसियाँ मीडिया घरानों में हिस्सेदारी करती हैं। कई तो फिल्म उद्योग तक को अपने कारोबार से जोड़ लेते हैं। वर्तमान में अपने देश में कई औद्योगिक घराने सिनेमा के निर्माण और वितरण के क्षेत्र में उतरे हुए हैं। वे बड़े विज्ञापनदाता भी हैं, वे ही मीडिया घरानों में हिस्सेदार भी हैं।

आज मीडिया घराने सिर्फ मीडिया तक महदूद नहीं हैं। मीडिया का कारोबार बाकी बिजनेस से सीधे जुड़ा है। बिजनेस में बढ़त या घटत का सीधा असर मीडिया पर पड़ता है। आज मीडिया के बड़े घराने मन्दी की मार की बात स्वीकार करने लगे हैं, इस पर विचार करना जरूरी है। एक मीडिया मुगल का मन्दी के बारे में स्वीकारोक्ति करना कई बातें कहता है। मन्दी की मार मीडिया पर पड़ने वाली है। छँटनी वहाँ भी होने वाली है। यह बात फिल्मों के उत्पादन पर भी लागू हो सकती है और रेडियो-टीवी के कारोबार पर भी लागू हो सकती है। प्रिण्ट पर तो इसका सीधा असर दिख सकता है।

प्रिण्ट सबसे बड़े आकार वाला मीडिया है। इसमें बहुत लोग लगे हैं। उन पर असर हो सकता है, रेडियो पर असर हो सकता है, टीवी में काम के समय और कामगारों की संख्या पर असर हो सकता है। आमदनी घटेगी, तो काम कम होगा और रोजगार के अवसर कम होंगे।

सबसे ज्यादा असर प्रिण्ट पर पड़ सकता है। टीवी पर इसका सीधा असर उस तरह से शायद न हो। कारण यह है कि कागज की कीमतें बढ़ रही हैं, जबकि टीवी संचार की तकनीक की कीमत उस रेट से नहीं बढ़ती नजर आती। हो सकता है कि टीवी संचार पर मन्दी की मार शायद सीधे न हो। और हो, तो उसका उपचार सीरियल की जगह फिल्में और खबरें दिखाकर किया जा सकता है, जैसा कि वर्तमान में हो रहा है। मन्दी की मार की मीडिया में हो रही चर्चा जितनी वास्तविक हो सकती है, उतना ही उसमें मन्दी का हौवा भी खड़ा किया जा सकता है। अपने पूँजीपति की फितरत तो यह भी है कि हर संकट को अपने फायदे की ओर मोड़ लो, उसका हौवा खड़ा करो और छँटनी कर दो। इसका खतरा समकालीन मन्दी-गायन में है।

सरकार सदा की तरह मौनी बाबा बनी है। मीडिया मुगल मन्दी बाँचने लगे हैं, तो सरकार को अभी से ही मीडिया घरानों के कामकाज की मॉनिटरिंग करनी शुरू कर देनी चाहिए, ताकि उसका किस्सा भी जेट एअरवेज जैसा न हो।

सरकार को सोचने की जरूरत इसलिए भी है कि मीडिया की जरूरत उस ग्रोथ को भी है, जिसको बनाये रखने की बात मन्दी के दौर में पीएम बार-बार करते हैं। एक बेहतर सूचना समाज के लिए मीडिया भी उतना ही जरूरी है, जितना कि एक अच्छी ग्रोथ! मीडिया ही इस मन्दी की भावनात्मक पस्ती और सुस्ती से निपट सकता है। ध्यान रहे, भरोसा बाँधने के लिए नीतियाँ बाद में पहुँचती हैं, पहले मीडिया पहुँचता है। वही जगत् की अवधारणा बनाता-बिगाड़ता है। समाज का अपने में भरोसा बढ़ाने के लिए मीडिया से बेहतर कोई जरिया नहीं है। इसलिए मीडिया में मन्दी की आहटों पर ध्यान दिया जाना चाहिए।

23 नवम्बर, 2008

साठ घण्टों के सबक

दो मिनट का मौन! साठ घण्टे का रोष! दो मिनट का क्षोभ! साठ घण्टे लाइव विजुअल्स, दो मिनट का धिक्कार, साठ घण्टे का अकेलापन, दो मिनट का मौन, करकरे और सालस्कर समेत, मारे गये सुरक्षा बल जनों के लिए मौन, शहीद हुए एनएसजी कमाण्डो गजेन्द्र और मेजर सन्दीप उन्नीकृष्णन की चिताओं पर रखे शवों के लिए दो मिनट का मौन। स्वार्थरत राजनीतिक दलों के लिए साठ घण्टे का राष्ट्रीय धिक्कार, साठ घण्टे की सलामी मीडिया के लिए कि जिसने अपने सारे चैनलों के कैमरे, रिपोर्टर दिन-रात एक्शन कवरेज में लगाये।

'आपदा-समाचार-प्रबन्धन' की बेहतर समझ को शाबासी!

उन पत्रकारों, रतजगा करते थके हारे एनडीटीवी, सीएनएन, आईबीएन, डीडी, सर्वोपरि टाइम्स नाउ, यू टीवी, जी टीवी, समय, स्टार और उन तमाम डेढ़ दर्जन खबर चैनलों को सलाम जिन्होंने एक साथ बता दिया कि अपने कठिन आपात समय को भी तमीज से बताया-बनाया जा सकता है।

उस कमाण्डो को सलाम जिसने साठ घण्टे बाद, एक पत्रकार के पूछने के जवाब में मुस्कराते हुए कहा : हमारे लिए कुछ भी असम्भव नहीं होता।

मीडिया के इस प्रसन्न पल के लिए सलाम!

उस आम दर्शक को सलाम जो इन साठ घण्टों में नया मेच्योर बन उठा। उसकी चंचलता लुप्त हो गयी। उसके हाथों में मचलता रिमोट पता नहीं कितने दिनों बाद दिन-रात खबर चैनलों पर ठहर गया! नाचने गाने में दिन-रात व्यस्त कर दिया गया दर्शक अचानक गम्भीर हो गया। समझदार हो गया। एसएमएस दर्शक भी तमीज सीखते। उनकी बदलाखोरी गायब रही। एक गम्भीरता उतर आयी।

इन साठ घण्टों में देश का मीडिया मेच्योर हो गया, प्रौढ़ हो गया। दर्शक बदल गया। वह छिछोरे से समझदार हो गया। मनोरंजन चैनलों को दर्शक नहीं मिले। किसी ने फिल्म नहीं देखी। किसी ने जोक्स नहीं देखे होंगे। किसी ने बदतमीज होकर मुँह नहीं फाड़ा होगा। अधिकतम दर्शक इस महासीन को देखते रहे। टीआर पी आँकड़े आएँगे तो बताएँगे कि दुनिया भर के दर्शक हमारे चैनलों को मिले। अपना मीडिया पहली बार दुनिया भर के लिए अपना हुआ। मानक हुआ। ग्लोबल

हुआ। वास्तव में, रिपोर्टर थके नहीं। दर्शक ऊबे नहीं।

एक लगातार चलने वाला, सचमुच का 'सचमुच टीवी' दिनरात, दिन रात! दिनरात!! यह एक विराट और अचीन्हा 'कनफ्लिक्ट जोन' था। ऐसे आपात संघर्ष क्षेत्रों का लाइव कवरेज तलवार की धार पर चलने जैसा होता है। ऐसे मौकों पर मीडिया अपनी हड़बडी में अतीत में कई बार गिरा है। कई बार वह कवरेज को विवाद से भरता रहा है। और 'तुरन्त ब्लेगगेम' में लगता रहा है।

कनफ्लिक्चुअल स्थितियों का कवरेज लाइव करना एक बेहद जिम्मेदार काम होता है। आतंकी हमलों के सीनों में चूँकि 'भाव जागरण' तीखा और तुरन्त होता है। इसलिए सँभलकर शब्द और सीन चयन करना होता है। क्राइसिस, संकट या आपदा संचार की कला कहती है कि संचार को अतिरिक्त धीरज और दिमागी ठहराव के साथ किया जाना चाहिए। बदहवासी अगर सीन में बनती है तो 'आपदा प्रबन्धन' में कठिनाई होती है। कैशोर्यभावी, सहज उत्तेजित हो उठनेवाले, पक्षधर-विपक्षधर, आइडियोलॉजिकल पत्रकारों का ऐसे मौकों पर प्रवेश वर्जित होना चाहिए। संचार कर्ता अगर भावना की भड़क में आता है तो वह प्रबन्धन करने की जगह आपदा को बढ़ाता है। उसे रोका जाना चाहिए। अतीत में कई बार ऐसे उत्तप्त प्रसारणों में शब्द बन्दूक की गोली की तरह बनते रहे हैं और प्रतिक्रियाएँ नियन्त्रण से बाहर होती रही हैं। आतंकवादी कनफ्लिक्ट क्षेत्रों के कवरेज भावोत्तेजना और तीखी प्रतिक्रियाओं को पैदा करने का अवसर बन जाया करते हैं। आतंकवादी ठीक यही स्थिति चाहते होते हैं। सुरक्षाबलों ने चाहा कि मीडियाकर्मी ऑपरेशन के डिटेल्स न दें, क्योंकि डिटेल्स की सूचनाएँ आतंकवादी सेटेलाइट फोन से पाकिस्तान से प्राप्त कर रहे हैं, इसलिए ऑपरेशन की कठिनाई बढ़ती है। मीडिया ने इसे माना और फिर डिटेल्स देने बन्द कर दिये। आतंकवादी मीडिया के जरिये ही आतंक का निर्माण किया करते हैं। भय और असुरक्षा निर्मित करना उनका हेतु होना है। वे मीडिया के लिए रीयल उत्तेजक सीन बनाया करते हैं। अगर मीडिया असावधान होकर उनके इस खेल में शामिल हो जाता है तो वह उनके हाथों में अनजाने खेलने लगता है। इस बार अपने मीडिया ने यह नहीं किया। उसने एक-एक बाइट को एक-एक शब्द से समायोजित किया और किसी किशोर चैनल तक ने भड़काऊ भाषा को नहीं आने दिया। न्यूज ब्रॉडकास्टर ऐसोसियेशन ने अपना 'कोड ऑफ कण्डक्ट' अपने आप ही लागू किया। सब को आगाह किया कि क्या करना है और क्या नहीं। यह एक कदम आगे की बात रही। शाबासी की बात रही।

कनफ्लिक्ट क्षेत्रों के कवरेज के जोखिम होते हैं। अपने यहाँ ऐसे क्षेत्र तमाशों के क्षेत्र बन जाते हैं। भीड़े उन्मादिनी होने लगती हैं। तमाशबीन जगहें घेर लेते हैं। कैमरों को काम नहीं करने देते। सुरक्षा बल मीडिया की घुसपैठ से परेशान रहते हैं। वे आपदा प्रबन्धन के बारे में नहीं जानते। वे नहीं जानते कि आपदा प्रबन्धन अब

मीडिया का भी अपना एक काम है। मीडियाकर्मी को अपनी हदें उसी से तय करनी होती हैं।

इस बार मीडिया की आपदा-समाचार-प्रबन्धन की समझ बेहतर रही। सुरक्षाबलों के आदेशों को अपनी आजादी पर हमला नहीं माना। ताज, ओबराय ट्राइडेण्ट और नरीमन बिल्डिंगों से एक निश्चित कर दी गयी दूरी पर मीडिया रहा। संसार भर का मीडिया रहा। जब कहा लाइटें बुझा दें तो लाइटें बुझा दी गयीं। साठ घण्टों के ये सबक अपने मीडिया को मेच्योर कर गये।

30 नवम्बर, 2008

अन्त में एक संहिता

न्यूज ब्रॉडकास्टर्स ऐसोसियेशन ने 'आपातकालीन स्थितियों' के कवरेज के लिए एक आचार संहिता बनायी है, जिसके मुख्य बिन्दु इस प्रकार रखे जा सकते हैं : सशस्त्र संघर्ष, आन्तरिक उपद्रव, साम्प्रदायिक हिंसा, जन-अव्यवस्था, अपराध और अन्य ऐसी ही स्थितियों का कवरेज समाचार निर्माण के मूल मानक जनहित (पब्लिक इण्टरेस्ट) से ही निर्धारित होगा जैसे :

—ऐसा कोई लाइव कवरेज प्रसारित नहीं किया जाना चाहिए, जिससे किसी आतंकवादी, उग्रवादी संगठन या विचारधारा को प्रचार या हमदर्दी मिले या ऐसे तत्त्व ग्लैमराइज हों, या जो गैरकानूनी एजेण्डे या मकसद को आगे बढ़ाने वाला हो।

—बन्धक (होस्टेज) स्थितियों से बचाव की कार्रवाई की लाइव रिपोर्टिंग के दौरान किसी की पहचान, संख्या तथा बन्धकों की स्थिति के बारे में या बाकी बचाव कार्य में लगे सुरक्षाकर्मियों की संख्या या उनके तरीकों के बारे में कोई खबर प्रसारित नहीं की जानी चाहिए।

—मीडिया को चाहिए कि वह ऐसी स्थितियों में आहत जनों या संलग्न सुरक्षाकर्मियों या ऐसे हमलावरों के साथ लाइव सम्पर्क से बचे। साथ ही पुराने फुटेज, जिसे देखकर दर्शक आन्दोलित हों, को बार-बार लगातार टेली कास्ट करने से बाज आना चाहिए। यदि ऐसा पुराना फुटेज दिखाना ही हो तो उस पर 'फाइल' लिखा होना चाहिए।

—मृत लोगों के साथ सम्मानजनक सलूक किया जाना चाहिए। उनके शवों के विजुअल्स नहीं देने चाहिए। विचलित करने वाले विजुअल्स को पेश करने में अतिरिक्त सावधानी बरती जानी चाहिए। परिजनों और बच्चों को विचलित करने वाले परिजनों की पीड़ा के प्रसारण का विशेष ध्यान रखा जाना चाहिए... आदि-इत्यादि। अच्छी बात है कि सप्ताह-दस दिन तक अपने-अपने ढंग से अपने-अपने प्रसारण को जस्टीफाई करने के बाद समाचार प्रसारक 'अपने लिए आप' बनायी आचार संहिता पर एकमत हुए। इसे कर्म की विडम्बना नहीं तो और क्या कहिए कि कई बड़े टीवी समाचार चैनलों, उनके कई पत्रकारों ने टीवी के क्षेत्र में अच्छी पत्रकारिता के लिए झोली भर-भर सम्मान अर्जित किये हैं।

इसलिए पूछना चाहिए कि कल जब वे सम्मान ले रहे थे तो क्या उनके मन में कोई आत्म-सन्देह जगा कि भई तुमने मुम्बई कवरेज का क्या मलीदा बनाया है? किस तरह से 'जनहित' में क्रोध बनाया है, जिसे अन्धराष्ट्रवादी उन्माद में झोंक दिया और अन्त में कितनी गलती के बाद आज्ञाकारी बालक की भाँति जल्दबाजी में एक तरफा 'स्वनिर्धारित निरंकुशता' के आगे समर्पित कर दिया। क्या सम्मान लेते समय याद न आया कि तुमने इन स्थितियों में अपने ढंग की चैनल राजनीति की है?

तुरन्ताभावी संहिता की बात आने के बाद अचानक ऐसा लगता है कि पहले निजी चैनल किसी 'जनहित' की बात नहीं जानते थे! इस मासूमियत पर दिल कुर्बान मेरी जान! कल तक सब कह रहे थे मुम्बई में आतंकी हमले का प्रसारण ठीक-ठाक रहा है, 'जनहित' में किया गया है। यत्र-तत्र किसी ने अति कर दी हो तो कर दी हो, हमने नहीं की है।

हाय! जब खबरों में मनोरंजन के नुस्खे देने, सनसनी बनाकर खबर पेश करने पर आपत्तियाँ आयीं तो चैनल वाले एक सुर में बोलते रहे : जनता जो चाहती है वो हम देते हैं। हम वही दिखाते हैं जो जनता चाहती है। स्वाद के लिए थाली में जरा अचार-मुरब्बा देना होता है। सच बात ये है कि संहिता तो पहले भी थी, लेकिन निजी चैनलों ने उसकी खास परवाह नहीं की। उन पर अमल करने वाला अगर कोई रहा तो सिर्फ दूरदर्शन रहा। वह सरकारी-स्वायत्त संस्था है। उसे हर जगह जवाबदेह होना होता है। वह संहिता को चलाता है। संहिता चलाने वाले को सरकारी भौंपू कहा जाता है। वह बेचारा सब सुनता है, लेकिन लकीर पर चलता रहता है। निजी चैनल शायद उससे भी ज्यादा वर्जनाकारी संहिता पर पहुँचे हैं। यह आज नहीं तो कल उनकी बेड़ी बननी है। संहिता में कई डर छिपे हैं। सूचना युग में सूचना के नियन्त्रित होने, बाधित होने या सेंसर होने से कई और तरह की पेचीदगियाँ बढ़ेंगी, निरंकुशता का खतरा बढ़ेगा।

संहिता में एक सुविधा निहित है : चैनलों की सबसे बड़ी सुविधा संहिता में आया 'जनहित' है 'जनहित' अद्‌भुत चालू पद है। जनहित के नाम पर सब कुछ चल जाता है। ऐसे चालू पद के सहारे, संहिता चलनी है तो चल ली। आज 'जनहित' एक विवादित पद है। अस्मितामूलक उभारों में जब हर वाक्य या चित्र अस्मितामूलक गाँठें लगाता हो, तब सामान्य मान्य समाचार तक विवादित हो सकते हैं। जिस समय हर चीज टीवी के जरिये सिर्फ 'मीडियेट' न होकर 'नेगोशिएट' होने लगी हो, वहाँ कोई भी एक चित्र बाइट प्रसारण या लाइन या संकेत या देहभाषा तक विवादित हो सकती है।

ऐसे में नयी समाचारोन्मुखता की जरूरत है जो चैनलों के भीतरी तन्त्र से, पत्रकारों के अन्तःकरण से पैदा हो। आतंकवादी कार्रवाई के समाचार प्रबन्धन संहिताओं के जरिये नहीं होते। वे आतंकवाद के प्रति कुल समझ से तय होते हैं।

यह टीवी प्रसारण की नयी चुनौती है। आतंकवादी स्वयं मीडिया क्रेजी कार्रवाई है, इसलिए उसके प्रति सही 'क्रिटिकलिटी' पैदा करना और उसके आतंकवादी विचार से लड़ना नयी सूचना समझ का नया एजेण्डा है। आतंकवाद मीडिया का उपयोग कहाँ, किस तरह करता है, इसे समझे बिना आगे नहीं बढ़ा जा सकता।

अपनी खबर से आतंकवाद एक राजनीतिक सांस्कृतिक विमर्श बनाता है। हमारे पत्रकार समझते हैं कि वे मात्र 'खबर' बनाते हैं। संहिता आतंकवाद की विमर्शात्मकता को सम्बोधित नहीं करती।

21 दिसम्बर, 2009

वीर में हास्य

'सीमा के इस पार पड़ी थी लाशें/सीमा के उस पार पड़ी थीं लाशें.../ कुछ उधर से इधर आकर मरते थे/ कुछ इधर से उधर जाकर मरते थे/ यह बात राजधानी में हम करते थे...।'

अगर हमारे समाचार चैनल वाले पत्रकार रघुवीर सहाय की इस कविता को पढ़े होते तो वे ऐसा अद्‌भुत रस ब्राण्ड वीर रस नहीं बरसाते जैसा 26/11 के बाद बरसाया है।

ऐसे भुजा फड़काऊ वीर रस का निर्माण कई बार वीर रस के मंचीय कवियों ने किया है। लेकिन वह भी सीजन टू सीजन रहा है। पाकिस्तान से या चीन से जब भी दो-दो हाथ हुए हैं, मंच पर चौबीस कैरट वीर रस बरसा है और श्रृंगार-हास्य कविता हूट हुई है।

कवि सम्मेलन मंच का संचार ऐसा फौरी, जिन्दा और जादुई होता रहा है कि इधर कविता पढ़ी, उधर जोश में नारे लगने लगे। 'मार दो, काट दो' की आवाजें कविता में होतीं और नीचे बैठे श्रोताओं की भुजाएँ फड़कने लगतीं। राष्ट्रवाद हुंकार भरने लगता। देश प्रेम फुंकार मारने लगता। लेकिन यह सब रहता किसी मेले में, किसी समारोह में, कॉलेज में या चौराहे पर। उसका सीमित दायरा होता।

एक वक्त ऐसा आन पड़ा, जब देश पर बरसों तक कोई खतरा नहीं दिखा। किसी ने हमला आदि नहीं किया। वीर रस के दुर्भाग्य से शान्तिकाल जरा लम्बा ही खिंच गया। सीजन बदल गया। मंचों से वीर रस के कवि वीर रस की कविताएँ सुनाते और बोर करते। इसी को देख हरिशंकर परसाई ने कई बार व्यंग्य लिखा और सवाल किया कि ऐसा क्योंकि है कि वीर रस की कविता सुनते वक्त हास्य पैदा होता है?

हमें यकीन है कि समाचार चैनल वालों ने उनके सम्पादकों ने भी इस सवाल पर कभी गौर नहीं किया होगा कि वीर रस को बजाते ही हास्य क्यों पैदा होने लगता है? 26/11 के बाद चैनलों को वीर रस का 'सरसाँव' हो गया। चैनलों ने वीरता का इतना झाग, पैदा कर डाला है कि ऐसा लगता है कि सीमा के उस पार जंगी खड़ें हैं, सीमा के इस पार जंगी तैयार। आतंक का हमला है। 'वार ऑन टेरर' जारी है।

सिटीजन 'अगेन्स्ट टेरर' खड़े हो रहे हैं। तैयारी इतनी है कि अब किसी की हिम्मत नहीं हो सकती जो आँख उठाकर भी देख सके।

चैनल रोज सीमा के पार टैंकों को आते-जाते दिखा रहे हैं। हवाई जहाजों को खड़े दिखा रहे हैं कि अब वे कभी भी उड़ सकते हैं। उधर तुलना में बताया जा रहा है कि हमारी तैयारी भी कम नहीं है। हमने वो प्रतिरोधी मिसाइल बना ली है जो उनकी मिसाइल को देख लेगी। कैच आउट कर देगी....।

वाचक इस भाषा में बोलते हैं मानो पाकिस्तान कोई देश न हो, कोई राष्ट्र न हो। वह एक कीट-पंतगा हो जिसे मसला जा सकता हो। इतनी सस्ती देशभक्ति चैनलों पर ही बन सकती है। इसका असर यह हो रहा है कि टीवी चैनल अपना युद्ध चला रहे हैं और कवियों की तरह ही जीत ले रहे हैं। लोग हँसने लगे हैं। टीवी एक ग्लोबल माध्यम है। वह देशों की सीमाएँ लाँघता है। किसी अखबार की तरह यह देशज नहीं होता। वह अपना साइबर स्पेस बनाता है, जिसमें सब दर्शक होते हैं, श्रोता होते हैं। और इस तरह वह किसी एक पहचान, किसी एक देश, किसी एक नागरिकता का कायल नहीं होता। सबसे बुरा टीवी वही है जो एक सीमा में बँध जाए। किसी एक पहचान की शरण हो जाए।

ग्लोबल माध्यम का स्वभाव सबको ग्लोबल नागरिकता में लाने का होता है। यही उसकी शक्ति है, इसीलिए वह सबसे ताकतवर ग्लोबल माध्यम है। मेकलुहान ने जब कहा था कि ये दुनिया एक ग्लोबल विलेज है तो इसके इसी ग्लोबल प्रभाव को देखते हुए कहा था। उनकी नजर में विश्व भर को शिक्षा देने का माध्यम टीवी था। आज कहा जा सकता है कि हम सचमुच एक ग्लोबल विलेज में रहते हैं और इस ग्लोबल विलेज में सब तरह के लोग, उनकी संस्कृतियाँ, धर्म, पहचान, भाषाएँ, जरूरतें और आकांक्षाएँ रहती हैं। वे एक-दूसरे के अनुकूल-प्रतिकूल होती हैं। मित्रता या टकराव में होती हैं। टीवी चूँकि मूलतः पहचान तीखी करने वाला माध्यम है, इसलिए टीवी जो जनताएँ बनाता है, उसमें पहचानों के लिए तीव्र आग्रह होते हैं। टीवी युग में सर्वत्र पहचानों के आग्रह बढ़े हैं, उनके स्पेस बढ़े हैं, उनमें टकराव बढ़े हैं और उनमें नये संवाद भी बने हैं।

ओबामा की जीत यही बताती है कि अमेरिका तक में ऐसा हुआ है। उनकी फेस बुक ने, उनके टीवी कवरेज ने बार-बार रंगभेदवाद को संवाद में बदलकर एक सामूहिक निर्णय पैदा करने में मदद की है। इससे जाहिर है कि जो माध्यम पहचानों को तीखा करता है उन्हें वह नरम भी करता है और निरन्तर संवाद में बदलकर सर्वसम्मतियों में बदलता है।

इस प्रसंग में अपने चैनलों के वर्तमान वीरता के ज्वर को देखिए। वहाँ एक अजीब किस्म की लुटेरी, गैर जिम्मेदार हिंसक भाषा पैदा हो रही है जो एक गैर जिम्मेदार उग्र दर्शक का निर्माण कर रही है। दर्शक उसे सुन-देख सिनिकल होता

हुआ लम्पट वीरता में सबको धिक्कार रहा है और अपने सिनीसिज्म को फासिस्ट शक्ल देने पर उतारू है। ऐसा लगता है कि बच्चों के हाथ में छुरे दे दिये गये हों और वे निकल पड़े हों। लगता है कि आतंकवाद से वे अब निपट कर ही दम लेंगे। इस चक्कर में उनकी अपनी गति एक प्रति-आतंकी जैसी होने लगी है, जिसकी दरकार बाल ठाकरे को ही हो सकती है।

टीवी एक अग्रणी माध्यम है। वह बना सकता है और बिगाड़ सकता है। यह संवाद का और सम्मति का एक विलक्षण माध्यम भी है। लेकिन उसमें अनन्तकालीन कोई भी कुश्ती हास्यास्पद बन जाती है। 'भेड़िया आया, भेड़िया आया' का गाना महँगा भी है और उससे ज्यादा हास्यास्पद।

28 दिसम्बर, 2008

गुम होते पापा और कार

एक बच्ची इस बात से डरायी जाती है कि अगर उसके पापा गुम हो गये तो उसकी कार कहाँ से आयेगी? एक अंकलनुमा या एक बैंक का एजेण्टनुमा बन्दा कहता है कि अगर तुम्हारे पापा गुम हो गये तो हम कार दिलाएँगे। सीन के आखिर में एण्ट्री लेकर पापा खुद कहते हैं कि अगर तुम्हारे पापा गुम हो भी गये तो कार तुम्हें ये बैंक दिलायेगा। ऐसा मौलिक पापा दुर्लभ है। वह बीमा करने वाले या कर्ज देने वाले बैंक की विज्ञापन कृति है। इस विज्ञापन में बहुत से सवाल गुम हैं। कार के लिए पैसे को कौन चुकायेगा? जाहिर है कि पापा जी के गुम हो जाने पर वह बच्ची ही चुकायेगी। लेकिन अभी उसकी उम्र ऐसी नहीं है जो दस साल बाद अपनी स्थिति के बारे में कायदे से सोच सके। अभी तो उसे कार चाहिए। कार उसकी कामना है। कार की कामना बैंक की कामना के मुकाबले दोयम है। बैंक के लिए पापा जी अनिवार्य गुम होने लायक आइटम भर हैं।

विज्ञापन का जोर पापा के गुम होने की अनिवार्यता और बच्ची के कार के सपने के बीच के सम्बन्ध को स्थापित करने पर है। पापा की जगह एक बैंक खड़ा हो गया है जो बच्ची के सपने पूरा करने का भरोसा देता है। बच्ची के लिए पापा से ज्यादा कार महत्त्वपूर्ण बनायी जा रही है। उस पाजी पापा के लिए उसके जीवन से ज्यादा कार महत्त्वपूर्ण बनायी जा रही है और उसी की जुबान से ऐसा कहलवाया जा रहा है कि अगर वह गुम हो गया हो (कवि रघुवीर सहाय के राम दास की तरह उसे पता है कि वह गुम होने वाला है) तो भी उसकी बेटी की कार की इच्छा यह कम्पनी पूरी करेगी। पिता की जगह बैंक का आना, पापा की जगह कार का आना, बच्ची की जगह कर्ज के अनुकूल एक बच्ची का बनाया जाना बैकिंग की नयी यानी वित्तीय संस्कृति है। यह उधारवादी निवेशवादी वित्त की सांस्कृतिक निर्मिति है। यह कार, बच्ची, पापा का 'वस्तुकरण' है जो पापा जी की जगह ले रहा है।

और इस लेखक को अचानक एक अजीब आइडिया कौंधता है : इस वस्तुकरण का सम्बन्ध उस मन्दी से अवश्य है जो अमेरिकी बैंकिंग व्यवस्था में आयी, जो बैंकों की लोनवादी-उधारवादी संस्कृति का निर्माण करती थी। वे अब दिवालिया हैं। हमें लगता है कि यह बच्ची और ये पापा जी भी कहीं-न-कहीं अमेरिकी बैंकिंग के उन

विज्ञापनों से बने हैं जो मन्दी से पहले वहाँ आते रहे। वहाँ मकान की कामना बलवती बनायी गयी। यहाँ कार बनायी जा रही है। कल तक मकान की भी बनायी जा रही थी। अपने यहाँ यह काम बच्चे-बच्चियों के जरिये कराया जा रहा है। एक पूरी बाल पीढ़ी उधारवादी संस्कृति में दीक्षित की जा रही है जो बच्चों को दीक्षित करेगी। कई विज्ञापनों की कापी में मकान के चयन में बच्चों की भूमिका निर्णायक बनायी जाती रही है। इस क्रम में उस विज्ञापन का स्मरण आना स्वाभाविक है जिसमें बाज़ार के डूबने पर एक बच्ची टीवी देखते हुए, परेशान पापा को स्टॉक मार्केट में मन्दी के इस दौर में बेहतर बढ़त करने वाली कम्पनियों के बारे में ऐसे बताती है जिस तरह दलाल स्ट्रीट का दलाल किसी को बतलाता है कि इसमें निवेश करो और निश्चिन्त हो जाओ। यह विज्ञापन मन्दी की मार में रास्ता बनाती बच्ची को स्थापित करता है। यह भी एक नये किस्म की बच्ची है। उसके लिए इस कच्ची उम्र में स्टॉक मार्केट उसका भविष्य बन गया है और उसे प्रीमेच्योर बना गया है।

उस विज्ञापन को भी इसी कोटि में रखा जा सकता है, जिसमें एक बच्चा पिता की मोटर साइकिल पर बैठकर अपना घर खोजता फिरता है और फिर एक उधारवादी बैंक के पास आकर कहता है : इसी के पास मेरा घर है। बैंकिंग का ऐसा महिमा मण्डन बैंकिंग को एक सौन्दर्यात्मक व्यक्तित्व देता है। वह उन्हें अनिवार्य बनाता है। सारे पारिवारिक सम्बन्ध बैंकिंग सम्बन्ध में बदल दिये जाते हैं। यह अपने आप में एक विकट सांस्कृतिक 'रिवर्सल' है।

इस तरह के विज्ञापन मन्दी के दौर में मन्दी के संकट को अवसर सा बनाते अगली पीढ़ी को कर्जखोर बनाने की कामना रखते हुए उधार को अमरत्व प्रदान करते हैं, जो अन्ततः विकास के 'उधार से उपभोग तक' के ढाँचे में फिट बैठता है। यदि अमेरिकी मन्दी का सरलतम पाठ करें तो यही पता चलता है कि 'उधार से उपभोग तक' की अति ने एक दिन ऐसा ला दिया कि बैंकिंग, सारा आर्थिक जगत् संकट में आ गया और मन्दी की चपेट विकराल होने लगी। इसी तरह कुछ पहले एक और विज्ञापन आया करता था जिसमें विदेश में पढ़ने की इच्छा रखने वाली लड़की को आधा स्कालरशिप मिला था, और पिता कहता था कि तुम्हारे भविष्य के लिए कोई और सोच रहा है। यह सोचने वाला कोई और नहीं बैंक ही होता था। यहाँ भी एक पारिवारिक संस्थान के रूप में घर के एक केन्द्र के रूप में पिता का दर्जा कमजोर बनाया गया था। ऐसे विज्ञापनों में माता की कोई खास भूमिका नहीं दी जाती। वित्त का मामला पुल्लिंगवादी ही है।

इस क्रम में हमारी आपत्ति एक तो विज्ञापनों में बच्चों के 'वस्तुकरण' की कोशिश पर है, दूसरी वित्तीय संकट को भुलाने में इन विज्ञापनों की भूमिका से सम्बन्धित है। जब मीडिया पर ही मन्दी की मार पड़ने लगी हो, विज्ञापन सिकुड़ने लगे हों, तब मीडिया को क्या अपना टाइम बेचने में विज्ञापनों में बच्चों के ऐसे

दुरुपयोग और वस्तुकरण के बारे में सोचना नहीं चाहिए? ऐसा वस्तुकरण चलता रहा तो एक दिन आप शाश्वत किस्म की मन्दी में होंगे क्योंकि उधार का जीवन मन्दी से नहीं उबरा करता। उत्पादकता और श्रम के सम्बन्ध को बहाल करने से ही मन्दी से उबरा जा सकता है। और मीडिया को तो अपने वास्ते भी ऐसे विज्ञापनों को हतोत्साहित करना चाहिए।

7 जनवरी, 2009

घण्टी बजाओ

ऊपर एक घर से मार-पिटाई की आवाजें आती हैं। मर्द की डाँटने की आवाजें और पिटती औरत की चीखें सुनायी देती हैं। कुछ बच्चे सीढ़ियों से ऊपर चढ़ते दिखते हैं। वे एक घर के आगे खड़े होकर घर की घण्टी बजाते हैं।

कुछ देरे में एक आदमी दरवाजा खोलता है। वह चकित-सा होता है बच्चों के झुण्ड को अचानक सामने देखकर। उनमें कुछ छोटे और बड़े बच्चे हैं। घर का आदमी ठिठक-कर पूछता है : क्या हुआ?

एक लड़का कहता है : बॉल!

आदमी दरवाजा भेड़कर अन्दर होता है और फिर किवाड़ खोलकर झाँकते हुए कहता है : यहाँ कोई बॉल नहीं है!

एक बच्चा अपने हाथ की टेनिस बॉल को उछालता रहता है। कैमरा बॉल उछलने पर फोकस करता है और दृश्य खत्म होता है।

सन्देश है :

घण्टी बजाओ। घरेलू हिंसा को रोको। इस विज्ञापन के बनवाने वालों के नाम आते हैं : ब्रेक थ्रू यूनीफेम।

इसी क्रम में दूसरा विज्ञापन इस तरह चलता है। घर वैसा ही है। मुहल्ला वैसा ही है जैसा पहले वाले विज्ञापन में था। शायद वही है।

ओपनिंग सीनों में वही मारने-पीटने की आवाजें एक घर से उठती हुईं।

ऐन पड़ोस के घर में रहने वाला एक युवा निकलकर बाल्कनीनुमा लम्बे कॉमन गलियारे में जाता है जो सब घरों को जोड़े है। वह उस घर की घण्टी बजाता है जिस घर से आवाजें आ रही थीं। उस घर में रहने वाला आदमी किवाड़ों की झिरी खोलकर झाँकता है और बिना बोले पूछता-सा है कि क्या है? बाहर वाला घरवाले आदमी के ठिठकने पर कहता है : दूध? थोड़ा दूध होगा?

घरवाला अन्दर जाकर फिर कटोरी में दूध लेकर लौटता है और दरवाजा खोलकर झाँकता है। बाहर कोई नहीं है। वह गलियारे में इधर-उधर देखता है, लेकिन बाहर वाला आदमी नहीं दिखता।

इसी का एक और इसी तरह का संस्करण आता है। सबका सन्देश है।

घण्टी बजाओ।

घरेलू हिंसा को रोको।

प्रायोजक : ब्रेक थ्रू, यूनीफेम।

यह कुछ महत्वपूर्ण सामाजिक सन्देश मूलक विज्ञापनों की शृंखला है जो इन दिनों चैनलों पर प्रायः प्रसारित होती रहती है। ये घरेलू हिंसा को रोकने का सन्देश देते हैं। ये घरों के आसपास के पड़ोस को जागृत करने के लिए बनाये गये हैं और सभी को सम्बोधित हैं।

विज्ञापन बनाने वालों की पूर्व मान्यता है कि घरेलू हिंसा हर घर में सम्भव है और हर घर का एक पड़ोस होता है। इन अमानवीय हिंसा को रोकने के लिए पड़ोस को, पड़ोसी को आगे आना चाहिए। मुहल्ले को आगे आना चाहिए।

ये निजी स्पेस में और पब्लिक स्पेस में विजिलान्त भाव जागृत करना चाहते हैं। पड़ोस को प्रोएक्टिव करना चाहते हैं।

आइडिया अच्छा है। भारतीय घरों में घरेलू हिंसा की व्याप्ति इतनी है कि वह स्वाभाविक लगती है। अलग से दिखती नहीं। घरों में हिंसा होती रहती है। इसका अहसास नहीं होता क्योंकि घरों के ढाँचे में घर की निजता यानी प्राइवेसी ऐसी किलेबन्दी बन जाती है कि आमतौर पर कोई बीच में बोलने नहीं जाता। घरेलू हिंसा अबाध जारी रहती है। घरेलू हिंसा के अनेक रूप, अनेक स्तर हो सकते हैं। मार-पिटाई तो बहुत व्यक्त रूप हैं जो अक्सर नजर आते हैं, सुनायी पड़ते हैं। और भी गुप-चुप से हिंसक व्यवहार हैं जो घरों में चलते-रहते हैं।

घरेलू हिंसा का सबसे ज्यादा शिकार गृहिणियाँ ही होती हैं, उनके बच्चे होते हैं। बहुत कम रिपोर्ट बाहर आ पाती है जब उत्पीड़न हद से गुजर जाते हैं। और कोई चारा नहीं बचता तब एकाध औरत बोल उठती है। पड़ोसियों को जमा करती है और थाना-कचहरी होती है।

उसके बाद की कहानी बेघर और घर के बीच बेगानेपन की अनन्त कहानी बनती है। थाने रपट लिखें तो न्याय नहीं मिलता। अदालतें भी न्याय नहीं दे पातीं। घर के ढाँचे में ही ताकतवर होकर बैठा मर्दवाद औरत पर हाथ उठाता रहता है।

ये विज्ञापन दो-तीन प्रोएक्टिव सन्देश देते हैं :

1. ये घरेलू हिंसा को सार्वजनिक कर और स्वीकार कर उसे रोकने की बात कहते हैं।

2. इस हिंसा को रोकने के लिए ये पड़ोसियों का आह्वान करते हैं। यानी कि वे नागरिक हस्तक्षेप को प्राथमिक समझते हैं, वैसा ही कहते हैं। यही इनका विजिलान्त तत्त्व है।

3. ये नागरिक को सामाजिक भूमिका देते हैं और पड़ोस को अपने में बन्द न मानकर दूसरे के प्रति जिम्मेदार बनाने का अहसास पैदा करते हैं। ये इस तरह कुछ

नये पड़ोसी को बनाते हैं जो अपने काम से काम नहीं रखे बल्कि दूसरे आहत-पीड़ित की मदद करे, उसके गलत काम को रोके। कहने की जरूरत नहीं कि ये विज्ञापन बेहद व्यंजनात्मक ढंग से सन्देश देते हैं।

हिंसा के सीन नहीं दिखाये जाते। प्रतिकार के चिह्न भी उग्र भाव के नहीं हैं। बस इशारे हैं। बच्चे के हाथ में कुछ सख्त नजर से देखते हुए उछलती जाती बॉल।

8 जनवरी, 2009

आ राजा का बाजा बजा

—जिन मामलों में जाँच चल रही है उनके सन्दर्भ में अनावश्यक और अप्रामाणिक फुटेज बार-बार नहीं दिखाये जाने हैं। किसी हमले या उसके शिकार हुए व्यक्तियों के, सुरक्षा बलों के या अपराध करने वालों के साक्षात्कार या फोन कॉल पर बातचीत प्रसारित नहीं की जानी है।

—अपराध करने वालों या आतंक का कहर ढाने वालों की विचारधारा या एजेण्डे को बहुत ज्यादा महत्त्व नहीं देना है।

—यौन अपराध या महिलाओं और बच्चों के प्रति हिंसा को दिखाने वाले चित्र या ग्राफिक्स नहीं दिखाये जाने हैं। ऐसे अपराधों के शिकारों के चित्र नहीं दिखाये जाने हैं जो उनकी पहचान बताते हों।

—नार्को टेस्ट की' रिकार्डिंग या झूठ पकड़ने वाली मशीन के बयान और जुडिसियल हलफनामे नहीं दिखाये जाने हैं।

—अपराधों, युद्धों या दुर्घटनाओं में शिकार हुए व्यक्तियों के मृतकों के परिजनों की भावनाओं का चित्रण नहीं करना है।

—खूनमखून या विभीषिकाओं के क्लोज-अप्स या उनका सविस्तार वर्णन नहीं दिया जाना है।

—जो सामग्री अन्धविश्वास फैलाने वाली हो या जो काली विधाओं का प्रसार करने वाली हो, ऐसी सामग्री नहीं दी जानी है।

इन सात बिन्दुओं के अलावा बारह बिन्दु और हैं। 1994 के केबल एक्ट को संशोधित करने के लिए ये व्यवस्थाएँ दी गयी हैं। कानून मन्त्रालय इन्हें स्वीकृति दे चुका है। गृह मन्त्रालय और रक्षा मन्त्रालय के विचार के लिए नोट गया है। केबिनेट के नोट ने 26/11 के दौरान और बाद में उपजे जनाक्रोश और दबाव को संज्ञान में लिया है। उसने सुप्रीम कोर्ट की उस टिप्पणी का भी खयाल किया है जिसमें टीवी चैनलों के बढ़ती 'हस्तक्षेपकारी' भूमिका के बारे में सोचने के लिए कहा गया था। यह नोट टीवी चैनलों के 26/11 के प्रसारण पर क्षोभ प्रकट करता है और मानता है कि वर्तमान संशोधन सरकार को ऐसे अधिकार देंगे जिनके तहत वह गलती करने वाले चैनलों के खिलाफ तुरन्त एक्शन ले सके। नोट 26/11 कवरेज

की कड़ी आलोचना करता है, साथ ही अमरनाथ आन्दोलन और गुर्जर आन्दोलन के कवरेज की सख्त आलोचना करता है। नोट इस बात का नोटिस लेता है कि 'न्यूज ब्रॉडकास्टर्स एसोसियेशन' ने आत्मनियन्त्रण के लिए एक आचार संहिता बनायी है। लेकिन उसकी चिन्ता है कि इस संस्था में कुल तीस चैनल शामिल हैं जबकि पिछले ही दिनों कोई दो सौ खबर चैनलों को परमिट दिये गये हैं, जो इस संस्था के सदस्य नहीं हैं।

नोट कहता है कि कई चैनलों के बन्धकों की संख्या, उनकी पहचान सम्बन्धी विवरण, आतंकियों से लड़ते सुरक्षा बलों की संख्या, उनके द्वारा अपनायी जाती रणनीति के बारे में बताया जिससे उनकी जिन्दगी खतरे में पड़ी और बचाव कार्य दूभर हुए। ऐसे प्रसारणों से कानून व्यवस्था की समस्या बढ़ती है और राष्ट्रीय सुरक्षा बाधित होती है। आतंकियों के उद्देश्यों का प्रसारण करना, उन्हें ग्लैमराइज करना उग्रवादी संगठनों को प्रचार मुहैया कराता है और उनके प्रति हमदर्दी पैदा करता है। नोट ऐसी आपातस्थितियों या घटनाओं को भविष्य में प्रसारित करने के सिलसिले में नयी व्यवस्था देता है कि युद्ध या आंतक विरोधी के लाइव प्रसारण रीयल टाइम में न कर, देर से किये जाने चाहिए। इनको दिखाने की आज्ञा मिला मजिस्ट्रेट, या सब डिवीजनल मजिस्ट्रेट या कमिशनर से लेनी होगी। नार्को टेस्ट आदि के फुटेज के प्रसारण की आज्ञा भी लेनी होगी। हर जिले में अधिकारी 'लाइव फुटेज' को प्रसारण के लिए क्लीअर करने के लिए नियुक्त होगा। वही ऐसे प्रसारणों के रूप की व्यवस्था करेगा।

कैबिनेट एक ताकतवर नोट है। डरावना है। अपनी आलोचना से पहले ही मुक्त हो गया है। उसे किसी बहस-विचार की दरकार महसूस नहीं होती। नोट मीडिया को अंकुश में लाना चाहता है और मीडिया अपनी नादानी में ऐसी स्थिति बना चुका है कि कोई भी संकटापन्न सत्ता उस पर कोड़े बरसा सकती है। माना कि 26/11 के लाइव प्रसारण में मीडिया कई बार नादानी करता रहा, लेकिन उस सब में सत्ता का अपना रोल क्या संकट को कायदे से मैनेज करने वाला था?

कहते हैं कि सुरक्षाबलों की संख्या के बारे में स्वयं तत्कालीन गृहमन्त्री ने ही बताया। ताज के सामने कितनी दूर तक मीडिया जा सकता है, इसकी व्यवस्था पहले तो नहीं की गयी या की गयी तो देर से की गयी। 'डिलेड' प्रसारण की हिदायत भी देर से दी गयी। जब वहाँ भीड़ें आने लगीं तो उनको दूर नहीं किया गया। नेताओं को आने से मना नहीं किया गया। अन्दर के एक्शन की खबर मीडिया को अन्दर से मिली। आखिरी सीनों में स्वयं सुरक्षा बलों के एक अफसर ने तुरन्त सड़क-प्रेस-कान्फ्रेंस ही कर डाली, जिसमें अफरा-तफरी रही। ऐसी अनेक चूके रहीं। इसलिए सारे मामले में मीडिया को एक तरफा गुनहगार ठहराना ज्यादती है। कवि मनमोहन की कविता के जरिये कहें तो नोट कहता है 'आ राजा का बाजा बजा'।

मीडिया ने जो चूकें की हैं, उसे मीडिया जानता है। सरकार को भी अपनी गलतियाँ मालूम होंगी। सरकार अपनी कमियों को छिपाने के लिए मीडिया को कोड़े लगा रही है। मीडिया अपनी 'टीआरपी-कमाई' के लिए सरकार की खबर लेता रहा है और अब बच्चे की तरह नतमस्तक हो मानों अपनी गलती मान रहा है और अन्धदेशभक्ति के मुहावरे रच रहा है। इस तानाशाही की-सी व्यवस्था से क्या यह बेहतर नहीं होता कि सरकार और मीडिया मिल-बैठकर अपनी गलतियाँ बताते और आपसी समझदारी से प्रसारण के नये रास्ते निकालते?

11 जनवरी, 2009

कोड़ा है जमालशाही

मीडिया के प्रतिनिधि सोनिया गाँधी से मिले, पीएम से मिले, भाजपा के अध्यक्ष राजनाथ सिंह से मिले, आडवाणी से मिले, प्रकाश करात से मिले, अमर सिंह से मिले। 'सबसे' मिले समझिए। अपना अति वाचाल अति चपल-चंचल वृत्तिवाला मीडिया इतना विचलित पहले कभी नहीं दिखा। सीन कुछ जमा नहीं। सरकार ने भृकुटि तानी भर थी कि अपना बहादुर दर-दर फरियाद करने लगा। सबको रुतबे में रखने वाला मीडिया डर गया। जो सबकी खबर लेने वाला रहा, फरियादी बन गया।

सरकारे आला ने यह ठीक नहीं किया। सरजी, ये तो आपका ही पालित-पोषित कारपोरेटी शिशु रहा। आतंकी हमले को दिखाकर इतने दिन से पाकिस्तान की धुनाई कर रहा है। आपने भी माना और दुनिया ने माना है कि आप पर जनता का दबाव है। उसने जनता के दबाव को बनाकर आप तक पहुँचाया है। दुनिया को बताया है और आप एक सख्त-सी दिखने वाली वाणी से पाक से बतियाने लगे हैं। आपके हित में आक्रोश भरा माहौल बनाता रहा है ताकि पाकिस्तान पर सरकारी नाराज-नीति जग जाहिर होती रहे। उसका असर भी गाया-बजाया गया है। लेकिन सरजी आपको रहम न आया!

मजाक छोड़ें। 'केबल नेटवर्क रेग्युलेशन एक्ट' में संशोधन का सरकार का प्रस्ताव है। प्रस्तावित संशोधन प्रस्तावों के बारे में मीडिया ने अपनी आशंकाएँ व्यक्त की हैं। उसे लगता है कि ये संशोधन मीडिया का गला घोंटने वाले हैं और मीडिया को 'आपातकाल' के जमाने में ले जाने वाले हैं। हम संशोधन कर दें। प्रस्तावित फुल-फुल आपातकाल नहीं 'लिमिटेड आपात' करना चाहते हैं। इस कॉलम में पिछली बार ही इस तरह के प्रस्तावों की चर्चा की गयी है। इस कॉलम में प्रस्तावों के कुछ बिन्दु प्रस्तुत किये गये हैं जो मीडिया का गला घोंटने वाले लगते हैं। तब तक मीडिया ने इसके विरोध में अपनी आवाज संयुक्त रूप से बुलन्द नहीं की थी। अब की है। उसका स्वागत किया जाना चाहिए। सरकार के आश्वासनों का भी स्वागत किया जाना चाहिए कि मीडिया वालों की राय लेने के बाद ही कुछ किया जाएगा। आश्वासन यह भी संकेत देते हैं कि किया कुछ जरूर जाना है। कुछ-न-कुछ संशोधन तो लाये जाने हैं। खासकर 'आपाती स्थितियों' के प्रसारण, लाइव प्रसारणों

की प्रक्रिया और प्रस्तुति को लेकर निश्चित ही सरकार कोई-न-कोई बन्दोबस्त करने पर आमादा है। मसलन प्रस्ताव है कि आपाती सीनों को सरकार सम्पादित करके देगी, तब बुलेटिन दिखाया जाएगा। मीडिया कहता है कि इस तरह से तो निजी चैनल दूरदर्शन बन जाएँगे। आजादी कहाँ रहेगी?

संशोधनों पर उठाये जा रहे सवाल और मीडियागृहों की आशंकाएँ सार्थक और महत्त्वपूर्ण हैं। इन सवालों के जवाबों और सरकार के रवैये के बीच उठने-गिरने वाली बहसों और उपयोगी मुद्दों के बीच से ही भारतीय मीडिया की विकास की राह तय होनी है। इसलिए इस पर व्यापक विचार-विमर्श की दरकार है। इस तरह की मुलाकात का एक लाभ मीडिया को हुआ है। इस पहल से संशोधन आदि बहस के मुद्दे 'पब्लिक डोमेन' में आ गये हैं। बहस का जन-परिसर में आना स्वागत योग्य है। और मन्त्रालयों के विशेषज्ञों से राय ले रही सरकार को संशोधनों पर जनता जनार्दन की राय भी लेनी चाहिए। सिर्फ मन्त्रालयों से राय बात करके ऐसे संशोधन लाना न सरकार के हित में है, न देश के और न मीडिया के विकास के हित में है। मीडिया पूरी तरह अभी पब्लिक के पास नहीं गया है। जबकि उसे सबसे पहले वहीं जाना चाहिए था। उसने पब्लिक में जाकर इन तानाशाही संशोधनों पर रायशुमारी नहीं की है। हमारी नजर में मीडिया को अविलम्ब अपनी 'पब्लिक' को विश्वास में लेना जरूरी है।

'पब्लिक डोमेन' या 'जन-परिसर' ही सही-गलत का फैसला कर सकता है। सरकार इसी क्षेत्र के पास जाने से कतराती है। मीडिया भी कतराता है? मीडिया को चाहिए कि वह जन-परिसर और अपनी पब्लिक से सम्बन्ध और संवाद बनाये। मीडिया पब्लिक को अपने लिए प्रायः 'निष्क्रिय दर्शक' मानता है। वह दर्शक से लगभग एकतरफा रिश्ता बनाता है और उतना ही रहने देता है। वह जनता के नाम पर अन्तर्क्रियात्मक अगर होता भी है तो प्रतिक्रिया करने वालों में सोशलाइटों, चन्द विशेषज्ञों को बिठा लेता है। वह कच्चे-पक्के जनार्दन के बीच नहीं पहुँचता। न अपनी ताकत के साथ उसे सामने आने देता है। उसके सर्व एसएमएसजनों तक रहते हैं या सिटीजन जर्नलिज्म के नाम पर उनके होते हैं, जो खाते-पीते सफल किन्तु किसी बात से परेशान 'सिटीजन'/नागरजन हैं। इस तरह की नागरता के दायरे से कस्बों और गाँवों के अनन्त लोग बाहर रह जाते हैं। अपनी सीमाओं के बावजूद मीडिया ने एक बड़ा सूचनामूलक क्रिटीकल स्पेस का जनतन्त्र बनाया है। जनता मीडिया को अपना भरोसेमन्द दोस्त मानती है। मीडिया ने जनता को मूक से 'सार्थक वाचाल' बनाया है। मूक जनता को वाणी दी है और यही वह जनता है जिसके असन्तोष को मीडिया ने 'संसदीय विपक्ष' से 'जन-विपक्ष' में बदला है, जिसकी कमान किसी दल के पास नहीं है, जो सबकी खबर होती है।

मीडिया को अगर अपनी सही ताकत पानी है और सही राह पकड़नी है तो वह

अपनी जनता के संग रहे। सरकार को भी पहले जनता से पूछना चाहिए कि क्या देखना चाहती है और कितना? सरकार और मीडिया को समझना होगा कि सूचना का प्रबन्धन हर केस में अलग तरह से होता है। उसके लिए लचीले विवेक की जरूरत होती है। उसके लिए तैयारी और समय चाहिए। जमालशाही कोड़ा नहीं।

18 जनवरी, 2009

चैनलों के इन्द्रिय निग्रह

चुनाव आ रहे हैं। दल मण्डरा रहे हैं। चैनल तैयारियाँ कर रहे हैं। एक्जिट पोल को पहले ही अनुचित बताया जा चुका है। ओपिनियन पोल कब किस किनारे कर दिये जाएँ, कोई नहीं जानता है।

'छब्बीस/ग्यारह' के आतंकी हमले के बाद तमाम खबर चैनलों पर दबाव बढ़ा है। सरकार का दबाव बढ़ा है। जो चैनल अपने ही खबर रस में मदमाते रहे, वे अब 'अच्छे बच्चे बनने के लिए' सोच-विचारकर नित्य नयी संहिताएँ लेकर आने लगे हैं।

इससे जाहिर होता है कि प्रसारण के असली खेल की असल मालिक सरकार ही है, चैनल नहीं है। यद्यपि, जैसा कि विख्यात है, अपने यहाँ अभिव्यक्ति की 'फुल-फुल' आजादी है। इस आजादी का मतलब है कि 'बच्चो! बताये आँगन में खेलो'।

दो महीने में न्यूज ब्रॉडकास्टर्स एसोसिएशन दूसरी बार समग्र आचार संहिता पेश कर रही है। बातें वही हैं जो पहले कही गयी हैं। इन बातों का सार संक्षेप इस प्रकार रखा जा सकता है :

— स्टिंग ऑपरेशन करना है तो 'आखिरकार करना पड़ा' के भाव से करना। ये नहीं कि लिया और किसी को भी स्टिंग कर दिया। ऐसा भी तब करना, जब यह सब सम्पादकीय नीति के अनुसार उचित हो और अपराध के प्रमाणन में सहायक हो।

— राष्ट्रीय सुरक्षा को वरीयता दें। चैनल खुफिया ऑपरेशनों की जानकारियाँ सार्वजनिक न करें। ऑपरेशनों के तरीकों के बारे में बताने से पहले सोच-विचारकर कि कितना बताना है? क्या बताना है?

— ऐसा कोई आइटम प्रसारित करने से बचें जो अन्धविश्वास फैलाने वाला हो जो 'सुपरनेचुरल', 'काली मैली विद्याओं', 'पैरानार्मल' क्रिया-कलापों में विश्वास पैदा करने वाला हो या जो बच्चों में भय, उन्माद, विक्षेप आदि पैदा करने वाला हो।

— पर्याप्त 'अभिभावकीय निगरानी' (पैरेण्टस गाइडेंस) का खयाल कर 'क्लासीफिकेशन के साथ कार्यक्रम दिखाने चाहिए। हत्याओं के दृश्य, फाँसी की सजा देने के दृश्य, आतंकी हमलों के दृश्यों को सुदीर्घ एवं सविस्तार रूप में नहीं दिखाना चाहिए।

– असामाजिक व्यवहार, घरेलू हिंसा, नशाखोरी, धूम्रपान, पियक्कड़ी, भयानक, खतरनाक और बर्बर चित्रावली, सेक्सुअल सामग्री, अभद्र-अशालीन भाषा जैसे तत्त्वों को नहीं देना चाहिए।

– आपदा या संकट की, शोक या दुःख की रिपोर्टिंग करते वक्त अपेक्षित विवेक का इस्तेमाल किया जाना चाहिए। आपदा झेलने वालों के आपदानुभव के भाव को घनीभूत करने वाली अन्तर्वस्तु को नहीं देना चाहिए।

– किसी व्यक्ति की इजाजत के बिना उसके स्थान को, उसके घर आदि के बारे में नहीं बताया जाना चाहिए।

– अपराध सम्बन्धी उन खबरों में जो 'सब ज्यूडिस' हो सकती हों, मुकदमे से 'पहले फैसला' और 'अदालत का फैसला आने से पहले ही सजा की घोषणा' वाली शैली नहीं होनी चाहिए।

– विवादग्रस्त विषयों की रिपोर्टिंग में सभी पक्षों की बात रिपोर्ट की जानी चाहिए। किसी एक नजरिये को ज्यादा तरजीह नहीं दी जानी चाहिए। खबरों में तटस्थता के सिद्धान्त का पालन किया जाना चाहिए।

– घटनाओं का पुनर्निर्माण दिखाते वक्त साफ बताया जाना चाहिए कि घटना की पुनर्रचना की गयी है। पुराने फुटेज पर 'फाइल चित्र' लिखा होना चाहिए। उस पर दिनांक और समय लिखा होना चाहिए।

– न्यूज एजेंसीज की रिपोर्टों के लिए न्यूज एजेंसीज का नाम दिया जाना चाहिए, आदि इत्यादि।

जाहिर है कि न्यूज ब्रॉडकास्टर्स सरकार के आदेशों को ध्यान में रखकर गम्भीरता से सोच-विचारकर इन गाइड लाइनों को लाये हैं। उनका हेतु भी साफ है : वे चाहते हैं कि खबर के कामकाज में किसी अस्वस्थ नियम की स्पर्धा न हो जिसकी वजह से प्रसारण स्तर पतित हों।

बात सोलह आने सही है। यही इस बार के प्रयत्न की मौलिकता है कि आचरण संहिता को पहली बार अनियन्त्रित, नियम रहित, बाजारी स्पर्धा और खबरों के संग्रह, चयन, निर्माण एवं प्रसारण पर आवारा स्पर्धा के क्षयशील प्रभाव के अन्तर्सम्बन्ध को न केवल स्वीकार किया गया है, बल्कि उनके बीच एक सन्तुलन लाकर एक व्यवस्था भी दी है।

यह निश्चय ही एक संस्तुत्य प्रयास है और सरकार को इसकी परीक्षा चैनलों पर छोड़नी चाहिए। कुछ दिन तक यह परखा जाना चाहिए कि एसोसिएशन के चैनल इन स्वघोषित संकल्पों पर खरे उतरे कि नहीं।

एसोसिएशन के संकल्प उनके अपने मानक हैं और बहुत देर तक दैनिक खबर में उनकी अपनी परीक्षा भी है। सरकार चाहे-न-चाहे, अब यह उनकी अपनी जिम्मेदारी भी है कि वे अपने कहे पर आचरण करना शुरू करें। इसके जरिये वे

आत्मानुशासन से स्पर्धा को नियमित कर सकते हैं।

यद्यपि मीडिया के मामले में यह एक तरह से गाँधीवादी हृदयपरिवर्तनवादी विचार लगता है। इसीलिए अनूठा भी लगता है। लेकिन कारपोरेटों के प्रयोजनों से संवलित-संचालित और ज्यादा-से-ज्यादा दर्शक उपभोक्ता निर्माण करने के हेतु से चालित प्रसारण संजाल यदि अपनी कमाई को लेकर नये पूँजीपति की भांति 'लालची' होने से बच सकेंगे तो ये सारे संकल्प निभा सकेंगे। क्या यह सम्भव है?

लालच देवता इस युग का सबसे बड़ा देवता है। उससे कौन बचा है? इसलिए बात 'चैनलों' के अपने इन्द्रिय निग्रह' तक पहुँचती है। हम इस मामले में सन्देहवादी हैं। आदमी तो इन्द्रिय निग्रह आज तक नहीं कर पाया। उसके चैनल किस तरह करेंगे? सोचने की बात है।

तो भी निग्रह की बात करना बुरा नहीं, अच्छा लगता है। अच्छी बात करने वाले हैं कहाँ? उनके तो टोटे हैं।

15 फरवरी, 2009

मेरे पास माँ है

ए आर रहमान ने अपना ऑस्कर लेने के बाद जो बयान दिया उसमें पहला महत्त्वपूर्ण वाक्य यही था :

'मेरे पास माँ है'।

उन्होंने इससे पहले बताया कि हिन्दी फिल्म का एक डॉयलाग याद आ रहा है : मेरे पास माँ है।

वह एक जवाब दो-दो ऑस्करों पर भारी रहा। इतना निजी, इतना भावप्रवण और इतना मातृकेन्द्रित। ऐसा सटीक हिन्दी कथन बहुत कम 'आईकनों' की नजर आया है। सिर्फ अमिताभ अपने पिता को याद करते हैं। और जिस तरह से करते हैं वह सुनने वाले को पिता का सम्मान करने की तमीज सिखाने वाला है। इसके बाद हमें याद नहीं पड़ता कि किस बड़े नाम ने अपनी माँ को इतने भावसिक्त तरीके से याद किया?

यों सब सफलता के लिए अपने माता-पिता, अपने ईश्वर, अपने देश, अपने फैंस (चाहने वालों, समर्थकों) का नाम लिया ही करते हैं, लेकिन उनमें से ज्यादातर कथन कथनभर के लिए होते हैं।

रहमान ने लॉस एंजेल्स में ऑस्कर के मंच पर यह कहा होगा तो वहाँ मौजूद कितनों ने इस हिन्दी को, इसके मर्म को समझा होगा? जिस तरह से उनका इनामी संगीत और गीत 'जय हो' के बोल उपस्थित लोगों की समझ में नहीं आये होंगे, उसी तरह 'मेरे पास माँ है' भी सीधे समझ में नहीं आया होगा।

लेकिन वह महान् कथन अपने देश के लोगों की समझ में, हिन्दी समझने वालों की समझ में, 'दीवार' फिल्म देख चुके लोगों की समझ में आया होगा। तो भी वह जुड़ा होगा उस माँ से ही जो अपने लाडले को फिल्मी दुनिया का सबसे बड़ा सम्मान जीतते देखते कितनी खुश रही होगी। उसका कलेजा चौड़ा हो गया होगा। उसकी आँखों में उद्दीप्त गर्व के आँसू होंगे जैसा कि रहमान की बहन की आँखों में छलकने लगे।

यह टीवी का ही कमाल है कि वह ऐसे बनते हुए, रचे जाते हुए, साक्षात पलों को संचारित करता है और इस तरह भाव स्थिति को जीवन्त समक्षता में एकदम आमने-सामने लाया करता है। लॉस एंजेल्स के बाद तुरन्त चेन्नई में रहमान के घर में जो हो रहा था उसे प्रसारित कर टीवी के कई चैनलों ने एक रचनात्मक क्षण की

रचना की, जहाँ घर वाले थे, मिठाई बँट रही थी, बहन गर्वित थी। टीवी वाले उससे बात कर रहे थे। दरअसल, माँ रहमान के लिए संगीत की तरह रही। अमर संवाद यूँ ही अमर नहीं हो जाते। यूँ ही मुहावरा नहीं बन जाते। वे जब सबके दिल के किसी कोमल तार को छूकर अन्दर बजने लगते हैं तो फिर बाहर भी हवा में भी बजने लगते हैं।

'दीवार' फिल्म का वह संवाद जीवन में माँ की स्थापना है। 'दीवार' पर चर्चाएँ होती रहती हैं, लेकिन इस एक वाक्य पर अपेक्षित चर्चा नहीं रही। इसकी सांस्कृतिक महिमा नहीं जानी गयी। न यह जाना गया कि माँ जब भाषा में लौटती है तो पुरुष के वात्सलभाव की वंचना और प्रार्थना की तरह लौटती है। यह हिन्दी फिल्मों का निरा अपना कंस्ट्रक्ट है। इसमें गहन 'जेंडर' (लिंगवादी) विमर्श काम करते हैं। माँ एक 'जेंडर्ड' कोटि है।

माँ का आना मातृशक्ति का आह्वान है। मातृभूमि का आह्वान है। 'मातृभूमि के आने से पुत्र की सत्ता की या उसके अभाव की और फिर उसकी कामना की स्थापना होती है। भाषा में इस 'मातृत्व' पर नव फ्रायडवादी फ्रेंच मनोवैज्ञानिक जाक लाकाँ की आवधारणाएँ कुछ मदद करती हैं। लाकाँ मानते हैं कि मनुष्य पैदा होने से पहले माँ की कोख में, जिस चैन में रहता है, पैदा होने के बाद जिन्दगी भर वह उसे नहीं मिलता और वह उसी सुख को तलाशता रहता है।

लाकाँ की यह अवधारणा स्त्रीत्ववादियों के द्वारा कई स्तर पर विवादित की गयी है। यह विवाद अलग विस्तार का विषय है, लेकिन यहाँ इतना कहना है कि हिन्दी फिल्में, उनकी कहानी लाकाँ के 'चिर वात्सल्य-अभाव' को केन्द्र में रखती है और पुल्लिगी जेण्डर को पुष्ट करती हिट होती रहती हैं। 'दीवार' इसी मातृशक्ति के दुलार के आह्वान की दास्तान है।

उससे पहले 'मदर इण्डिया' भी ऐसी ही कहानी है। हिन्दी की ज्यादातर फिल्में मातृ-अभाव केन्द्रित कहानी कहती हैं। इसमें बहुत जटिल और अन्तर्विरोधी तत्त्व अन्तर्क्रिया करते हैं। उसके विस्तार में यहाँ नहीं जा सकते।

रहमान की कहानी सचमुच ऐसे ही 'बचपन' में पितृहीन बालक की कहानी है। उसके पिता तमिल फिल्मी संगीत के बड़े रचनाकार इलैयाराजा के आरकेस्ट्रा में काम करते रहे। रहमान को दस-ग्यारह साल को छोड़कर स्वर्ग सिधार गये। उनकी जगह रहमान ने काम करना शुरू किया। और फिर अपनी मेहनत के बल पर वे वहाँ पहुँचे जहाँ आज हैं। इस सारे अभियान में उनकी माँ की भूमिका केन्द्रीय रही। इसीलिए उन्हें ऐसे समय माँ याद आयी। माँ उनके लिए उनके जीवन संघर्ष का महारूपक बन उठी।

'दीवार' फिल्म में उस सीन में जब विजय कहता है—मेरे पास दौलत है, कारें हैं, कोठी-बँगला है। सब है। तुम्हारे पास क्या है? तो जवाब में उसका भाई कहता है 'मेरे पास माँ है, विजय की सारी धन-दौलत इस एक वाक्य के आगे हार जाती

है, विजय वहीं मर जाता है। भले वह बाद में मरता हो।

रहमान को दुनिया की सारी दौलत मिल रही है, शोहरत मिल रही है। हॉलीवुड का दरवाजा खुल रहा है, लेकिन वे कहते है : मेरे पास माँ है।

यही है रहमान का संगीत! रहमान के संगीत, उसके फ्यूजन के जादू पर कभी बात आयी तो कहेंगे कि चलिए पता लगाएँ कि उसमें कितना उनके पिता, कितनी माँ का है। हमारा वोट होगा कि वे अपने संगीत में अपने पिता को रचते हुए अपनी माँ के आँसू पोंछते हैं। यह सम्मान उनकी माँ को भी है।

मानो अपने 'वन्देमातरम्' गाने की तरह ही हों : माँ तुझे सलाम!

1 मार्च, 2009

विज्ञापनों में भारत

चुनाव के प्रचार विज्ञापनों में इन दिनों एक अनूठा 'भारत' बन रहा है। 'अतुलनीय' भी कह सकते हैं। यह है हर वक्त खुशहाल भारत। मुस्कुराता हुआ भारत। भारत यानी भारत में रहने वाली जनता। कांग्रेस के टीवी विज्ञापनों को देखने से पता चलता है कि हिन्दुस्तान के बाल बच्चे, स्त्री-पुरुष, युवा-वृद्ध सब 'मस्त' हैं। प्रसन्न हैं। मुस्कुराहटें चेहरे पर खिली रहती हैं। बहुत साफ-सुथरे हैं। शृंगारित हैं। उनकी पृष्ठभूमि में सोनिया गाँधी, मनमोहन सिंह और राजीव गाँधी नजर आते हैं। एक विज्ञापन कहता है : बुलन्द भारत। ऐसे ही दूसरा कहता है : तिनक धिन धिन हाथ/हाथ/हाथ। सब नाचते-गाते हैं। चकित होकर सोचना पड़ता है कि टीवी, अखबार जो सूचनाएँ देते हैं, वे शायद झूठी हैं।

उधर भाजपा के विज्ञापन हैं—वे टीवी पर नहीं दिखे हैं लेकिन एफएम रेडियो चैनलों पर खूब बज रहे है। इनमें काका हाथरसी की कुण्डलियों के साथ चुनावी मुद्दों को डालकर पेरोडाइज किया गया है। आवाज काका जैसी बनायी गयी है। यह रिश्वतखोरी, भ्रष्टाचार, बेरोजगारी, महँगाई, बदहाली, गरीबी, आतंकवाद के लिए कांग्रेस या यूपीए को, उसके प्रशासन को जिम्मेदार मानकर खिल्ली उड़ाता है। ऐसे ही कुछ विज्ञापन हैं जिनमें 'ताकत' और 'मजबूती' पर बल दिया जा रहा है। भाजपा के एनडीए के 'सुशासन' पर बल दिया जाता है।

थोड़े दिनों में टीवी में भी दिखायी देंगे ऐसे विज्ञापन। सिनेमाघरों, मल्टीप्लेक्सों में भी दिखेंगे। दीवारों पर पोस्टर और दीवार लेखन बढ़ेगा। चौराहों, सड़कों के आजू-बाजू बड़े-बड़े बैनर लग रहे हैं और लगेंगे। ये विज्ञापन जिस भारत का निर्माण करते हैं, वह रोचक है। उनमें एक राजनीति है, विचारधाराएँ हैं। लेकिन कुल मिलाकर इन विपरीत ध्रुवों से आने वाले विज्ञापनों के चिह्नों का सकल संक्रमण और बलाघात 'ताकत', 'मजबूती', 'बुलन्दी' की ओर है। कांग्रेस के विज्ञापन जिस चिर-युवा और प्रसन्न भारत को बना- दिखा रहे हैं, वह 'शाइनिंग इण्डिया' की याद दिलाता है, जिसे टीवी पर दिन-रात एनडीए वालों ने बनाया था। वही 'शाइनिंग इण्डिया' अब 'स्माइलिंग इण्डिया' बतायी जा रही है।

चुनाव प्रसार के विज्ञापन की कापी तैयार करने वालों ने दोनों तरफ से एक

से काम किये हैं। यह विज्ञापन की अपनी प्रकृति है कि वह अन्ततः मानी हुई समस्या का कथन पर उसका इलाज बतायेगा। इस तरह हर विज्ञापन एक ऐसी सुखान्त कथा रचा करता है जो 'काम्य' दुनिया होती है, लेकिन जो कभी मिलती नहीं। विज्ञापन कॉपी अतिरंजना की भाषा का उपयोग करती है। यह अतिरंजना और दिया जाने वाला संदेश करिश्माई चित्रावली दिया करती है, जो 'रीयल' से ज्यादा 'चटखदार' और 'यह सम्भव है' का भरोसा देता है। यही विज्ञापन कला में बनने वाला 'हायपर रीयल' तत्त्व है। इसकी सबसे बड़ी विशेषता है कि वह अपने 'सच' से अपने मूल 'यथार्थ' से एकदम पृथक और मुक्त होता है। हायपर यथार्थ का कोई मूल नहीं होता। हायपर यथार्थ से आप यथार्थ में नहीं जा सकते। वह अपने जादू में, अपनी छलना में दर्शक को बन्द कर देता है। इस तरह से विज्ञापन लगभग उसी तरह का काम कर सकते हैं जिस तरह का काम शैम्पू या साबुन या कार या अन्य सौन्दर्य प्रसाधनों के विज्ञापन काम करते हैं। वे एक सम्भव ग्राहक को उपभोक्ता बनाने के लिए फुसलाते हैं, एक कामना को जगाते हैं और उसे एक खास मूल्य के बदले कोई 'चिह्न' बेच देते हैं। विज्ञापन के उपभोगवादी पहलू पर विचार करने वालों ने इस बात को रेखांकित किया है कि विज्ञापन मूलतः छलना का व्यापार करते हैं। विनिमय करते हैं। वे सम्मोहित करते हैं। सम्मोहन, छलना उनकी परम-चरम कला है। विज्ञापन जगत् में जब 'वस्तु' की जगह 'चिह्न' प्रथम और अन्तिम उपलब्धि बन जाते हैं तो चिह्नों का ऐसा मजबूत साम्राज्य बन जाता है कि दर्शक उपभोक्ता उसी में कैद होकर रह जाता है। चिह्न की वफादारी एक तरह से चिह्न की गुलामी है।

खास ब्राण्डो का उपयोग करने वालों की मनोवृत्ति जिस 'अद्वितीयता' का दावा करती है, वह उनकी या वस्तु की दी हुई नहीं होती बल्कि उस सबके पीछे खड़े बड़े वित्तीय साधनों की ताकत की दी हुई होती है। इस तर्क से विज्ञापन जिस प्रसन्न जगत् को बनाता है, सुखान्त कहानी के सुखी नायक को बनाता है, वह 'कैपिटल' का 'पूँजी' का 'चिह्न' भर बनता है। कांग्रेस या भाजपा के विज्ञापनों में जो रचना प्रक्रिया, जो संचार प्रक्रिया निहित है वह किसी आम चीज के विज्ञापन की ही है। इसका अर्थ यह है कि कांग्रेस या भाजपा अब 'वादे' भी नहीं बेचते, सिर्फ इस पर रीयल चिह्न बेचते हैं। जो दिये तो 'फ्री' जाते हैं, लेकिन जिनकी कल्पना पाँच साल तक कीमत वसूलती रहती है। दोनों के चुनाव बुलन्दी, ताकत, मजबूती, भरोसा देने वाले विशेषण इस्तेमाल करते हैं। फर्क इतना है कि कांग्रेस सीधे अपने ब्राण्ड यानी 'कांग्रेस' को बेचती है जिसमें 'कामयाबियों' का कथन मौजूद रहता है और भाजपा अपने विज्ञापनों में कांग्रेस की आलोचना यानी कांग्रेस की 'असफलताओं' को बेचती है।

चुनाव की दृष्टि से देखें तो कांग्रेस का 'रचनात्मक सीधा, अपनी 'स्माइलिंग गाथा' गाने वाला विज्ञापन कांग्रेस ब्राण्ड को बेचता है। लेकिन भाजपा के विज्ञापन

भी कांग्रेस को ही बेचते हैं। यह भाजपा के 'सेल्फ डिफीटिंग' विज्ञापन हैं। वे कांग्रेस का जितनी बार क्रिटीकल संकेत करते हैं, नाम लेते हैं, खिल्ली उड़ाते हैं, उतनी बार चिह्नों की जटिल क्रिया कांग्रेस को ही बेचने लगती है। भाजपा दिल्ली में 'मँहगी पड़ी महँगाई' वाले विज्ञापनों की निष्फलता देख चुकी है। तो भी इसी टेक पर है इन विज्ञापनों का मर्म इतना भर नहीं है कि ये नकली भारत का निर्माण करते हैं, यह ऊपरी बात है।

विखण्डन करके देखें तो दोनों के विज्ञापन 'ताकत', 'बुलन्दी' के 'आइडिया' को जन सामान्य में 'पुख्ता' करते हैं। यह 'ताकत' को वफादार बनाता है, जिसका असल चिह्न 'हाथ' है। यह 'शक्ति की भक्ति' पैदा करना है। ऐसे ही चिह्नों में 'फासिज्म' की प्रवृत्तियाँ और मूल्य स्वीकृत होते हैं। ये विज्ञापन इन मूल्यों के चिह्नों को संचारित कर रहे हैं। जरा सोचिए। भयानक मन्दी और बदहाली में ये विज्ञापन 'ताकत के नुस्खे' बेच रहे हैं। इससे बड़ी छलना क्या होजी?

22 मार्च, 2009

टीवी-बहस की चुनौती

'पीएम इन वेटिंग' ने 'फ्यूचर पीएम' को चुनौती दी है कि आइए। टीवी पर अमेरिकी प्रेसीडेण्ट-केण्डीडेटों की टीवी-बहस की तर्ज पर एक ठो टीवी-बहस हो जाए। वर्तमान पीएम और कांग्रेस के घोषित फ्यूचर पीएम ने आडवाणी की ललकार का जवाब नहीं दिया। सबको इन्तजार है मगर मनमोहन कैम्प में खामोशी छायी है। उनके प्रवक्ता तक इसका जवाब नहीं दे रहे। एक ने साहस करके कहा है कि यह भारत है। संसदीय लोकतन्त्र है। अमेरिका की तरह का चुनावी सिस्टम नहीं है, जहाँ दो दलों के पूर्व निर्धारित प्रत्याशी टीवी पर डिबेट करते हैं।

टीवी पर बहस की आडवाणी की चुनौती मनमोहन सिंह ने न स्वीकारी हो लेकिन वाम मोर्चे के नेताओं ने स्वीकारी है। वे मानते हैं कि बहुदलीय प्रणाली में सभी को बहस का अधिकार है। सिर्फ दो दलों या नेताओं के बीच बहस करने का कोई मतलब नहीं। सब जानते हैं कि बहस में वामपन्थी आडवाणी और मनमोहन सिंह को भारी पड़ सकते हैं। बहस करने में वामपन्थी आगे रहते हैं। प्रकाश करात और सीताराम येचुरी अच्छे डिबेटर कहे जाते हैं। जेएनयू के दिनों में सीताराम येचुरी की वक्तृता का लोहा सब मानते रहे हैं। टीवी पर वामपन्थी वाक्चातुर्य दिखाते हैं। भाजपा वाले बहस के शौकीन कहे जाते हैं।

टीवी पर बहस का आह्वान आडवाणी ने किया है। यदि ऐसी कोई बहस होती है तो टीवी के इतिहास में एक बड़ी घटना होगी, जिसका हमारे चुनाव पर भी असर दिखेगा। आडवाणी टीवी बहस को अपने व्यापक कार्यक्रम का हिस्सा बनाना चाहते हैं। अरसे से कुछ हल्कों में वर्तमान संसदीय प्रणाली की जगह दो दलीय और अमेरिकी तर्जवाली राष्ट्रपति प्रणाली की बात की जाती रही है। इसके अलावा मनमोहन सिंह को इस तरह ललकारने के कई कारण हैं। इससे टीवी चर्चा में आने वाले वाक्चातुर्य पर रीझकर झट ताली बजाने वाली दर्शक जनता के बीच आडवाणी को लोकप्रियता मिल सकती है। हर पढ़ा-लिखा आदमी चाहता है कि उसका नेता, देश का नेता बोलने बतियाने में चाक-चौबन्द हो। टीवी पर बोले तो जनता को अपने साथ करने की ताकत रखता हो।

टीवी ने राजनीति को जब से 'रूपंकर' (परफॉमेटिव) बनाया है, तब से राजनीति

के लोक-व्यवहार का चेहरा बदल गया है। टीवी के आने से दैनिक राजनीति में इसलिए भी व्यापक परिवर्तन हुए हैं कि टीवी भी 'नित्य' है और राजनीति भी 'नित्य' है। अपने जैसे 'अतिराजनीतिक' समाजों में राजनीति का चेहरा टीवी के लिए सदैव उपलब्ध रूपंकर चेहरा है।

टीवी ने डिबेटों का, बहस या चर्चाओं का जो रूप बनाया है उसमें एक ही साथ कई उत्कट रसों का परिपाक होता है। उसमें हिट एक्शन फिल्म का मजा होता है। सत्ता 'नायिका' की तरह होती है, जिसे रिझाने को हीरो यानी 'नेता' (भरत के 'नाट्यशास्त्र' में नायक या हीरो को 'नेता' कहा गया है) और उसके कई साथी होते हैं और उधर एक दो या कई खलनायक नायिका को हीरो के हाथ से उड़ाने की तरकीबें सोचा करते हैं। चुनाव का दिन इसी हीरोइन को हारने या जीतने का दिन होता है। यह हीरोइन जनता के वोट में रहती है। वोटर को जीतना हीरोइन को जीतना है। वह 'अनेकरूपा' होती है। वह उसी नेता को प्यार करती है जो उसकी प्रिय चीजें उसे दे सके। प्रिय चीजों में रोटी, कपड़ा, मकान, सुरक्षा सब आते हैं। यह वरण पाँच साल के लिए होता है और फिर नये नेता-नयी नायिका के बीच नये सम्बन्ध बनते हैं।

इस तरह चुनाव को एक एक्शन भरी लवस्टोरी के रूप में भी पढ़ा जा सकता है। यही टीवी का योगदान है। टीवी युग में राजनीति और चुनाव एक तरह के सांस्कृतिक निर्माण बन गये हैं। हमारी समूची राजनीतिक भाषा की प्रक्रिया 'प्रेम' और 'घृणा' के दो अनिवार्य आकर्षक 'विलोमों' के बीच सांस्कृतिक भाषा (बाइटों) का निर्माण करती है। चुनाव के सांस्कृतिक रूपक को इस तरह पढ़ने पर ज्ञात होता है कि टीवी डिबेट एक प्रकार से ऐसा गाना हो सकता है, जिसे अनेक नायक सत्ता रूपी अनेकशः वितरित नायिका को रिझाने के लिए गाते हैं। चुनावी बहसें, चर्चाएँ रियलिटी शोज की तरह किसी लव स्टोरी या हेट स्टोरी या दोनों के मिक्स को प्रसारित करती हैं।

अगर आडवाणी और मनमोहन या प्रकाश करात-सीताराम येचुरी या नरेन्द्र मोदी, लालू या नीतीश या पासवान, अमर सिंह या ममता के बीच बहस होगी तो इसी तरह की प्रेम-घृणा की एक से एक उत्कट कहानी और गाने या कहें कोरस कव्वाली बनेंगे कि जनता का पैसा पूरा वसूल हो जाएगा। ऐसे सीनों के लिए स्पांसर टूट पड़ेंगे। अमर्त्य सेन ने कुछ गम्भीर सन्दर्भ में 'टॉकेटिव इण्डियन' नाम दिया है। जनता के व्यापक सन्दर्भ में हम उसे 'बतरस पसन्द' जनता कहना चाहेंगे। इस बार के चुनाव में नेताओं के लिए इकहत्तर करोड़ से ज्यादा वोटर रूपी नायिकाएँ हैं। यह जाति-धर्म में विभक्त, लेकिन गरीब जनता है, इसे बात नहीं काम चाहिए। लेकिन टीवी ने ऐसा चस्का लगाया है कि जो टीवी पर दिखे, टीवी पर जीते वही नेता होता है।

टीवी ने राजनीति का चेहरा ही नहीं बदला है, जनता के व्यवहार को, उसके चेहरे को भी बदला है, उसकी रुचियों को बदला है और उसके चयन के तरीके को

बदला है। चुनाव रूपी स्वयंवर में हीरोइन जनता अपनी वोटमाला को किसी के गले डालती है तो सहेतुक डालती है। पाँच साल का वरण होता है इसलिए जनता और नेता में नयी वृत्तियाँ पनपती हैं। वहाँ वफादारी नहीं होती। टीवी की चुनावी कथा सदैव एक बेवफादारी की कथा होती है, इसीलिए आलोचना के शब्दकोश छले जाने का भाव प्रमुख रहता है। यह चुनाव गीत ऐसा ही होता है।

टीवी ने राजनीति को 'कमाऊ' की जगह 'दिखाऊ' बनाया है। अपने यहाँ चर्चाएँ और दलों के बहस करने वालों की बातें नित्य आती हैं। वे पक्ष-विपक्ष पर राय देते हैं और अक्सर वे एक दूसरे को बोलने नहीं देते। ऐसे टीवी सीन बढ़ने हैं। वैसे बहस बुरी नहीं है, लेकिन यह सभी दलों के सभी नेताओं के बीच रहे तो मजा है।

29 मार्च, 2009

रिपब्लिक से गायब पब्लिक

आँकड़े कहते हैं कि इस बार चुनाव में वोट देने वालों की संख्या इकहत्तर करोड़ से ज्यादा है। दुनिया का सबसे बड़ा चुनाव है। यह बात अखबार कह रहे हैं, टीवी चैनल कह रह हैं। इतना बड़ा चुनाव है तो मीडिया में पब्लिक्स यानी जनता (एँ) भी बड़ी संख्या में बोलती-बतियाती नजर आनी चाहिए। यह वोटर पब्लिक मीडिया से गायब नजर आती है। प्रिण्ट में नेताओं के लम्बे चौंड़े कवरेज हैं। मुद्दों की बातें और उठा-पटक, मोर्चा बदल की बातें भरी हैं। दर्जन भर प्रधानमन्त्री-प्रत्याशियों के बारे में टिप्पणियाँ हैं, लेकिन विशाल जनता नहीं के बराबर है। बहुत हुआ तो एक चुनाव क्षेत्र की कुछ वोटरों की संख्या दे दी गयी, पिछले चुनाव में कौन कितने से जीता, बता दिया गया। किस क्षेत्र में जातिवार क्या जनगणना है, यह बता दिया। लेकिन इतनी बड़ी संख्या में वोटर बनी जनता की नजर से चुनाव को नहीं देखा जाता। नेता के चुनाव क्षेत्र को उसकी समक्षता में नेताओं को और दोनों के बीच सम्भव अन्तर्क्रिया की कोई नयी कल्पना तक नहीं नजर आती।

इस तरह हर कवरेज में अगर कोई जिन्दा नजर आते हैं तो चन्द नेता या उनके चन्द समर्थक या प्रवक्ता या सर्वोच्च नेता। जनता जिन्दा नजर नहीं आती। प्रिण्ट की करवेज शैली की तरह टीवी में भी एक कवरेज शैली रूढ़ हो चली है। नेताओं के साथ चौबीस घण्टे पत्रकार लगे हैं। उनका आइकन बना रहे हैं, लेकिन उनकी जनता को नहीं दिखा रहे। दो-चार जनों से बात करते हैं, लेकिन पब्लिक को नहीं बना रहे।

यह इस चुनाव का डरावना सच है कि इस चुनाव में जनता (एँ) नहीं हैं। 'पब्लिक्स' नहीं हैं। इस रिपब्लिक की पब्लिक गायब कर दी गयी है। यह काम राजनीति और मीडिया के सम्पूर्ण 'सिंक' के कारण हुआ है। उनकी स्वायत्तता (ऑटोनॉमी) नहीं बची है। मीडिया का 'मीडियेट' करने का काम भी कमजोर हुआ है। वह राजनीति को जनता के पास ले जाने से पहले मीडियेट नहीं कर रहा बल्कि जनता के साथ मिलकर उसकी बात कहने लगा है। राजनेता की बात या दल की बात या मोर्चे की बात या राजनीतिक वर्चस्वकारी संरचनाओं की बात अनक्रिटीकली देता रहता है। यह राजनीति के लिए तो खतरनाक है ही मीडिया के लिए भी शुभ

नहीं, जनता के लिए तो शुद्ध अमंगलकारी है।

अब तक कवर की गयी 'जनता' के उड़ते सीनों को सँजोएँ, उनका जायजा लें तो मालूम होता है कि नेताओं में भी बड़े नेताओं की सभाएँ ही कवर होती हैं। छोटे किनारे के नेताओं को कोई नहीं पूछता। उदाहरण के लिए सोनिया गाँधी की बैठकों में कुछ जनता दिखी है। आडवाणी की एक-दो बैठकों में दिखी है। वरुण के 'काट डालो, छाप फासिस्ट भाषण में पब्लिक नजर आयी है। उनकी गिरफ्तारी के वक्त उत्तेजित प्रतिक्रियात्मक पब्लिक नजर आयी है। राहुल की रैली में पब्लिक नजर आयी है। जसवन्त की रैली में भी पब्लिक नजर आयी है जो स्वयं ही नोट बाँटते दिखे हैं। लालू, पासवान की रैली में भी पब्लिक नजर आयी, लेकिन नेता एक मिनट दिखा तो पब्लिक एक-दो सेकिण्ड।

इस चुनाव के मीडिया कवरेज में नेता बेशुमार हैं। जनता (एँ) नहीं हैं। यह अजीब है लेकिन सच है। पिछली बार सोनिया राहुल के रोड शोज में जनताएँ थीं। मोदी की सभाओं में जनताएँ थीं। इस बार कैमरे के सामने बैठी जनता को बेमन से कवर करते हैं। एक दो स्टॉक शॉट से काम चलाते हैं। लगता है कि संगठन, नेता और मीडिया इस बात पर एक मत है कि इस बार का चुनाव 'प्राइवेट लिमिटेड' तरीके से नियन्त्रित तरीके से सम्भव किया जाए।

मीडिया चुनाव कवर करता है तो उसके टाइम में जनता को कितना टाइम मिलता है? यह टाइमटेबिल बनाना किसी भी जनसंचार माध्यम का काम होता है। अपने समाज की मास पॉलिटिक्स तब तक नहीं बनती, जब तक कि वोटर-जनता की सक्रियता न कवर हो। समकालीन न्यूज चैनलों के सकल कवरेज की पड़ताल करते हैं तो दो-तीन बातें नजर आती हैं। चैनलों के कैमरे नेताओं के इर्द-गिर्द रहते हैं। सबके अपने प्रिय नेता हैं। कुछ पत्रकारों के अपने चहेते नेता हैं। कोई किसी नेता को कवर कर रहा है, कोई किसी क्षेत्र को कवर कर रहा है। इस कवरिंग में एक गाँव, एक-दो मोहल्ला हैं।

जनता एक जिक्र भर है। पूरे कवरेज में नेता और जनता की, दल की और उसके समर्थन में आती जनता की समक्षता या सचमुच का आमना-सामना नहीं है। हाँ, नेताओं-प्रवक्ताओं का आमना-सामना खूब है और यही मजेदार है। जनता को, दर्शक को घर बैठे यही दिखाया-बताया जाता है और जनता को यही विकल्प दिया जाता है कि वह इस सबको देखे-सुने-पढ़े और अपना मत बनाये। इस तरह मीडिया बड़े दलों की बड़ी संरचनाओं की ही राजनीति कर रहा है। बड़े मोर्चे की बात को स्थिर कर रहा है। छोटे दल मोर्चे और समूह उसका विषय नहीं हैं। यदि कुछ देर के लिए हैं भी तो उपहास वक्रता के पात्र हैं। यह हमारे जैसे जाग्रत, बहु-अस्मिताओं वाले, बहु-विचारधाराओं वाले, एक-दूसरे से टकराते हितों वाले मोर्चा-बहुल इस चुनाव के निर्माण में ही किया जाता छल है। यही मीडिया की अपनी राजनीति है

कि वह दो-ध्रुवीय संरचनाओं को सबका काम्य बनाकर पेश करता है। यही उसका छल है, राजनीति है।

बहुत खोजने पर भी इस बार जनता की भीड़ों के कुछ देर तक दर्शन हुए तो नोट वितरण प्रकरणों में हुए हैं। यहाँ भी जनता की एक खास परिभाषा गढ़ी गयी है। भीड़ तभी दिखायी जब नेता नोट बाँटते हैं। ऐसा दो बार दिखा है। ऐसे सीनों में जनता लालची बनायी गयी हैं। नेता पैसा बाँटते चुनाव संहिता तोड़कर काम कर रहे हैं, यह सूचना विरोधियों के लिए होती है। जनता नोट चाहती है, वोट देती है। यह परिभाषा उस जनता का विद्रूपण है, जिसके बारे में पण्डित जन कहते हैं कि वह परम विवेकी होती है और हर बार सही फैसला करती है। एक ओर जनता को लालची दिखाते हैं, बाद में उसे विवेकी बताते हैं। क्या यह सच नहीं कि पिछले चुनाव में कई मीडिया संस्थानों के पत्रकारों ने दलों से, नेताओं से अनुकूल कवरेज का पैसा लिया। इस बार भी ऐसा हो सकता है। तब जनता लालची हुई कि मीडिया? इस बार के कवरेज का सच यही है कि असली जनता गायब है। नेताओं की नूरा कुश्तियों की बाइटें हावी हैं।

15 अप्रैल, 2009

पादुका विमर्श

टीवी की खबरों में जरनैल सिंह नामक पत्रकार के जूते की बाइटें जब से बनी हैं, तब से मीडिया को लेकर कई तरह की चर्चाएँ और सवाल उठ खड़े हुए हैं। मीडिया ने इस घटना को ऐतिहासिक सन्दर्भ दिया है। कब, कहाँ, किसने किस महामहिम को जूता फेंककर मारा, इस तरह की सूचनाओं की लिस्ट दी गयी है। बुश को लक्ष्य कर मारे गये जूते से लेकर चिदम्बरम की ओर उछाले गये जूते तक जो चार बड़ी घटनाएँ हुई हैं, उनमें बुश और चिदम्बरम को जूते मारने वाले अलग-अलग पत्रकार रहे।

पत्रकारों का काम खबर बनाना है, खुद को खबर बनाना नहीं। और ऐसी घटनाएँ करके जो पत्रकार खुद को खबर बनाता है, उसे पत्रकारिता की सीमा तोड़ने वाला माना जाता है। बुश पर जूता फेंकने वाला जैदी हो या चिदम्बरम की ओर जूता उछालने वाला जरनैल सिंह, इन दो मामलों में इन पत्रकारों द्वारा पत्रकारिता की सीमा लाँघने की निन्दा बहुत नहीं हुई। घटनाओं के विशेष प्रसंगों ने पत्रकारिता संहिता को लगभग व्यर्थ कर दिया और लोग इन घटनाओं के राजनीतिक सन्दर्भों को ज्यादा महत्त्व देने लगे! ये लोग रातों-रात हीरो बन गये।

ऐसा क्यों हुआ? पत्रकार के आचरण से ज्यादा कुछ बड़े लोगों के आचरण ही चर्चा का विषय क्यों बन उठे? खबर बनाने वाला खुद खबर बनकर भी खलनायक न हुआ, ऐसा क्यों हुआ? उसके लक्ष्य ही अचानक खलनायक बनते नजर आये। क्यों? इस 'क्यों' का जवाब बदलती राजनीति, बदलते मीडिया और बदलती जनता के तुरन्ता संचार में आ जाने में निहित है। टीवी के सीधे प्रसारण घटना के साथ दर्शक की 'उत्कट सन्मुखता' सम्भव करते हैं। प्रेस कान्फ्रेंस ऐसी ही घटना होती है जिसमें कोई नेता या नायक अपनी नीति, अपने मत की बात कहता है। प्रेस कान्फ्रेंस का जो एक स्टैंडर्ण्ड तरीका बन चला है, हर कहीं एक तरह से होता है। ये कान्फ्रेंस 'ऑफिसियल' सवाल जवाब की तरह होती हैं। अपनी संरचना में वे एकतरफा होती हैं। खबर मंच से नीचे की ओर चलती है। ऐसी संरचनाओं में नीरंध्रता होती है। उनका माहौल, अनुशासित होता है। प्रेस कान्फ्रेंस की यह संरचना पुरानी पड़ गयी है। यही उसकी सीमा है जबकि पब्लिक, मीडिया और संचार का प्रभाव, उसका तरीका, उसकी व्याप्ति बदल गयी। राजनीति प्रेस कान्फ्रेंस से ज्यादा

बहरी, गैर जिम्मेदार व स्वार्थी हो गयी है।

इसी के समान्तर एक प्रेस कान्फ्रेंस में जाने वाला पत्रकार वह परम्परागत पत्रकार नहीं होता। वह एक सक्रिय और अन्तर्क्रिया करने वाला पत्रकार होता है। यह पत्रकार और पत्रकारिता के मिजाज में आने वाला प्रस्थापना-परिवर्तन है। राजनीति में प्रस्थापना परिवर्तन है, पत्रकारिता में है और लोगों के आचरण में है। बुनियादी प्रस्थापना परिवर्तित हो गयी, लेकिन राजनीतिक संरचनाएँ, मीडिया प्रक्रियाएँ, पब्लिक्स इन सबके लिए तैयार नहीं है। ये घटनाएँ इन्हीं नयी बातों को दर्शाती हैं। इन्हें पत्रकारीय नैतिकता या प्रशासन की नैतिकता-अनैतिकता की सीमा में नहीं बाँधा जा सकता। जनतन्त्र को अपने लिए नियुक्त करने वाले वर्गों ने चुनाव तो सम्भव किये हैं, लेकिन दूसरे के स्पेस को, दूसरे की बात के स्पेस को, न्याय को, उसकी प्रक्रिया को या तो दबाया है या हाशिये पर धकेला है। कमर्शियल मीडिया की 'डंबिंग डाउन' ने उपेक्षित आवाजों को जगह नहीं छोड़ी है कि कोई बराबरी पर बोल सके। इस अप्रत्यक्ष संरचनात्मक दमन ने अनेक स्पेसों में ऐसी भावना भर दी है कि प्रशासन नहीं सुनता। न्याय नहीं मिलता, यह भाव लगभग हर आदमी का मनोभाव बन चला है। स्पर्धा के स्पेसों ने हरेक के मन में अपना हित, अपना न्याय पाने की कामना भर दी है। यह समूहों में अस्मितामूलक हित बनकर आती है और वंचनाओं का इतिहास बोलने लगता है। प्रशासन और नेताओं की अनएकाउण्टेबिलटी और संगीन जुर्म तक से बचकर निकल जाने की कला साध लेने के प्रतिक्रिया में एक छले जाने के भाव अनास्था से तुरन्ता बदले की भावना पैदा होती है और मीडिया में व्यक्त होने को मचलती है। इन नाराजियों, बेचैनियों और बहुवचनता, बहुस्वरता को देखना हो तो ब्लॉगों की दुनिया देखी जा सकती है जिसमें बहुत सारे ब्लॉग क्षुब्ध भाव की या अपनी आवाज बुलन्द करने की दुनिया जमकर बनाते हैं। बहुत सी दबी अनुभूतियाँ निकल पड़ती हैं। एकदम से दो टूक अभिव्यक्तियां उत्पीड़क समझे जाने वाले संस्थानों की बाहरी संरचनाओं के बरक्स प्रति-पीड़नवाद पैदा करता है। इस समय का जन-मनोविज्ञान अन्यायित, क्षुब्ध, प्रतिशोधयुक्त घृणा के निर्माण व अभिव्यक्ति का मनोविज्ञान है। फिल्म 'गमन' में शायर शहरयार का गाना इस शहरी मनोविज्ञान को किसी हद तक अभिव्यक्त करता है।

'सीने में जलन आँखों में तूफान-सा क्यों है?
इस शहर में हर शख्स परेशान सा क्यों है?'

पिछली सदी में सातवें-आठवें दशक के आसपास के इस 'परेशान शख्स' में 'रोष' की मात्रा बढ़ गयी है। यह रोष अचानक नहीं बनता, लेकिन अचानकता लिए आता है। यह मीडिया की रूपंकरता के कारण रूपंकर-प्रिय है। उसे रूप धरके, जरा नाटकीय बनके ही आना होता है। नाटकीय एक्शन के बिना वह ध्यान नहीं खींच सकता। 'हेट' का रूपंकर फार्म 'हेट स्पीच', चुनिन्दा गालियाँ, अपमानजनक शब्द

और निन्दात्मक टिप्पणियाँ हो सकती हैं। वे वंचना की वैधता को सिद्ध करने की जगह उसका 'उद्घोष' ज्यादा करती हैं। लोगों को एकरस हो चले मीडिया में ऐसी घटनाओं से ही कुछ मिलता है। एक दूसरे को कॉपी हो चले, ताकतवारों के विमर्श बन चले मीडिया बाइटों और सीनों में ऐसी 'हेट स्पीचें' या 'जूता मारने' जैसी निज-निरंकुश कार्रवाइयाँ ही सीनों की जड़ता को तोड़ती हैं। उन्हें सबसे ज्यादा दर्शक मिलते हैं, बहसें उठती हैं। इस तरह ये नये प्रतिविमर्श बनते हैं। जरनैल के जूते ने टीवी पर आकर वह कर दिया जो न प्रशासन कर सका, न नेता कर सके, न न्याय कर सका।

सिख समुदाय का रोष और वंचनाएँ अचानक उभरकर सामने आ गयी। कांग्रेस को पब्लिक के बीच सन्तुलन का नाटक करना पड़ा। यह गलतफहमी है कि टीवी इतिहास का विस्मरण कराता है। जी नहीं, टीवी इतिहास को हाइपर रीयल में बदलते हुए भी अब रिजर्व इतिहास में जाता है और नये सन्दर्भ में रिप्ले करता है तो इतिहास को झटके भी दे सकता है। यही जरनैल सिंह का विमर्श है।

12 अप्रैल, 2009

अनादर्श पत्रकारिता

—अपनी सेवा के आखिरी कुछ वर्षों में, क्या सम्पादक अपने न्यूजरूम को छोड़कर राज्यसभा में अपनी सीट पक्की करने में लग जाते हैं?

—क्या सम्पादक की लाइन विचारधारा से प्रेरित होती है या उसकी सुविधा ही विचारधारा बन जाती है?

—क्या टीवी चैनल टीआरपी के दबाव से मुक्त हो सकते हैं?

—ऐसा क्यों होता है कि ट्रेनी पत्रकार आदर्शवादी होता है और ज्यों-ज्यों ऊपर चढ़ता जाता है त्यों-त्यों आदर्शवादी होता रहता है?

कुछ ऐसे ही सवाल 'रामनाथ गोयनका एक्सेलेंस इन जर्नलिज्म एवार्ड, के समारोह के दौरान उभरे। सवाल बताते हैं कि पत्रकार बिरादरी की बड़ी आफत है। लोग उन्हीं से सारे आदर्शवादी सवाल करते हैं। वे सारे सवाल जिनसे सब पल्ला झाड़ चुके होते हैं, पत्रकारों से पूछे जाते हैं। बेचारे पत्रकार क्या करें? पूछने वाले की मासूमियत ऐसी होती है कि जो सवाल मालिकों से पूछे जाने चाहिए वे पत्रकारों से पूछे जाते हैं। मसलन, टीआरपी का सवाल सीधे प्रबंधन से या मालिक से पूछा जाना चाहिए। उसे किसी सम्पादक से, किसी पत्रकार से पूछा जाता है। बताइए? वह क्या जवाब दे सकता है? क्या उसका जवाब सही हो सकता है? क्या नौकर मालिक की जगह बोल सकता है? और क्या कोई नौकर अपने मालिक की नीति के विरोध में बोल सकता है?

ऐसे पूछने वालों से पूछा जाना चाहिए कि जिसके पास जवाब नहीं है, आप उससे ही क्यों पूछते हो जी कि तुम बाजारी क्यों हुए जा रहे हो? और ऐसा पूछनेवाला भी अगर बाजारी हो तो क्या कहा जाए? इस तरह हर चर्चा में एक बाजारी दूसरे से पूछता रहता है कि तुम बाजारी क्यों हो जी?

पत्रकारिता का इतिहास बताता है कि अव्वल तो ऐसा समय कभी नहीं रहा जब ऐसा शुद्ध गैर व्यावसायिक नीरन्ध्र आदर्श स्थापित हुआ हो। अगर मानने के लिए मान लें कि ऐसा कोई समय रहा है, जिसमें पत्रकार सौ फीसदी त्यागी-तपस्वी और अहेतुकी हुए हैं तो वह या तो पाखण्ड का कोई विस्मृत युग है या उसे नये सिरे से सहेतुक बनाया जा रहा है।

यदि सूचना एक 'निवेश' है तो उसका 'अकाउण्ट' भी पत्रकारिता का जरूरी अंग है। ऐसा कैसे हो सकता है कि 'निवेश' हो और बहीखाता न हो। ऐसा काम कितने, दिन चल सकता है? तो भी हिन्दुस्तान में बन्दरिया के मरे बच्चे की तरह यह सवाल चिपका रहता है कि हे पत्रकार तुम बाजारी क्यों हो? इस सवाल में 'बाजार' की ही नहीं, सामान्य नौकरी की प्रकृति तक की समझ नहीं दिखती।

लेकिन ऐसे मजेदार सवाल पढ़े-लिखों का टाइम खूब काटते हैं : पूछने वाला बाजारी जिससे पूछा जा रहा है वो बाजारी, और जो कुछ हो रहा है सब बिकने के लिए, तो भी पढ़े-लिखे जन पूछते हैं : बन्धु ऐसा क्यों हो रहा है? इसी तरह यह सवाल कि सम्पादक अपने आखिरी दौर में राज्यसभा में अपने लिए एक सीट का इन्तजाम करता क्यों नजर आता है? वह सम्पादक जाति का महिमामण्डन करने वाला है, जो मानकर चलता है कि सम्पादक का बाकी जीवन आदर्शवादी होता है। सिर्फ जीवन के आखिरी दिनों में वह राजनीतिक दल के आजू-बाजू होने लगता है ताकि राज्यसभा में नामित हो जाए! अवसरवाद को बुढ़ापे का रोग न कहिए जनाब! इन दिनों तो जो जितना युवा है उतना ही छलाँगें मारता नजर आता है।

अव्वल तो किसी सम्पादक का राज्यसभा के बारे में 'चिन्तन' करने लगना अस्वाभाविक नहीं है और इसे गलत तो हरगिज नहीं कहा जा सकता। समस्या व्यक्ति के अनुसार बनती है। कोई-कोई पत्रकार सम्पादक तब बनता है, जब वह सारे पापड़ बेल चुका होता है। इस क्रम में वह अगर किसी चीज से सर्वाधिक रू-ब-रू होता है तो सत्ता-राजनीति से होता है। ऐसे में उसकी सत्ता से आशनाई क्यों न हो? राज्य सभा का सदस्य, सरकार में मन्त्री होने का, राज्यपाल होने का सपना क्यों न देखे? जिन दिनों दल अक्सर सोच-विचार कर अपने पालित-पोषित पत्रकारों को राज्यसभा में लाते हैं और उन्हें टीवी पर भेजकर अपने दल का दम लगाकर पक्षधरता कराते हैं, उन दिनों यह कहना कि सम्पादक आखिरी दिनों में ऐसा करते हैं, तथ्यतः गलत है। अरे भरी जवानी में ही रेक्रूट किये जाते हैं लोग। यकीन न हो तो प्रख्यात पत्रकारों के मोबाइलों की कनेक्टिविटी को रिकार्ड कर लीजिए। मालूम हो जाएगा कि कौन किसका बन्दा है और कब तक है!

ऐसे में बुढ़ापे में पेशे से 'दगा करने' की बात कहना किसी फिसड्डी वक्त काटू आदर्शवाद में रहना है। इसी तरह विचारधारा सम्बन्धी सवाल वक्त से पिछड़ गया सवाल लगता है। जिन दिनों में विचारधाराओं का नित्य अवसान हो रहा है और जो कट्टर विचारधारात्मक संगठन हैं, उनकी ही विचारधारा क्षण-क्षण खिरती नजर आती हो, तब एक अदना पत्रकार से विचारधारा के लिए अड़ने-लड़ने की बात करना समीचीन नहीं, विचारधारा की जगह सुविधाधारा एक सच है। जब राजनीति में व्यवहारवाद अवसरानुकूलता का दूसरा नाम है तो उससे पत्रकारिता कैसे बचेगी भई? हाँ, यह जिज्ञासा कुछ मौलिक लगती है जो पूछती है कि ऐसा क्यों होता है

कि नया ट्रेनी आदर्शवादी होता है और ज्यों-ज्यों ऊपर उठता जाता है, अनादर्शवादी होता जाता है?

ऐसा लगता है कि उक्त सवाल समकालीन पत्रकारों की जीवित पीढ़ी के अपने अनुभव-सवाल ही थे, जिनमें उनके आत्मसंघर्ष ही बोलते थे, दुविधाएँ बोलती थीं जो कहती हैं कि हे पाठक-दर्शक! हम एक अनादर्श समय के अनादर्श हैं, आदर्श नहीं और अनादर्श भी काम के होते हैं क्योंकि वे किसी मिथकीय भ्रम नहीं रहने देते। और यदि इस यथार्थ अनादर्श के बावजूद आज पत्रकारिता अधिक पेशेवर, अधिक सूचनाप्रद, अधिक स्वतन्त्र, अधिक जनतान्त्रिक और अधिक जनसापेक्ष है, जिसे जनता अपनी वाणी मानती है तो ऐसा 'अनादर्श' होना भी काम्य है।

19 अप्रैल, 2009

छविधा भक्ति पद्धति

भूल जाइए नवधा भक्ति को। ये दिन 'छविधा भक्ति के हैं!

भूल जाइए 'पर्सनल इज पॉलिटिकल' वाली कहावत को! ये दिन 'पर्सनल इज पॉलिशिंग' के हैं! मेकअप के हैं! खबर के निवेशक के हैं। मीडिया इस काम में आगे-आगे है। बहुत मेहनत कर रहा है।

गर्मी में पसीने बहाकर राजनीति के 'सिंक' में एकदम 'डिपॉलिटीसाइज्ड' चुनाव बनाया है। लगता है एक दिन कहना पड़ेगा : चुनाव में राजनीति। ढूँढ़ते रह जाओगे! इन दिनों नेता रूपी देवता के लिए मीडिया एक मेकअप रूम है। एक पर्सनल कोना है। चेहरा बदलने का, रूप बदलने का, शृंगार करने का। पत्रकार उनका मेकअप ब्वॉय है। वह उनकी आरती उतारने वाले पुजारी भी हैं। सबके पर्सनल देवता-देवी हैं, पर्सनल पूजा-अर्चना प्रसाद है। धूप-दीप-नैवेद्य है। वह हर दिन अपने देवी देवता का शृंगार करता है, आरती उतारता है। निज भक्ति का निवेश करता है।

दिन-रात कागज काले करता, अपने खबर के सारे समय को अपने कैमरा कवरेज रो भरता, प्रिण्ट और इलेक्ट्रॉनिक मीडिया इस बार जम के मालिश-मेकअप, पालिश-पूजा कर रहा है। शायद इसी अनमोल घड़ी के लिए, कुछ दिन पहले, इलेक्ट्रॉनिक मीडिया के दर्जनों बड़े कर्मियों को सम्मान मिले हैं।

पत्रकार का क्लासीकल काम है 'खबर लेना-खबर देना'। कलयुग की मार देखिए कि खबर लेना-देना अब पूजा-अर्चना होने लगा है। आज कोई पत्रकार पूजा-अर्चना तक पहुँचे तो समझिए उसका जन्म सफल हो गया। भक्ति में इष्टोपासना ही अपने आप में परम लक्ष्य मानी गयी है। अपने ईश्वर का सान्निध्य ही सर्वोत्तम है। पत्रकार यही कर रहे हैं। इस चुनाव समय में उन्हें पत्रकार नहीं उपासक कहना ही समीचीन है।

भक्तिभाव से परिपूर्ण यह नया तत्त्व बताता है कि समकालीन भारतीय पत्रकारिता पर भी भक्ति आन्दोलन का असर हुआ है। 'लेट इफेक्ट' हुआ है। भक्तों में नाना प्रकार की भक्ति पद्धतियाँ प्रचलित रही हैं। नवधा भक्ति का फैशन ज्यादा रहा है, लेकिन पत्रकारिता में 'छविधा-भक्ति' का चलन बढ़ा है। इसका प्रभाव पत्रकारिता में देखा जा सकता है। इसी के चलते मीडिया ने 'पर्सनल इज पॉलिटीकल'

की सत्तामूलक थीसिस को 'पर्सनल इज पॉलिशिंग' की तरह बना डाला है। मीडिया में छविधा भक्ति हो रही है। इष्ट की छवि की पालिश की जा रही है, उसका मेकअप किया जा रहा है।

मेकअप की भी पॉलिटिक्स है। ऐसी छवि-निर्माण मूलक खबरें अपने अनिवार्य राजनीतिक आशयों से मुक्त लगती हैं, मगर होती नहीं। छवि मूलक मीडिया में राजनीति 'छवि' और उसके 'चिह्नों' में बनती है। उसी छवि को अगर एकदम पर्सनल-सा, मोहक-सा बनाकर पेश करें तो लगता है कि वह किसी प्रकट राजनीतिक सन्दर्भ से रहित है। छवि मानों नितान्त राजनीतिक सन्दर्भ रहित और स्वच्छन्द हो। एकदम निर्मल, पवित्र, दैवीय हो। यद्यपि दैव, पवित्र, निर्मल होना फूको के यहाँ राजनीतिक ही है और अब तो बच्चा-बच्चा जानता है कि मेकअप की भी राजनीति होती है।

इन-दिनों यह खूब हो रहा है। प्रियंका जी से खबरों का मेकअप करने वाले पूछ रहे है : देवी! आप राजनीति में कब आएँगी? पत्रकार गन-माइक का थोबड़ा आगे किये प्रियंका से पूछते हैं : आप राजनीति में क्यों नहीं आ रही हैं? कब आएँगी?

हाय! कैसी मासूमियत है पत्रकारों की? खुर्राटमना पत्रकार मुस्कुरा रहा है, अगर दीदी राजनीति में आ जाएँ तो, चूँकि सबसे पहले मैंने और सबसे ज्यादा उन्हें दिखाया है। और वे राजनीति में आ जाती हैं तो सब मानेंगे कि मैं लेकर आया। वैसे भी उन्हें एक न एक दिन पीएम तो बनना ही है और जब कभी वे पीएम बनेंगी तो इस पत्रकार के दिन फिर जाएँगे! तो कर ले बेटा भविष्य में निवेश!

पत्रकार का मन सबकी खबर लेता-देता है मगर ऐसे पत्रकार के मन की खबर कोई नहीं लेता देता! यह निहायत गलत बात है। मीडिया समीक्षा का एक काम उसके मन की खबर लेना-देना भी है। तो हे भद्र! पत्रकार की भाषा में उसके मन की खबर को पढ़ा कीजिए। मीडिया अध्ययन में अतिरिक्त आनन्द मिला करेगा।

मानकर चलें कि बहुत से लोग इसी तरह की पर्सनल पालिश करते हैं। इसे खबर का निजी निर्मल निवेश कहा जा सकता है। खबर नहीं दी जाती। निजी निवेश को ही खबर बना दिया जाता है। एक रिपोर्टर नेता की, दल की, संगठन की छवि पालिश कर रहा होता है और खबर की खबरयित से ज्यादा अपने भविष्य की चमक को देख रहा होता है। इन दिनों कई पत्रकार अपने को किसी न किसी दल में, नेता में निवेशित करते नजर आते हैं। प्रियंका को राजनीति में आना चाहिए कि नहीं? इस सवाल में एक धोखा बनाया जा रहा है। लगता है मानो प्रियंका राजनीति नहीं करती हैं अमेठी में, पिकनिक करती हैं!

पत्रकारों की इस मासूम शैतानी पर कुर्बान होने का मन होता है। यही तो निजी निवेश की राजनीति है जो पत्रकार कर रहे हैं। इस चुनाव को जितना विचारधारामुक्त (डिआइडियोलॉजीकल) नेताओं ने, दलों ने बनाया है उतना ही मीडिया कर्मियों ने

बनाया है। विचारधारा की जगह 'निजी निवेश' को दे दी गयी है।

प्रियंका ने कहा कि उनकी नाक उनकी दादी इन्दिरा गाँधी से मिलती है तो पत्रकारों ने उनकी नाक और इन्दिरा की नाक की तुलनात्मक प्रतियोगिता ही कर डाली। और इस तरह सबको बता दिया कि यह 'दूसरी इन्दिरा' भविष्य की पीएम है। यह है नाक वाली पत्रकारिता! वर्तमान राजनीति से मुँह चुराकर भविष्य के पीएम का मेकअप करना एकदम 'फ्यूचरिस्टिक पत्रकारिता' कही जा सकती है जो फिलहाल 'फारवर्ड ट्रेडिंग' की तरह, फारवर्ड निवेश की तरह लगती है।

निश्चय ही मीडिया-सिद्धान्तिकी के इतिहास में 'खबर का छविधा निवेश' नया तत्त्व है।

26 अप्रैल, 2009

दर्पोद्धत चेहरे

जिस अनुपात में चुनाव आयोग ने व्यवस्था की है, जिस अनुपात में मीडिया ने वोटरों को वोट का उपयोग करने के लिए लगातार प्रेरित किया है, जिस प्रकार दलों-नेताओं ने मतदाता वर्ग को अपना मतदान निज-पक्ष में करने के विज्ञापन दिये हैं, उसका असर नहीं के बराबर हुआ लगता है। मतदान का प्रतिशत घटा है, पहले तीन चरण के चुनावों में मतदान प्रतिशत पिछले 2004 के मतदान प्रतिशत से कम रहा है। अपने प्रचार के बाद ऐसी कमी प्रचार और उसके मीडिया की 'प्रभाव क्षमता' और 'संवाद-क्षमता' यानी सन्देश से जनता की 'अन्तर्क्रिया की सीमाओं को बताता है।

मीडिया में यह चुनाव कुछ बनाया ही इस तरह जा रहा है कि कुल मिलाकर जनता हतोत्साहित हो रही है, नमूनों की कमी नही है। शुरू में कांग्रेस के 'जय हो' सीरीज के टीवी व रेडियो विज्ञापन यूपीए और कांग्रेस पार्टी की 'उपलब्धियों' की कुछ ऐसी प्रदर्शिनी लगाते थे कि लगता था कि हमारे आस-पास एक स्वर्ग बन चुका है वादे पूरे हुए हैं और सब कुछ 'जय हो' छाप है। भारत 'बुलन्द' है। इसके जवाब में भाजपा ने 'मजबूत लोग निर्णायक सरकार' वाले विज्ञापन दिये। साथ ही जय हो की हवा निकालने के लिए 'भय हो' वाले विज्ञापन दिये। ये विज्ञापन लगभग आगे-पीछे आते जाते। ये एक-दूसरे को 'काटते' चलते। जनता ने थोड़े दिन शायद शुरू-शुरू में, दिलचस्पी से देखा-सुना, फिर बिसरा दिया। इन विज्ञापनों का इतना ही असर होना था। हुआ। और खत्म।

इनसे मैच करते विज्ञापन सड़क किनारे 'होर्डिंग्स' में दिखे। बड़े नगरों में दिखे। दिल्ली में तो ये शुरू से लगे दिखे। ये 'होर्डिंग्स' बढ़िया स्क्रीन प्रिण्टिग वाले हैं। कांग्रेस के विज्ञापनों में मनमोहन, सोनिया, राहुल हैं। नयी खेप में 'निष्ठा' और 'युवा ऊर्जा' पर ज्यादा बल है। काम करने वाली सरकार के पक्ष को दिखाने पर बल है। सफेद पृष्ठभूमि में ये तीनों खड़े हैं। कोने में या बीच में या ऊपर दाएँ 'हथेली' का कांग्रेस के चुनाव चिह्न का निशान है। यह तिरंगे रंग में है। 'राहुल' सीरीज के विज्ञापन में 'युवा ऊर्जा' पर बल है। उनके पीछे 19-20 युवा प्रसन्न मुद्रा में खड़े दिखते हैं। राहुल का सीने से ऊपर का चित्र है। वे मुस्कुरा रहे हैं। कुछ होर्डिंग्स मनमोहन, सोनिया को लोगों के बीच भी दिखाते हैं। वे अक्सर ऊपर उठाकर दायाँ

हाथ लहराते दिखते हैं।

इनके संग भाजपा के होर्डिंग्स के बारे में विचार कर लिया जाए। भाजपा के विज्ञापन में पार्टी का झण्डा रंग, देश और भगवा प्रमुख है। आडवाणी सीरीज के विज्ञापनों में आडवाणी का सीने से ऊपर का चित्र है, वे जैकेट पहले हैं, कुर्ता पहने हैं। उम्र स्पष्टतया बताती है कि वे सीनियर सिटीजन हैं। उनका दायाँ हाथ आगे ऐसे निकला हुआ है जैसे किसी बात को समझाना चाहते हों। (यह उनके हाथ मलने वाली परिचित मुद्रा से कुछ अलग है, बेहतर है)। दूसरी सीरीज के विज्ञापनों में क्रमशः अटल, आडवाणी और राजनाथ सिंह दिखते हैं। क्रिटीकल सीरीज के विज्ञापनों में एक युवक खाली बैठा है। ऊपर 'एक करोड़ रोजगार देने के बदले डेढ़ करोड़ बेरोजगार' सरकार यानी यूपीए पर टिप्पणी है।

होर्डिंग विज्ञापनों की सबसे बड़ी सीमा यह होती है कि यहाँ विज्ञापित 'ब्राण्ड' अन्य मीडिया में प्रसारित ब्राण्ड को पुष्ट करने के काम आता है। आते-जाते लोग देखते हैं। सन्देश संक्षिप्त होते हैं। लेकिन कुछ देरे के बाद से दिलचस्पी के विषय नहीं रहते। जिस जगह कल तक रीयल इस्टेट के, बिल्डर्स के विज्ञापन लगे थे, उसी जगह नेताओं के विज्ञापन लगा दिये जो 'अमूल' या 'सेलेक्ट घड़ी' या 'कोक पेप्सी' के विज्ञापन से ज्यादा नहीं लगते। ये वस्तुएँ भी तो 'राग' भाव जगाती हैं क्योंकि ये उपभोक्ता वस्तुएँ किसी न किसी जरूरत या रुचि से सम्बन्धित लगती हैं, किसी 'सुख' की आपूर्ति करती हैं। इस तरह होर्डिंग्स उपभोक्ता वस्तुओं से जुड़े लगते हैं। लोग उनमें छपे सन्देशों को 'क्षणभंगुर उपभोग' की वस्तुओं से ज्यादा नहीं समझते।

यदि 'उपभोक्ता वस्तु' के रूप में इक्यासी साल के आडवाणी दिखें तो देखने वाला सोच सकता है कि वह इनका क्या करेगा? यह न साबुन है, न कोक, न रीयल इस्टेट का फ्लैट। यह 'मजबूती' की बात कर रहे हैं, लेकिन खुद वृद्ध हैं, खासे वृद्ध हैं, 'मजबूत' कैसे होंगे? दर्शक इनकी 'मजबूती' पर उतना भी भरोसा नहीं करता जितना बिरला या बिनानी सीमेन्ट की मजबूती का करता है। यह विज्ञापन इस तरह अपने कॉपी में ही अन्तर्विरोधी है।

इन दलों के स्थानीय कैण्डीडेटों के विज्ञापन भी ऐसे ही साफ-सुथरे स्क्रीन पर छपे, एकदम सिनेमाई लगते हैं। स्क्रीन प्रिण्टिग वाले चित्र बढ़िया रिजोल्यूशन वाले होते हैं। रंग स्वाभाविक रहते हैं। ये फिल्मों वाला असर देते हैं। लगता है आप किसी हीरो या हीरोइन को निहारते हों—यहीं गड़बड़ है। ये इतने हीरोनुमा, साफ-सुथरे दिखते ही जीवन के यथार्थ, उसके मैले कुचैल-से (जिसमें दर्शक वर्ग रहता है) से कटा हुआ, अलग दूसरी दुनिया के जीव लगते हैं। 'अपने' नहीं लगते। यह इन छपे चित्रों की सीमा हैं। ये 'डिजाइनर चेहरे' हैं। ये डरावने लगते हैं। गरीबी, परेशानी, भूख से दूर इतने स्वस्थ, हृष्ट-पुष्ट लोग 'अस्पृश्य' लगते हैं। इस दौर के चुनाव प्रचार में नेता चेहरों की 'अजनबियत' ध्यान देने योग्य है। ये एकदम 'डिजाइन' चेहरे,

डिजाइण्ड ड्रेसों वाले हैं। इस देश के यथार्थ के ऊबड़-खाबड़पन, रफ-टफ जीवन और परेशानियों से मेल नहीं खाते। और सबसे भयानक बात यह है कि वे 'जबर्दस्ती' करते लगते हैं। वे अपनी ओर से एक 'गैर गारण्टीड' वादा करते हैं। अविश्वसनीय लगते हैं।

अन्तिम बात यह नजर आती है कि इन चित्रों में छपे चेहरे, उनकी देहभाषा 'विनीत नहीं', 'अहसान करने वाली', 'हमने किया है, हम ही करेंगे' वाली दादागीरी वाली, निर्विकल्पक भाषा है। वे करुणावत्सल छवियाँ भी नहीं है। और भाजपा को क्या कहा जाए जो भारतीय संस्कृति की पल-पल दुहाई देती है और उसके विज्ञापनों में उनका सबसे बड़ा नेता एक बार भी 'हाथ जोड़' कर जनता को 'नमन' करता नजर नहीं आता। नित्य 'प्रणम्य' जनता (वोटर) के सामने ऐसे दर्पोद्धत चेहरे इससे पहले कब दिखे? इस चुनाव में प्रचारित 'नायक' का चेहरा 'दर्पोद्धत' चेहरा है। जनता को यह नहीं भा सकता। इन चेहरों को देखकर कोई क्योंकर प्रेरित होगा?

3 मई, 2009

पीएम की सेल

चुनाव पूर्व पीएम की सेल लग गयी है। चुनाव पूरे होने का परिणाम आने का सब्र किसी को नहीं है। राजनेताओं को नहीं है और मीडिया को भी नहीं है। इतना बेसब्र मीडिया और उसके चरचाकार पहले नहीं दिखे।

कई खबर चैनल अपने यहाँ 'कौन बनेगा पीएम' या 'अपना पीएम चुनिए' टाइप कण्टेस्ट करा रहे हैं। दर्शकों से एसएमएस करने को कहा जाता है और सही बताने वाले को ईनाम देने की बात भी की जाती है। 'कौन बनेगा पीएम' का धन्धा आईपीएल के धन्धे की टक्कर का है। आईपीएल में स्पर्धा ऐसी भी बतायी जाती है, जिसमें दर्शक को खिलाड़ी द्वारा खेले जाते ओवर में बनाये जाने वाले रनों के बारे में पूर्वानुमान करना है। अगर आपका पूर्वानुमान सही है तो आपको ईनाम मिलेगा। आप मुफ्त यात्रा कर आईपीएल देखने दक्षिण अफ्रीका भी जा सकते हैं।

कौन बनेगा पीएम के पूर्वानुमान को लेकर इस तरह का कोई लालच कोई दल नहीं दे रहा है और चैनल ईनाम में जो वादा कर रहे हैं, वह बहुत आकर्षक नहीं है। एक ओर 'रॉक द वोट' हो रहा है और एक ओर पॉलिटिकल जूस निकालने वाले अपनी ठेली लगाये हैं। मीडिया मसखरी पर उतरा है। मीडिया ने पीएम बनने की बोली लगानी शुरू कर दी है। यह पहले से ही पनीली राजनीति में मीडिया द्वारा अतिरिक्त पानी मिलाना है।

इस तुरन्ता टीवी समय में जब राजनीति की जाती है तो उसमें एक 'भाररहित'/वेटलेस/राजनीति पैदा हो जाती है और नेता लोग अपने बचे-खुचे अर्थ भी खोने लगते हैं। उदारता की जगह खत्म हो जाती है। संवाद की जगह हल्ला ले लेता है। संवाद की ताकत और सीमा को 'किसी भी कीमत पर जीत' का तर्क बनाता-बिगाड़ता है।

जरा देखें, राहुल गाँधी ने नीतीश के प्रशासन की जरा तारीफ कर दी तो अचानक नीतीश चर्चा के केन्द्र में आ गये और विवाद बन गया कि नीतीश किधर जाएँगे? नीतीश लाख कहते रहें कि वे एनडीए के साथ हैं, लेकिन 'वे किधर जाएँगे' वाला सवाल मीडिया में छाया रहा और अब नीतीश के सम्भव व्यवहार का एक सन्दर्भ ही बन गया। नीतीश देखते-देखते सन्दिग्ध बन गये। इसी तरह प्रेस कान्फ्रेंस में राहुल के बयान के कवरेज के बाद चार-पाँच दिन तक डेमेज कण्ट्रोल करने में असफल

कांग्रेस ने अपने मीडिया प्रकोष्ठ को बदल डाला है। मोइली की जगह जनार्दन द्विवेदी आ गये। यह भी डेमेज कण्ट्रोल का हिस्सा है। राहुल का बयान और उसके आगे कांग्रेस का मीडिया प्रकोष्ठ, उसका मैनेजमेण्ट बताता है कि कांग्रेस का प्रकोष्ठ समकालीन तुरन्ता 'बाइट वार' की राजनीति और राहुल के बीच इण्टरफेस स्थापित नहीं कर सका।

गलत मौके पर सही बात कहना 'दिल की बात करना' लेकिन उसकी टाइमिंग ठीक न रखना तुरन्ता मीडिया राजनीति के वे दण्ड हैं जो गलती करने वाले को भोगने ही होते हैं। राहुल प्रेस कान्फ्रेंस कर रहे थे तो वे जिस तरह से बोल रहे थे, उसमें कुछ-कुछ नेहरू वाल स्ट्रटेजिक राजनीतिक चिन्तन झलक रहा था। लगता था, राहुल राजनीति में शिष्ट विचार के कायल हैं और राजनीतिक जेण्टलमैनों की तरह शिष्ट सांसद की तरह सुसभ्य संसदीय राजनीति के मुहावरे में अपने विपक्षी की प्रशंसा कर अपने बड़े दिल वाला होने का सबूत दे रहे हैं।

एक अर्थ में यह बुरा नहीं था, बल्कि सही मानी में पतित, सड़कछाप लूटमार वाली राजनीति में एक गम्भीर सन्दर्भ पैदा करने वाला था। उनकी बातें इस निहायत अनुदार समय में उदारता स्थापित करने की छोटी-सी कोशिश थी। यद्यपि उनकी कुल बातचीत समकालीन सन्दर्भ में कांग्रेस और यूपीए के चुनावी हितों को कवर करती थी, पर यह उदारता यूपीए और कांग्रेस हितों के लिए भारी पड़ गयी। राहुल भूल गये कि वे एक अनुदार राजनीतिक समय में उदारता बरत रहे हैं।

इस एक उदाहरण से हम देख सकते हैं कि ये दिन उदारतावाद के नहीं हैं। इन दिनों उदार को कमजोर माना जाता है और अनुदार को ताकतवर। यह राजनीतिक वातावरण ही नही है और इसके पीछे संकटापन्न आर्थिक वातावरण ही नहीं है जो अनुदारता की प्रेरणा देता है बल्कि हमारे मीडिया का भी अपना अनुदार मुहावरा है, जो ऐसी दैनिक भाषा और राजनीतिक भाषा का निर्माण करता है, जो 'चिरन्तन विलोमवादी' पक्ष और प्रतिपक्ष के अलावा तीसरी चौथी पाँचवी वाणी की 'वचनता' को जगह नहीं देती। बहुवचनता की जनतान्त्रिक जरूरत के समय में भी बहुवचनता की गारन्टी करने वाली भाषा नहीं बनती। राजनीति की मीडिया प्रस्तुतियाँ पक्ष और प्रतिपक्ष सुस्थिर करती हैं, उनके प्रति जरूरी भिन्नता की स्थापना नहीं होने देतीं। वे सबको एक रंग में रंगकर अपने संचार को आसान बनाती हैं।

यदि अपने मीडिया के सकल चुनावी प्रसारण का मुहावरा अगम्भीर सड़क छाप लम्पट स्तर का है जो 'अर्थ' बताने, उसके जटिल राजनीतिक आशय बताने से ज्यादा राजनीति को चुटकुला बनाकर मजा देता लेता है, राजनीतिक को 'कॉमिक सीरियल' की तरह बनाता है तो ज्यादातर राजनीतिक दल, उनके नेता और मीडिया में इस मामले में परस्पर 'पूरकता' है, 'लिम्प सिंक' है। इसीलिए इस बार के चुनाव में पीएम के चयन की गरिमा को ठेस लगी है। पिछली बार के संसदीय चुनाव के कवरेज में

पक्ष-प्रतिपक्ष साफ था और सन्दर्भ स्पष्ट थे। इस बार अनेक पक्ष-प्रतिपक्ष हैं और पक्ष प्रतिपक्ष भी स्थिर नहीं हैं। मीडिया ने इस प्रक्रिया के प्रति कोई जनहितोन्मुखी आलोचनात्मकता पैदा नहीं होने दी है।

जनता ने कम वोट डालकर इस भाररहित/वेटलेस राजनीति के प्रति अपनी बेरुखी का परिचय दिया है। मीडिया ने विशाल जनता की आलोचनात्मकता की जगह जनता का ध्यान बँटाने के लिए 'कौन बनेगा करोड़पति' की शैली की जुआ शुरू कर दिया। चिन्तक रिचार्ड रोर्ती ने यूरोपीय समाजों में समकालीन भाषा, स्व और राजनीति में अर्थ खो जाने पर विचार करते हुए कहा है कि आज का आदमी 'निजी विश्वासों' और 'तेवरों' का एक 'केन्द्ररहित'/सेण्टरलेस/बनावट है। रोर्ती के ये विचार अपने यहाँ के सेल-प्रिय राजनीतिक-मीडिया मानव के लिए भी सही लगते हैं।

10 मई, 2009

गप्पें और यथार्थ

मीडिया गप्पी बन जाए तो यथार्थ बोलता है। मीडिया अगर यथार्थ को नहीं मानता तो अपनी साख खोता है। मीडिया की साख एक बार फिर गिरी। मीडिया चुनावी कवरेज और अपने-अपने एक्ज़िट पोलों में लगा रहा और उनके अपने आँकड़े उनके मुँह पर तमाचे की तरह लगे।

जनता का यथार्थ चुनाव परिणाम में सामने आ गया। मीडिया को मुँहकी खानी पड़ी। इस चुनाव में दुरभिमानी, मसखरे, लम्पटाएँ विपक्षी दल और नेता ही नहीं हारे—मीडिया भी हारा है। जनता ने उसे एक बार फिर बताया है कि तुम जितना हमें भूलोगे उतना ही तुम अपनी खबर देने के काम और साख दोनों को खो दोगे।

इस चुनाव ने मीडिया की उन कमजोरियों को सामने ला दिया जो अरसे से उसमें घर कर रही थी। यह एक-दो मीडिया संस्थान की बात नहीं, सबकी बात है।

खबरें बिकने लगीं।

पैकेज लिए-दिये जाने लगे।

कवरेज कैश काउण्टर बन गये।

सम्पादक 'पेड' विचारक बन गये।

मीडिया दलों और नेताओं का चरण-चुम्बन करने लगा।

बड़े पत्रकार बेड़े विचारक बन गये। विचारक प्रचारक बन गये।

मीडिया ने चुनाव नहीं बनाया, चुनाव ने मीडिया को बनाया।

बहुत पहले इसी कॉलम में बार-बार कहा गया कि मीडिया सुपर ऐलीट बन चला है। वहाँ सेलिब्रिटीज को जगह है। वही चिन्तक-विचारक बन चले।

मीडिया का यथार्थ से सम्पर्क कमतर होता जा रहा है और इस चुनाव के दौरान तो जनता को अपने कैमरे के जादू से गायब कर दिया।

इलेक्ट्रॉनिक और प्रिण्ट मीडिया अब जनता के पास नहीं जाता। वह सिर्फ नेताओं के आगे-पीछे लगा, उनके डिजाइनर कपड़ों, उनके चीत्कार-फत्कारों को, दहाड़ते बयानों को इतनी आत्मीयता से कवर करता रहता है मानों इष्टदेवों का कीर्तन करता हो। उसे जनता की नब्ज नहीं मालूम रहती, जबकि जनता ही उसकी असली देवता है।

जितना मीडिया बढ़ा है, जितना मीडिया बाजारी हुआ है उससे अधिक मीडिया गैर जिम्मेदार हुआ है और अपने असली कर्म को, खबर बनाने के प्रसारण के मूलभूत और परखे हुए नुस्खों को ही भूल चला है।

उसी का दण्ड मिला है। चुनाव में झूठ पर पलने-चलने वाले दल को झूठे पड़ने ही थे। 'हर कीमत पर सच' बताने की कसमें खाने वाला, 'जहाँ सच है वहाँ हम हैं' की शेखी बघारने वाला गप्पी मीडिया एकदम झूठा नजर आ रहा है।

यही होना था। यही हुआ है। ठीक हुआ है। तेरह तारीख के बाद पूरे तीन दिन यानी सोलह की सुबह तक मीडिया का एक ही काम रहा। वह ज्योतिषी-सा बन चला। सोलह मई को क्या होने जा रहा है? किस दल की सरकार बनने जा रही है? क्या किसी मोर्चे को बहुमत नहीं मिलने जा रहा है?

मीडिया को कयास लगाने का चस्का पूरे तीन दिन लगा रहा। उसका डबल फायदा था। उसे विज्ञापन मिलने थे। चुनाव के अन्तिम चरण के बाद पूरे तीन दिन जनता की जिज्ञासा को 'कौन बनेगा पीएम' टाइप के खेल से जगाये रखना था ताकि जमकर विज्ञापन मिलते रहें। कमाई होती रहे।

मीडिया ने सोचा कि जनता ये माने बैठी है कि ज्ञानी मीडिया जनता से ज्यादा जानता है, इसलिए मीडिया को उसे दिन-रात बताते चलना चाहिए कि आगे जनता किसकी रहनुमाई में जीने जा रही है। इसके लिए क्यों न दलों के प्रवक्ताओं को, नेताओं को बुलाएँ। नयी सरकार बनने से पहले से उसके नेताओं से सम्पर्क बने, आगे भविष्य बने और वे कठिन बोरियत भरे तीन दिन ऐलीट-गप्प सड़ाके, हँसी-ठठ्ठे में और जुए टाइप के अनुमानवादी खेल में गुजर जाएँ तो कैसा रहे?

कयास लगाने की व्याधि सटोरियों की होती थी। कहते हैं कि इस चुनाव पर ग्याहर हजार करोड़ का सट्टा लगा था। मीडिया उसका हिस्सेदार शायद न हो, लेकिन उसको जाने-अनजाने टिप देने वाला तो हो ही सकता है। क्या एसएमएस वोटिंग के जरिये पीएम चुनने की कवायद यों ही थी? आईपीएल एक ओवर की एक-एक बॉल पर रनों का सट्टा खेल रहा था तो मीडिया बालसुलभ उत्साह से उसी खेल को राजनीति में कर रहा था। यह मीडिया के अपने इतिहास का सबसे निचला बिन्दु रहा।

एक वक्त ऐसा भी रहा है, जब आप कार्यक्रम के एंकर को देखकर उसकी भाषा को, उसके सवालों को और बुलाये विशेषज्ञ या नेता को देखकर बता सकते थे कि कौन-सा हाउस किसकी राजनीति कर रहा है? यह मीडिया की खबरनबीसी का पतन था। मीडिया ने इस बार चुनाव में जनता का माइण्ड मैनेजिंग करने की पूरी कोशिश की। एजेण्डे बनाये। सन्देश दिलाये।

उदाहरण है 'बहुदलीय', 'बहुमोर्चे' की राजनीति को एकदम सतही स्तर की तुरन्ता व्याख्या देने की कवायदें! क्या आप इतनी बड़ी राजनीतिक प्रस्थापनाओं के

परिवर्तन के दौर में ऐसे किसी एक भी चर्चाकार को याद कर सकते हैं जिसने कोई नयी 'पोलिटीकल थियरी' दी हो।

मीडिया बड़े दलों, बड़े सोशलाइट सेलिब्रिटीज टाइप के नेताओं का ब्यूटी पार्लर बन गया। खबर-चर्चाएँ किसी एक दल, किसी एक नेता को निशाने पर लाकर उसके झूठ को उसकी निर्लज्जता को आधे-आधे घण्टे तक सहनीय मूल्य बनाती रहीं।

इतने इनामी इकरामी पत्रकार, इतने नामी-गिरामी लोग ब्यूटीपार्लर चलाने वाले ब्यूटीशियन-से लगने लगे! चर्चाओं के नाम पर वे गप्प-गोष्ठियाँ करने लगे!!

हारे हुए नेता और उनके दल कुछ सोचें, न सोचें मीडिया को अपने को 'रिडिफाइन' करना चाहिए। मीडिया के लिए यह वक्त अपने कामकाज को परखने का वक्त भी है।

18 मई, 2009

नयी सरकार : नया मन्त्रालय

'सरकार की महत्त्वपूर्ण नीतियों और कार्यक्रमों के बारे में जागरुकता फैलाने के लिए हम प्रसार भारती का उपयोग करेंगे.....कॉमनवेल्थ खेलों के दौरान विश्व के लिए भारत की अच्छी छवि को प्रोजेक्ट करना हमारा एजेण्डा है, मन्दी के दौर में प्रिन्ट और इलेक्ट्रॉनिक मीडिया की माँगों पर विचार करना हमारी प्राथमिकता में हैं।' नयी सरकार की नयी सूचना प्रसारण मन्त्री अम्बिका सोनी ने मन्त्रालय के प्रारम्भिक सरोकारों को इस प्रकार से स्पष्ट कर दिया है। मन्त्रालय मिलने के तुरन्त बाद जो कुछ मन्त्री लोग कहते हैं, वह दिशा-सूचक मात्र होता है। उसमें ठोस नीति या कार्यक्रम नहीं देखे जा सकते। अम्बिका सोनी ने भी मीडिया को इसी भाव से बताया कि वे क्या सोचती हैं। उनके बयान में एक 'जिम्मेदारी' झलकती है।

उनके बयान के आशय और निहितार्थ क्या हो सकते हैं, यह सब दिनानुदिन साफ होगा। फिलहाल इतना स्पष्ट है कि वे सूचना एवं प्रसारण मन्त्रालय को नयी सरकार की व्यापक नीतियों और प्ररिप्रेक्ष्य के अनुकूल करने की दिशा में सोच रही हैं, और इस सोच का लक्ष्य सर्वप्रथम 'प्रसार भारती' को पटरी पर लाना है। पिछले मन्त्री प्रियरंजन दास मुंशी अपने मन्त्रालय को लगातार 'फोकस' में रखते रहे। वे प्रायः सक्रियता दिखाते रहे। इलेक्ट्रॉनिक मीडिया को लेकर वे बराबर हस्तक्षेपकारी भूमिका में नजर आते रहे। चैनलों पर बढ़ती अश्लीलता, अराजकता को लेकर वे चिन्ताएँ जताते रहे। उनके नेतृत्व में उनका मन्त्रालय हस्तक्षेप करता रहा। विज्ञापनों की बढ़ती आपत्तिजनक छवियों और सन्देशों के प्रति सख्ती दिखाते रहे। उनके कार्यकाल में कई चैनलों को पन्द्रह दिनों से लेकर तीन महीने तक प्रसारण अधिकार से वंचित किया गया। कई विज्ञापनों को तमीज सिखायी गयी। स्टिंग ऑपरेशन करने, मीडिया द्वारा एजेण्डा बनाने और अन्धविश्वासमूलक कहानियों का प्रसारण करने के दोष को देखकर मन्त्रालय मीडिया 'कंटेण्ट रेग्युलेटर' की बात की जाने लगी। इसके लिए मीडिया मॉनिटरिंग की बात सामने लायी गयी। बहुत दिनों तक 'मीडिया मॉनिटरिंग' का सवाल मन्त्रालय और मीडिया संस्थानों के बीच झूलता रहा। अन्ततः एक आइडिया मात्र रह गया। चैनलों ने इससे इतना ही सबक लिया कि वे मन्त्रालय को गम्भीरता से लेने लगे बाकी सब वही-वही चलता रहा। स्टिंग

ऑपरेशन कुछ कम कर दिये गये। पाकिस्तान को लेकर मीडिया कुछ ज्यादा दनदनाने लगा। बस्स! विज्ञापन कुछ ज्यादा स्मार्ट हो गये। देवी-देवता की चमत्कार पूर्ण कहानियाँ कुछ पीछे कर दी गयीं। अश्लील या कहें बिस्तरी सीन मार्का सीन कम हो गये। इसके बाद दासमुंशी बीमार हो गये।

'छब्बीस/ग्यारह' के आतंकवादी हमले ने एक बार फिर चैनलों को और मन्त्रालय को आमने-सामने कर दिया। 'छब्बीस/ग्यारह' के कवरेज को लेकर बहुत-सारी आपत्तियाँ दर्ज हुईं। नौसेना चीफ तक ने मीडिया के गैरजिम्मेदार कवरेज पर अपना रोष जाहिर किया। एक चैनल ने होटल में छिपे एक आतंकवादी से बात की और उसे प्रसारित कर दिया। कब-कहाँ-क्या हो रहा है, सुरक्षाबल कहाँ-कितने हैं? क्या कर रहे हैं? ये सारी बातें मीडिया पर ऐसे प्रसारित की जाती रहीं जैसे मीडिया किसी 'कार्निवाल' का लाइव प्रसारण कर रहा हो। आतंकवादी हमले को, दृश्यों को, आइटम बना डाला। मीडिया पहले सहज राष्ट्रवादी भाव को बनाता रहा। फिर भाषा में 'अन्धराष्ट्रवादी' हुआ। फिर पाकिस्तान पर परमाणु हमले तक करने के आइडियाज देने लगा। सरकार देर तक सब देखती रही। मन्त्रालय खामोश रहा। सरकार पाकिस्तान को कठघरे में खड़ा करने में लगी रही। लेकिन ज्यों ही मीडिया ने सरकार की मशीनरी की कमियों की ओर ध्यान खींचा, त्यों ही सरकार के तेवर बदले और मीडिया के 'कोड ऑफ कण्डक्ट' की बात की जाने लगी। एक संस्था बनायी, लेकिन अरसे से एजेण्डे पर रहा 'मीडिया मॉनीटरिंग रेग्युलेशन, सिर्फ' हवा में रहा।

नयी सरकार के नये मन्त्रालय के सामने पिछले पाँच साल की मन्त्रालय के कार्य सम्बन्धी उपलब्धियों और अनुपलब्धियों का रिकॉर्ड है। कठिन, नवीन, 'कान्फ्लिक्चुअल कवरेज' को लेकर सरकार, उसके मन्त्रालय के आला अफसर अब तक स्पष्ट नहीं दिखते। मीडिया अपने टीआरपी के खेल के चलते अपनी गलतियों को नहीं देखता है, न उन्हें ठीक करता है।

नयी मन्त्री सत्ता के केन्द्र से लगातार जुड़ी रही हैं। उन्हें, दूरगामी ढंग से सोचने की जरूरत है। इसके लिए सूचना और प्रसारण की तमाम बदली हुई जमीन और प्रस्थापनाओं, मीडिया में तकनीकी परिवर्तनों और जनहित के बीच एक व्यापक दिशा और कारगर नीतियों को तय करना जरूरी है। 'प्रसार भारती' तो एक पहलू है और उसे भी एक स्वायत्त संस्थान के रूप में, विकसित होना है। उसकी अपनी सांगठनिक, प्रबन्ध सम्बन्धी समस्याएँ हैं। 'वर्क कल्चर' का सवाल है। स्वायत्तता की रक्षा का सवाल है। सरकारी नीतियों के प्रचार के लिए प्रसार भारती का 'उपयोग' करने की बात करना समीचीन नहीं लगता। 'प्रसार भारती' ने यहाँ काम अब तक किया है, लेकिन खबर देने की, चर्चा करने की उसकी ठहरी हुई पारम्परिक शैली ने लोगों का, दिल भी जीता है। प्रसार भारती के चैनल निजी चैनलों से अधिक वयस्क, विश्वसनीय और संवादात्मक लगते हैं। उनकी 'कार्य की स्वायत्तता' बनी रहे। इसकी

चिन्ता बराबर रहनी चाहिए। सरकार का प्रसार भारती को लेकर 'प्रोएक्टिव' भाव 'प्रसार भारती' की निजी चैनलों के मुकाबले बनी 'साख' को बेकार कर देगा। मन्त्री महोदया को इस तरह सोचना होगा। जैसा कि कहा, प्रसार भारती एक पहलू है, शेष सूचना, प्रसार का तमाम जगत् बहुत सारे मसलों को उठाने वाला है। नयी सरकार को, नये सूचना जगत् को, मनोरंजन उद्योग और तन्त्र के लिए एक आधारभूत सोच-विचार चाहिए।

क्या यह सम्भव नहीं कि दैनिक मीडिया कार्यों को निपटाने के साथ-साथ नये युग के नये मीडिया के, उसके संजालों के नये सवालों को समझने, उनकी व्यवस्था करने और व्यापक नयी नीतियाँ तय करने के लिए कोई केन्द्रीय मीडिया आयोग बनाया जाए जो इस ग्लोबल सूचना सुपरहाईवे वाले तमाम संजाल की नीतियों, कार्यक्रमों, अनुशासनों, नियमनों के बारे में 'रिपोर्ट' तैयार करे जो उसके लिए कारगर रहे, जिसमें छोटे-बड़े सब तरह के सवाल-जवाब रहें। देशभर में बहस चले, कोई आम राय बने।

31 मई, 2009

शुक्रवार का इन्तजार

बॉलीवुड की हड़ताल खत्म हो गयी। फिल्म प्रोड्यूसरों और डिस्ट्रीब्यूटरों के बीच समझौता हो गया है। दो महीने बाद 12 जून का शुक्रवार कम से कम एक दर्जन नयी फिल्मों की रिलीज का गवाह बन सकता है। लेकिन सब एक साथ रिलीज हों तब। ये फिल्में जून से जुलाई के बीच रिलीज होंगी। हड़ताल से प्रोड्यूसरों का और उधर डिस्ट्रीब्यूटरों यानी सिनेमा मालिकों का भी नुकसान हुआ है। 'कोई डेढ़ हजार करोड़ का नुकसान बताया जाता है। हड़ताल का कारण फिल्म निर्माण और वितरण प्रक्रिया के बीच आये नये टकराव हैं। ये टकराव हितों के हैं। प्रोड्यूसर चाहते थे कि फिल्में उनकी शर्तों पर दिखायी जाएँ। वे किसी फिल्म के जो दाम तय करें, वह उन्हें दिये जाएँ। पहले यही होता था। प्रोड्यूसर जो माँगता था, वह सिनेमा-मालिक को देना पड़ता था। सिनेमा मालिक के लिए किसी फिल्म को रिलीज करना किसी जुए से कम नहीं था। ठहराया गया दाम अगर फिल्म ने नहीं वसूला तो सिनेमा मालिक डूब जाता था। तब सिनेमा मालिक भी बहुत बड़ी सिनेमाहाउस शृंखलाओं के मालिक नहीं होते थे। बड़े प्रोड्यूसर और हीरो आदि मिलकर स्वयं सिनेमा मालिक बन जाते थे।

नब्बे के बाद से जो बहुत सी बातें नयी-नयी शुरू हुईं उनमें से एक 'मल्टी-प्लेक्सेज का शुरू होना है। पुराने बड़े सिनेमाघर तोड़ दिये गये। उसके द्वारा घेरी गयी बड़ी-सी जगह में मल्टीप्लेक्सेज, शॉपिंग काम्प्लेक्स बना दिये गये। जगह की कीमत वसूल होने लगी। उधर बड़े हॉल की जगह छोटे-छोटे सिनेमा थियेटर बनाये जाने लगे। एक पुराने सिनेमा हॉल की जगह में ही चार-चार सिनेमा हॉल निकाले गये। सिनेमाहॉल की सुविधाएँ चमकदार बनीं। अब आप एक ही जगह, एक साथ चार-चार सिनेमाहॉलों की च्वॉयस रखते हैं। पहले अगर किसी इच्छित फिल्म की टिकट आपको नहीं मिली तो आप मायूस लौटते थे। अब उक्त फिल्म न मिली तो वहीं बाकी तीन सिनेमाहॉलों में चलती अन्य फिल्मों में से किसी एक को देखने के लिए चुन सकते हैं। नब्बे के दशक के बाद, उदारीकरण के दौर में सिनेमा तकनीक व फिल्म प्रदर्शन तकनीक में आये बदलावों ने बॉलीवुड में कुछ बड़े परिवर्तन किये। पहला यह कि पुराने ढंग के लोग जो फिल्म निर्माण से नाम कमाना चाहते थे, अपने

अन्य धन्धों का बचा पैसा अपने प्रिय हीरो-हीरोइन के साथ, किसी कहानी पर फिल्म बना डालते थे। कई सफल होते थे, जम जाते थे, कई दिवालिया भी हो जाते थे। फिल्म निर्माण में बड़े हीरो-हीरोइन का दौर आया तो कुछ बड़े 'घराने' चल निकले।

उसके बाद फिल्म निर्माण और वितरण में माफिया ने 'एण्ट्री' ली। वे निर्माताओं को पैसा जुटाते, हीरो-हीरोइनों को लाते, फिल्म बनवाते, रिलीज और वितरण यानी मार्केट पर कण्ट्रोल करते और लाभ का एक बड़ा हिस्सा कमाते। दाऊद इब्राहिम से पहले कुछ बड़े नामी माफिया डॉन ये धन्धा शुरू कर चुके थे। यह दौर आपातकाल के बाद से नब्बे के कुछ आगे तक चला। इस अवधि में सिनेमा मालिक यानी फिल्म वितरक फिल्म के मुनाफे में कोई खास दखल नहीं रखते थे। जब से मल्टीप्लेक्स का चलन बढ़ा, वितरकों का महत्त्व बढ़ा, यह दौर किसी भी बड़े और टिकाऊ नायक-नायिकाओं का नहीं रहा। वितरण का दायरा भी बढ़ा। हिन्दी फिल्मों का बाजार ग्लोबल हुआ। म्युजिक का मार्केट बढ़ा। पिछले दिनों से तो ग्लोबल मार्केट ने देशज मार्केट से भी ज्यादा कमाई फिल्मों को दी।

जाहिर है इस दौर में वितरक का महत्त्व बढ़ा। आप अच्छी फिल्म बना सकते हैं, लेकिन उसे दिखाने के लिए आपको मल्टीप्लेक्स का सहारा लेना जरूरी है। और मल्टीप्लेक्स की अपनी शृंखलाएँ हैं जो मेट्रो शहरों, अन्य बड़े शहरों तक फैली हैं, जहाँ अपनाई मोबाइल युवा मिडिल क्लास रहता है, जो शुक्रवार की शाम फिल्म देखने निकल पड़ता है। वह मल्टीप्लेक्सेज द्वारा बनायी गयी नयी दर्शक जनता है। इस दर्शक जनता ने अपनी फिल्मों के एक खास रूप को बनवाया है। इन फिल्मों में मेट्रो शहरी लोग होते हैं। उनकी छोटी-मोटी समस्याएँ होती हैं, जिन्हें मजाक-मजाक में हल किया या उनका आनन्द लिया जाता है। कहने की जरूरत नहीं कि मल्टीप्लेक्सेस ने बॉलीवुड के कल्चर को बदल डाला है। टीवी, विज्ञापन और फिल्म उद्योग में एक नये किस्म की मिक्सिंग हो चुकी है। बड़े सिनेमा हालों के भारीभरकम तामझाम के मुकाबले मल्टीप्लेक्सेज का वातावरण जरा ग्लोबल नजर आता है। लड़के, लड़कियाँ वहीं आते हैं। इसने फिल्म और दर्शक के बीच मल्टीप्लेक्स की भूमिका को बढ़ा दिया है।

भारत में मल्टीप्लेक्स बड़े व्यावसायिक घरानों के हाथों में है जो टीवी, विज्ञापन, मार्केटिंग, कारपोरेट और फिल्मों से जुड़े हैं। इस वक्त भारत में कोई छह-सात बड़े मल्टीप्लेक्सेज मालिक घराने हैं। उनकी शृंखलाएँ है। 'आइनोक्स', 'पीवीआर', 'सिनेमेक्स', 'बिग सिनेमा', 'फेम', 'ऐडलैब्स', और 'फन सिनेमा' आदि। कई शृंखलाएँ इतनी ताकतवर हैं कि वे फिल्मी मार्केट का आधा मार्केट कब्जा चुकी हैं। महानगरीय मेट्रो मार्केट, उपनगरों तथा अन्य बड़े नगरों के लिए फिल्म मार्केट उनके हाथ में हैं। फिल्म निर्माता का काम उनके बिना नहीं चल सकता, इसीलिए दो महीने लम्बी हड़ताल उनके पक्ष में खत्म हुई है। इस हड़ताल के सबक हैं। निर्माताओं के

लिए सबक है कि वितरण का गणित उनके हाथ से निकल मार्केट के हाथ पहुँच गया है। 'निर्माता' के मुकाबले वितरक केन्द्र में आ गया है। 'वितरक' की बात निर्माता को सुननी पड़ेगी। नयी फिल्में नहीं दीजिए। तब वितरक हॉलीवुड की ओर देखेगा। उसका हॉल खाली नहीं रहेगा। निर्माताओं को रिलीज में ज्यादा इन्तजार भारी पड़ता है। इस बार भी पड़ा है इसीलिए वे झुके हैं।

अब नये समझौते के अनुसार निर्माता को पहले सप्ताह की टिकट बिक्री का पचास फीसद, अगले सप्ताह साढ़े बयालीस फीसद, उसके अगले यानी तीसरे सप्ताह साढ़े बीस फीसद के लगभग हिस्सा वितरक देंगे। शेष अपने पास रखेंगे। वितरकों को सबक है। अगर आप समझते हैं कि मार्केट में आप हैं तो आपको अपना काम चाक-चौबन्द करना होगा। बिक्री में हेराफेरी नहीं करनी होगी। ध्यान रहे अब जनता 'दर्शक' नहीं, फिल्मों का 'उपभोक्ता' है। उसे सुविधा नहीं मिली, खर्ची गयी कीमत वसूल नहीं हुई तो वह टीवी से काम चला लेगी। तो वितरक भी अब अन्तिम ही हैं। एक बड़ा वर्ग इण्टरनेट पर फिल्में देख लेता है। वहाँ बहुत सारी फिल्में उपलब्ध हैं।

7 जून, 2009

'ग्लोकल' खबर

यूँ तो अपने मीडिया का मिजाज 'ग्लोबल' और 'लोकल' यानी 'ग्लोकल' ब्राण्ड है ही, लेकिन इन दिनों यह ग्लोकल भाव में कुछ ज्यादा ही खेल रहा है। ग्लोबल स्वभाव के मीडिया का ग्लोबल स्वभाव की खबरों का 'ट्रीटमेण्ट' प्रायः 'लोकल' के चश्मे से निकलता है। यह प्रथमतः देशज, फिर सामान्य देशभक्ति भाव वाला, फिर देशभक्ति से चकाचक, फिर देशभक्ति की अन्धता से बावला होकर प्रसारित होने लगता है। जब तक प्रसारित होता है दर्शक 'देशभक्ति' के भाव को अपने भीतर जगाता रहता है। जब अपने मीडिया को 'ग्लोबल' आइटम मिलने बन्द हो जाते हैं या उन्हें विदेश मन्त्रालय या कोई मन्त्रालय डपट कर बन्द करा देता है, तो कुछ दिनों के लिए बने देशभक्त दर्शक भूल जाते है : देश पर जो खतरा था, वह भूलने वाली खबर रह जाती है। लेकिन दुनिया बहुत बड़ी, विकट रूपेण विविध, उलझी हुई और अचानकता लिए रहती है कि एक न एक ग्लोबल आइटम हमारी आँखों के आगे आ ही जाता है और हम फिर 'विदेश', 'देश', 'वे' और 'हम' को समझने लगते हैं। देश को 'देशभक्ति' को किसी दूसरे देश या 'पश्चिम' या 'गोरे' या 'इस्लाम' या 'ईसाइयत' के बरक्स महसूस कराया जाने लगता है। मीडिया युग में 'राष्ट्र', 'देश, 'पहचान' के सवाल इसी तरह बनते हैं और इन दिनों कई स्तर पर बन रहे हैं।

आस्ट्रेलिया में रहने वाले भारतीय छात्रों पर हो रहे हमले मीडिया को ग्लोबल बना रहे हैं। हर खबर चैनल ने अब तक हुए एक-एक हमले को यथा उपलब्ध विस्तार से रिपोर्ट किया है, चर्चाएँ चलायी हैं। इस प्रक्रिया में आस्ट्रेलिया एक 'नस्लवादी' देश घोषित हो गया है। अगर सरकार की नयी सलाह, जो 13 जून को एक अंग्रेजी अखबार में छपी है, प्रामाणिक मानें तो आस्ट्रेलिया एक निषिद्ध-सा देश है, जहाँ जाने का निषेध नहीं है, लेकिन 'कैसे जाएँ, कैसे कहाँ रहें, इसकी सावधानियाँ बता दी गयी हैं : कहा गया है : 'अपने घरों को साफ रखें', अपने मोबाइल, आईपॉड, या लैपटॉप का दिखावा न करें, देर रात अकेले बाहर न रहें : इत्यादि।

आस्ट्रेलिया में हो रहे हमलों की रिपोर्टिंग आस्ट्रेलिया को 'जोखिम' वाला मुल्क बना चुकी है। यह सलाह यदि शुरू में बार-बार बतायी गयी होती तो कुछ बात बनती। मीडिया आस्ट्रेलिया को इस कदर 'खतरनाक' सी जगह की तरह बताने से

हिचकता है। हिदायतें चैनल को दी जा सकती थीं कि ये इसकी सर्वांग समीक्षा करें। यह भी बताएँ कि 'हमलों' के कारणों में से कुछ ऐसे कारण भी हो सकते हैं जो जाने-अनजाने भारतीयों की ओर से भी हो सकते हैं। यहाँ 'आत्मसमीक्षा' का तत्त्व जरूरी था। खबरों में यह 'न' के बराबर रहा। सरकारी सलाह बताती है। (सन्दर्भ वही) : 'भारत में, हो सकता है आपके घर में घरेलू नौकरों की भरमार हो, लेकिन वहाँ (आस्ट्रेलिया में) आप अकेले होते हैं और आप नहीं समझ पाते कि आप 'नेगलेक्ट' (वहाँ के मान्य वातावरण, व्यवहार को) करते हैं, जिससे तनाव पैदा हो सकता है।' सलाह मीडिया को दी गयी लगती है कि यह 'सारी घटनाएँ दुःखद' निन्दनीय हैं, लेकिन दूसरे के घर में जब जाते हो तो दूसरे का खयाल रखो। 'ग्लोबल' होने का पूरा मानी वहाँ के 'लोकल' को अपना मित्र बनाना, अपने को उनका मित्र बनाना भी है। ये बातें एकाध जगह मीडिया में आयी हैं, मगर जितना आयीं उससे ज्यादा की जरूरत है।

'ग्लोकल' तत्त्व रखने वाली दूसरी बड़ी ग्लोबल खबर 'स्वाइन फ्लू' वाली है, जो जब से बनी हमारे मीडिया में एक बड़ी जगह बना रही है। जितनी खबर है उससे कहीं ज्यादा बड़ी जगह अगर कोई खबर घेरती है तो यही लगता है कि 'देश' के मतवाले, 'देश' को 'तुरन्त', 'ढूँढ निकालने वाले इस 'तुरन्त देश' को 'तुरन्त' बचाने की फिक्र करने वाले पत्रकार इसमें अपना 'पुट' लगा रहे हैं। एक गैर खतरनाक 'ज्वर' को अपने मीडिया ने किस कदर डरावना बनाया है कि उसकी रिपोर्टिंग भी हास्यास्पद हो चली है। शुरू की खबरों में कई दिनों तक मीडिया कहता रहा है कि 'स्वाइन फ्लू' भारत में नहीं है। हवाई अड्डों पर 'चैकिंग' बढ़ा दी गयी। फिर सप्ताह दस दिन बाद खबर आयी कि एक मरीज हवाई अड्डे पर उतरा है और उसे अस्पताल में अकेले निगरानी वाले वार्ड में रखा गया है। इसी क्रम में दो-तीन दिन पहले एक 'स्वाइन घटना' अजीब नाटकीयता के साथ घट गयी। अखबारों में बताया गया कि 'रेड अलर्ट' घोषित है। डब्लूएचओ ने इसे महामारी बताया है। चेतावनी ने गजब ढाया। बताया कि डब्लूएचओ की चेतावनी का मतलब है कि अधिक जोखिम (जिनके फैल सकता है) वाले देश सामाजिक उत्सव, मेलों आदि पर रोक लगा सकते हैं ताकि स्वाइन फ्लू न फैले। सलाह कहती है : मुँह साफ रखें। खाने से पहले हाथ साफ करें। यदि गला खराब है, खाँसी है, ठण्ड लग कर बुखार आता है, देह में दर्द है, उल्टी आती है तो डॉक्टर की सलाह लें। अपने आप दवाई न लें। यह भी बताया कि भारत उच्च जोखिम वाला देश है।

स्वास्थ्य रक्षा के समाचार जब आते हैं तो जनता को किंचित जागरुक तो करते हैं कि क्या करें, क्या न करें। मीडिया अपनी स्वास्थ्य खबरों में हर बार डॉक्टर के पास जाने की सलाह देता ही रहता है। लेकिन पिछले बरसों से मीडिया ग्लोबल खबरों को ग्लोकल बनाकर खबरों की मार्केट करता है, क्योंकि प्रायः नयी-नयी

बीमारियाँ, महामारियाँ अपने पीछे टीका उद्योग, दवा उद्योग लेकर आते हैं। खबर देकर, खबर में 'डर' को बनाकर दवाओं का बाजार बनाया जाता है।

पहले 'गऊ-ज्वर' का 'हौआ' आया। फिर बर्ड फ्लू आया। इस बीच 'केण्टुकी चिकन' सर्वत्र खुल गया। बर्ड फ्लू के महामारी बनते ही अमेरिका के पिछले वाइस प्रेसीडेण्ट की चाँदी हो गयी। टीका बनाने वाली कम्पनी में उसका हिस्सा था। अब स्वाइन फ्लू है तो टीके आ गये। सूअर का जिक्र अपने मीडिया में नया नहीं है। इस क्रम में मीडिया में आये उस विज्ञापन आइटम को याद किया जा सकता है, जिसमें ज्योंही 'सूअर के बच्चों' कहा जाता है, सूअर के सचमुच के बच्चे थूथन उठाकर ऊपर की ओर देखने लगते हैं। स्वाइन फ्लू पर अब राजू श्रीवास्तव की परोडी का इन्तजार है। समझाना मीडिया का काम है जो वह नहीं करता। वह ऐसी खबरों की 'सनसनी' का मजा लेने लगता है।

14 जून, 2009

उसकी कहानी

कहते हैं कि जब शाइनी आहूजा को पुलिस पकड़ने पहुँची तो वह अपने मित्रों के साथ गप्प लड़ा रहा था। जब उसने पुलिस के साथ आयी नौकरानी को देखा तो उसके होश उड़ गये। उसकी समझ में नहीं आया कि क्या उससे कोई 'शिकायत' वाली बात भी हुई है? उसने कहा कि सब कुछ 'सहमति' से हुआ। यानी जिसे नौकरानी रेप कह रही है वह नौकरानी की सहमति से सहवास मात्र है।

जब उसे पुलिस वैन में बिठाया गया तो वह सीट से नीचे की ओर ऐसे लेट गया कि चेहरा कैमरे के फोकस में न आये। इसके बाद मीडिया ने इस कहानी को बार-बार बजाया। शाइनी की पत्नी ने प्रेस कान्फ्रेंस की, जिसमें उसके हमदर्द उसे ढाँढ़स बंधाते, गले मिलते नजर आये। पत्नी का कहना चौंकानें वाला रहा कि रेप सिर्फ मर्द ही नहीं करता, औरत भी कर सकती है। यह एक मौलिक स्थापना रही। मीडिया ने इसके बाद इस कहानी में कुछ नये, लेकिन कमजोर ट्विस्ट देखने की कोशिश की। एक जगह आया कि तीसरा कौन था जो वहाँ था? किसी ने कहा कि नौकरानी का पिता इस सबके पीछे है। पुरानी नौकरानी ने कहा कि शाइनी बेकसूर है। पत्नी ने कहा ही कि उसे फँसाया गया है। बहरहाल शाइनी को प्राथमिक साक्ष्यों के आधार पर दो जुलाई तक का रिमाण्ड दिया गया है, उसे जेल में रहना है। यह बॉलीवुड की एक और रेप कहानी है, जिसमें किसी फिल्मी कहानी की तरह के ट्विस्ट एण्ड टर्न हैं!

इलेक्ट्रॉनिक मीडिया से ज्यादा प्रिण्ट मीडिया में बॉलीवुड की भीतरी दुनिया की कहानियाँ आती रहती हैं और वे इस दुनिया की अन्दरूनी गन्दगी के बारे में काफी कुछ बताती हैं। 'स्टारडस्ट' और अन्य फिल्मी पत्रिकाओं के गॉसिपी कॉलम बताते रहे हैं कि बॉलीवुड की दुनिया सामान्य मध्यवर्गीय नैतिक दुनिया नहीं है। उसकी नैतिकताएँ बहुत ढीली हैं। बालीवुड की भीतरी जिन्दगी को लेकर अनेक लोगों ने लिखा है। इस मामले में शोभा डे की 'स्टारी नाइट्स' चर्चित पुस्तक रही है। इसके आगे 'पेज थ्री' को ही जोड़ा जा सकता है जो फिल्मी दुनिया और ग्लैमराइट दुनिया के भीतरी अँधेरों के बारे में बताती है। स्टार नाइट्स में बॉलीवुड के सितारों के निजी सम्बन्धों को उपन्यास की शक्ल दी गयी है। इसमें फिल्मी दुनिया के सेक्सी तलछट

के किस्से हैं और इस तरह लिखे गये हैं कि उनके नायक-नायिकाओं को सीधे पहचाना जा सकता है।

ये किस्से बॉलीवुड की गप्प-गोष्ठियों के मान्य अनुष्ठान हैं कि किस हीरोइन को अपनी फिल्म की रिलीज के लिए कितनों के संग हमबिस्तर होना पड़ा। किस हीरो ने किसको कितनी तरह से परेशान किया। शूटिंग पर क्या-क्या होता रहा? बहुत कुछ गप्प और बहुत कुछ सच की जो गड्डमड्ड दुनिया खुलती है। वह तुरंत 'बिगमनी, बिगफेम, बिगमीडिया और बिगसेक्सी दुनिया ही है। बहुत ग्लैमर, बहुत आजादी, बहुत बिस्तर, बहुत पार्टीबाजी, बहुत-बहुत नशा और बहुत-बहुत अश्लीलता इस दुनिया में पानी की तरह बहती है। इसे फिल्मी कल्चर या ग्लैमर कल्चर कहा जाता है। सफलता और असफलता, अकूत पैसा और पैसा और अन्धी ताकत और ताकत और ताकत के तंत्र-चाहे वह दाऊद हो या छोटा शकील या किसी नेता के साथ नेटवर्किंग बॉलीवुड के उपरले तबके को एक ऐसी नैतिक रूप से इम्यून लेजर क्लास बनाती है। जिसकी तुलना हॉलीवुडीय दुनिया से ही हो सकती है, जहाँ पत्नी-बदल, प्रमिका-बदल और हीरोइन-बदल कपड़ा बदल की तरह चलन में रहता है। ग्लैमर बेचने वाला मीडिया ऐसे किस्सों को पढ़वा-पढ़वाकर सबको इस बाजारी अतिरेकवादी पुंश्चली दुनिया का आदी बना देता है।

शाइनी का पुलिस को देखकर चकित होना या उनकी पत्नी का कहना है कि 'औरत भी रेप कर सकती है' जैसी बातों से नतीजा निकलता है कि बॉलीवुड के हीरो अपने किये को लाइसेंस की तरह लेते हैं और उसमें कोई भी नागरिक हस्तक्षेप या कानूनी हस्तक्षेप उन्हें चौंकाता है और कई बार बॉलीवुड के महामहिमों को गोलबन्द भी कर डालता है। शाइनी अभी नये हीरो हैं और उन्हें किसी बड़े हीरो जैसे रुतबा प्राप्त नहीं है, लेकिन उनकी भाषा शैली उनके बयान इसी बात का संकेत देते हैं कि वे 'फँस गये' या उनकी भाषा में 'फाँसे गये' हैं वरना जो कुछ हुआ, उसमें ऐसा कुछ नहीं है, जिसकी परवाह की जाती या शिकायत की जाती। मीडिया ने हीरो की मान ली गयी इम्यूनिटी और पूर्व प्राप्त आत्मविश्वास पर कोई चर्चा नहीं चलायी। बॉलीवुड की दुनिया की जीवनशैली पर उसके नियम रहित पतन पर बहुत बात नहीं की, मानो ये सब तो होता ही रहता है।

चिन्ता की बात यह नहीं है कि शाइनी ने रेप किया या नहीं? अपराध के तथ्य संग्रह का, केस निर्धारण का काम पुलिस का है और सजा देने, न देने का अदालत का। चिन्ता की बात यह है कि मीडिया ने जितना शाइनी का पक्ष दिया, उसका एक प्रतिशत भी रेप-आहता का नहीं दिया। उसका पक्ष तो एकदम नहीं आया। इसका कारण साफ है। वह एक नौकरानी ही है न! एक कमजोर वर्ग की लड़की, जो ऐसे हर मामले में 'बदचलन्', 'बददिमाग', 'षडयन्त्रकारी', 'प्लाण्टेड' आदि बिना किसी प्रमाण के ठहरायी जा सकती है। मीडिया ने जो स्टोरी खोली है, उसमें नौकरानी

का पक्ष एकदम दुर्बल नजर आता है। होने को तो कुछ भी सम्भव है। यह सम्भव है कि रेप किया गया हो, यह भी सम्भव है कि षडयन्त्र हो। ऐसा केस इसी तरह से सन्देह का लाभ ले देकर आगे बढ़ सकता है।

इस केस की सचाई पर फैसलाकुन बात करना मीडिया की गलती होगी, लेकिन मीडिया ने इस बार इस कहानी में अति नहीं की है। यदि ऐसा न होता तो अब तक मीडिया हीरो को 'सेक्स मेनियक', 'सुपर बलात्कारी', 'सदी का सबसे बड़ा बलात्कारी' आदि करार दे चुका होता। उधर मीडिया ने नौकरानी को ऐसे मामले में सहज प्राप्त मीडिया सिम्पथी भी नहीं दी है। सिम्पथी यदि है तो हीरो के साथ है।

प्रतीत होता है कि मीडिया की हमदर्दी नौकरानी की ओर न होकर हीरो के साथ है। यह मीडिया का अपना अन्तरंग स्वभावजन्य मर्दवाद है। ग्लैमर की दुनिया में, बॉलीवुड की दुनिया में जो 'बड़े पैसे वाला मर्दवाद' है लगभग वही मीडिया के अन्तःपुरों का भी है। अगर नौकरानी की कहानी कमजोर है तो इसीलिए।

21 जून, 2009

उत्तर-नटराज की विदाई

'माइकल जैक्सन' को यह लेखक देसी में 'माइकल जैकिसन' पुकारता था। वह जब भी आता, टीवी पर आता। वे दूरदर्शन के दिन थे और भारत में वीडियो क्रान्ति हुई-हुई थी। शम्मी कपूर और जितेन्द्र के शेक-डांस के सीनों के आदी हो चुके थे। 'मृगया' की इनामी भूमिका के बाद मिथुन चक्रवर्ती मुम्बइया फिल्मों में जमने लगे थे। उनकी फिल्में हिट होने लगी थीं। उनकी 'डांस-डांस' और 'डिस्को डांसर' नौवें दशक के आरम्भिक दिनों में सुपरहिट फिल्में रहीं। उधर उन्हीं दिनों यानी सन् '84-85' के आसपास टीवी पर माइकल जैक्सन दिखने लगे थे। उनका 'आयम बैड' वाला डांस गाना सुपर-डुपर हिट था और बहुत दिनों तक उनके गाने के बोलों को न समझ पाने के बावजूद उनकी बिजली जैसी चपलता, अंगों की मशीनी फड़कन और पूरी देह को रबर की देह की तरह लहराकर तोड़ना-मरोड़ना, फिर अचानक पैरों की फटाफटियाँ हरकतें आदि सब अतिमानवीय से, हैरतअंगेज करतब लगते। उनकी 'मूनवाक' की चमकती ड्रेस, चिपकते कपड़े, लम्बी लटों में बदली केश राशि, छोटी-सी, पैनी-सी नाक, जरूरत से ज्यादा मेकअप, पतली-सी आवाज के बीच भारी आवाज करता संगीत और पंजों की जादुई चपलता-सब मिलाकर किसी भी दर्शक को उनकी देह की मरोड़ का, उनकी चपलता का और उनकी क्षमता का कायल कर देती थी।

यह सब कुछ एकदम नया था। आठवाँ दशक था। अपने जितेन्द्र 'मस्त बहारों का मैं आशिक' में एक और जेम्सबाण्डीय हीरो बने दूसरी ओर हाथ-पैर फड़काकर डांस करते थे लेकिन नये नटराज माइकल जैक्सन की छाया भी नहीं छूते थे। उन दिनों उतार पर आते शम्मी कपूर 'ब्रह्मचारी' में किसी तरह अपनी भारी-भरकम देह हिलाते हुए जब गाते 'आजकल तेरे-मरे प्यार के चर्चे हर जुबान पर' तो लगता कि हम 'तीसरी मंजिल' के 'आजा-आजा मैं हूँ प्यार तेरा' की खराब कापी देख रहे हैं। जॉन ट्रावोल्टा की 'सेटरडे नाइट फीवर' के सफेद कपड़ों में तेज डांस की बढ़िया नकल 'कर्ज' में ऋषि कपूर दिखा चुके थे और लक्ष्मीकान्त प्यारेलाल की सुपर हिट धुन 'ओम शान्ति ओम' को अमर कर चुके थे। ट्रावोल्टा के पास इसके बाद नया कुछ नहीं था, यहाँ भी नया कुछ नहीं था। फिल्मी डांसों की ऐसी मन्दी में मिथुन

चक्रवर्ती अपनी 'डांस-डांस' और 'डिस्को-डांसर' फिल्म लेकर सामने आये तो लगा कि हमें अपना देसी माइकल जैक्सन मिल गया है।

यहाँ से माइकल भारत में उसी तरह का पॉप स्टार हो गया, जिस तरह का अमेरिका और यूरोप में रहा। उसके क्लोन बनने लगे। उसके जैसे कपड़े पहने, मेकअप करके बच्चे आसपास के कार्यक्रमों में छोटे-छोटे माइकल जैक्सन बनने लगे। आइटम देने लगे। माइकल के डांस-स्टेप्स धीरे-धीरे गली-मुहल्लों में, स्कूलों-कॉलेजों के कार्यक्रमों में और भारतीय मनोरंजन टीवी चैनलों में दिखने लगे। सोनी के जावेद जाफरी वाले 'बूगी वूगी' के डांस कम्पटीशनों में और अन्य कम्पटीशनों में माइकल जैक्सन के डांस स्टेप्स देखकर ईनाम तय होने लगे। देखते-देखते माइकल एक कल्ट फिगर, एक आइकन, एक पॉपस्टार बन गये। उधर तमिल के प्रभुदेवा कई फिल्मों में माइकल जैक्सन के ऐसे निकट अवतार बने कि उनके वैसे डांस स्टेप्स देख लोग कहने लगे कि अपने प्रभु देवा के आगे माइकल जैक्सन भी कुछ नहीं है! 'उर्वशी-उर्वशी' गीत पर उनका माइकल जैक्सन शैली में सड़क पर और बस की छत पर देहतोड़ नाच सुपर हिट हुआ। यह था मुबंई आने से पहले माइकल जैक्सन का भारत आना! जब वे मुम्बई आये और अपना शो दिया तो उसके लिए कई दिनों तक विशाल मंच की तैयारी हुई। उनके संगीत के विराट यन्त्रों की चर्चाएँ रहीं। उनके इस कार्यक्रम का कुछ तत्त्ववादियों ने विरोध भी किया, लेकिन उनका कार्यक्रम हुआ और सुपर-सुपर हिट रहा।

पश्चिम में माइकल जैक्सन अपने पहले एल्बम से ही कल्ट फिंगर बन गये थे। फिर मून वाकर और थ्रिलर के साथ वे ऊपर उठते गये। उन्होंने सबसे ज्यादा ग्रैमी जीते। उनके रिकार्ड दस करोड़ बिके—अब तक सबसे ज्यादा बिकने वाले। उनके डांस की परिभाषा मुश्किल रही। उसमें अनन्त-फ्यूजन रहे। उनकी बॉडी ही उनका डांस बन उठी। डांस ही बॉडी बन गया। बॉडी ही ब्राण्ड बन उठी। उनकी ड्रेस, उनकी बॉडी के बीच फर्क नहीं रहा।

इस युग में डांस की मौलिकता का सर्जन करने के लिए वे कल्पना के साथ सर्जरी की ओर गये। डांस को बॉडी में ढालने के लिए अपनी बाडी को इतनी बार तराशवाया, इतनी बार प्लास्टिक सर्जरी करायी कि उसकी गिनती नहीं की जा सकती। माइकल जैक्सन एक बॉडी में तब्दील हो गये। जब आदमी सिर्फ देह रह जाता है तो जो खुद गुजरता है वह देह पर गुजरता है। वही हुआ। उनकी देह डांस की इबारत बनी। प्लास्टिक सर्जरी ही 'सर्जना' बन गयी। इस सबका असर देह पर हुआ। हाड़तोड़ डांस ने दर्द दिये। दर्द ने नशा दिया। प्लास्टिक सर्जरी ने दवाएँ दीं। हजारों करोड़ डालर की देह उस छवि से अलग-सी हो गयी और बार-बार प्रवादों में, विवादों में फँसी। अति-प्रसिद्धि अति-वैभव लेकर आती है और अति-वैभव कष्टकर पराभव की छाया को साथ लेकर चला करता है। यही हुआ। कभी सब कुछ था और

एक दिन कुछ भी नहीं रहा। इन दिनों माइकल जैक्सन पाँच सौ मिलियन डॉलर के कर्जदार थे। शायद इसी कर्ज को उतारने के लिए उन्होंने 'कपबैक कंसर्ट' के अन्तर्गत करार करके एक के बाद एक पचास कंसर्ट करने के लिए हाँ कर दी होगी। उनके कंसर्ट की योजनाएँ बन रही थीं। कुछ समय पहले वे अपनी देह की क्षमता पर सन्देह व्यक्त कर चुके थे। उन्हें लगता था कि वे शायद इतना काम एक साथ न झेल पाएँ।

नशे और दवादारू की मार से खोखली हुई देह अन्ततः बोल गयी। दवा ज्यादा पिला दी गयी या क्या हुआ कि दिल का जबर्दस्त दौरा पड़ा और माइकल जैक्सन निकल गये। पॉप कल्चर के इतिहास का एक जीवित सुपर स्टार इतिहास में चला गया। यह लेखक उनका मुरीद रहा है। उनके डांस ने भारत में पॉप-डांस को एक विधा के रूप में पॉपुलर कर दिया। हजारों बीजे-डीजे, आरजे और करोड़ों नाचने वाले न होते, अगर माइकल न होते। उनके एल्बम न होते। उनका जाना एक उत्तर-आधुनिक नटराज का चले जाना है। शायद कोई और नटराज आये। उसके लिए जगह छोड़ी जा चुकी है।

28 जून, 2009

नंग मनंग

आप कितने बेशर्म हैं?
आप कितने लम्पट हैं?
आप कितने बदमाश हैं?
आप कितने बड़े नंग हैं?
आप कितने बड़े परजीवी हैं?

अगर आप ऐसे हैं, इनमें से कुछ हैं या इनके भी बाप हैं तो आइए टीवी पर आकर अपने इन सचों का सामना कीजिए। सबके सामने स्वीकार कीजिए कि आप ऐसे-ऐसे हैं। अगर आपने एक से बढ़कर एक इक्कीस सवालों का सही-सही जवाब दिया और झूठ की शंका होने पर लायी डिटेक्टर टेस्ट का अपमान झेला तो आप जीत सकते हैं एक करोड़े रुपये।

'सच का सामना' नामक नये रीयलिटी शो का मकसद पैसे को आदमी की बेहयाई से इस कदर जोड़ देना है कि आदमी के पास अपना निजी कोना कोई न रहे और सबके सामने सौ फीसद 'पारदर्शी' हो उठे।

समाजों, संस्थानों और सार्वजनिक सांस्थानिक, सम्बन्धों और प्रक्रियाओं का पारदर्शी होना जनतन्त्र का बड़ा मूल्य है। जिन्दगी को मानवीय ढंग से तर्कसंगत बनाना उसे वैसा देखना आधुनिक मनुष्य की जरूरत रही है तो भी आधुनिक मूल्यों में 'निजता' और 'सार्वजनिकता' का भेद रहा है। इनकी हदें बार-बार बदलती रही हैं, मगर 'निजता' और 'सार्वजनिकता' का फर्क बना रहा है।

टीवी का यह कार्यक्रम इस फर्क की दीवार को गिराने पर उतारू है। यही इसकी आकर्षक 'यूएसपी' है। यह जन समाजों की स्वीकृत सामाजिकताओं-संस्थानों, आदर्शों, मर्यादाओं को ठीक विपरीत दिशा से टक्कर मारता लगता है। शायद इसी कारण से यह हर ओर चर्चा का विषय बन रहा है। अपनी पहली चोट से ही यह जबर्दस्त 'अन्तर्क्रियात्मक' लगता है। निजी जीवन की वर्जित बातों को सरेआम करने वालों को देखने-सुनने की जिज्ञासा इसे बहुत से नये दर्शक दे सकती है। दूसरे के जीवन में ताक-झाँक करना समाज का शगल है। इस शगल को दोहन करके चैनल कुछ दिन बढ़ी टीआरपी से अधिक लाभ कमाने के मजे ले सकता है।

इस उद्यम के लिए, इस बिजनेस-फार्मूले के लिए चैनल को अपराधी नहीं ठहराया जा सकता। अपने पक्ष में चैनल कह सकता है कि वह किसी को जबर्दस्ती तो जवाब की सीट पर खींचकर ला नहीं रहा और न आपसे कह रहा है कि आप उसे देखिए ही देखिए। अगर आपको नापसन्द है तो उसे मत देखिए! जिन्दगी के पाखण्ड को बाहर लाना एक बेहतर काम है, ऐसा कह सकता है। बातें सही हैं।

अनेक लोग अपनी दारोगाई नैतिकता की नजर से इसकी निन्दा करेंगे। इसे भारतीय संस्कार और संस्कृति के खिलाफ बताएँगे। चैनलों के मुनाफे का गणित इन दिनों विवादों-विरोधों से आगे बढ़ता है। जितना विवाद होता है उतना ही मार्केट बनता है। ऐसी मान्यता वाले चैनल ऐसे विरोधों को अपना मित्र मानते हैं।

कार्यक्रम का निशाना लोगों के जिन्दगी के दबे-छिपे पहलू हैं, जिन्हें कहलवाकर वह लोगों को 'कन्फेसनल' अनुभव की ओर लाना चाहता है। पाखण्ड प्रिय समाज के बीच जिन्दगी के पाखण्डों को खोल देना चाहता है। हजार परदों में कैद जिन्दगी को बेपर्दा कर देना चाहता है। रियायत देकर कहें तो इस तरह के कार्यक्रम के कुछ 'उच्चाशय' कहे जा सकते हैं। लेकिन उन 'टुच्चाशयों' का क्या करें जो कार्यक्रम पर हावी हैं और जो टुच्चई और लुच्चई को सार्वजनिक रूप से सांस्कृतिक मूल बनाकर पेश करने पर आमादा हैं। यही कार्यक्रम का विवादी बिन्दु है। यही वे नये सांस्कृतिक झटके हैं, जिन्हें देकर कार्यक्रम लोगों के चित्त को हिला देना चाहता है भावनाओं को खलबला देना चाहता है और एक प्रकार का मनोवैज्ञानिक दोहन करना चाहता है।

एक पत्नी से पूछा जाता है—क्या आपने कभी अपने पति को जान से मारना चाहा है?

औरत हाँ में जवाब देती है। उधर उसके पति का सर शर्म से झुक जाता है।

एक बाप से पूछा जाता है—क्या आपकी कोई नाजायज औलाद है?

बाप के सामने चुनाव कठिन है। अगर वह नाजायज औलाद रखता है और जवाब 'हाँ' में देता है तो लौटकर अपने मुहल्ले में, अपने घर में, रिश्तेदारों के बीच क्या मुँह दिखायेगा और अगर ना में जवाब देता है तो 'आउट' हो जाएगा। जब वह आदमी कहता है कि उसकी कोई नाजायज सन्तान नहीं है तो प्रश्नकर्ता कहता है—गलत जवाब। यानी सही जवाब तब होता जब वह कहता 'हाँ' यानी कि उसकी नाजायज औलाद है। आप उसे मजबूर कर रहे हैं कि वह वैसा कहे जो आप चाहते हैं!

एक शादीशुदा औरत से पूछा जाता है—क्या शादी से पहले भी आपके किसी से शारीरिक सम्बन्ध रहे हैं?

अगर वह 'हाँ' कहती है तो अपने परिवार, घर-समाज से जाती है, अगर ना कहती है तो इनाम से जाती है।

इन सवालों में प्रश्नकर्ता में एक 'परपीड़क आनन्द' तो है ही, साथ में एक

टुच्चाशयी लम्पट व्यवहारों का 'आदर्शीकिरण' है। आप अपनी जिन्दगी के जितने प्राइवेट पहलुओं (जो प्रायः सैक्सिस्ट हो सकते हैं) और सवालों का और बढ़ी बेशर्मी से जवाब देंगे उतने ही आगे जाएँगे। यह लम्पटता का मुकाबला है।

इस तरह वही आगे जाएगा जो अव्वल दरजे का 'नंगमनंग' होगा।

फ्रायड अपने प्राइवेट क्लिनिक में 'दमित लिबिडो' को मुक्त करने का इलाज किया करता था। यह कार्यक्रम चौराहे पर लोगों के 'दमित लिबिडो' की सेल लगाता है। निजी जिन्दगी की सेल लगाता है। क्या मनुष्य का समूचा निजी जीवन समूचा व्यक्तित्व चौराहे पर इस कदर सेल के योग्य है? जाहिर है कि इस सेल का हीरो कोई सबसे बड़ा 'नंगमनंग' ही हो सकता है!!

19 जुलाई, 2009

सच या सेक्सिस्ट क्विज

'सच का सामना' ने स्टार प्लस की डूबती रेटिंग नैया की पतवार थाम ली है। अपने शुरुआती दिनों में उसने अपने अन्य कार्यक्रमों के मुकाबले बहुत अच्छी रेटिंग ली है। चार दशमलव नौ प्रतिशत। रियलिटी शोज अक्सर लोगों के ड्राइंग रूमों में चर्चा का विषय बनकर ही अपनी कमाई किया करते हैं। कौन-सी चीज घर-घर में चर्चा का विषय बन सकती है? सारे आइडियाज इसी लक्ष्य को प्राप्त करने के लिए होते हैं। आप ऐसा कुछ दिखाएँ जो न केवल दिलचस्प हो, बल्कि चर्चा में आ जाए तो आपके कार्यक्रम में आने वाले विज्ञापन बढ़ेंगे, और स्पांसर लाइन लगाएँगे। आपके विज्ञापन आइटम के रेट बढ़ेंगे और आपकी तिजोरी भरने लगेगी।

इस तरह हर चैनल का सीईओ यही चाहता है कि उसके कार्यक्रम को लेकर उसके चैनल को लेकर कोई ऐसा मैनेजिबिल विवाद रहे जिसके प्रति सबकी जिज्ञासा जागे और इस तरह चैनल को दर्शकों की कमी न रहे। मनोरंजन के मार्केटिंग के फामूर्ले आम मिडिलक्लासी भावनाओं को छेड़कर, भड़काकर, बहस में लाकर दर्शक को एक पोजीशन लेने के लिए विवश करते हैं। मीडिया में बहस छिड़े या बात की भभक सड़क पर आ जाए तो सीईओ परेशान नहीं होते। यही उनकी कामयाबी होती है।

सच का सामना ने गजब दर्शक लिए। जब उस पर संसद में आपत्ति की गयी तो उनके निर्माताओं को परेशानी नहीं हुई। जब सरकार ने नोटिस दिया तो भी वे परेशान नहीं हुए। उन्होंने यही जवाब दिया कि इस कार्यक्रम में ऐसा कुछ नहीं है जो आपत्तिजनक हो और ऐसे कार्यक्रम दुनिया के चालीस पचास देशों में चल रहे हैं। हमारे देश में क्यों नहीं हो सकते हैं? चैनल और 'सच का सामना' कार्यक्रम अपने पक्ष में कह सकता है कि यह कार्यक्रम किसी दर्शक के साथ कोई जबरर्दस्ती नहीं करता कि वह 'सच का सामना' देखे ही देखे। अच्छा नहीं लगता तो न देखे। जो देखना चाहता है, देखे। कार्यक्रम के पक्ष में एक तर्क यह दिया जाएगा कि कार्यक्रम साढ़े दस बजे शुरू होता है। इस तरह ये लेट नाइट शो की श्रेणी में आता है और इसलिए भी आपत्तिजनक नहीं है।

यह भी कहा जा सकता है कि 'सच का सामना' जिन्दगी के दबे-छिपे सचों

को कहलाकर एक प्रकार की साइकोथिरेपी करता है। पब्लिकली कहने की हिम्मत पैदा करता है। सबके सामने आत्मस्वीकार से आदमी अच्छा नागरिक बनता है। लोग उसे देख अपने गोपनीय जीवन को और अधिक गोपनीय बनाने की जगह अपने अँधेरों को सहज भाव से लेंगे। अपराध बोध से मुक्त होंगे। अपना औचित्य सिद्ध करने के लिए कार्यक्रम के कर्ताधर्ता कह रहे हैं कि उनके कार्यक्रम में रोज चार सौ से ज्यादा फोन मिलते हैं। लोग कहते हैं कि उन्हें शामिल किया जाए। इससे सिद्ध है कि लोग पसन्द कर रहे हैं। इसलिए इस पर आपत्ति करने वाले गलत हैं।

जनतन्त्र है। बात से बात निपटनी चाहिए। उचित और पर्याप्त कारणों के बिना प्रतिबन्धित करने के पक्ष में कोई नहीं हो सकता। लेकिन क्या ऐसी बड़ी बातें इस कार्यक्रम की 'बिजनेस ईथिक्स' हैं? जी नहीं।

ईथिक्स शुद्धलाभवादी है। उसका लक्ष्य आदमी को अपनी मार्केटिंग के लिए प्रयोग योग्य 'नंग गिनीपिग' मानकर उसके गुप्त जीवन से खिलवाड़ कर अपनी कमाई करना है। उसके कपड़े उसी के द्वारा उतरवाकर उसे सरेआम नग्न करना है। उसकी नग्नता बेचकर अपनी कमाई करना है! विवाद का ईथिकल या नैतिक बिन्दु यही है। यह कार्यक्रम जिन्दगी से कुछ अनैतिक, अवैध किस्म की छेड़छाड़ करता है और सुषुप्त लिबिडो भाव को जगाकर उसे व्यक्त कराकर सबको कहता है कि वे भी ऐसा कर सकते हैं। इस तरह यह कार्यक्रम एक तरह की साइकोलॉजिकल छेड़छाड़ करता है। प्रश्न यह है कि क्या यह मनोविश्लेषण के क्लिनिकल साइकोलॉजिकल टेस्टिंग है या ट्रायल है या थरेपी है या 'सेक्सार्थी साडिस्ट' प्रश्नों को रखकर उनके जवाब में सनसनी और रहस्य, रोमांच की भूमिका बाँधकर उनकी प्रतिक्रिया में आदमी को अधिकाधिक असभ्य उजड्ड बनाने का धन्धा है?

हर आदमी का गुप्त जगत् होता है और मनोविज्ञान इस निजता को महत्त्वपूर्ण मानता है। डॉक्टर लोग साइकोलॉजिकल थिरैपी चौराहे पर बोलकर नहीं करते, बल्कि अपने क्लिनिक में करते हैं और अपने मरीज का रिकार्ड गोपनीय रखते हैं। कार्यक्रम का गेम शो दावा है। गेम में लाकर उसकी भावना से खिलवाड़ कर, विज्ञापन लेकर अपना खजाना भरना है। जनता के भावपक्ष की कीमत पर जो आप उसे दे रहे हैं, वह उसके भोलेपन, उसके टीवी में दिखाने के लालच के साथ एक छल है। कारपोरेट पूँजी अपने लाभ के लिए ऐसी अनईथीकल प्रेक्टिसेज किया करती है। यह कार्यक्रम सेक्स का सीधा नाम लिए बिना 'सेक्सिस्ट टॉक' करता है, 'सेक्सिस्ट क्विज' करता है। जिस तरह बहुत से अखबारों में बहुत सारे छोटे विज्ञापन कहते रहते हैं कि आइए और मजेदार गरमागरम सेक्सी बातों का आनन्द लीजिए। ये फोन नम्बर घुमाइए। मस्त हो जाइए। फोन-सेक्स के बाद लगता है अब 'टीवी सेक्स' की शुरुआत की जा रही है। आन लाइन सेक्स के इस जमाने में कोई चैनल एक दिन अपने कार्यक्रम में रियलिटी के नाम पर सचित्र कोकशास्त्र टाइप की बातें करने लगे तो क्या बनेगा?

आखिरी बात—ज्यादा सेक्स-सेक्स चिल्लाने में सेक्स भी अपना अर्थ खो देता है। यह बात उत्तर आधुनिक चिन्तक ज्याँ बौद्रीआ ने कही है। तो भाई लोगों, आपको बिजनेस ईथिक्स का फण्डा फूहड़, भद्दी अरुचिपूर्ण फालतू की सेक्सी अनगूँजें लिए है। इस कार्यक्रम की नजर में हर आदमी-औरत बदचलन है। हर सवाल आदमी को अपराधी-सा बनाकर, फिर रक्षात्मक बनाकर सवालों के बोल्डनेस का तमाशा खड़ा करके मूलतः बेहद रूढ़िवादी मूल्यों को पुष्ट करता है। कार्यक्रम समक्ष बिठाये गये आदमी या औरत के प्रति एक 'साइडिस्ट प्लेजर' लेता है। परपीड़न में आनन्द लेता है। इस तरह यह थिरेपी नहीं, उसका नाटक करके स्त्री पुरुष सम्बन्धों को मर्दवादी परिभाषा से पुष्ट करता है। यह एक निहायत प्रतिक्रियावादी वातावरण रचता है।

कार्यक्रम वाले सज्जन! जिम्मेदारी से मुँह न चुराइए। बहस करनी है तो इसके अन्तरंग प्रतिक्रियावाद और इसके परपीड़ावाद पर कीजिए!

26 जुलाई, 2009

'बिजनेस ईथिक्स' का कोड़ा

पाठक आप भी कहेंगे कि इस कॉलम में तीसरी बार 'सच का सामना' पर बात करने बैठ गया। जब अदालत ने कह दिया कि देखना है देखिए, नहीं देखना है तो मत देखिए। प्रतिबन्ध की बात ठीक नहीं। अन्ध 'नैतिक प्रतिबन्धवादी' तर्क साम्वैधानिक वैधता के आगे इसी तरह निरुतर हो जाते हैं और जिसका अन्ध विरोध करने चलते हैं, उसी बात को मजबूत करते चले जाते हैं, जिसका विरोध करते हैं।

'सच का सामना' पर प्रतिबन्ध लगे—इस बात के विरोध में हर वह व्यक्ति होगा जो जनतन्त्रवादी होगा। संसद में जिन सांसदों ने इस कार्यक्रम के दिखाये जाने पर आपत्तियाँ जताई थीं, शायद उनकी मंशा भी इसे प्रतिबन्धित करने की नहीं थी। लेकिन उनके तर्क वही परिचित भारतीय संस्कृतिवादी तर्क रहे जो अक्सर ही सेक्स की जरा सी बात आते ही अपनी संस्कृति, अपने धर्म और नैतिकता की दुहाई देकर हल्ला बोलते हैं।

जनतन्त्र में अभिव्यक्ति की आजादी पर, सूचना के आदान-प्रदान पर रोक लगाना जनतन्त्र विरोधी बात है लेकिन जनतन्त्र में ऐसे विवादास्पद कार्यक्रमों पर चर्चा करना बहस करना-कराना और उसके प्रभावों के बारे में अध्ययन करना-कराना उतना ही जरूरी है, जितना कि किसी को ऐसे कार्यक्रम के चयन की आजादी देना। इस सन्दर्भ में पिछली बार हमने 'बिजनेस ईथिक्स' का सवाल उठाया था। इसे जरा सा और खोलें।

नये ग्लोबलाइजेशन में, नयी कारपोरेटी दुनिया में बिजनेस ईथिक्स (व्यवसाय की नैतिकता) का सवाल एक अहम सवाल रहा है। हर कारपोरेट अपने बिजनेस से जुड़े काम में बिजनेस में जरूरी नैतिकता को माने! ऐसा बताया जाता है। लाभ कमाने की प्रक्रिया में जनहितसेवा का खयाल रखना जरूरी बताया गया है। हर कीमत पर अपने लाभ का 'अधिकतमीकरण' (मैक्सीमाइजेशन) की भावना अक्सर इस बिजनेस नैतिकता को निभाने के आड़े आती है। जब मालिक इक्जीक्यूटिव से और इक्जीक्यूटिव अपने माकेटिंग वालों से बोर्ड की मीटिंग में कहता है कि कुछ करो लेकिन मुझे इतना बिजनेस चाहिए तो सारी ईथिक्स और सारी नैतिकता धरी बिराजती है, कारपोरेटी दुनिया में हर कदम पर इस ईथिक्स को 'बेकार' किया जाता

रहता है।

समस्त नैतिक चर्चाओं में जनता भी पढ़े-लिखे मध्यवर्ग के ड्राइंग रूम में या दफ्तरों की बहसों के लिए खुराक की तरह होती है। टीवी के वे कार्यक्रम या वे फिल्में जो अपने आरम्भ के आसपास किसी न किसी बहस को जन्म देती चलती हैं और इस तरह फ्री की पब्लिसिटी लेती चलती हैं, अच्छा बिजनेस करती हैं। कई बार लगता है कि विवाद के नुस्खे तैयार कर लिए गये हैं ताकि लोगों के दिमागों में जगह बनायी जा सके।

टीवी एक घरेलू स्पेस में अपने सांस्कृतिक अर्थ खोलता है। निजी स्पेस का जितना अतिक्रमण होगा उतना ही चर्चा में होगा। कार्यक्रम को अधिकतम देखा जाएगा। टीआरपी बढ़ेगी। कमाई बढ़ेगी। विवादी चीज में 'वेल्यू' है यह बात टीवी युग की देन है। विवाद के छल के जरिये कार्यक्रम के मार्केटर कमाई करते हैं। ये रही आपकी बिजनेस ईथिक्स! छल-बल से कमाई इसके अलावा कार्यक्रम का एक रूढिवादी संचार भी आलोचना की माँग करता है। आप अपने चयनित लोगों को पहले से ही जाने गये जवाब और सवाल करते-कराते हैं। जिनमें प्रायः सेक्सिस्ट अर्थ होते हैं और हर सवाल इस तरह की नैतिकता की माँग करता है। कार्यक्रम अक्सर जो सांस्कृतिक आशय बनाता है वह सेक्सिस्ट रूढ़िवाद की ओर दौड़ लगाता है। और सेक्सी सच का सामना कराते हुए कार्यक्रम हर बार एक ताकतवर सेक्सवादी मर्दवाद बेचता और हर बार स्त्री को ही लज्जित करता है, नीचा करता है। सवाल है कि सच के पैकेज में ऐसी सेक्सी संहिता को मजबूत करना जिसकी हर मार स्त्री के सेक्स पर पड़ती है, कहाँ का बिजनेस ईथिक्स है?

एक निहायत मर्दवादी कार्यक्रम को देखकर आप जिस अन्धमर्दवादी संसार को अपना बाजार बना रहे हैं उसमें अगर औरत और कमजोर हुई तो क्या आपका बिजनेस बिजनेस रह जाएगा? एक बड़ा स्त्री उपभोक्ता वर्ग (आपकी बिजनेस ईथिक्स के अनुसार) आपके कार्यक्रम के रूढ़िवादी, मर्दवादी सेक्सिस्ट मूल्यों का शिकार होगा। उसकी कीमत क्या स्टार प्लस चुकायेगा? क्या ऐसा स्त्री-विरोधी कार्यक्रम उस संकल्प को पूरा करता है जो स्टारप्लस ने प्रसारण अधिकार लेते वक्त किया था?

दरअस्ल इस कार्यक्रम का यही जेण्डर बायस (लिंगवादी पक्षपात) है जो मर्दवाद को जबर्दस्त ढंग से पोसता है! क्या कार्यक्रम के उक्त महामहिम जन इस बात पर बहस करेंगे कि यह मर्दवाद क्या औरत को और कमजोर नहीं करता है? आप अपनी कमाई का कोड़ा सिर्फ औरत की पीठ पर ही क्यों फटकारते हैं? कारपोरेट पूँजी के लिए क्या तीसरे देशों की औरतें गिनीपिग हैं जो हर बार शर्मसार कर कमतर बनायी जाएँ? क्या कुछ अन्तरंग सच का सामना वाले तर्ज के सवाल आप सब मालिकानों और नौकरानो से खुलकर किये जा सकते हैं? क्या मर्डोक जी से कुछ 'खुले सवाल'

यह लेखक कर सकता है? क्या आप सब भारत की जनता के सीधे सवालों का उसके सामने आकर जवाब देंगे?

अगर हाँ तो उसका स्पेस बनाइए और तब मजा देखिए अपने सच का, और अगर नहीं (यही सच है) तो हम कहेंगे कि आप एक जरूरी 'लेबल प्लेइंग फोल्ड' देने और उसमें बराबरी पर आने से जी चुराते हैं। क्या सचमुच यही आपकी बिजनेस ईथिक्स है?

2 अगस्त, 2009

मीडिया और जनोन्माद

आन्ध्र के मुख्यमन्त्री राजशेखर रेड्डी की हेलीकॉप्टर-दुर्घटना में मृत्यु हुई। उनके दफनाये जाने तक आन्ध्र में जो 'शोक' नजर आया, उसकी अभिव्यक्ति वाजिब है। लेकिन उसकी मीडिया-संरचना से ऐसा लगता है कि 'शोक' एक 'प्रदर्शन' बन गया, 'उन्माद'/हिस्टीरिया/में बदल गया।

रिपोर्ट बताती है कि सौ के करीब जनों का हृदयाघात से दम निकला, और चौबीस ने आत्महत्या कर ली। कई चैनलों ने रेड्डी के शोक में एक सौ चौबीस के मरने की खबर इस तरह से दी है कि लगता है सबने आत्महत्या की है। एक अंग्रेजी दैनिक ने खबर दी है कि आत्महत्याओं की सरकारी पुष्टि नहीं है।

मीडिया ने दुर्घटना को बड़ी खबर बनाते हुए हेलीकॉप्टर की तलाश को दिन-रात खबर में देर तक लाइव रखकर, जिज्ञासा उत्पन्न कर, लोगों द्वारा पूजा-पाठ की रिपोर्टें देकर, दुर्घटना की तस्वीरें देकर और शोक की 'लहर' को एक प्रकार की उन्मादावस्था के रूप में गढ़कर रेड्डी के कद को इतना 'असहज' बना दिया, मानों वे देवता हों जिन्होंने सबको सब कुछ दे दिया हो या देने का वादा किया हो और वे अतुलनीय हों।

यह मीडिया की आइकन बनाने की वृत्ति और जनोन्माद पैदा कर टीआरपी बढ़ाने की कोशिश है। किसी नेता की असामयिक मृत्यु पर उसके चाहने वालों को उसके घरवालों को शोक तो होता ही है, लेकिन इस तरह के शोक को पिछले अरसे से एक प्रकार का 'रूपंकरी शो' या 'परफारमेंस' बना दिया जाता है। एक बार शो में बदलने के बाद शो अपने आप दर्शक या पाठक को उत्तेजित करता है, ऐक्टिवेट करता है। यहीं से 'जनोन्माद' मास हिस्टीरिया पैदा होता है।

ऐसे में जनता अपने को ही रूपंकर भूमिका मे मान लेती है और टीवी के लिए अपने 'शोक का शो' देने लगती है। मृत्यु के बाद रेड्डी का अचानक 'आइकनीकरण' ऐसी ही घटना है। आइकन बना दिये जाने के बाद आइकन आपकी से मुक्त हो जाता है। एक बार देवता होने के बाद उसे सहज मानव मानना सम्भव नहीं होता, उसमें मनुष्येतरता तक ढूँढ ली जाती है।

संग मारे गये चार अन्य लोगों की खबर को उनके परिवारीजनों के शोक को यथोचित जगह न दिया जाना इसी आइकनीकरण का परिणाम है। खराब मौसम की

खबर के बावजूद पायलटों की बात न मानकर जहाँ-तहाँ उड़ते रहने वाले नेताओं के जोखिम भरे निर्णयों के बारे में किसी की टिकाऊ क्रिटीक का न होना बताता है कि जोखिम लेने की गैर-जिम्मेदारी पर बात करने की जगह दुर्घटना को शोकोन्माद में बदलना बेहतर है।

मीडिया सैद्धान्तिकी बताती है कि 'जनोन्माद' का निर्माण स-प्रयोजन होता है। उसमें मीडिया के आर्थिक हित और मीडिया का उपयोग करने वालों के नाना हित सक्रिय रहते हैं। रेड्डी की मृत्यु के सन्दर्भ में जिस तरह का जनोन्माद बना और बनाया जा रहा है उसमें उसके राजनीतिक आशय पढ़े जा सकते हैं।

जनोन्माद टीवी युगीन उद्यम है। शोक को निज सीमित रखने की जगह निस्सीम कर बड़ी परिघटना बनाना जनता को एक चस्का देता है कि वह स्वयं उसमें शामिल होने के लिए एक भीड़ बनकर अपने को रूपंकर-मुद्रा में लाये। उसे भरोसा होता है कि उसका एक्शन उसका रोना-धोना सबको दिखेगा और यह सब जितना ही नाटकीय और परफॉरमेटिव होगा उतनी ही रोचक खबर बनेगा।

टीवी संचार की यह वो हद है जहाँ दर्शक-जनता स्वयं को टीवी का नायक मानकर उसमें आने को मचल जाती है। इसे टीवी और जनता की 'परम समक्षता' कहा जा सकता है, जिसमें दर्शक स्वयं नायक और अपना उपभोक्ता हो जाता है। जनोन्माद के निर्माण ऐसी ही 'उन्मद' जनता का निर्माण करते हैं। ऐसी जनता विवेक से काम करने की जगह भावोन्माद में काम करने को ज्यादा बेहतर समझने लगती है।

जनोन्माद का धन्धा करने वाला मीडिया एक नया मीडिया है, जिसने अरसे से अपने लिए अपने द्वारा एक नयी जनता बनानी शुरू कर दी है, जो आत्मोपभोगी, सेल्फ कंज्यूमिंग जनता है। वह मीडिया की निर्मिति है। मीडिया ही उसका 'इमोशन मैनेजर' है।

मीडिया के इस दौर से पिछले दौरों की तुलना करें। गाँधीजी की हत्या हुई। पूरे भारत में शोक की लहर दौड़ गयी। लोगों के घरों में चूल्हे नहीं जले। यह सहज और सचमुच का शोक था। तब लोग क्या ऐसे ही शोकोन्मादित रहे जैसे इन दिनों, खासकर आन्ध्र में या कुछ पहले एमजीआर की मौत पर तमिलनाडु में या एनटीआर की मौत पर आन्ध्र में नजर आये? बिल्कुल नहीं। अव्वल तो कहाँ गाँधी और कहाँ आज के नेता। गाँधी के लिए दुनिया रोयी, लेकिन धीरज के साथ। उनका शोक उन्हें उन्मादित करने वाला नहीं बनता था। नेहरू मरे तब भी राष्ट्रव्यापी सचमुच का शोकभाव रहा। उसका तमाशा न रहा।

क्यों?

इस 'क्यों' का एक उत्तर यह है कि तब आज जैसा मीडिया नहीं था। इतना इतना 'रूपंकरी' मीडिया नहीं था। जितना जैसा था वह 'तुरन्ता' प्रभाव वाला नहीं

था। एक ठहरा हुआ टिकाऊ रेडियो था और प्रिण्ट था। खबर के प्रभाव का प्रबन्धन तब सम्भव था। न मीडिया अपने 'प्रभाव' को टीआरपी और 'नकद नारायण' में बदलने वाला था।

इन्दिरा गाँधी की नृशंस हत्या के बाद उनके अन्तिम दर्शनों के लाइव कवरेज में पहली बार एक तरह का 'शोकोन्माद' बनता महसूस हुआ। इस प्रसारण में बनी बाइटों के संचारस्वरूप जो कुछ 'अनुभव' संचारित हुए, उनकी चर्चा रंगनाथ कमीशन रिपोर्ट में दर्ज हुई है। ऐसे प्रसारण के लाइव औचित्य पर बहसें बनी रही हैं। इन्दिरा की हत्या में हत्यारे 'स्पष्ट' थे। यह ऐसा तत्त्व रहा, जिसने टीवी कवरेज के अनुभव को 'अननुमेय' आयाम दे दिये। लाइव कवरेज ने इन आयामों को अराजक अर्थ दे दिये। यह अराजक तत्त्व गाँधीजी के प्रिण्ट या रेडियो कवरेज में नहीं बना।

प्रसारकों ने अपनी आचार संहिता बनायी तो हैं, उसमें कुछ सावधानियों की बातें हैं लेकिन उनमें उन 'प्रसारण अतियों' की व्यवस्था नहीं है जो ऐसे हादसों के जरिये 'कुछ' बनती हैं, लेकिन टीवी द्वारा 'कुछ और' बना दी जाती हैं।

जनोन्माद का कारोबार जनता और जनतन्त्र के लिए रिस्की कारोबार है। शोक को उन्माद बनाने की कला की कीमत बहुत है।

ये सौ मौतों वाला शोकोन्माद किसी नेता की लोकप्रियता की 'सनद' हो सकती है, लेकिन इस सनद को बनाने वालों की भूमिका 'अ-प्रश्नीय' नहीं मानी जा सकती।

6 सितम्बर, 2009

पचास का हुआ दूरदर्शन

दूरदर्शन ने इस सितम्बर में पचास साल पूरे कर लिए। उसका यह सुदीर्घ इतिहास भारत के इलेक्ट्रानिक मीडिया के इतिहास का पर्याय सा है। सन् उनसठ से नब्बे तक का इतिहास तो एकमुश्त दूरदर्शन का ही इतिहास है। उसके बाद की उपग्रही निजी चैनलों का इतिहास भी उसके बिना नहीं लिखा जा सकता।

दूरदर्शन के लिए स्वाभाविक ही है कि वह अपनी यात्रा के पचास साल का समारोह मनाये और उसकी चर्चा करे। अपनी उपलब्धियों, अच्छे कार्यक्रमों को चुनकर दिखाये। डीडी नेशनल पचास साल का लोगो चिपका कर ऐसा करने की कोशिश कर भी रहा है।

दूरदर्शन के इस भव्य इतिहास को निजी चैनलों को भी देखना, परखना और दिखाना, बताना चाहिए। उन्हें समझना चाहिए कि दूरदर्शन उनका ऐसा प्रतियोगी है, जिसे रहना है। उसे सिर्फ 'सरकारी' कहकर निन्दित नहीं किया जा सकता। वह, निजी चैनलों का अनिवार्य प्रतियोगी है। उसकी उपेक्षा करना असम्भव है।

एक प्रयोग की तरह शुरू हुए दूरदर्शन ने पचास साल में भारतीय समाज के सांस्कृतिक-वैचारिक वातावरण को बदला है। आज की जनता अगर बहुत सारे सवाल करने लगी है, अधिक जागरुक और डिमाडिंग हुई और अपनी पहचान दर्ज कराने के लिए व्यग्र रहती है तो इस अधिक मुखर और दावेदार जनव्यवहार के निर्माण के पीछे दूरदर्शन की केन्द्रीय भूमिका रही है। दूरदर्शन के सन्दर्भ के बिना पिछले पचास साल का कोई भी इतिहास लिखना मुश्किल है। वह सबका अनिवार्य सन्दर्भ है।

पचास साल पहले आणन्द (गुजरात) में सरकार और यूनेस्को के सहयोग से शुरू हुआ। टीवी प्रसारण कुछ जिलों तक ही सीमित था। उसका लक्ष्य सीमित क्षेत्र में किसानों को मौसम और कृषि सम्बन्धी सूचनाएँ देना था। सीमित समय के लिए प्रसारण होता था। ब्लैक एण्ड व्हाइट टीवी सेट बहुत बड़े थे। प्रसारण साफ नहीं था। तो भी किसानों के बीच वे दिलचस्पी का विषय बने।

फिर उस प्रसारण को उपयोगी पाकर फैलाया गया। दिल्ली, मुम्बई, मद्रास आदि केन्द्र बने। नयी प्रसारण तकनीक लायी गयी। सन् साठ से सत्तर के बीच दूरदर्शन

ने सूचना, जन शिक्षा और मनोरंजन के सीमित कालीन पैकेज प्रसारित करने का लक्ष्य तय किया। स्कूलों के लिए शिक्षा प्रसारण होने लगे। समाचार एवं चित्रहार देने शुरू किये। रविवारीय गीत एवं फिल्में प्रसारित की जाने लगीं।

जनता के लिए यह एक क्रान्तिकारी बदलाव था। टीवी सेट घर बैठे मनोरंजन प्राप्त करने का जादुई पिटारा बन गया। फिल्मों और चित्रहारों के लिए टीवी वाले घर का अड़ोस-पड़ोस भी जुट जाता। जिसके पास टीवी होता उसका मुहल्ले में भाव बढ़ा होता। टीवी जीवन का अनिवार्य सन्दर्भ बन उठा।

धीरे-धीरे प्रसारण की समय सीमा बढ़ाई जाने लगी। विज्ञापन भी दिये जाने लगे। महँगे ब्लैक एंड व्हाइट टीवी सेट बिकने लगे। सेट भी सॉलिड स्टेण्ड नहीं थे। खराब होते रहते थे। इस सबके बावजूद टीवी का क्रेज बढ़ता गया।

रेडियो की तरह टीवी भी सूचना प्रसारण मन्त्रालय के कण्ट्रोल में था और वह न्यूज में सरकारी बुलेटिन दिया करता था।

उन्नीस सौ पिचहत्तर का साल दूरदर्शन के इतिहास में उसकी शक्ति के दुरुपयोग और उसकी सीमा को बताने वाला रहा।

आपातकाल दूरदर्शन का काला इतिहास रहा। उसके बाद दूरदर्शन बदला, क्योंकि सरकार बदली। फिर उसे स्वायत्त करने की कवायदें शुरू हुईं। बयासी का साल एशियाई खेलों के साथ दूरदर्शन को 'कलर एज' में लाने का, और सीधे प्रसारण का रहा।

दूरदर्शन का एक असावधान और भयानक प्रयोग सन् चौरासी में तब हुआ, जब इन्दिरा जी की नृशंस हत्या कर दी गयी और उनका शव जन-दर्शन के लिए रखा गया। दूरदर्शन ने इसे तीन दिन-रात लाइव दिखाया। उसी में अचानक 'खून का बदला खून' की कुछ आवाजें सुनी गयीं। और शोक—सिख विरोधी दंगों में बदल गया।

सीधे प्रसारण का यह भयानक असावधान प्रयोग था। पचास साल को याद करते हुए दूरदर्शन को अपनी ऐसी गलतियों के बारे में जरूर विचार करना चाहिए।

नब्बे के बाद निजी उपग्रह चैनलों का युग आया। इसी दौरान दूरदर्शन को स्वायत्त संस्थान 'प्रसार भारती' बनाया गया। दूरदर्शन का इजारा ख़त्म हो गया।

आज वह एक विराट टीवी जनतन्त्र और स्पर्धात्मिक ग्लोबल मार्केट में है। प्रसारण की पुरानी राष्ट्रीय हदें दरक गयी हैं। सब कुछ ग्लोबल बन उठा है। दर्शक बदल गया है। वह अपनी रुचि, अपने चयन और संवाद की अपनी भाषा गढ़ने लगा है। निजी चैनल सनसनीबाजी के साथ एक बेहद सीमित लेकिन महत्त्वपूर्ण क्रिटीकल एजेण्डा और जवाबदेही पर जोर देते हैं। और जनता को खुलकर बोलना सिखा रहे हैं। प्रसारण अब एक अनियन्त्रणीय 'जनक्षेत्र' बन चला है। जनता के पास देखने की 'च्वॉइस' है। निजी चैनलों की 'अतियों' से ऊबकर दर्शक दूरदर्शन देखता है, दूरदर्शन की 'अतियों' से ऊबकर निजी चैनल।

इसके बावजूद निजी चैनलों के बाजार संचालित टीआरपी के अन्धे धन्धे, उनकी प्रस्तुतियों की किशोरोचित हड़बड़ी और अधीर उत्तेजना से मुक्त दूरदर्शन आज भी अपने ढब पर कायम है। निजी चैनलों की खबरों और चर्चाओं के कण्ट्रास्ट में वह आज टिकाऊ, भरोसेमन्द और जनहित विकासमूलक, एकमात्र 'पब्लिक ब्रॉडकास्टर' नजर आता है।

पचास साल के उच्चावच्च इतिहास के समकालीन स्पर्धायुग में अपनी साख बनाये रखना भी एक बड़ी उपलब्धि है।

20 सितम्बर, 2009

रोग का राग

इतने घनीभूत मीडिया-समय में कभी-कभी किसी खबर पर, किसी चर्चा पर, किसी अभियान पर 'शक' करने का मन करने लगता है। खबर की 'अति' खबर को 'बदचलन' बनाती है। आप खबर देखते-सुनते हैं और साथ-साथ यह भी सोचते चलते हैं कि इसके पीछे कौन लोग हो सकते हैं और किसके पक्ष या विपक्ष में यह खबर बनी है, बनायी गयी है। उदाहरण के लिए मीडिया की खबरों में स्वाइन फ्लू की खबरों को दी गयी जगह, उसकी व्याख्या और प्रभाव के बारे में दो तरह से सोचा जा सकता है। पहला—हम मान लें कि जो खबरें दी जा रही हैं, वे यथातथ्य और यथासत्य बताती हैं। दूसरा—कि एक बीमारी को इस कदर महत्वपूर्ण बनाना ऐसा अहसास देता है कि देश में और कोई बड़ी बीमारी बची नहीं है।

हम यह नहीं कह रहे कि स्वाइन फ्लू कम खतरनाक हो सकता है, लेकिन यह सब जानते हैं कि देश में अन्य बहुत से खतरनाक रोगों से मरने वालों को लेकर मीडिया इतना विचलित होकर खबर नहीं देता, जितना स्वाइन फ्लू की देता है। देश में एनीमिया से तीन लाख औरतें हर साल मरती हैं और टीवी से लाखों मरते हैं। कुपोषण से लाखों बच्चे मरते हैं और रोगों की संख्या और मरने वालों की बात छोड़ दें तो अपने देश में लू से हजारों लोग हर साल मरते हैं, मौसमी बुखारों से मर जाते हैं, और मौसमी जुकाम खाँसी बुखार अपने यहाँ किसे नहीं होता? लेकिन किसी खबर चैनल के पास इतनी फुरसत नहीं है कि वह अपने बुलेटिनों में महत्त्वपूर्ण समय पर सामान्य हाईजीन और रोग सम्बन्धी जानकारियाँ देता चले और देशज व अन्य सहजोपचारों को भी बताता चले। हाँ, जब कहीं कोई बड़ी घटना बनाने योग्य कुछ हो जाता है तो खबर फीचर दिये जाते हैं और डॉक्टरों की सलाह लेने को कहा जाता है मानो डॉक्टर की सलाह मुफ्त मिलती हो। विज्ञापनों में दाँत के टूथपेस्ट तक की सेल डॉक्टर से करायी जाती है।

कई बरसों से हर साल एक ग्लोबल बीमारी आती है। पिछले साल बर्ड-फ्लू था जो टी.वी, रेडियो, अखबारों, सड़कों के होर्डिंग्स में दिखता था। उससे भी पहले डेंगू की खबरें बड़ी खबरें बनती रहीं। इनके साथ-साथ टीके की बातें होती रहीं। टीके इंपोर्ट किये जाते रहे। टीक सड़ भी गये। बाद में खबर मिली कि जिस कम्पनी से

टीका आयात हुआ था, उसमें अमेरिका के विदेश मन्त्री रम्सफील्ड के शेयर्स थे।

इसी तरह का खेल एचआईवी एड्स के साथ जुड़ा है, जिसमें अमेरिका के एक पूर्व राष्ट्रपति की सबसे ज्यादा दिलचस्पी नजर आती है। एड्स भारत में बढ़ती हुई बीमारी बतायी जाती है। इसी तरह भारत में डाइबिटीज भी सर्वाधिक तेजी से फैलता बताया जा रहा है। भारत को हर रोग का केन्द्र बनाना मेडिकल-राजनीतिक प्रपंच के अलावा और क्या है? अपना मीडिया इस प्रपंच का शिकार है या फिर मित्र है!

ऐसे समारोहित रोगों के कवरेजों की कुछ आम विशेषताएँ परिलक्षित होती हैं—साल में एक दिन एक रोग का दिन बनाया जाएगा और खबर चर्चा आयोजित की जाएगी। इसे जागरुकता अभियान कहा जाएगा जिसके पीछे बड़े एनजीओ होंगे। अचानक इस या उस रोग पर आँकड़े आने लगेंगे। कुछ निजी मेडिकल संस्थान इनके उपचार वाले बन उठेंगे। लोगों को लेबोरेट्रीज की ओर दौड़ाया जाएगा, मानो सारी जाँच फ्री हो। ऐसे रोग और घटनाओं पर सेलीब्रिटीज की चर्चाएँ होंगी। रोग का एक प्रकार से सेलीब्रेशन-सा हो उठेगा। मेडिकल क्षेत्र में बड़ी कम्पनियों के हित उनके 'माफिया' सक्रिय रहते हैं। मेडिकल महा उद्योग के अन्दरूनी जानकार मानते हैं कि हर साल तीसरी दुनिया में एक रोग पॉपुलर कर देना मेडिकल कॉरपोरेटों का काम है। इससे उनका उद्योग जुड़ा है।

पिछले एक डेढ़-महीने से इलेक्ट्रानिक और प्रिण्ट मीडिया में स्वाइन फ्लू का सतत बड़ा कवरेज ग्राफ देखें—पहली खबर में ही इसके सेलीब्रेटेड होने के लक्षण प्रकट हो गये थे। मैक्सिको में जन्म लेकर यह वाया अमेरिका आया। उसके बाद अपना मीडिया हर देश का चार्ट देता रहा कि यह कहाँ कितना फैला है और बाद में सारा ध्यान 'अपने यहाँ कहाँ-कहाँ हुआ' पर टिक गया। देखते-देखते एक नया रोग गोद ले लिया गया।

पुणे का रोग कवरेज याद करें। वह रोग का कवरेज उतना नहीं था, जितना रोग के 'डर' का था। नाजुक नखरे वाले मिडिल क्लास को सामान्य जुकाम-बुखार हुआ तो चल दिये टेस्ट कराने! गाज गिरी टेस्टिंग लेबोरेट्रीज पर, क्योंकि वे कुल जमा तीन थीं। मीडिया कवरेज में मास्क से चेहरा ढके हर आदमी इस रोग के डर की खबर ज्यादा देता था। इससे शहर में दंगाई नौबत आ गयी। रोग से ज्यादा रोग की खबर डर फैलाने वाली बन चली। फोकस में मिला यह निचोड़ कि भारत में इतनी बड़ी जनसंख्या पर ऐसे रोग की पहचान करने वाली लेबोरेट्रीज कुल जमा अठारह हैं। एक चैनल पर एक वाचिका इस संख्या पर ऐसे चौंकी मानो वह भारत जैसे तीसरी दुनिया के देश में ब्रॉडकास्टर न होकर अमरीका में हो। अमेरिकी चैनल भी ऐसी खबर चौंककर, डर फैलाकर नहीं देते। ना ही उन्होंने अपने यहाँ के स्वाइन-फ्लू के मरीजों की खबर सेलीब्रेटिव बनायी।

रोग की बखर उसके लिए बिकने की दवाई की खबर की तरह नहीं दी जा

सकती और कोई भी खबर किसी विज्ञापन के फॉर्मेट में नहीं दी जा सकती, लेकिन अपने यहाँ दी जाती है। रोग की खबर देते वक्त रोग की सीमा और सम्भावना, उपचार सेवा और दवा आदि की जानकारी बढ़ाने वाली चर्चा बेहद सटीकता और सन्तुलन के साथ ही की जा सकती है। मारी से महामारी और महामारी से जगत् बीमारी तक रोग की यात्रा कराना बीमारी के खतरे को बेचना है। रोगों की बखरों की ऐसी प्रस्तुतियाँ देख कभी लगता है कि विकसित देशों के रोग यदि हमारे यहाँ न हुए तो कहीं हम विश्व की ताकत बनने से वंचित न रह जाएँ।

जो वहाँ है, सो यहाँ है। जो वहाँ है, उससे भी ज्यादा यहाँ है। वो डाल-डाल हैं तो हम पात-पात हैं। कहाँ तक मुकाबला करेगा अमेरिका? मीडिया पर नये-नये रोगों की खबरों की प्रस्तुतियाँ देख-सुन लगता है मानों हमारे जैसे देश किसी बहुराष्ट्रीय दवा कम्पनी की महा प्रयोगशाला के गिनीपिग हैं और अपना मीडिया ऐसा खुला बन्दरगाह है, जहाँ किसी भी रोग को पॉपुलर बनाया जा सकता है, सेलीब्रेटिव बनाया जा सकता है।

9 अगस्त, 2009

गिनीपिग नहीं हैं बच्चे

न वो 'पति' हैं और न वो 'पत्नी' हैं। इनके बीच एक 'वो' यानी बच्चा आ गया है और आफत शुरू हो गयी है।

रियलिटी शो के लिए प्रसिद्ध एक चैनल ने जिस तरह तथाकथित 'पति' और 'पत्नी' को बुक किया है, उसी तरह कहीं से एक बच्चे को भी बुक किया है।

एक बाल अधिकार रक्षा समूह का और बालहित रक्षण सम्बन्धी संस्थाओं का मानना है कि रियलिटी शो में बच्चों का ऐसा उपयोग बाल अधिकार का हनन है। इसे बन्द किया जाना चाहिए।

रियलिटी शो में सेलेब्रिटी जोड़े बच्चों को अपने पास रखते हैं। माता-पिता की तरह उनकी 'देखभाल' करने की कोशिश करते हैं।

कहते हैं कि यह कार्यक्रम अमेरिकी रियलिटी शो 'बेबी बोरोअर्स' (यानी बच्चों को उधार लेने वाले) की तर्ज पर बनाया गया है। इस तरह यह कार्यक्रम एक प्रकार का 'उधारवादी' शो है। 'पति' उधार का, 'पत्नी' उधार की, बच्चे उधार के और कार्यक्रम का आइडिया भी उधार का!

उधार पति और उधार पत्नी के बीच उधार के बच्चे का आइडिया कुछ-कुछ नकारात्मक 'सांस्कृतिक विचलन' पैदा करता है। वह परिवार में बच्चे की स्थिति, उसके प्रति माता-पिता के अनुभव को रियलिटी शो के नाम पर 'कुछ और' बना रहा लगता है। यही 'कुछ और' लोगों को नागवार गुजर रहा है। बच्चों के प्रति अतिचार लग रहा है।

चैनलों के रियलिटी शोज को 'देखने वाले' परिवार रियलिटी शो के पात्रों की तरह बनाये गये नहीं होते, बल्कि 'रीयल' होते हैं। वे सेलेब्रिटी टाइप के नहीं होते। बच्चे उनके लिए तमाशा नहीं होते। उनके अपने होते हैं। वे बच्चों को लेकर अतिरिक्त संवेदनशील होते हैं। घर में नानियाँ-दादियाँ होती हैं, जो जानती होती हैं कि बच्चों को कब क्या कैसे चाहिए?

यहीं पॉप-कल्चर में मातृभाव क्रिटिकल हो उठता है, जिसमें ये शो गिरता है। इसके पीछे सुदीर्घ सांस्कृतिक एवं जैनेटिक परम्पराएँ हैं। इन मामलों में मिशेल फूको की 'जिनियोलॉजी' (वंशक्रम) ही सक्रिय रहती है। 'पति-पत्नी और वो' इसी

'जिनियोलॉजीकल' सांस्कृतिक वातावरण से टकरा बैठा है और विवाद हो गया है। असली वात्सल्य भावक्रम नकली माता-पिता के नकली प्यार-दुलार से आहत है। यह एक प्रकार का सांस्कृतिक विपर्यय लगता है।

अपने समाज में एक ऐसा सम्पन्न तबका बन चला है, जिसके युवक-युवती शादी नहीं करते। करते हैं तो देर से करते हैं। परिवार की संरचना पर दैनिक कामकाज के करियर के आग्रहों के गहरे दबाव हैं। पति-पत्नी के बीच आपसी 'केयरिंग' और 'शेयरिंग' की कमी है। इस जीवनशैली में बच्चे का आइडिया एक आफत की तरह होता है। बच्चे का लालन-पालन बहुत कठिन होता है। छोटे परिवार महानगरों में अपने बाल-बच्चों को कितनी कठिनाइयों में बड़ा करते हैं, यह अलग से बताने की बात नहीं।

शायद इसलिए आज के समाज में बच्चे आनन्दकारी नहीं, आफतकारी की तरह लिये जाते हैं। तिस पर स्त्री को चिर-यौवना, पतला-दुबला रखने वाले ब्यूटी इण्डस्ट्री के मार्केटर कहते हैं कि बच्चे होने से फिगर बिगड़ जाती है। उन्हें दूध पिलाने से फिगर ढीली हो जाती है। खरबों डॉलर के आधुनिक ब्यूटी मार्केट ने औरत की जो तस्वीर बनायी है और परिवार का जो छरहरा ढाँचा खड़ा किया है, उसमें बच्चा एक अनचाही परेशानी होता है।

लेकिन बच्चे के बिना काम भी नहीं चलता। यही समाजों का भविष्य है। जेनेटिक्स कहिए या मातृत्व-पितृत्व या वंशबेल चलाने की पुरानी कामना या इन सबका पंचमेल—कि एक उम्र के बाद बच्चों का न होना माता-पिताओं को विक्षिप्त तक कर देता है। बिना बच्चों के किसी समाज की कल्पना नहीं की जा सकती। प्रजनन एक जेनेटिकल, जैव-सांस्कृतिक प्रक्रिया है। नये पति-पत्नियों के लिए यह प्रक्रिया अगर परेशानी का सबब है तो सेलेब्रिटीज के लिए तो और भी संकट है। बच्चा होते ही सेक्सीपन की दुकान बन्द हो जाती है। आदमी औरतें लद्दड़ गृहस्थ बन जाते हैं और पार्टी लाइफ से बाहर।

तो भी इस सबसे पीछा नहीं छूटता है। विदेशी हीरो हीरोइनें गोद लेती फिरती हैं। यहाँ भी यही चलन बढ़ चला है। यानी न चाहने पर भी बच्चा एजण्डे पर आ ही जाता है।

नये तमाशाई मनोरंजन उद्योग से जुड़े लोगों और सेलेब्रिटी वर्ग के लिए माता-पिता के रोल में आना न केवल निजी अपराध-मार्जन है बल्कि 'चोखा धन्धा' भी है। 'हाय देखो मॉडलें, हीरो, हीरोइनें, सेलेब्रिटियाँ बच्चे पालती दिख रही हैं— दर्शक की ऐसी चौंकभरी प्रतिक्रिया किसी भी रियलिटी शो को हिट कर सकती है।

लेकिन जब नकली माता-पिता का नकली बच्चे के साथ रीयल तमाशा सामने आता है तो देखने वाले माता-पिता की 'क्रिटीकल वात्सल्य चालित' प्रतिक्रिया जागृत हो जाती है, और यहीं ऐसे शोज अपनी संवेदनहीनता की पोल खोल बैठते हैं। ऐसे

कार्यक्रम को बनाने वाले नहीं जानते कि वे किसी अमेरिका में नहीं, हिन्दुस्तान में हैं, जहाँ नकली 'बाल तमाशे' का 'असली जीवन्त वात्सल्य से टकराव हो जाता है। और नकली तमाशे का बाजार संकट में आ जाता है।

इसलिए कार्यक्रम को लेकर अगर कुछ समूहों-संस्थाओं की आपत्तियाँ आयी हैं कि यहाँ बाल अधिकारों का हनन दिखता है, तो उसे हवाई नहीं मानना चाहिए। मनमाने ढंग से बच्चे को केन्द्र में लाते ही आप वात्सल्य के उस सांस्कृतिक जगत् से टकराते हैं जो अटूट है।

यह 'यशोदा और कृष्ण' वात्सल्य तत्त्व है। यशोदा कृष्ण की असली माँ नहीं थीं, लेकिन माँ से बढ़कर हो गयीं, क्योंकि वे उस वात्सल्य को कृष्ण पर निछावर कर सकीं जो सूरदास की भाषा में 'देव दुर्लभ सुख' माना गया। यह बच्चों के प्रति सार्वभौमिक अनुराग की ऐसी दुर्लभ और सांस्कृतिक जगह है, जिससे जरा सी छेड़छाड़ बर्दाश्त नहीं होती। कृष्ण के लिए यशोदा ही माँ हो सकती हैं, पूतना नहीं। बाल-लीला के सन्दर्भ में पूतनाएँ प्यार नहीं जानतीं। इस सबका ही सांस्कृतिक दबाव है कि बच्चे को उसकी माँ से बिलगाना अपराध बराबर लगता है। मेडिकल साइंस के शोध तक यही बात कहते हैं।

आप जरा गाय के बच्चे को उसकी माँ से अलगाइए? माँ सींग मारकर पेट फाड़ देगी, अपने बच्चे के लिए जान दे देगी। आप बन्दरिया के बच्चे को 'टच' तो कर लीजिए, फिर देखिए आपका क्या हाल बनता है? यही 'रियलिटी' शो है। जो किसी शो की रियलिटी पर भारी है।

बच्चों को टीवी का गिनीपिग मत बनाइए श्रीमन्!

4 अक्टूबर, 2009

अकेलेपन की आरामतलबी

अगर आप एक बेहद चमकदार और पारदर्शी-से बना दिये गये मकान में बहुत दिनों तक कुछ अ-सम्बद्ध लोगों को एक साथ रहने दें तो उनके संग क्या होगा?

'बिगबॉस' नामक रियलिटी शो का लक्ष्य शायद इसे समझने-बताने का है। सहस्राब्दी नायक अमिताभ बच्चन ने इसके प्रोमो में इस तरह की बातें कही भी।

इस प्रयोग को देख कई बातें महसूस होती हैं। पहली यह कि यह एक बेहद महँगा एकदम लेटेस्ट डिजाइन वाला बड़ा-सा घर है। यह एक फ्यूचरिस्टिक डिजाइन वाला नया मकान है। अन्दरूनी सज्जित ढाँचा किसी विज्ञापन से कम नहीं। लोग विज्ञापन में रहते हैं। सब कुछ के बीच छोड़ दिये गये हैं। फ्री की हर सुविधा है। मजे हैं। यह अकेलेपन की आरामतलबी है।

चालीस कैमरे हर कोने अँतरे पर नजर रख रहे हैं। रहने वाले कब क्या कर रहे हैं? क्या खा-पी रहे हैं? क्या बातें कर रहे हैं? यह सब आप वाया बिगबॉस, मालिक, प्रयोगकर्ता सुन सकते हैं। बिगबॉस इस जिन्दगी के 'पॉप फिलॉसफर' बने हैं।

रियलिटी शो में हर सप्ताह एक व्यक्ति को बाहर करने की शर्त भी है। यह सब देखने वालों की राय से और देश के आदेश से हो रहा है, लेकिन जो हो रहा है, वह यह कि वहाँ रहने वाले ही एक-दूसरे के बारे में जो राय बनाते हैं, उसी से किसी का बाहर जाना तय होता है।

इस शुक्रवार को अमिताभ ने कार्यक्रम के जो कटपीस सीन दिखाये वे कहते थे कि आप व्यतीत हुए 'थर्ड पेज जीवी' निठल्ले लोगों की बोर कलह और किसी कमजोर के खिलाफ एक जैसे लोगों की गुटबंद हिंसा देख रहे हैं। यही इस क्लास का दर्शन है।

मसलन पहले दिन से तय मान लिया गया कि राखी सावन्त की माता जया सावन्त को 'विषम' ठहराया जाना चाहिए। अपराध? वह मोटी सी गृहस्थिन लगती अधेड़ा है। वे इस चुलबुल मेट्रो समाज में किसी से कनेक्ट नहीं कर पातीं। वे रात भूखी सोयीं। किसी ने उनसे खाने को नहीं पूछा। चतुर-चंट एक-दूसरे पर शक करते लोग खाना चुराते रहे। उनको किसी ने नहीं पूछा।

जो इस युवा जगत् से कनेक्ट न करे वह बेकार! यही अपराध हुआ। वही मानक

बना। बिगबॉस ने माना भी कि शायद जया सावन्त को यहाँ के लिए चुनने में गलती हुई सावन्त को टीवी पर दिखने की बीमारी के लिए अपमान भी सहना है। यह उनकी कमजोरी है।

उन्हें कनेक्ट न करपाने के अपराध के लिए निकाला गया। वह निर्दयता रही। एक तरह का पीढ़ीवादी नस्लवाद सा लगा। पहले दिन से ही कहा जाने लगा था कि वह यहाँ फिट नहीं है। वह भजन करती रही, अकेले घूमती रही। किसी से न लड़ी न झगड़ी। शान्त रही और आउट हुई। महान घर में एक माता की जरूरत नही थी। बड़ी उम्र उसका दण्ड बना। बूढ़े-ऊबे-थकेले लुक्स उसकी सजा बने। फ्रेश लुक्स वाले डिजाइनदार निशानों वाले उस घर में आप पहले पल ही अजनबी हो उठे तो यह उस जगह की निर्दयता है। यह हुआ। निष्कासन खेल की शर्त भले हो, लेकिन इस निष्कासन के ताकतवर के विमर्श को जरूर पढ़ा जाना चाहिए।

यहीं बाकी तमाम लोगों की 'क्लास' का सवाल उठता है। नयी पीढ़ी का 'चिर युवावाद' इस क्लास को और 'अकेला' कर देता है। इस युवावाद में किसी उम्रदराज की जगह नहीं। खबरें बढ़ती आती हैं कि लोग अपने बड़े-बूढ़े माता-पिता को घरों में जगह नहीं देते। कई मामलों में तो कोर्ट तक को कहना पड़ा है कि बच्चों को माता-पिता को रखने की जिम्मेदारी से बरी नहीं माना जा सकता।

एक बेचारापन एक लाचारगी अशक्त वृद्ध-बूढ़े या अधेड़ आदमी औरतों को यूँ ही समाज में विषम-सा, व्यर्थ-सा बनाने लगती हैं। नये ताकतवर वर्ग की चिर युवावादी मनोव्याधि में ऐसे बेचारे बनाये जाते हैं।

बिगबॉस के उस बिगघर में एक सप्ताह के भीतर निठल्ली सेलिब्रिटी क्लास के स्वार्थी संकुल मिजाज के दर्शन हुए जो जरा-सी बात पर झगड़ सकते थे। कलह कर सकते थे। एक दूसरे को नीचा दिखा सकते थे। सबके अपने-अपने टुच्चे एटीट्यूड हमलावर होते थे। यही इस क्लास की जिन्दगी है जो यहाँ-वहाँ सर्वत्र दिखती है। किसी को न सहना इस वर्ग की अदा है, ताकतवर को नमन इसकी अदा है।

इस्माइल दरबार ने अपने मन की बात कही कि यूँ तो वे अपने बच्चे से अलग सो नहीं सकते, लेकिन यहाँ एक रात भी बच्चा याद नहीं आया। रातभर वे यह सोचते रहे कि कल सुबह किसको किस तरह से डाउन करें? हम ऊपर से दिखते ठीक हैं, लेकिन भीतर से बड़े डेंजरस होते हैं।

जाहिर है कि इस क्लास में अन्दर की हिंसा है जो अति कम्पटीटिवनेस के कारण आई हीनता और दिखाऊ धन्धे के उचक्केपन से जन्मी है। निठल्लेपन की संस्कृति में ऊब और हिंसा रहती है। यह दिखती है।

किसी माँ का आउट होना कई बातें बता गया। नयी पीढ़ी को माता का फैक्टर पसन्द नहीं। इस्माइल दरबार को बेटा याद नहीं आया। तनाज के लिए बिगबॉस की 'टीवी गेज' (टीवी की निगाह) में आने के लिए अपना बच्चा छोड़ना मंजूर रहा

और जया सावन्त जो माता ही थीं, उन्हें भगा दिया गया। हो सकता है आगे कभी रियलिटी की तुफानमेल राखी सावन्त ही हिसाब करने आ जाए।

बिगबॉस जो निठल्ली क्लास की मन की गाँठों को बताने और खोलने के लिए हैं, तो बुरा नहीं है, लेकिन इस गाँठ को फोड़े की तरह समझें, जिसमें बदबू भरी है। इस क्लास में एक लालच भरा है, टीवी की नजर में दिन-रात रहने का इसीलिए पाँच दिन मकान में असम्बद्ध और अजनबी रहते हुए जब निकाले जाने की बात आती तो लोग रोने लगते। टीवी के बाहर कोई नहीं जाना चाहता। अकेलेपन की आरामतलबी यही है।

हम एक नकली क्लास के नखरे को मनोरंजन मानकर चल रहे हैं। भाई जी कभी आप किसी झुग्गी-कॉलोनी से दस-बीस परिवारों को यहाँ टिका दीजिए फिर देखिए, कितनी गाँठें खुलती हैं—अजनबीपन की।

यह अजनबीपन नहीं, उसकी मार्केटिंग है। यह जीवनशैली और आरामतलबी वाले व्यवहार का बाजार है, जहाँ दिखाऊ एक्शनविहीन रसविहीन भाव तमाशा बनते हैं।

यह अजनबियत की आरामतलबी का उपभोग है।

11 अक्तूबर, 2009

टीवी का स्वनिर्मित जनक्षेत्र

इन दिनों पाकिस्तान और प्रेरित आतंकवाद छोटे परदे के किनारे पर चला गया है। चीन, नक्सलवादी और माओवादी चर्चा में आ गये हैं। राहुल गाँधी की छापामार किस्म की यात्राएँ भी इन दिनों चर्चा में आयी हैं।

टीवी का 'पाठ' करने वाले समीक्षक के रूप में इस लेखक ने पाया है कि जिस तरह आज के मीडिया में खबर की एक उम्र होती है, उसी तरह विचार की चर्चा की भी एक उम्र होती है। जिस तरह किसी बड़ी से बड़ी और विवादी खबर की उम्र एक सप्ताह या हद से हद दो सप्ताह होती है, उसी तरह चर्चाओं के विषयों की उम्र एक दिन-दो दिन से लेकर एक सप्ताह तक होती है। लेकिन यह विषय परिवर्तन 'अहैतुकी' किस्म का नहीं होता। कई बार घटनाएँ स्वयं जबर्दस्त विवाद का विषय बन जाती हैं, लेकिन कई बार उनको कोई निश्चित 'कोण' दिये जाते हैं। उनके पीछे कुछ एजेण्डे सक्रिय हो उठते हैं। जैसे मुम्बई के ताज इत्यादि होटलों पर आतंकवादी हमले के बाद पाकिस्तान को 'कूटने' के राष्ट्रोन्मादी अभियान नजर आने लगे। फिर बहस गृहमन्त्री के पद पर टूटी और फिर मुम्बईकारों की शान पर, आमची मुम्बई की स्पिरिट पर और फिर स्पिरिट उड़ गयी। इसी तरह इन दिनों चीन, नक्सलवाद माओवाद की बातें हैं जो खबरों में रहती हैं और चर्चाएँ बनती हैं।

खबरों के बीच चर्चाएँ और स्वतन्त्र बहसें टीवी के अपने बनाये महत्त्वपूर्ण जनक्षेत्र हैं, जिनमें 'पब्लिक ओपिनियन' लायी-बनायी जाती है।

कोई भी जनक्षेत्र देशकाल और समाज से निरपेक्ष नहीं होता। उसे बनाने वालों के निशान उस पर रहते हैं तो भी अपनी प्रकृति से जनक्षेत्र अपने निर्माता के सौ फीसद कण्ट्रोल से कुछ बाहर सा रहता है। यही उसकी अनिवार्यता है, यही क्रिटीकलिटी उसकी जिन्दगी की निशानी है जो जनतन्त्र के लिए जरूरी है और जिसे जनतन्त्र बढ़ाता है। इसलिए जब जनक्षेत्र में आने वाले या लाये जाने वाले विषय, विचार या एजेण्डे बदलें तो उन बातों-बहसों को उपेक्षा की नजर से नहीं देखा जा सकता, क्योंकि उनमें समाज का कोई जरूरी मुद्दा और उसके पक्ष प्रकट होते हैं, फौरी विचार बनते हैं, तुरन्त बहसें खड़ी होती हैं, एक अन्तर्क्रिया पैदा होती है।

हर जनक्षेत्र अन्तर्विरोधों और द्वन्द्वों से भरा होता है। उसमें उठने वाले मुद्दे और

विचार अपने पूरे खुलेपन में भी गया कुछ मुद्दों, विचारों, पहलुओं को सेंसरित करते लगते हैं। जो 'बोला गया' या 'बहसा' उसके बीच 'जो सम्भव था, लेकिन रह गया या कहने से छोड़ दिया गया' को पढ़ना-गुनना जरूरी होता है। जाने-अनजाने जब हम सब किसी बहस से गुजरते हैं तो 'जो प्रकट नहीं हुआ' वह हमारे अपने पास रह जाता है और यही विचार या बहस का शेषांश बच रह जाता है।

यह शेषांश कीमती है, अन्तक्रिया से युक्त है। इन बहसों को देखकर नये लोग आपस में अब ज्यादा बहसते हैं, एक दूसरे को सुनते-सुनाते हैं, यह नया गली-मुहल्ले का, स्कूलों-कॉलेजों का जनक्षेत्र बन चला है, जो उपयोगी है। हमारे समाज का एक बड़ा हिस्सा 'डिबेटिंग' भाव का बन चला है। यह टीवी का योगदान है, इसकी हिफाजत की जानी चाहिए।

जनक्षेत्र को जो बनाते हैं, उनकी सीमाएँ जनक्षेत्र की सीमाएँ भी बन जाती हैं। अपने टीवी के जनक्षेत्र की सीमाएँ भी ऐसे में उजागर होती हैं। अपने यहाँ बनने वाले ऐसे टीवी जनक्षेत्र कई बार 'शास्त्रार्थ' न बनकर 'शास्त्रार्थ' से बन उठते हैं। बातें तथ्यपूर्ण तर्क सम्मत बहस की ओर न जाकर अक्सर भावोत्तेजित विवादों और 'तू तू मैं मैं' में बदल जाया करती हैं।

मुम्बई के ताज आदि पर आतंकी हमले के कवरेज और बहसों के बाद जो शेषांश बचा, यह आतंकवाद बिरोधी भाव से ज्यादा 'पाकिस्तान विरोधी' भव में बदलकर रह गया और इन दिनों वह भी परदे से उतर गया।

फिर चीन परदे पर आने लगा। विषय बनने लगा। चीन के अलावा नक्सलवाद, माओवादी चर्चा में आने लगे हैं। एक मानी में यह एकदम सामयिक है, लेकिन चर्चाएँ, बातें, बहसें जनक्षेत्र का जो 'शेषांश' छोड़ रही हैं, वह ध्यान देने योग्य हैं।

चीन का मसला पीएम के हाथों सुरक्षित है। यह चीन का शेषांश है। मीडिया में सहमति है, सो 'चीन चर्चा' शान्त है। नक्सल मुद्दे को चर्चा में लाया जा रहा है। वह है भी ध्यान देने योग्य। लेकिन किस तरह?

नक्सलवाद पर जितनी चर्चाएँ अब तक आयीं, वे राज्य की हिंसा बनाम नक्सल हिंसा की 'डाँड़ा मेड़ी' में खर्च हो गयीं। बहसों का शेषांश यह कि पहले राज्य हथियार डाले, तब नक्सल डालेंगे। न राज्य के अहिंसक होने की कल्पना की जा सकती है। और इस तरह नक्सल की हिंसा अनिवार्य ही मानी जा सकती है!

टीवी के इस विचार क्षेत्र की बड़ी सीमा यह है कि उसने नक्सलवाद को किसी एक काण्ड की तरह तीस मिनट की चर्चा के योग्य पाया। यानी चलो एक यह भी सही। इसीलिए अरुन्धति जी 'हिंसा बरक्स प्रतिहिंसा' की बाइनरीज (विलोमों) बनाकर राजदीप को अवाक् करती रहीं। आज के समाजशास्त्रों तक यह जमाना इतनी 'निरीह बाइनरीज' की दुकानों का नहीं है। 'हिंसा बरक्स प्रतिहिंसा' की बहसें नक्सलवाद के कृषि सुधार के मुद्दों को नहीं, हिंसा मात्र को 'वैल्यू' देती हैं और

जैसा कि इतिहास बताता है कि आखिर में एक 'अनुदार राज्यसत्ता' को पुख्ता करके विदा हो जाती है। सन् सड़सठ से शुरू हुए नक्सलवाद का रह-रहकर बनता-बिगड़ता इतिहास और राज्यसत्ता का पिछला चालीस बयालीस साल का इतिहास इसका सबूत है।

जाहिर है एक बहस में पूरी बातें नहीं आ सकतीं। नक्सलवाद रहे या जाए, आदिवासियों और किसानों की समस्याएँ बनी रहेंगी। इसलिए बहसें भी बनी रहेंगी। देखना यह होता है कि आप बहसों को चौतरफा चलाते हैं या एक तरफा पड़े रहने देते हैं।

25 अक्टूबर, 2009

ताम्बूल से तँबोला युग

एक सुन्दर-सी लड़की टीवी के एक चैनल पर 'तँबोला' खिला रही है। लोग खेल रहे हैं। सबकुछ ऑनलाइन है। खेल तेज गतिवाला है। फटाफट चाल वाला। लड़की दर्शकों से कहती है, फोन करिए, खेलिए, खेलिए, इनाम जीतिए, कैश लीजिए। खेलने वाले उस चैनल के दर्शक हैं। वे एक फोन लाइन पर फोन करते हैं। तुरन्त लड़की फोन लेती है और सवाल करती है। जवाब आते ही कहती है—गलत।

सेकेण्ड बाई सेकेण्ड का तँबोला चल रहा है। हर बार इनाम की राशि बदल जाती है। फोन पर फोन आ रहे हैं, लेकिन सही जवाब देकर कोई भी फोनकर्ता इनाम नहीं जीत पा रहा।

खेल जारी है। जब पिछली रकम को जीतने वाला नहीं मिलता, तो खेला बन्द नहीं होता बल्कि और भी उत्साह से आगे बढ़ता है। उसी लाजवाब सवाल पर रकम बढ़ायी जाती है और फिर निमन्त्रण दिया जाता है और लोग फोन पर जवाब देने लगते हैं। पन्द्रह-बीस मिनट तक एक भी व्यक्ति सही उत्तर नहीं दे पाता।

रकम बढ़ती जाती है। लालच बढ़ता जाता है। फिर फोनों की झड़ी लग जाती है। एक व्यक्ति एक बार के फोन काण्टेक्ट से शायद एक बार ही जवाब खेल सकता है। खेल का सरल-सा चित्र चैनल के टीवी स्क्रीन पर बना है। एक ओर किसी फिल्मी अभिनेत्री का नकाब ढँका चेहरा लगा है। आपको हीरोइन की सिर्फ आँखें दिखती हैं। आपको इस सेलिब्रिटी का इतना-सा चेहरा देखकर बताना है कि वह कौन है?

लड़की कहती है—'गेस, द सेलिब्रिटी!'

सरल-सा सवाल है और इनाम लिखा आता है दस हजार रुपये। आपको दस हजार के लिए खेलना है। एमएमएस करिए। फोन करिए। सेलिब्रिटी का नाम 'गेस' कीजिए। दस हजार जीतिए।

दो फोन लाइनें चालू हैं। दस हजार के लिए नम्बर लगाइए। इनमें इस नम्बर पर डायल कीजिए—

— हैलो! क्या नाम बताया? कौन?

— अन्तरा माली?

— गलत!

दस सेकेण्ड निकल गये। बाजू में सेकेण्ड दर सेकेण्ड बताने वाली इलेक्ट्रॉनिक घड़ी हर दाँव में बीता समय बता रही है। दस हजार का यह दाँव दो मिनट तक चलना है।

— हैलो! क्या नाम बता रहे हैं?

— करीना कपूर?

— गलत!

— हैलो! क्या बताया?

— किम शर्मा?

— गलत!

— हैलो! क्या नाम बताया?

— अनु शर्मा!

— गलत!

टाइम खत्म हो जाता है। अगले दो मिनट के बीते सेकेण्ड बताने वाली घड़ी फिर खुलती है और रकम बारह हजार हो जाती है। सवालिया चेहरा वही रहने दिया जाता है। लड़की बिना किसी मेलोड्रैमेटिक कमेण्ट के किसी तँबोला आयोजक की तरह नपे-तुले शब्दों में कहती जाती है—अब रकम बारह हजार है। सबको मौका मिलेगा। फोन कीजिए। लाइन लगाइए। सही नाम बताइए—

— हैलो! क्या नाम बताया?

— विद्या बालन?

— गलत!

— हैलो! क्या नाम बताया?

— पादुकोण।

— गलत!

— हैलो! क्या नाम बताया?

— तनुश्री दत्ता।

— गलत!

— हैलो! क्या नाम बताया?

— प्रियंका चोपड़ा।

— गलत!

सेकेण्ड के हिसाब से चलने वाले खेल में दो आँखों के सहारे पहचानने के लिए प्रस्तुत चेहरे को कोई माधुरी दीक्षित बताता है, कोई कैटरीना कैफ, कोई विपाशा बसु, कोई ऐश्वर्य राय बच्चन, कोई प्रीति जिण्टा और सब गलत होते हैं। सही नाम कोई नहीं बता पाता। हर दो मिनट पर जीतने की रकम बढ़ती जाती है।

यह 'तुरन्ता ऑन लाइन' जुए की तरह है। गलत बताने वाले को कोई भावुक सम्बोधन नहीं किया जाता कि 'ओफ्फो! लीजिए आप गलत निकले। लेकिन दिल छोटा न करें। फिर ट्राई करें!!'

ऐसा कुछ नहीं। कोई क्यू नहीं, हर दो मिनट पर बढ़ती रकम का लालच बढ़ता जाता है। और फोन बढ़ते जाते हैं।

टीवी पर तँबोला नया खेल है। एक प्रकार का जुआ ही है। सरेआम है।

फोन का खर्चा दाँव लगाने वाले का है। जीतने को रकम पड़ी है। यही दाँव है। खेल लालच पैदा करता है।

एक खबर चैनल की पट्टी पर एक खेल आता रहता था। दो फिल्मी हीरो के आधे-आधे चेहरे मिलाकर पूछा जाता था– बताइए इसमें किस-किसके चेहरे हैं?

यह नया इनामी है। ऑन लाइन लॉटरी, ऑन लाइन पहेली, सब ऑन लाइन जुआ, ऑन लाइन है।

चैनल अपने लाभ के लिए बिजनेस नेटवर्किंग करते हैं, जिसमें किसी मोबाइल कम्पनी की भी हिस्सेदारी रहती है। ऐसा बहुत दिनों से होता आया है। अब यही खेल तँबोला की पहेली बना दिया गया है, जिसमें कैश जीतने की बात की जाती है।

जेनरेशन नेक्स्ट का तँबोला खेल है यह। इसे पहेली-जुआ कहा जा सकता है। यह आकर्षक है। फटाफटिया है। युवा इसकी ओर आकर्षित हो सकते हैं।

टीवी तँबोला अगर टीवी चेनलों का अल्टीमेट बन गया, तो सारा समाज ही तँबोलामय बन सकता है। सोचने की बात है।

ताम्बूल युग से सीधे तँबोला युग में छलाँग है यह।

यह कितना सही और स्वस्थ मनोरंजन है? आप ही बताएँ।

1 नवम्बर, 2009

वह एक कोमल पात

कोमल पत्ते की तरह उनका हाथ मेरे कन्धे पर आहिस्ता से बैठ गया—

पण्डित! कॉलम को कितने साल हो गये।

'तकरीबन पच्चीस'

तो पच्चीस साल में से हर साल की कुछ चुनिन्दा समीक्षाओं की एक किताब तैयार करो अपन उस पर एक समारोह करेंगे।

पता नहीं, क्यों मुझे उनसे ना कहते नहीं बना। समारोहबाजी से चिढ़ होती है, लेकिन चुप रह गया।

कन्धे से उतरकर उनका हाथ मेरे हाथ में आ गया और देर तक देखते रहे। फिर उनसे मिलने कोई और आ गया।

वे कलफदार धोती और कुर्ता-जाकिट-शॉल में सामने खड़े थे। मैंने नमस्कार किया। उन्हें दिल्ली को हिन्दी अकादमी की अध्यक्षा सीएम शीला दीक्षित ने अकादमी के 'शलाका सम्मान' से नवाजा था।

पच्चीस से ज्यादा साल गुजर गये। वह सन् चौरासी के आखिरी दिनों की बात रही। एक दिन मंगलेश ने कहा कि मैं 'जनसत्ता' के लिए मीडिया रिव्यू का कॉलम लिखना शुरू करूँ। इससे पहले 'जनसत्ता' के लिए मैं लेख लिखने लगा था। तब 'जनसत्ता' पत्रकारिता में एक नवाचार की शुरुआत कर रहा था और एक नये प्रयोग की तरह उदित हो रहा था। प्रभाष जी का नाम भर सुना था। वामपन्थियों में वे दक्षिणपन्थी माने जाते थे। उनसे सीधे परिचय नहीं था। जो था, सो मंगलेश से था।

मैं कॉलम लिखने लगा। लिखते-लिखते मीडिया थियरीज पर पढ़ता गया, समझता-बूझता गया, टीवी-रेडियो कार्यक्रमों की प्रोडक्शन-प्रक्रिया को देखता सीखता रहा और कॉलम चलता रहा।

मंगलेश के आग्रह पर कॉलम लेखक का नाम 'छद्म' रखा गया, ताकि जिज्ञासा बनी रहे। मैंने ब्रेख्त के एक नाटक के प्रसिद्ध पात्र अजदक के नाम पर अपना नाम रखा और लिखना जारी रखा।

जो 'जनसत्ता' का मिजाज, वही कॉलम का मिजाज बन उठा। टीवी देखने लगा, रेडियो सुनने लगा, अखबार और ध्यान से पढ़ने लगा और देखते-देखते मुझे मीडिया

के सकल अध्ययन में अलग ढंग का मजा आने लगा। नयी क्रिटिकल कम्युनिकेशन थियरीज से लेकर संरचनावाद, विखण्डनवाद और चिह्नशास्त्र तक गति होती गयी।

कॉलम जमने लगा, चर्चित रहने लगा। लोग बताते कि दूरदर्शन में श्रोता-दर्शक अनुभाग में उसकी फाइल रखी जाती है और उस पर बहस होती है।

तब दूरदर्शन ही था। 'हमलोग' आया। 'बुनियाद' आया। शरद जोशी का हास्य-व्यंग्य वाला 'वह जो जिन्दगी है, आया। फिर रामायण, महाभारत और अब तक जाने क्या-क्या तो आ चुका और आना है। बहरहाल मैं मंगलेश को फिक्स दिन कॉलम देता।

इस बीच चौरासी के दंगों पर 'जनसत्ता' के रिपोर्ताज और रिपोर्टिंग नये-नये मानक बनात रही। पंजाब में आतंकवाद पर उनकी लेखनी चलती रही।

सत्तासी में देवराला सती प्रकरण हुआ। 'जनसत्ता' का वह संपादकीय विवाद का विषय बना। तब तक प्रभाष जी से मेरा कोई सीधा परिचय नहीं हुआ था। मैंने मंगलेश से नम्बर लेकर प्रभाष जी को फोन किया और सम्पादकीय पर अपनी नाराजगी जाहिर की। क्षमा ने भी की। वे बोले कि क्षमा जी, आप लिखिए हम वो सब यथावत छापेंगे। क्षमा का तीखा प्रतिवादी लेख छापा भी।

बहुत दिन बाद प्रभाष जी से मंगलेश ने मिलवाया। एक दिन कहा कि प्रभाष जी से मिल लीजिए, वे मिलना चाहते हैं। मंगलेश मुझे उनके कमरे तक छोड़ गये।

प्रभाष जी ने सामने रखे पेज पढ़ना छोड़कर बिठाया। कहा—आप बढ़िया लिखते हैं। जमाये रखिए। सबकी खाट खड़ी करते रहिए।

फिर उन्होंने अपने हाथ से खास चाय पिलवायी। गुजराती नमकीन खाने को दिया।

ये वो समय था, जब प्रभाष जी बाबरी मस्जिद के विध्वंसकों के खिलाफ अपना मोर्चा खोल चुके थे और हिन्दुत्ववादियों को ललकारकर लिख रहे थे और हम सब उनकी लेखनी की साम्प्रदायिकता विरोधी लाइन से बल पा रहे थे।

मैं कॉलम लेखन की कमरतोड़ नियमितता से तंग आ गया था। जब मैंने उनसे कहा कि प्रभाष जी, अब कॉलम बन्द करने का मन कर रहा है, तो बोले—पण्डित घबराओ नहीं, जमाये रखो। जरूरी मोर्चा है।

तब से इतने साल हो गये हैं। कितनी बातें हैं। वह कॉलम जारी है। प्रभाष जी के बाद के सब सम्पादकों ने उसका मान रखा है, मुझे बराबर सम्मान दिया है।

दिल्ली विश्वविद्यालय के दिल्ली कॉलेज—अब जाकिर हुसैन कॉलेज, सान्ध्य का हिन्दी प्रवक्ता, छोटी पत्रिकाओं में लिखने वाला, मार्क्सवादी लेखक अगर एक कॉलमिस्ट बन चला, तो उसे बनाने में प्रभाष जी की प्रेरणा है। इसीलिए उनकी अनेक बातों से घोर असहमति के बावजूद मुझे उनसे 'ना' कहते नहीं बनती थी, न वे हावी होते थे। एक अजीब-सा खुलापन पैदा करते थे, जिसमें मैं उनसे अपनी

असहमति दर्ज कर सकता था।

वे एक एक्टिविस्ट की तरह लिखते, बेखौफ और ऐसी नुक्कड़ की भाषा में, लेकिन भदेसपन मुक्त। वे हिन्दी के बेजोड़ गद्यकार कहे जा सकते हैं, जिन्होंने तीखा-समक्षतावादी विमर्शात्मिक गद्य दिया। एकदम तुरन्ता, समकालीन, लेकिन दूर तक मार करता हुआ और जरूरी क्रिटिकल स्पेस बनाता हुआ। इतना विकट स्पेस उनके किसी समकालीन पत्रकार ने नहीं बनाया। पत्रकारिता का लेखन 'दिनांती (डेटेड) होता है, लेकिन इन दिनांतीपन में भी टिक जाए, वही तो गद्य है। प्रभाष जी इसी गद्य की चौगान के खिलाड़ी थे। पत्रकार खिलाड़ी, खिलाड़ी पत्रकार। जो खेले और खेलने दे। वे पराडकर, गणेश शंकर विद्यार्थी और मुलगाँवकर की पत्रकारिता के छोरों को एक बनाकर अपनी पत्रकारिता कर गये।

बेधड़क, बेखौफ, दिलदार, भावुक, कोमल—लेकिन अपनी-सी पर अड़े रहने वाले जिद्दी, लम्बा कद-साँवला सा न सुन्दर, न असुन्दर-सा चेहरा, जो अब रोग और थकान में अपनी रौनक खो चला था। लेकिन वही कलफदार और कभी-कभी सैकड़ों चुन्नटों वाली धोती और चमाचम करता कुर्ता, वही मालवी टच वाली हिन्दी, जिसमें कहा गया 'और' 'ओर' की तरह सुनायी पड़ता। 'मैं' 'में' लगता।

हर बार अपने कॉलम में प्रभाष जी बाजारवाद, साम्प्रदायिकता और पश्चिमी संस्कृति से झगड़ा करते। कभी अपने गाँव, अपने घर-परिवार की सारी बातें उघारकर सबसे कह जाते—मानो कोई परदा ही न हो। पिछले दिनों से वे बात कहीं से शुरू करते, लेकिन उसमें क्रिकेट के खिलाड़ी की तरह जगह बनाकर एक गोला मनमोहन सरकार की नीतियों पर जरूर दाग देते। यह उनमें मासूम एक्टिविस्ट था। शायद भवानी भाई की तरह आपातकाल पर रोज तीन कविता लिखने वाली जिद ठाने बैठा गद्य-कवि।

वे 'राष्ट्रीय सहारा' के इस कॉलम के भी प्रशंसक थे। यह लेखक उनका कर्जदार है।

बहुत-सी बातें उनके पार्थिव शरीर को ताबूत में खामोश पड़े देख उमड़ी और रुलाने आ गयी।

लगा—वह कोमल पात जो कन्धे पर बैठा था, हमेशा के लिए उड़ गया है।

8 नवम्बर, 2009

किताबों की तिखालों की जरूरत

एक सुन्दर सी खबर आयी है कि दिल्ली के अंसल प्लाजा के एम्फीथियेटर में कुछ उत्साहियों ने एक 'बुक वाल' (पुस्तकों की तिखाल) बनायी है, जिसके पास बची हुई किताबों को लोग लाकर रख रहे हैं। ये किताबें उन बच्चों के लिए हैं जो उन्हें खरीदने की क्षमता नहीं रखते। ये मुफ्त ले जायी जा सकती हैं। उम्मीद है कि बच्चे उन्हें ले जायेंगे और पढ़ेंगे। ज्ञान की क्रान्ति के इस दौर में ज्ञान की सामग्री सम्बन्धितों को मुहैया कराना महत्त्वपूर्ण काम है।

वंचितों तक किताबें या पत्र-पत्रिकाएँ पहुँचाने का यह विचार आया है। आदरणीय है।

एक उत्साह जगता है और फिर आशंकाएँ खड़ी हो जाती हैं। इसका कारण अपनी दिल्ली है। दिल्ली हर जगह इतनी उदार नहीं है कि कोई अपना एक कोना यों ही दे दे। दिल्ली में जगह की कीमत है और बहुत-बहुत कीमत है। एक-एक इंच की कीमत है। कहीं-कहीं तो वह अनमोल है। पुलिस प्रशासन और लोकल उस्तादों के पास हर जगह का हिसाब है। आपने जरा कुछ रखा नहीं कि सफाई दस्ता पहुँचा नहीं। उससे पहले पुलिस पहुँचेगी, लावारिस समझकर पहरा लगा देगी। आपको धर भी सकती है। आतंकवाद ने जिस तरह का डर बिठाया है, उसमें पुस्तकों का मासूम बोरा भी सन्देहास्पद हो सकता है। अगर आपने किसी खाली जगह उसे रखा तो उस जगह के आजू-बाजू के लोग शिकायत करेंगे कि यह अनधिकृत व्यक्ति यहाँ 'क्या' कर रहा है और क्यों कर रहा है? दिल्ली के तहबाजार या पटरी बाजार में किसी नये पटरी लगाने वाले को आसानी से नहीं घुसने दिया जाता।

दिल्ली में इंच-इंच जगह के लिए घमासान है। यह अब हर शहर ही नहीं, बल्कि गाँव तक में है। जमीन पर कब्जे की लड़ाई है।

अंसल प्लाजा दक्षिण दिल्ली का एक बड़ा मॉल वाला पॉश इलाका है। जगह अंसल प्लाजावालों ने दी या नागरिकों ने जगह ली, स्पष्ट नहीं है। लेकिन इतना स्पष्ट है कि उसके पीछे कुछ बड़े नाम भी रहे। अजय जडेजा आये। दिल्ली के शिक्षामन्त्री जी भी रहे। कुछ पब्लिक स्कूल भी आगे रहे। उन्होंने अपने यहाँ भी जगह दी है। यह एक अच्छा अभियान दिखता है।

जाहिर है यह बहुत प्रयत्न साध्य कार्य है। हरेक के वश का नहीं है। प्रशासन और निजी वर्ग शक्तियाँ सभी अनुकूल चाहिए। क्या हर जगह वे इतनी अनुकूल, इतनी उदार और ज्ञान मित्र होती हैं? शायद नहीं। और फिर दिल्ली ही क्यों, अन्य नगर गाँव क्या इतने उदार हैं कि पढ़ने-लिखने के लिए कोई जगह निकालें। जी नहीं। क्या दिल्ली में ही हर बड़े मुहल्ले में ऐसा सम्भव है? क्या कमजोर वर्ग की बस्तियों में, झुग्गियों में वहाँ के प्रौढ़ों के लिए, बच्चों के लिए किताबों की कोई जगह तलाशी जा सकती है? शायद नहीं।

किताबों की तिखालों की समाज को जरूरत है। किताबों ने संसार बदला है। वे बुनियादी जन माध्यम हैं। सार्वजनिक वाचनालय पुस्तकालय अब कहीं नहीं बन रहे। ऐसी जगहें नहीं मिल रहीं, जहाँ बची किताबों को थोड़ी जगह दी जा सके। शहरों की पुरानी लाइब्रेरियाँ उजड़ रही हैं। पुस्तकों की जगह कपड़ों की दुकानें उग रही हैं। यकीन न हो तो पुरानी दिल्ली में किताबों के लिए प्रख्यात 'नयी सड़क' पर घूम आइए। अब किताबों की दुकानें बहुत कम रह गयी हैं। साड़ियों की, रेडीमेड कपड़ों की दुकानें सज गयी हैं।

हर पढ़े-लिखे समाज में हर दिन बहुत-सी किताबें बचने लगती हैं। उनके लिए घरों में जगहें नही बचतीं। आखिर में वे रद्दी यानी पाँच-सात रुपया किलो के भाव में बिकती हैं। लुगदी बनती हैं और फिर रफ कागज बनकर या गत्ता बन जाती हैं।

बहुत से लेखक स्वर्गवासी होते हैं। पुस्तक संग्रह कर्ता सिधारते रहते हैं, उनके घरों में जमा किताबें रद्दी में बिक जाती हैं। बहुत सौभाग्यशालिनी हुई तो वे दरियागंज के सण्डे पटरी बाजार में लग जाती हैं। कुछ दिन वहाँ जीवित रहती हैं।

हिन्दी की किताबें इसी गति को प्राप्त होती हैं। बची फालतू किताबों की समाज में उसी तरह कोई जगह नहीं बच रही, जिस तरह 'फालतू मान लिये गये' माता-पिता की। आप एक निर्दय समाज में हैं जो ज्ञान का और भावना का दुश्मन हैं, जबकि यह ज्ञान की क्रान्ति का दौर है।

क्या करें? अंसल प्लाजा की तरह किया जाए तो कैसे? सब जगह वैसा नहीं हो सकता। हर जगह पब्लिक स्कूल नहीं हैं। सरकारी स्कूल के गरीब बच्चों के लिए, हिन्दी बच्चों के लिए किताबें कहाँ हैं? अगर हैं तो कहाँ रखें कि उनके कच्चेमन और कोमल हाथ छुएँ और आगे बढ़ें।

सुबह टहलने निकलता हूँ। नित्य कूड़े के अम्बार में से प्लास्टिक छाँटते और अपने से दूने आकार के बोरे रख उसे अपनी पतली-सी पीठ पर लादकर जाते बच्चे दिखते हैं। आपका मन उन्हें देख एक पल को झटका-सा खाता है और फिर जैनेन्द्र की कहानी 'अपना-अपना भाग्य' की लाइन का सहारा लेकर सब कुछ भूल जाना चाहता है। अपना-अपना दुर्भाग्य ही है यह।

गरीबों में, पुस्तकों से, शिक्षा से वंचितों में पढ़ने की कितनी भूख है, इसे अलग

से समझाने की जरूरत नहीं। समाज में बहुत-सी ज्ञान राशियाँ यूँ ही बढ़ती रहती हैं। रद्दी बनती रहती हैं। वह उस तक नहीं पहुँचायी जाती। कोई एजेंसी नहीं है, कोई प्रशासन नहीं है जो जगह दे। पुराने जमाने में कुछ दिलदार सेठ हो गये। अब सेठ लोगों के दिल सिकुड़ गये हैं। वे ऐसे उद्यम नहीं करते कि कहें कि आप हमें किताबें भेजें, हम लाइब्रेरी बनाएँगे।

अजीब बात है कि ऐसी बहुत-सी किताबों के खरीददार हैं। कोई विदेशी अचानक उनमें से कुछ चुन ले जाता है और वे कहीं की कहीं पहुँच जाती हैं। वहाँ से फिर कभी नहीं मिलतीं।

बाद में अमेरिका से खबर आती है कि वे उनकी लाइब्रेरी में हैं। गूगल ने दुनिया भर की किताबों को आनलाइन लाइब्रेरी बनाने की योजना का ऐलान किया है। सारी किताबें एक साथ सबको उपलब्ध हो सकती हैं। इन दिनों गूगल की बहुत-सी सेवाएँ फ्री हैं। शायद आगे भी हों, मगर कब तक? फिर कल गूगल का 'सूचना साम्राज्यवाद' बन उठा तो क्या होगा?

सोचने की बातें हैं। ज्ञान राशि के संग्रह, संरक्षण और वितरण के कठिन सवाल हैं। बुकवाल एक बढ़िया विचार है, लेकिन किस तरह बढ़े? यह सबके लिए विचारणीय है।

15 नवम्बर, 2009

एक उत्तर आधुनिक घर

'बिग बॉस' का घर बड़ा है। पारदर्शी है। उसके एक निवासी ने बताया कि बाथरूम तक पारदर्शी है। पुरुषों के लिए अलग हॉल है, जिसमें उनके बिस्तर लगे हैं और स्त्रियों के अलग। ये भी बिना दरवाजे के हैं। आवाजाही के लिए खुले हुए। बीच में दीवारें नहीं हैं। जहाँ कहीं दीवारें सम्भव हो सकती थीं, वहाँ पारदर्शी शीशे हैं। आप दूर तक देख सकते हैं। किचन भी इसी तरह हैं। डाइनिंग की जगह भी इसी तरह है। सब जगहें एक-दूसरे से जुड़ी, खुली और एक ही फ्लोर लेवल पर। इस घर का 'आर्किटेक्चर' एकदम अलग है। घर में रहने की पारदर्शिता पर बल है। चालीस के आसपास वीडियो कैमरे लगे हैं जो हर कोना कवर करते हैं। बगल में अनिवार्य लटका माइक है, जिसे हर कोई हर वक्त पहने रहता है, कन्धे पर जनेऊ की तरह।

घर में सुख-सुविधा का भरपूर सामान है और फ्री है। कुछ नियम हैं कि आप ये-ये नहीं ले सकते। मसलन चॉकलेट नहीं खा सकते, लेकिन चॉकलेट रखी हैं। घर में घरेलू खेलों का समान नहीं है। रेडियो, टीवी नहीं हैं, न म्यूजिक सिस्टम हैं। हर सुबह हिन्दी या अंग्रेजी फिल्म का कोई ऐसा गाना बजाया जाता है जो उठने के लिए उत्साह का संचार करने वाला हो। घर 'एसी' है।

पाने पर राशन है। रोजमर्रा के सामान की सप्लाई कैसे की जाती है, नहीं बताया गया। न किसी के पास मोबाइल है, न घर में टेलीफोन है। रहने वाले बिगबॉस से फरियाद कर सकते हैं। यही कनेक्टिविटी है, अगर ऐसी-वैसी बातें करते हैं तो माइक सीटी मारता है। वक्ता को सावधान करता है।

यहाँ रहने लाये गये लोग मंझोले स्तर के पूर्व-सेलिब्रिटी हैं। अपने-अपने क्षेत्र के कहने योग्य काम उनके हाथ में नहीं हैं। अर्ध बेरोजगार हैं। उनमें 'डिफरेण्टली सेक्स सम्बन्ध' जीने वाला एक चरित्र 'गे' (रोहित) है। 'जेण्डर बैलेन्स' के लिए कोई 'लेस्बियन' नहीं दिखी। कुछ बिना ब्याहे हैं, कुछ शादीशुदा हैं। बख्तियार और तनाज पति पत्नी हैं। तनाज बाहर कर दी गयी हैं।

घर से किसी को निकाले जाने के लिए बिग बॉस नॉमीनेशन बुलवाते हैं। सब निजी हिसाब से नाम तय करते हैं और फिर सबसे ज्यादा नॉमीनेशन वाले को आउट किया जाता है। इस घर में बूढ़े और बच्चों की कोई जगह नहीं है। नौकर भी नहीं

हैं यानी 'होम' नहीं है, हॉउस है। घर नहीं है, भवन है। यह निराला घर है, जिसमें बिगबॉस कभी-कभी 'थीम-दिन' तय करते हैं। सब उसी के लिबास में, अभिनय में काम करते हैं। पाठक हमें बहुत सी ज्ञात बातों को दुहराने के लिए माफ करेंगे। यह भूमिका इस 'बिना दीवारों के घर' के बारे में आगे की बातें करने के लिए जरूरी थी।

पहली बात यह है कि यह आधुनिक घर से आगे का 'उत्तर-आधुनिक आर्किटेक्चर' वाला एकदम पारदर्शी स्पेस है। आधुनिक शहरी घरों में दीवारें होती हैं जो निजता बनाती हैं। उनसे कमरे बनते हैं। सबका प्राइवेट स्पेस होता है। इस घर में 'निजता' और 'गोपनता' खत्म है। हर आधुनिक घर में छोटे परिवार में सम्बन्ध पहले से 'तय' होते हैं। सम्बन्धों के स्तरभेद 'तय' होते हैं। आपको उन्हीं मर्यादाओं में रहना होता है। यहाँ सब असम्बद्ध 'अणुओं' की तरह रहते हैं। एक-दूसरे से उसकी हैसियत से परिचित हैं और आगे-बाहर फिर मिल सकते हैं, लेकिन यहाँ एक दूसरे को झेलने के लिए मजबूर हैं। यह 'मजबूरी की सहनशीलता' शायद वह ईनाम है जो आखिर तक किसी तरीके से सर्वाधिक अंक लेने वाले को मिलेगा। यह एक तरह की सजा ही है।

घरों में एकान्त नहीं होता। यहाँ 'अनेकान्त में एकान्त' है और हिन्दी कवि धूमिल की कविता की एक लाइन को थोड़ा बदलकर यहाँ लगाएँ तो कह सकते हैं कि यहाँ हर, अकेला आदमी एक कठघरा है। असफल या व्यतीत सेलिब्रिटी होने के कारण हरेक का 'ईगो' सातवें आसमान पर रहता है और एक-दूसरे के सतत मुकाबले में रहता है। कैमरे हरेक को चौकन्ना रखते हैं। एक भी असावधान सहज क्षण नहीं मिलता यानी हर पल हर आदमी असहज सी परफॉरमेंस में रहता है, जिसमें अपनी पटकथा अपना रोल हरेक को अपने हिसाब से लिखना होता है।

इस पारदर्शी अनेकान्त में कोई उत्पादक स्पेस और क्षण नहीं है। 'उत्पादक श्रम' का कोई स्पेस नहीं है। भावनाओं के उत्पादन तक का स्पेस नहीं। अगर किसी चीज का 'अतिरिक्त उत्पादन' होता है तो एक-दूसरे से फालतू बकवास करने, बात काटने, एक-दूसरे पर चढ़े रहने और 'बिचिंग' यानी पीठ पीछे निन्दा करने, षड्यन्त्र प्लान करने और अन्त में 'तू-तू मैं-मैं' का स्पेस होता है, जिसे रहने वाले 'गेम' कहते हैं। गेम इस घर में सबसे ज्यादा बोला जाने वाला शब्द है। हर आदमी इसी गेम का खिलाड़ी बन गया है। घर एक गेम है, जीवन एक गेम है। यह दिलचस्प आइडिया है जो यह घर देता है।

बिगबॉस के घर का विखण्डन उसमें निहित है। जिस तरह रेलवे प्लेटफार्म पर, किसी वेटिंग रूम में लोग अपना हिसाब देखकर एक दूसरे को कुछ या ज्यादा देर सहकर या उपेक्षित कर वक्त गुजारते हैं, वैसा यहाँ है। फर्क इतना है कि यहाँ एक इनामी गेम अभिशाप या शर्त है। आपको उसे सब कैमरों के आगे और लाइव

प्रसारणों में जीतना है।

यह निराला चकाचक पारदर्शी संयोजित 'अजनबीपन' (एलियनेशन) है जो अजनबीपन को पॉपुलर कल्चर के आइटम में बदलकर एक जीवनशैली की तरह बताया जाता है। यहाँ सब नये ढंग के 'अपने-अपने अजनबी' हैं। यह जीवन के साथ एक प्रयोग है। आदमी अजनबी होकर कितने समय तक ठीक-ठीक अपनी हदों में रह सकता है? हद से बाहर जाने वला, असम्बद्ध रहने वाला या झगड़ालू बाहर जाता है। आप को अपने अजनबीपन को अपने ढंग से जीना बनाना है। अगर आप उसे बेहतर 'मानवीय' या 'उदात्त' ढंग से बनाते हैं तो शायद आप बिगबॉस के हीरो या हीरोइन हो सकते हैं। अजीब बात लग सकती है, लेकिन लगता है बिग बॉस के इस संरचित अजनबीपन के बीच किसी 'उदात्त स्पेस' की तलाश है। 'उदात्त' एक उत्तर आधुनिक सांस्कृतिक मूल्य है। यह घर उसी की तलाश है, चाहे वह दो ढाई महीनों की वाला ही हो, लेकिन यह उदात्तता एक सेलीब्रेटिव चकाचक फालतू जीवन शैली भी बेचती है।

बिगबॉस के अनेक पाठ हैं। वह बिना पक्की पटकथा वाला सीरियल है। यह वोडाफोन का विज्ञापन है, कहीं हम वोडाफोन मोबाइल की व्यावसायिक 'उदात्तता' में तो नहीं ले जाए जा रहे? 'बिगबॉस सीजन थ्री' एक 'रियलिटी' शो का नया पाठ है। उसे बार-बार पढ़ा जाना चाहिए।

22 नवम्बर, 2009

शोक में मोमबत्तियाँ

जब टीवी युग नहीं था, तब भी मोमबत्तियाँ बनती थीं, बाजारों में बिकती थीं। उनसे पहले दिये होते थे। दिये घर में शाम को जलाये जाते थे। दीवाली पर जलाये जाते थे। दिये जलाकर अन्धकार मिटाया जाता है। प्रकाश लाया जाता है। प्रकाश प्रतीक भी है; आशा का, उत्साह का, प्रसन्नता का, आनन्द का, सुख का।

मोमबत्तियाँ दिये की तरह प्रतीक नहीं बनी हैं। वे प्रकाश का अर्थ देती हैं, लेकिन उनका प्रकाश पता नहीं क्यों प्रतीक नहीं बनता। अन्धेरे में एक दिया जैसा प्रतीकार्थ बनाता है वैसा दस मोमबत्तियाँ मिलकर नहीं बना सकतीं। बहुत सारी मोमबत्तियाँ जलकर कुछ अन्य अर्थ ही बनाती हैं। छब्बीस ग्याहर की टीवी बरसी पर मोमबत्तियों को जलते देख ऐसा ही कुछ महसूस हुआ।

टीवी का यह योगदान है कि उसने मोमबत्तियों के उपयोग और सन्दर्भ बदल दिये हैं। टीवी ने उन्हें विजुअल डिजाइन, विजुअल कला में बदल दिया है। यह लाइट का एक्शन-सा दिखता है। टीवी इसी मानी में क्लोज की विजुअल की लीला का माध्यम है।

इस क्षमता के चलते टीवी ने जब से जनहित में मुद्दों या व्यक्तियों या घटनाओं के पक्षधर की भूमिका को अपनाया है तब से कई चैनल नागरिक विरोध के निर्माण के लिए मोमबत्तियों की डिजाइन बनाने लगे हैं। जनहितकारी पक्षधरता का यह नया विजुअल संस्करण है जो चैनलों ने बनाया है। यह संस्करण प्रतिरोध को एक विनम्र नागरिक प्रतिरोध की तरह पेश करता है यह प्रायः पब्लिक मसलों पर पब्लिक स्पेस में विरोध की उपस्थिति दर्ज करने जैसा होता है। टीवी इसी तरह से खुद को एक नागरिक पब्लिक स्पेस की तरह बना सका है।

हर पब्लिक स्पेस उसके बनाने वाले की डिजाइन से बनता है। पब्लिक स्पेस यह प्रकृत स्पेस का संस्कृत रूप होता है। इसलिए यहाँ डिजाइन या नक्शा या उसकी तहजीब स्पेस की क्रिया में स्थापित होती है।

उदाहरण के लिए छब्बीस ग्यारह की बरसी, पर जब कुछ मोमबत्ती वाली जगहों पर मोमबत्तियाँ जलवाई गयीं तो जताया गया कि यह शोक का पल है। लोग शोक को टीवी योग्य बनाने, बताने और दिखाने के लिए मोमबत्तियाँ जलाते हैं। 'जलाते

हैं' कहना ठीक नहीं। सच तो यह है कि लोगों को मोमबत्तियाँ जलाने के लिए आहूत किया जाता है। लोग इस प्रदत्त डिजाइन के रचनाकार बनते हैं। टीवी पर देख-देख वे यह जान चुके होते हैं कि वे इस तरह के सीन के रचनाकार हो सकते हैं। दृश्य का निर्माता होना और दृश्य निर्माण करते हुए खुद को ही दृश्य में पाना 'डबल विजुअल एक्शन' की तरह होता है, जिसमें आप खुद ही कर्ता और खुद ही भोक्ता होते हैं। यह अलग अनुभव है जो मोमबत्तीत्व में मिलता है। यह अनुभव का मोमबत्तीकरण है।

अनुभव की बत्ती बन जाए तो बताइए अनुभव का क्या ढाँचा बना?

हमारी इन बातों को किसी संशयवादी की बहक माना जा सकता है। हर भले काम में बुराई देखने वाला कहा जा सकता है, लेकिन हम भी क्यों करें? टीवी है ही ऐसा माध्यम जो इसी तरीके से चिढ़ाता हुआ सम्मोहित करता है।

छब्बीस ग्याहर टीवी पर इसी तरह के आतंक, शोक, क्रोध का मोमबत्तीकरण था। अंग्रेजी चैनलों के स्टूडियोज में बनायी गयी चर्चाएँ।

चर्चाकार सब मिलकर उस अनुभव की बत्ती बनाते थे। सबकी अपनी-अपनी मोमबत्ती थी। विचारों, कमेण्टों, कटाक्षों की बत्तियाँ थी।

वे मुम्बई में जलायी जाती थीं, दिल्ली में जलायी जाती थीं, कोलकाता में भी जलाने वाले नजर आते थे। बाहर जलायी जाती या हाथ में पकड़ी जलती मोमबत्तियों की वाणी तब विनम्र थी, मूक थी, लेकिन स्टूडियोज में बोलने को आहूत आतुर सोशलाइटों पत्रकाराइटों, इनटेलेक्चूअलाइटों, ग्लितरात्तियों, लितरातियों की वाणी शोक की जगह क्रोध से भरी थी। ये सब शोक में जलती मोमबत्तियों की तरह प्रतीत होते थे।

वे 'मुम्बई की आत्मा' की बात करतीं। फिर रोने लगतीं। ऐसा लगता कि मुम्बई इस देश से बाहर कोई अलग स्पेशल देश है जिसके लोग किसी से शिकायत किये जा रहे हैं कि देखिए, हमारे संग ये हुआ, वो हुआ और किसी ने परवाह नहीं की। फिर वे नेताओं पर बरसीं को देखिए, ये आये तो परेड हुई और...अचानक एक बुद्धिमान ने कहा कि दिल्ली से शिकायत है, हाँ है आज तक ये नहीं हुआ, वो नहीं हुआ।

बातों से ऐसा लगता था कि हमला सिर्फ मुम्बई पर हुआ था और इस देश से उसका कोई सम्बन्ध नहीं था। सब शोक स्यापे में शिकायतें करते थे, सिर्फ शिकायतें। यही इन चर्चाओं की नाटकीयता थी, जो प्रबल थी।

एक चैनल कहता था, 'लेस्ट वी फारगेट' यानी 'भूलना मत'। एक कहता था, 'कभी न भूलो, न माफ करो।' कोई कहता, 'इस बार नहीं।'

इन वाक्यों में एक बदले का भाव था।

टीवी प्रदत्त क्षणभंगुरता और स्मृति भ्रंश के इस भुलक्कड़ समय में एक साल

पहले की घटना को अगर इसी तरह तमाशा बनाकर याद किया जाता है तो यह एक बिक्री योग्य स्पांसर्ड तमाशा आइटम बनकर रह जाता है। शोक की बरसियाँ क्या तमाशे की तरह मना करती हैं? क्या पारम्परिक शोक तमाशों की शक्ल लिया करते हैं? जो आम लोग मारे गये, उनकी कहानियाँ कहाँ थीं? उनके आँसू कहाँ थे?

हमने शोक को इतना मध्यवर्गीय और स्टाइलिश बना डाला है कि हर शोक एक हैसियत और दम्भ का समारोह लगता है। हिसाब-किताब उठापटक का अवसर लगता है। एक क्रन्दनकारिणी, चिर चिढ़चिढ़ी मिडिल क्लास अपने सिवा हरेक को फाँसी दे देना चाहती है। कहीं-न-कहीं इस सबमें अपने 'अमेरिकी-अमेरिकी' हो उठने का भाव भी महसूस होता है। उनके यहाँ नौ ग्यारह हुआ तो अपने यहाँ छब्बीस ग्याहर हुआ न! हम बराबर हैं! नौ ग्याहर का एक साल अमेरिका में भी मना था। क्या वह ऐसा ही इकतरफा निन्दा प्रस्ताव था?

साल भर बाद अपने यहाँ जो शोक मीडिया में दिखा वह अमेरिकी गम्भीरता से अलग बहुत तमाशाई था। वह क्रोध का तमाशा है।

टीवी तमाशावादी माध्यम है। रोग शोक सुख-दुःख सब एक स्पेक्टेकिल या तमाशा बनकर आता है। तमाशा न बने तो लोग देखें क्यों? देखें नहीं तो स्पांसर क्यों पैसा लगाएँ? विज्ञापन कौन दे? टीवी कमाये किससे? कमाये नहीं तो जिये कैसे?

आप मानव-दुःख की जगह मोमबत्ती नहीं रख सकते।

29 नवम्बर, 2009

पिछले जन्म में

रियलिटी शोज की समकालीन भेड़चाल में एक चैनल पुनर्जन्म दर्शन कराने वाला रियलिटी शो दिखाने जा रहा है। शेखर सुमन अपने पुनर्जन्म को देखकर आ चुके हैं। सुष्मिता सेन भी अपने 'पिछले जन्म' के दर्शन करने वाली हैं। चाहें तो आप भी अपने पुनर्जन्म के दर्शन कर सकते हैं। एक चैनल का 'राज पिछले जन्म का' नामक कार्यक्रम का प्रोमो ऐसा कहता रहता है।

एक डॉक्टर है जो आपको पिछले जन्म में ले जाती है। वे इसे 'सम्मोहन' के जरिये सम्भव करती है। इसको 'थिरेपी' (उपचार) कहते हैं। इस थिरेपी को नाम दिया गया है—'पास्ट लाइफ रिग्रेसन'।

गजब का अन्तर्विरोध और दुष्ट किस्म का आइडिया है जो अपने को 'थिरेपी' कह कर कुछ-कुछ वैज्ञानिकता का दावा करता है, लेकिन जो कुछ दिखाने का दावा करता है, वह वैज्ञानिक बोध के ठीक विपरीत काम करता है, थिरेपी का मतलब किसी रोग का उपचार करने वाली प्रक्रिया से लिया जाता है। जो लोग इस थिरेपी में जाते हैं, उन्हें किसी रोग से पीड़ित माना जा सकता है। यहाँ इसके परे जाकर, इस प्रक्रिया को एक रियलिटी शो में बदला जा रहा है। एक पॉप-साइकोथिरेपी को मार्केट किया जा रहा है। सम्मोहन विद्या एक गोपनीय उपचार माना जाता है। इसके अपने जोखिम बताये जाते हैं। सावधानी बरती जाती है।

सबके सामने चौराहे पर किसी को सम्मोहित करके कोई विशेषज्ञ इलाज नहीं किया करता। सड़क के किनारे किसी जमूरे को 'सम्मोहित' कर अपने दन्तमंजन या जवानी की दवा-दारू से इलाज करने वाले लोग मजमा लगाकर जरूर कहते दिखायी पड़ते हैं, 'जमूरे घूम जा/घूम गया/जो पूछूँगा बताओगे?/बताऊँगा।' फिर वे किसी के भी मन का हाल बताने लगते हैं और पैसा बनाते हैं। यदि इसी तरह की मजमेबाजी टीवी पर आ रही है तो कोई नयी बात नहीं हो रही। लेकिन टीवी पर दिखाई जाकर एक बेवकूफी भी भेड़चाल बन सकती है, यह खतरा जरूर है। जन्म-जन्मान्तरवादी 'खबरें' और किस्से आये दिन खबरों में आते रहते हैं। कुछ पहले कई टीवी चैनल अपनी टीआरपी बढ़ाने के लिए किसी लड़की या लड़के को पिछले जन्म में नागिन-नाग बताकर उस नागिन-नाग तक को दिखा चुके हैं। कई चैनल सीधे पुराणों के किस्सों को सच की तरह पेश करते रहे हैं।

ऐसे कार्यक्रम आधुनिक दर्शक को आधुनिकीकरण से विरत करने वाली संस्कृति का निर्माण करते हैं। ऐसे कार्यक्रम टीवी संहिता के उन मूल्यों के भी विपरीत हैं जो समाज को विकासशील और प्रगतिशील दिशा की ओर ले जाने की बात करते हैं। धार्मिक कहे जाने वाले चैनलों पर कई कार्यक्रम मन्त्रपूजित, तरह-तरह के रुद्राक्ष, रत्न, तन्त्र यन्त्र, कवच और ताबीजों की मार्केटिंग करते हुए आदमी को सारे संकटों से मुक्त करने की गारन्टी दिया करते हैं। यह पिछड़ेपन की संस्कृति का बहुत बड़ा धार्मिक कुटीर उद्योग है।

एक चैनल पर इन दिनों शिवशक्ति पूजित अभिमन्त्रित कवचों की यन्त्रो-तन्त्रों की मार्केटिंग की जाती है, यहाँ एक प्रोमो करने वाला कहता है कि आप अगर इस भवन यन्त्र को अपने घर के आगे लगा देंगे तो घर के सारे वास्तुदोष अपने आप खत्म हो जाएँगे। अगर आप इस शिवशक्ति अभिमन्त्रित वाहन-यन्त्र को अपनी कार पर लगा देंगे तो आप दुर्घटना से सुरक्षित हो जाएँगे। अगर आप इस व्यापार-कवच को धारण करेंगे तो आपका व्यापार चमक उठेगा...

मन्दी में, आर्थिक पस्ती और बदहाली के माहौल में चेतना को पीछे ले जाने वाले अतीतरागी और शुतुरमुर्ग की तरह आँधी के आगे अपनी गरदन रेत में धँसा लेने के मौजूदा पलायनवाद को एक नये बदलते जन-मनोविज्ञान की तरह समझा जा सकता है। टीवी पर आने वाले ऐसे कार्यक्रम इस पिछड़ेपन को पुष्ट करते हैं और पिछड़े जीवनमूल्यों को मूल्यवत्ता प्रदान करते हैं। इन दिनों ऐसे कार्यक्रमों को विज्ञान की कुछ बातों का छौंक लगाकर विश्वसनीय बनाकर पेश किया जाता है। यह टीवी की विकासमूलक भूमिका के विपरीत जाता है। यह स्वस्थ बिजनेस इथिक्स के भी विपरीत जाता है।

पुनर्जन्म एक ऐसा ही आइडिया है। इस कलियुग में पुनर्जन्म का आइडिया भी कमाई वाला आइडिया बनकर सिद्ध कर रहा है कि आदमी को उसका अतीत बेचो, उसे भविष्य में मत जाने दो।

बहरहाल हम तो ये पूछने में दिलचस्पी रखते हैं कि जो लोग पिछले जन्म में गये, वे इस बात की गारण्टी कैसे कर सकते हैं कि वे पिछले जन्म में उसी मनुष्य योनि में थे? शास्त्र कहते हैं कि चौरासी लाख योनियों में भटकने वाले पापी जीव को हर बार मनुष्य योनि नहीं मिलती। यह तो सबके बाद मिला करती है। इसलिए जो लोग भी अपने पिछले जन्म में जाएँ, वे ऐसा झूठ न बताएँ कि ये मनुष्य योनि में ही थे। पुराण-शास्त्रानुसार यह असम्भव है। हो सकता है आप डेंगू मच्छर रहे हों। हैजा पेचिस वाली मक्खी रहे हों या बैल रहे हों। हो सकता है आप भैंस रहे हों। हो सकता है आप कौआ रहे हों, गीदड़ रहे हों या आप नाली के कीड़े भी हो सकते हैं। और आप पिछले जन्म में मनुष्य तो नहीं ही हो सकते, क्योंकि ऐसा शास्त्रसिद्ध नहीं है, इसलिए हम तो पूछेंगे कि शेखर भाई, सच-सच बताइए आप किस अमानव-योनि में रहे?

6 दिसम्बर, 2009

बिग बॉस का जीवन

अब हमारे चैनल कहानी नहीं कहते। वे एक खास जीवन शैली कहते हैं। जीवनशैली प्रसारित करते हैं। उसे प्रिय बनाते हैं। उसे 'स्थापित' करते हैं ताकि यह जीवन शैली जीवन से बड़ी हो जाए और अपनी कथा आप कहने लगे। रियलिटी शो में 'जीवन की कहानी' रूप बदलकर 'जीवनशैली की कहानी जीवन शैली की जुबानी' बन जाती है।

रियलिटी शो जीवन को 'शैली' में ढालकर, ब्राण्डों के अनुकूल बनाकर जीवन को पुनर्परिभाषित करते हैं। यहाँ जीवन नहीं, जीवन की अदा बोलती है, शैली बोलती है। ब्राण्ड युग में प्रथमतः और अन्ततः जीवन शैली कहानी बन जाती है। यह एक सूक्ष्म सांस्कृतिक बदलाव है जो साफ होता नहीं दिखता मगर होता रहता है और स्वीकृत-सा सांस्कृतिक व्यवहार बन जाता है।

बिगबॉस को जीवनशैली की एक कहानी के रूप में पढ़ा जा सकता है, खासकर इन दिनों में जब उसके खिलाड़ी सिर्फ पाँच रह गये हैं और उनमें एक सुलगती हुई स्पर्धा धुँधआती रहती है।

रियलिटी शो, टीवी और ब्राण्ड के मिक्स हो उठने का नाम है। ब्राण्ड जीवन शैली को बनाते हैं। ब्राण्ड को ऐसी परिभाषित जीवनशैली चाहिए जो वक्त जरूरत ब्राण्ड की जरूरत से तय होती हो। ब्राण्ड अगर आपकी पीठ को अपने लिए पोस्टर की जगह मानकर चलता है तो आप को तैयार रहना है। आपका जीवन एक दीवार एक गैलरी, एक पोस्टर शो है जिसमें तरह-तरह के ब्राण्ड अपने से बनकर लटक सकते हैं। इसमें जीवन एक मंच बन जाता है। एक तमाशा जिस पर आकर ब्राण्ड नाचते हैं।

बेहद की मार्केटिंग का यह नया दौर है जो मन्दी से ब्राण्डों को उबारने के लिए लाया गया है, इसीलिए इतने सारे (इन दिनों शायद आधा दर्जन) रियलिटी शो चर्चा में हैं। बिगबॉस इनमें आगे-आगे है।

रियलिटी शो इसी मानी में किसी भी शो की तरह मासूम राजनीतिविहीन या विचारविहीन नहीं है। वह नया अनुशासनात्मक विमर्श है, लेकिन यह अनुशासन नजर नहीं आता। घर के रूपक में अनुशासन अपने आप स्वाभाविक लगता है।

रियलिटी शो यदि शो है तो किसी ब्राण्ड का, किसी शैली का आपका नहीं। हाँ, यहाँ आपका रहन-सहन, बातचीत, खानपान, उठना-बैठना, सोना-जागना, खेलना-कूदना सब कुछ कैमरों की नजरों में दिन-रात रहता है। आप उनके माध्यम मात्र हैं, लेकिन आप इसमें तभी आ सकते हैं, जब स्वयं को इस घर का सजग माध्यम मानें। आप यहाँ रहते सजग रहते हैं कि हमें कोई देख रहा है। आप गोपन में नहीं हैं, आपका निजी स्पेस नहीं है।

यह खुलापन भी अनुशासन करता रहता है। कैमरे का अनुशासन बिगबॉस की नजर का अनुशासन है। यह एक राजनीतिक सांस्कृतिक सत्ता है जो रहने वालों को अनुकूलित करती है। यह अनुकूलन नजर नहीं आता। नजर इसलिए नहीं आता क्योंकि यह जीवनशैली के चमकीलेपन में छिप जाता है।

शीतयुद्ध विदा हो चुका है। शीत युद्धकाल में जॉर्ज ऑर्वेल का एक कम्युनिज्म विरोधी विचारधारात्मक उपन्यास छपा था '1984'। इसमें एक बिगब्रदर है जो सबको देखता रहता है। यह पार्टी बॉस है जो हरेक पर नजर रखता है और पार्टी के खिलाफ जाने वाले को सजा देता है। हर आदमी की जिन्दगी के बारे में उसे पता रहता है।

बिगब्रदर की ऐसा अधिनायकता वाली छवि रियलिटी शो के रूप में ढालकर मनोरंजक बना दी गयी है, किन्तु इस मनोरंजन की भी विचारधारा है। आज उस विचारधारात्मक तत्त्व को 'साइमलक्रा' या आभास कहा जा सकता है। वह अलग से विचार नहीं बनता बल्कि जीवनशैली में गुंथा होता है।

बिगबॉस के पात्रों के बीच जो अ-संगता और लालच के सम्बन्ध बनते हैं, उनमें स्पर्धा का तत्व मिलकर घर में रहने को एक 'गेम' में बदल देता है। इससे सारे सम्बन्ध एक लालचभरे गेम में बदल जाते हैं। अ-जाने, अ-सम्बद्ध लोगों के बीच सम्बन्धों को गेम में बदलकर दिलचस्प घटनात्मकता पैदा कर दी गयी है। पात्र गेम खेलने के लिए सजग हैं, यही उनके चरित्र का विकास या ह्रास जीत या हार तय करता है। यानी खेल खेल नहीं है, बल्कि जीवन रक्षा (सर्वाइल) की लड़ाई है।

सर्वाइवल की लड़ाई में रत लोग एक-दूसरे के दुश्मन ही हो सकते हैं और ऐसे में अपनी स्वार्थपरता को नंगे रूप में दिखा सकते हैं। बहुत-सी हालीवुडीय फिल्मों में ऐसे खूनी कम्बेट ही कहानी बनाये जाते हैं, जहाँ फाइटर अपने को बचाये रखने के लिए दूसरे को जान से मार डालते हैं। खून कर देते हैं और ईनाम लेते हैं। इन शोज़ को देखती एक अमीर भीड़ होती है जो अपने-अपने फाइटर पर दाँव लगाती है, जीत-हार करती है। अखाड़ा भी पुराने रोमन साम्राज्य के दिनों के अखाड़ों की याद दिलाते हैं, जिनमें ऊपर की गैलरी में अमीर लोग बैठते हैं और खून की हर बूँद के गिरने पर ताली पीटते हैं। कहते हैं 'किल हिम'।

यह फिल्म की बात है। कहानी की बात है। बनायी गयी कहानी की बात है। रियलिटी शो, खासकर बिगबॉस का शो उसी रोमन अखाड़े की याद दिलाता है और

देश को उस अखाड़े का दर्शक बनाता है।

गेम के अलावा इस घर में सबसे ज्यादा बार बोला जाने वाला शब्द देश है और आदेश है यानी देश का आदेश। आदेश यानी अनुकूलन। ये सारे पद और ऐसी ही लीलाएँ सब मिलकर आपका एक दर्शक रूप में अनुकूलन कर रही हैं और कह रही हैं कि एक काम्य घर ऐसा भी हो सकता है, जिसमें रिश्ते न हों और लालच का गेम भर हो, जिसमें हर आदमी एक-दूसरे का दुश्मन हो।

13 दिसम्बर, 2009

इस साल का हाल

साल भर में मीडिया इस जन्म से पिछले जन्म में पहुँचा। 'बिगबॉस', एमटीवी के 'रोडीज' की 'स्प्लिट विला' की 'प्योर' माँ-बहन छाप गाली गलौज की गलियों में पहुँचा। वह आदमी की भाषा छोड़ जूजू की भाषा के 'जू' में पहुँचा। चिकचिक-फिसफिस-हुचहुच-जूसूजूसू-हिंहिंहु-पिसिपिस-किसकिस...करिए चाहे जितनी देर चाहे जैसी बातें। टॉक-टॉक स्टॉक की भाषा। जूजू ऐसी निराली भाषा बोलते हैं, जिसे सिर्फ जूजू समझते हैं। यह हिन्दी-अंग्रेजी उर्दू से परे की भाषा है। टीवी ने वही भाषा अपना ली लगती है। वह अपनी भाषा भूलने लगा है। साल भर के दरम्यान भूलने-भुलानेवाले उद्योग की यह उपलब्धि क्या कम है? वरना इस साल की शुरुआत में जो मीडिया मुम्बई पर आतंकी हमले की कवरेज की बदहवासी से फटकार खाकर अपने लिए एक 'आचरण संहिता' बनाने में लगा था, साल के आखिर तक आते-आते वह अन्धविश्वास को वैज्ञानिक तर्क की तरह पेश करने लगा है और आदमी की भाषा छोड़कर जूजू की भाषा में जा बैठा।

चुनाव के दौरान मीडिया अपने ही आईने के सामने आ गया। केन्द्र सरकार बनी तो चकित रह गया कि जो उसने सोचा, उसने चाहा जनता ने वह न करके कुछ और कर दिया। कांग्रेसी यूपीए कैटकर कैसे आ गया? उसका एजेण्डा लुढ़क गया। भविष्यवाणियाँ पानी माँगने लगीं। एक्जिट पोल के धुन्ध साल के आखिर में 'प्रफुल्ली एक्जिट' हो गया।

आम आदमी का नाम इस साल अंग्रेजी मीडिया में खूब आया। वह भी राहुल भाई के सौजन्य से आया, वरना आम मीडिया के लिए अपना ग्राहक उपभोक्ता 'आम आदमी' गायब रहा। साल के अन्त में 'आम आदमी' बिगबॉस के प्रवेश राना ने खोजा और अपने को आम आदमी बताया। जिस आम आदमी के जेब से रुपया निकलवा कर उपभोक्ता बाजार में बूम लाने के लिए मीडिया साल भर सेवारत रहा वही अपनी खबरों से उसे रबर मारकर साफ करता रहा।

खास जीवन के मुकाबले दर्शक को आम जनजीवन की कितनी कहानियाँ मिलीं? हर बार हर खबर में वीवीआईईपी सोशलाइट अपनी चुहल भरी व्याख्याएँ करते रहे। हँसते रहे, हँस हँसकर दो सेकेण्ड जोर से बोलते रहे, लेकिन आम आदमी की

तकलीफ? वह उनसे कवर नहीं हुई। आम आदमी से ज्यादा टाइम जूजू खा गये।

साल के आखिरी दिनों में आम आदमी की कुछ सुध मनोरंजन चैनलों में ली जाती दिखी। इनमें भी आम स्त्री की छवि दिलचस्पी का विषय बनायी गयी। 'नकुशा' की कहानी का प्रोमो आने लगा।

यह साल आम औरत की तकलीफ को जरूर खोजता रहा। उसने राखी सावन्त को दुनिया के आगे रीयलिटी शो के लाइव समय में अपना वर चुनने का अधिकार दिया, उसे दिखाया। यह राखी जैसी आम औरत की आजादी थी।

बालिका वधू, न आना इस देश लाडो, अब के बरस मोहे बिटिया ही कीजो जैसे सीरियलों ने ग्लैमर और अति नाटकीयता के बीच कुछ पल ऐसे भी बनाये जिनमें औरत का शोषण, उस पर हिंसा और उसका दमन दिखा। यह एक नयी बात रही जो सीमित अर्थों में सही लेकिन सार्थक मानी जा सकती है। सास-बहू के ग्लैमरस चोचलों से हटकर यहाँ कुछ हमदर्दी पैदा करने वाले चरित्र दिखे। सीरियलों की सेटिंग राजस्थानी-सी बनी। 'वो रहने वाली महलों की' छाप महल पृष्ठभूमि में रहे। कुछ राजस्थानी और भोजपुरी भाषा वाले चरित्र भी सामने आये।

अगर कहीं आम आदमी-औरत सचमुच दिखे इस साल तो किरन बेदी की 'कचहरी' में दिखे। उनकी कहानियों में सच्ची पारिवारिक कलह, आर्थिक तंगी, टूटते परिवार, प्रापर्टी पर पति पत्नी में जंग, तलाक, बच्चों की परवरिश, घरेलू हिंसा आदि के बीच जीती आम औरत कस्बों और महानगरों से आती दिखीं। उसकी जिदन्गी के बिखराव को कम करने के रस्ते सुझाता यह 'पब्लिक काउंसिलिंग' सीरियल सबसे ऊपर रहा, जिसमें आफत की मारी औरत को कुछ अधिक इमदाद भी दी जाती है। यह एक नया अनुभव देने वाला सीरियल रहा। वे निस्संकोच सबके सामने आपबीती बोलकर न्याय की याचना करती हैं। यह इस साल का सबसे प्रोएक्टिव, 'कार्यक्रम आफ द ईयर' कहा जा सकता है।

पिछले साल मीडिया ज्यादातर स्टिंगी था। इस साल मीडिया ने लोगों के जीवन में कम ताक-झाँक की। इस साल वह अधिक ठहरा हुआ दिखा। लेकिन अपनी ही प्रस्तावित आचरण संहिता के उस हिस्से को वह साल के आखिर में भूलने-सा लगा, जिसमें अन्धविश्वास बढ़ाने वाली सामग्री को देने से परहेज करने की बात मीडिया ने खुद से कही थी।

इन दिनों एक मनोरंजन चैनल सामान्य साइकोथिरेपी हिप्नोसिस को पिछले जन्म में यात्रा कराने का पर्याय बताने लगा है और विश्वास-सा दिलाने लगा है कि सबका पुनर्जन्म होता है। आप चाहें तो आप भी अपने पिछले जन्म का हाल जान सकते हैं। थिरेपी के आखिर में यह जरूर कहा जाता है कि पिछले जन्म के डर/फोबिया आपके पिछले जन्म थे, उसी में रह गये। आप उस जन्म से इस जन्म में आ गये। आप उनसे इस जन्म में आकर अलग हो गये हैं और इस तरह मुक्त

हो गये हैं। सामान्य थिरेपी में जन्म-जन्मान्तरवाद का ऐसा बुनियादी सन्दर्भ पुनर्जन्म के अंधविश्वास को मजबूत कर सकता है।

यह कार्यक्रम न्यूज चैनल पर भले दिखाये जाते हों, लेकिन उन पर उनके प्रोमो तो आते हैं। फिर मनोरंजन में भी इस तरह की सामग्री का आना क्या आपत्तिजनक नहीं है। जिन्हें खबर चैनलों के बिरादर-चैनल देते हैं। यही नहीं, कई मनोरंजन चैनलों में कहीं देवी के चमत्कार हैं, कहीं किसी बाबा के। यह आचरण संहिता के विपरीत जाता है, जिसमें इस तरह के कवरेज और कार्यक्रमों से परहेज की बात कही गयी थी? अगर आप संहिता को सिर्फ खबर तक सीमित करते हैं तो आप उस आम आदमी को चीट करते हैं जो जन्म-जन्मान्तर में न फँसकर आधुनिक विकास चाहता है। खबर चैनल बिरादर चैनलों के जरिए अन्धविश्वास की कथाएँ बेचते हैं। खबर चैनल ऐसे कार्यक्रमों का ठाठ से प्रोमो करते हैं। क्या इससे संहिता नहीं टूटती?

27 सितम्बर, 2009

'बीस-दस' से 'बीस-बीस' तक

इक्कीसवीं सदी का गुजरा पहला दशक टीवी से ट्विटर तक आया। बोली से ब्लॉग तक आया।

गुजरे दस सालों में मीडिया जीवन के लिए निर्णायक बन उठा। अपने आसपास के साक्षात यथार्थ से कहीं अधिक मीडिया का यथार्थ जीवन-सन्दर्भ बना। इक्कीसवीं सदी के पहले दस सालों ने सूचना क्रान्ति की कई लहरें दीं। सूचना सुपर हाईवे, मल्टी मीडिया से लेकर स्पेक्ट्रम नेटवर्क तक यात्रा करायी। जमीनी टेलीफोन की जगह मोबाइल क्रान्ति ने ले ली। लगभग पचास करोड़ का मोबाइली एसएमएसी समाज प्रकट होने लगा। मोबाइली एसएमएसी जनतन्त्र बन उठा। इण्टरनेट क्रान्ति ने 'ज्ञान' के क्षेत्र में सबको ज्ञानी बना दिया। विकीपीडिया ने सूचना और ज्ञान को 'सबका और सबके लिए' बना दिया। हरेक ज्ञानदाता और ज्ञानपाता बन उठा। ब्लागिंग ने मुख्यधारा मीडिया के बरक्स एक साइबर स्पेसी मीडिया पैदा कर दिया। ग्लोबल कम्युनिटी बन उठी सोशल नेटवर्किंग साइट्स ने दुनिया के कोने-कोने में बैठे एक दूसरे से अनमिल-अनजान लोगों के बीच हर तरह की बातें करने-कराने को सम्भव कर दिया। टीवी पर ट्विटर आन बिराजा।

आने वाला दशक इनका और इनके आगे के संचार का दशक होने जा रहा है। साइबर स्पेस 'साक्षात स्पेस' यानी 'जमीनी स्पेस' को साइबरी ढंग से और तीखे ढंग से परिभाषित करने जा रहा है। अगले दस साल जमीनी जनतन्त्र की अपेक्षा साइबर स्पेस से निर्धारित होंगे।

मीडिया को लेकर बनी वह रूढ़िवादी अवधारणा हमेशा के लिए खण्डित करायी गयी कि 'मीडिया अपने उपभोक्ता (पाठक-दर्शक या श्रोता) के दिमागों को 'निष्क्रिय कर उन्हें अपना गुलाम बनाता है। इस दौर ने बताया कि कोई भी मीडिया जनता को निष्क्रिय करने वाला नहीं, सबको सक्रिय करने वाला, अन्तर्क्रिया कराने वाला है। आज का जनतन्त्र मीडिया संचालित जनतन्त्र है।

सन् 2020 के दौरान मीडिया उपभोक्ता के जनतन्त्र का होगा। हर आदमी का अपना मत होगा, ओपिनियन होगी। इस तरह सरकार भले पाँच साल में एक बार बने, तरह-तरह के मत (ओपिनियन) इस जनतन्त्र से अनेकमुखी विमर्श करते रहेंगे।

जनमत समूह बनते बिगड़ते रहेंगे। मीडिया नागरिक अधिकार, सूचना अधिकार का जनतन्त्र बनाएगा। अपने सूचनारंजक जनतन्त्र को वह इसी तरह सुदृढ़ करेगा।

पिछले दशक में मीडिया ने अपनी जनता को बनाया। जनता को बोलना सिखाया। शिकायत करना सिखाया। मीडिया कमजोर के पक्ष में सक्रिय रहा। प्रशासन को जवाबदेह बनाने का दबाव पैदा किया। ऐसा हर मामले में न किया हो फिर भी जेसिका लाल के केस से लेकर रुचिका गिरोत्रा के केस तक मीडिया ने प्रशासन, सरकार, कानून और सारे समाज को अधिक जागरुक और हस्तक्षेपकारी बनाया। निरपराध और सताये हुओं को जब प्रशासन और कानून न्याय न दिला पाया तो मीडिया ने अपनी संवेदनशीलता और सक्रियता दिखायी। यह कमजोर के पक्ष में 'मीडिया का जनतन्त्र' है जिसकी अनदेखी नहीं की जा सकती और जो आने वाले दिनों में और ज्यादा व्यापक होगा।

मीडिया का आत्मविश्वास बढ़ा है। नयी ग्लोबल दशाओं में उसने अपनी भूमिका को पुनर्परिभाषित किया है। उसका यह विश्वास पक्का हुआ है कि वह विविध संस्कृतियों और राष्ट्रों के बीच की दीवारें तोड़कर, देशज सीमाएँ लाँघकर 'सब जनताओं' (पब्लिक) के साथ अपनी जनताओं से संवाद को सम्भव कर सकता है।

दो हजार दस के पहले दिन भारत और पाकिस्तान के एक मीडिया घराने ने मिलकर 'अमन की आशा' नाम से दोनों देशों की जनताओं के बीच सीधे संवाद का जो जन-अभियान शुरू किया है, वह सिर्फ मीडिया घटना या 'तमाशा' नहीं है, बल्कि मीडिया को नयी भूमिका और नया दर्जा देने वाला भी है।

यह भूमिका सरकारों के सामनान्तर अब तक स्पर्धी और परस्पर घृणा और अविश्वास का भाव रखने वाली 'पब्लिकों' के बीच साठ साल से खो दिये गये आपसी संवाद को फिर से ढूँढने-बनाने की भूमिका है।

अब तक इन देशों की सरकारें अपनी-अपनी मजबूरियों से ऐसे काम करती रही हैं जो दो सरकारों की विदेश नीति और कूटनीति से संचालित हुए हैं। समझौता एक्सप्रेस या लाहौर-दिल्ली बस, क्रिकेट मैच या संस्कृति कर्मियों और कवियों के सह-संवाद आदि कुछ ऐसे ही प्रयास रहे हैं। जिनमें सरकारी हस्तक्षेप निर्णायक रहे हैं। ऐसे प्रयास सरकारों की विदेश नीतियों की जरूरतों से तय होते रहे हैं। जिनमें व्यापक पब्लिक सक्रिय नहीं रही। विभाजन से पहले यहाँ-वहाँ की सब जनता एक थी। विभाजन के बाद भी दोनों देशों की आम जनता के हित एक-से हैं। जरूरतें और सपने एक-से हैं। बोली बानी में फर्क नहीं है। दोनों के अन्धराष्ट्रवाद ने दोनों जनताओं को एक-दूसरे पर सन्देह करने और एक-दूसरे से घृणा करने की आदत डाली है। दोनों जनताओं का एक-दूसरे के प्रति विभक्त मन बना रहता है। सब कुछ एक-सा है और उसे अलहदा करते रहना होता है। एक कसक दोनों ओर रहती है। एक-दूसरे से अजनबी बनायी जा रही जनताएँ एक-दूसरे को ज्यादा जानना

चाहती हैं।

इस ग्लोबल जगत में राष्ट्र अपनी जगह है लेकिन दुनिया की जनता के हित एक-से हैं। यह अहसास मीडिया ने बढ़ाया है और शायद यही एक बड़ा कारण है कि मीडिया ने दो हजार दस के पहले दिन इस ओर एक छोटा कदम बढ़ाया है। अपने संकल्प और अभियान को 'अमन की आशा' नाम दिया है, जिसमें दोनों ओर के कलाकार, पत्रकार, बुद्धिजीवी कूटनीति से परे आपस में मित्र-संवाद करेंगे।

दो हजार दस की पहली जनवरी के दिन मीडिया का ऐसा संकल्प उसके नये ढंग से 'सामाजिक' होने की गवाही देता है।

3 जनवरी, 2010

अन्धविश्वासों की मार्केटिंग

अगर आपका बिजनेस ठप हो गया है, फैक्टरी बन्द हो गयी है या नौकरी चली गयी है, घर में फाके की नौबत आ गयी है, गहने-बर्तन-कपड़े, तक बिक गये हैं तो आप घबराइए नहीं। कहीं मत जाइए। कुछ मत कीजिए। ये 'शिवशक्ति रक्षा कवच' धारण कीजिए। आप अपनी सारी विपदाओं का हल शिवशक्ति कवच के हवाले छोड़ दीजिए। आप देखते-देखते सारे विघ्नों पर, सारी विपदाओं पर विजय पा जाएँगे। कोई आपका बाल भी बाँका नहीं कर सकेगा। दुश्मन धराशायी हो जाएँगे। नये दोस्त मिलेंगे। कारोबार चमक उठेगा। गयी नौकरी वापस आ जाएगी।

अगर आपका या आप पर किसी का प्रापर्टी सम्बन्धी मुकदमा है। और दूसरा पक्ष मजबूत जा रहा है, उसका वकील तगड़ा है और आपको लगता है कि आप हार सकते हैं तो लीजिए ये रहा शिवशक्ति रक्षा कवच! दो चैनलों पर ऐसे विज्ञापन बनकर आते हैं। तरह-तरह के बाबा और तरह-तरह के 'भुक्तभोगी' अपनी राम कहानी सुनाते हैं और शिवशक्ति कवच की महिमा का बखान करते हैं कि शिवशक्ति कवच पहनने से, रखने से सब कष्टों से मुक्ति मिल गयी। आप भी आजमा कर देखें और भोलेशंकर की कृपा प्राप्त करें।

ये कवच गारण्टीशुदा हैं। भगवान् शिव के अमोघ आशीर्वाद से पूजित, अभिमन्त्रित हैं। चमत्कारी हैं। अगर पैसा वसूल न हो तो पैसा वापस होगा। मनी-बैक पालिसी की गारण्टी है।

एक स्त्री कहती है—शादी के चार साल तक सब ठीक था, फिर अचानक उनका मूड खराब रहने लगा। वे हर बात पर लड़ने-झगड़ने लगे। उन्हें डिप्रेशन हो गया। फिर एक दिन टीवी देखने पर मुझे शिवशक्ति रक्षा कवच के बारे में मालूम हुआ। मैंने पूछा कि वो तो पहनेंगे नहीं, लेकिन अगर उनकी जगह मैं पहनने लगूँ तो भी चमत्कार होगा? सब दुःख दूर हो जाएँगे? मैंने पहन लिया। इसका असर हुआ। वे भी कहने लगे, क्या मैं भी शिवशक्ति रक्षा कवच पहन सकता हूँ? यह सुनकर मैं रोने लगी। वे मन्दिर में जाकर धूप जलाने लगे। भजन पूजन करने लगे। एक दिन जॉब मिल गयी और उससे भी ज्यादा अच्छी जॉब मिल गयी।

आप भी खरीदें—कीमत सिर्फ 2450 रुपया केवल। इसके साथ शनि चालीसा

और शनिदेव तन्त्र मिलता है।

दुर्घटना से बचने के लिए 'शिवशक्ति वाहन रक्षा कवच' रखिए। गाड़ी में रखिए। मजाल कि आपकी गाड़ी दुर्घटनाग्रस्त हो जाए। यह शिवशक्ति कवच आपको इन सबसे तुरन्त बचायेगा। लीजिए एक शिवशक्ति कवच। वास्तु दोष से निपटने के लिए 'शिवशक्ति गृहरक्षा कवच'।

आप अपने मकान में रख दीजिए। सामने लटका दीजिए। कमरे में रख दीजिए और सब आपदाओं को घर से बाहर कर दीजिए।

दुनिया के सारे देशों में इनके विक्रेता हैं। उनके काल नम्बर दिये जाते हैं। ब्राजील से लेकर आस्ट्रेलिया तक के नम्बर हैं। आप अभी काल करें और आन लाइन आर्डर दें। एजेन्ट भी चाहिए। अप्लाई करें।

यह फिल्मी चैनल जी क्लासिक पर आने वाले विज्ञापन हैं और बहुत से उपभोक्ता विज्ञापन भी आते हैं, लेकिन इन्हें अलग से समय दिया जाता है।

कुछ विज्ञापन शनि महाराज की ओर से सबकी गारण्टी किया करते हैं। इनमें शनिदेव के कवच मिलते हैं। यह शनि के दिन बहुत होता है। एक बाबाजी के द्वारा बताया जाता है कि शनि सिर्फ नुकसान करने वाला या कष्ट देनेवाला ग्रह नहीं है बल्कि प्रसन्न होकर बहुत से लाभ देने वाला भी है। आप ये कवच धारण करें। गले में काले डोरे से बाँधकर पहनें। यह शरीर से छूना चाहिए। इसे लोहे के कवर में ही बाँधकर पहना जा सकता है। सोने में मढ़वाएँगे तो फायदा न होगा।

बाबा ने बताया कि शनि नाराज हों तो राजा भी भिखारी बन जाता है। दुःख देते हैं तो सुख भी देते हैं। बुद्धि देते हैं, हिम्मत देते हैं। शनि के नाम से देवता तक काँपते हैं। लेकिन अपने भक्त की 'ऊपरी हवाओं' से रक्षा भी करते हैं।

एक व्यक्ति कहता है—मेरी भरी पूरी दुकान चलती थी। प्रापर्टी पर किराएदार ने कब्जा कर लिया। पाँच साल हो गये। कलियुग में दुष्ट लोग प्रापर्टी पर कब्जा करते हैं। एक दिन मैंने शनिदेव का कवच पहना तो सारी स्थिति उलट गयी। चार पाँच तारीखों में मुकदमा निपट गया।

एक स्त्री कहती है कि उसके शनि नीच हो गये तो उसके घर का डाउन फॉल हो गया और सब बर्बाद हो गया। शनि रक्षाकवच ने सब ठीक कर दिया।

यहाँ एक 'टीवी एंकर' भी हैं, जो इन कवचों की महिमा का गान करते हैं। आपकी रक्षा सिर्फ एक शिव रक्षा कवच या शनि रक्षा कवच से नहीं हो सकती। आपको 'बुरी नजर' लग ही सकती है। इसका इलाज है—'नजर रक्षा कवच।' एक बार पहन लीजिए। फिर देखिए, बुरी नजर पलट जाएगी। आप बच जाएँगे।

इन और ऐसे विज्ञापनों में आदमी के डर और असुरक्षा भाव को संयोजित किया जाता है। अन्य उपभोक्ता विज्ञापन भी इसी डर की भाषा का उपयोग करते हैं। अपने यहाँ विज्ञापन डर को जगाकर अपने असुरक्षित ब्राण्ड को बेच हरेक को रक्षित करने

का भान देते हैं। इन रक्षाकवच छाप विज्ञापनों की तुलना दैनिक उपभोक्ता ब्राण्डों यथा सोप-शैम्पू के विज्ञापनों से नहीं की जा सकती। इनमें अन्धविश्वासों की मारकेटिंग होती है। यह ठीक नहीं है।

अन्धविश्वास चाहने वाले इन विज्ञापनों से टक्कर लेने वाले हैं—सेक्स सम्बन्धी ताकत की दवाइयों के विज्ञापन, जो इन दिनों धड़ल्ले से दैनिकों में छपते हैं। हिन्दी दैनिकों में ज्यादा छपते हैं। लिंगवर्धक यन्त्रों से लेकर सहवास में मर्दानगी दिखानेवाले, देसी वियाग्रावाले, जापानी तेल वाले विज्ञापन जमकर आते हैं। कालेजिएट और विदेशी मॉडलों, कालगर्लों द्वारा दी जाने वाली फॉरेन शैली की मसाज आदि के विज्ञापन आते हैं। यह 'गुप्तज्ञान' वाले सेक्स के बाजार को गरम करने वाले होते हैं। खानदानी हकीमों के शफाखाने के विज्ञापन भी हैं, लेकिन 'पूरा सुख' देने वाले, ताकत देने वाले ब्राण्डों के विज्ञापन ज्यादा आते हैं।

यह मर्द की सेक्स की मार्केटिंग है, जिसमें मर्दानगी भरी सेक्सिस्ट भाषा होती है। गनीमत है। यह अभी प्रिण्ट में ही है। टीवी में नहीं है।

इन्हीं दिनों एक अखिल भारतीय संस्था के विज्ञापन भी आते हैं जो विज्ञापनों के स्तर की निगरानी करने के लिए काम करते हैं। कहते हैं कि अगर किसी विज्ञापन पर आपको कोई आपत्ति है तो लिखें बताएँ।

क्या ऐसे अन्धविश्वास मूलक और सेक्सिस्ट विज्ञापनों के बारे में कुछ सोचा जाएगा और उनका उचित बन्दोबस्त किया जाएगा?

10 जनवरी, 2010

पेरोडी की उत्तरआधुनिकता

'थ्री ईडियट्स' फिल्म ने तीन सप्ताह में तीन सौ करोड़ रुपये से ज्यादा की कमाई कर ली है। फिल्म ट्रेड के पण्डितों की नजर में यह एक अभूतपूर्व रिकार्ड है, जिसे जल्दी नहीं तोड़ा जा सकेगा। यह देश के फिल्म बाजार का रिकार्ड है और विदेशी बाजार का भी रिकार्ड है। 'दिलवाले दुल्हनियाँ ले जाएँगे' टाइप फिल्मों ने जो कमाई का रिकार्ड बनाया था, वह मीलों पीछे छूट गया है। फिल्म इण्डस्ट्री में जान पड़ गयी है।

इन खबरों के साथ ही फिल्म समीक्षकों और टिप्पणीकारों के बीच 'थ्री ईडियट्स' को लेकर बहस-सी छिड़ गयी है, जिसके कई पहलू हैं। मीडिया अध्ययनों में ऐसी बहसें उपयोगी होती हैं। उनमें से दो पहलू काबिलेगौर हैं।

बहस का एक पहलू यह सवाल उठाता है कि क्या बॉक्स ऑफिस की सफलता या कमाई ही किसी फिल्म की सफलता का मानक है या कि उसका संदेश या कलात्मकता भी कोई मानक हो सकते हैं?

दूसरा पहलू! 'थ्री ईडियट्स' के फिल्मी मुहावरे यानी पेरोडी या हास्य के मुहावरे को लेकर है। कई आलोचकों ने सवाल किया है कि यह ठीक है कि शिक्षा में रट्टाफिकेशन की हँसी उड़ाई जाए, लेकिन फिल्म में बेहद सरलीकृत ढंग से देश के अग्रणी ज्ञान केन्द्रों यथा आईआईटी आदि के बहाने इंजीनियरिंग या अन्य उच्च शिक्षा संस्थानों को विद्रूपित करके जिस तरह उपहास की चीज बनाया गया है, क्या उसमें सनकीपन की बू नहीं आती? आप उच्च तकनीकी शिक्षा के क्षेत्र में घटिया दरजे की दुकानों का उपहास उड़ायें। ओके। लेकिन आप आईआईटी जैसे मानक संस्थानों को अपने मजाक का विषय बनाएँगे तो उससे समाज में इन संस्थानों के प्रति एक सनकवादी रवैया पैदा होगा जो ठीक नहीं। क्या उच्च शिक्षा बिना मेहनत के हो सकती है? क्या वह 'थ्री ईडियट्स' की शैली में सम्भव है? क्या उच्चतर ज्ञान प्राप्त करने की ललक रखने वालों को हेय नजर से देखा जा सकता है? क्या ऐसे संस्थानों को कोसना फैशनबेल नहीं बन गया है? क्या गहन साधना का कोई विकल्प है?

इसी तरह के कुछ तर्क पत्रकार सगरिका घोष की टिप्पणी में दिये गये हैं। लेखिका 'थ्री ईडियट्स' की सफलता की अनदेखी नहीं करती, लेकिन यह भी कहती हैं कि फिल्म रणछोड़दास चांचड़ नामक हीरो के जन्मजात जीनियस होने की बात

को ज्यादा स्थापित करती है और संदेश देती है कि किताबों में मगज खपाई की जरूरत नहीं। वे कहती हैं कि अगर हम 'थ्री ईडियट्स' जैसी फिल्म में अपना दिमाग खराब करते रहे तो एक दिन हम ईडियट्स के ही राष्ट्र बन जाएँगे और तब हमें अपने बारे में सोच-विचार की खातिर भी विदेशी दिमाग ही लगाने पड़ेंगे, क्योंकि हम तो एक पलायनवादी आनन्द में अपने ही ज्ञानकेन्द्रों को लेकर बिसूरते रहेंगे। क्या हम बच्चों को यह सिखाते हुए पढ़ा सकते हैं कि शिक्षा व्यवस्था मूर्खतापूर्ण है और उसे कसना है?

इस बहस में उस दर्शक वर्ग का पहलू छूट गया है जो ऐसी फिल्में पसन्द करने लगा है। यह दर्शक महानगरीय जीवनशैली वाला है। जो ज्ञान को। अपने अनुभव जगत् के नजदीक की स्थितियों को अपने राग-विराग का विषय बनते देखना पसन्द करता है। जो अपने आसपास बढ़ चली फूहड़ता और निर्थकता को आलोचनात्मकता और उपहास से ठीक करना चाहता है। मानक संस्थानों को पुनर्परिभाषित कर उनको दुर्लभता, दुर्भेद्यता, उनके रुतबे, मूल्यवता के आतंक को अपनी वंचना-प्रेरित तल्खी से कमतर कर देना चाहता है। उनकी मौलिकता और दुर्लभता के आतंक का उपहास करता कोई आता है तो लगता है कि वह शायद उसके मन की बात ही कह रहा है। यह चीज उसे तसल्ली देती है। शायद ज्यादातर ऐसे युवा दर्शक हो सकते हैं जो इन मानकी संस्थानों के प्रभामण्डल से चकित हों लेकिन जो अपने को कई दरजा नीचे का पाते हों या पानेवाले हों।

हर मानक अपने द्वारा 'अलहदा' किए लोगों को अपना 'हाशिया' बनाता है। ऐसे वंचित ही अपने लक्ष्य की आलोचना का नजदीकी परिकर बनते हैं। वंचना ही उनकी आलोचना दृष्टि बनती है। 'थ्री ईडियट्स' उनके ही नायक हैं। वंचित का मतलब यहाँ कैट से बाहर हो गये मात्र नहीं हैं बल्कि वे सब हो सकते हैं जो कैट कल्चर से अन्यथा भी वंचित हैं, लेकिन जिनकी स्पृहाएँ उसी की हैं।

चांचड़ का सन्देश तो वही हिन्दी फिल्मों वाला है कि आप कुछ भी हों, असल बात आपके अच्छे इन्सान होने की है। यही 'मुन्ना भाई एमबीबीएस' में था। यही 'लगे रहो मुन्ना भाई' का सन्देश था। किताबी ज्ञान, रट्टा, प्रतिशतों की होड़ विद्यार्थी के मन का दमन है और उसके अजनबीपन का बड़ा कारण। असल चुनौती है आप एक अच्छे इन्सान कैसे बनें? यह एक फिल्मी संदेश है। पेरोडी के पॉपुलर मुहावरे में कहा गया है, किसी कमीशन का निष्कर्ष नहीं है।

फिल्म की अभूतपूर्व सफलता का राज उसकी हिरानीवादी पेरोडी शैली है। वर्तमान उच्चशिक्षा व्यवस्था की पेरोडी फिल्म में उपहास का जो वातावरण बनाती है, वह दर्शकों को अपने दिल के पास की भाषा लगती है। यह हास्य अमानवीय और कठिन बन चली शिक्षा व्यवस्था की एक प्रकार की समालोचना है। 'थ्री ईडियट्स' का हास्य व्यंग्य सिनीसिस्ट नजर आता है तो इसलिए कि वह बड़े मानकों को

उपहास में लाकर उनका आतंक कम करता है। यही उत्तर-आधुनिक पेरोडी की विशेषता है कि वह महान् मानकों की महानता को उनके ऊँचे टीले से उतारकर नीचे धरातल पर लाती है और सबके लिए सरल बनाती है। 'थ्री ईडियट्स' के शिल्प में जो पेरोडी बनायी गयी है, यह इन मानकों से घृणा नहीं सिखाती बल्कि इनके रुतबे को नीचे उतारती है और उनका साधारणीकरण करती है।

उत्तर आधुनिक कलाएँ वितर्की विडम्बना के जरिये, यथार्थ को मजाक का विषय बनाकर पेरोडी की सृष्टि करती हैं, जो किसी मौलिक को उसके समय से कट जाने के प्रति सचेत ही करती है।

मन्दी के, महँगाई के इन काट खाने वाले दिनों में लोग अगर महँगी टिकटें खरीद कर अपने ही आसपास पर हँस रहे हैं तो दुहरा काम हो रहा है। एक उनका विरेचन हो रहा है। दूसरा वे बता रहे हैं कि हास्य से भी आलोचना की गाँधीगीरी की जा सकती है।

और, बॉक्स आफिस पर हिट होना सिर्फ 'कमाई मात्र' नहीं है। बल्कि दर्शक के विचार की भी अभिव्यक्ति है जो उसने जेब से पैसा खर्च करके की है। किसी फिल्म का हिट होना सिर्फ उसका 'बाजारी' होना नहीं है। यह एक मूल्यवान वक्तव्य भी है।

17 जनवरी, 2010

नये बाजार नये विज्ञापन

बाजार और विज्ञापन का चोली दामन का साथ माना जाता है। बाजार है तो उसका विज्ञापन होगा, विज्ञापन है तो बाजार होगा। अगर बाजार में मन्दी है और महँगाई भी है तो उपभोक्ता से पैसा निकलावना टेढ़ा काम है। कॉरपोरेट जगत् इस काम के लिए विज्ञापनों को बनवाता है। वह इन दिनों ऐसे सोशल थीम वाले विज्ञापन बनवाने में लगा है जो दर्शक के मनोविज्ञान को अप्रत्यक्ष भाव से छूकर आनन्दमूलक थीम से प्रेरित करें और अपने ब्राण्ड के लिए जगह बनाएँ।

इस मामले में आइडिया नामक मोबाइल सेवा प्रदाता कम्पनी ने अलग किस्म की भूमिका अदा की है। अरसे से अभिषेक बच्चन वाले 'व्हाट ऐन आइडिया सर जी' वाली 'कैच लाइन' के विज्ञापनों ने राजनीति और जनता के बीच अपने लिए जगह बनायी और देखते-देखते टॉक टाइम को क्रिटीकल टाइम और मोबाइल को सोशल कार्रवाई के लिए उपयोगी बना डाला। यह युवा समाज की भावभूमि को पसन्द आ सकने वाली कॉपी रही।

आप इस थीम के उन विज्ञापनों को याद कर सकते हैं जो समाज की बदलती राजनीतिक आर्थिक स्थिति और उससे उत्पन्न जनता की मनोदशा और उसे सम्बोधित करने के तौर पर बनवाये गये। अजीब बात यह है कि अगर कहीं जनता बहुत दिन बाद बनी और वापस हुई तो आइडिया के विज्ञापनों में हुई। यह उसकी तारीफ नहीं है, यथार्थ कथन है। ऐसे विज्ञापन जनता के प्रति प्रोएक्टिव दिखकर अपना मार्केट बनाना चाहते थे। आइडिया ने जनता के मूड को पकड़कर अपने आइडिया को जनता के मूड से जोड़कर कुछ बेहतरीन थीमेटिक विज्ञापन दिये। ये तब दिये जब सीरियलों से, फिल्मों से जनता आउट कर दी गयी थी।

इसी तरह का एक विज्ञापन था, जिसमें एक खेत में किसी बहुराष्ट्रीय कम्पनी के लिए सेज योजना में जमीन अधिगृहीत की जानी होती है। इसके लिए मोबाइल पर जनमत संग्रह किया जाता है और जनमत कहता है कि 'नहीं' तो नेत्री कहती है 'जनता कहती है नहीं' तो नहीं!

इन दिनों पर्यावरण की थीम मध्यवर्ग की प्रिय बनायी जा रही है। पर्यावरण पर मीडिया में खूब सामग्री आ रही है। ऐसे में कागज और पेड़ के कटने को लेकर

आइडिया का ही विज्ञापन पर्यावरण के प्रति संवेदनशीलता की थीम से तुरन्त जुड़ जाता है। एक पेड़ पर्यावरण की थीम बजती देख जीवित होकर काटने वाले को पटक देता है। इस विज्ञापन को देख बाबा नागार्जुन के 'बाबा बटेशरनाथ' नामक उपन्यास की बरबस याद आती है, जिसमें एक वटवृक्ष के काटने और उसके बचाने की कहानी कही गयी है।

ऐसे विज्ञापन सामाजिक स्थितियों और समस्याओं को स्पर्श करके संवेदनशील दर्शक का ध्यान आकर्षित कर अपने ब्राण्ड को लोकप्रिय बनाते हैं। इसी तरह महँगाई एक थीम है, जिसके बारे में हर आदमी बात करता है। इसी को ध्यान में रखकर एक पेंशन प्लान कम्पनी ने महंगाई को एक-एक कैच लाइन की तरह इस्तेमाल किया है और विज्ञापन बनवाया है, जिसमें एक व्यक्ति महंगाई के बढ़ते रहने की बात करता है और यह भी बताता है जो महँगाई आज इतनी है तो बीस साल में कितना गुनी होगी, इसलिए अभी से बचत का प्लान करो। आज मेडिकल के दाखिले में पन्द्रह लाख लगते हैं, तो कल पचास लाख लगेंगे। पेंशन प्लान करो। भविष्य का इन्तजाम करो।

इसी तरह एफएम रेडियो पर एक विज्ञापन आता है, जो मध्यवर्ग के दोगलेपन को सम्बोधित करता है। घर में होंगे तो बीवी से ये कहेंगे वो कहेंगे। बाहर निकलेंगे तो पड़ोसी से शिकायत करेंगे। अगर खुद अपनी कार किसी की कार से लड़ा दी तो कहेंगे सारी भाई साहब। लेकिन अगर दूसरे ने मार दी तो कहेंगे चल बे निकल बाहर...यह भी ऐसा ही एक विज्ञापन है जो जन मनोविज्ञान को स्पर्श करके चलता है। हच के विज्ञापन माता-पिता और बच्चे को केन्द्र में रखकर चलते रहे हैं। कुत्ते और बच्ची को लेकर बनाया विज्ञापन दर्शक की कोमल भावनाओं को छूता चलता था। वोडाफोन जू-जू के विज्ञापन अप्रत्यक्ष सम्बोधन के अच्छे प्रमाण है, मनोरंजक है। एयरटेल के विज्ञापन ग्लोबलाइजेशन में सम्बन्धों की स्थापना और दूर देश में बैठे अपने से तुरन्त बात करने की बात कहता था।

मोबाइल के विज्ञापनों ने पिछले दौर में टीवी के विज्ञापनों की सबसे ज्यादा जगह घेरी है। यह जगह कोक पेप्सी से भी ज्यादा है। यदि आज देश में पचास करोड़ से ज्यादा मोबाइल हैं तो इस बूम में विज्ञापनों का बड़ा हाथ है। उन्होंने मोबाइल को एक एक्टिविटी टूल की तरह पेश किया है, सेवा के टूल की तरह पेश किया है। और सबसे बड़ी बात जनमनोविज्ञान से जोड़कर पेश किया है। ऐसे विज्ञापनों की कॉपी पर अच्छा काम किया गया है।

इसी तरह स्वाइन फ्लू के सन्दर्भ में डिटॉल का वह विज्ञापन है, जिसमें एक बच्चा अपनी माँ से कहता है आज कोई खेलने नहीं आया। जो नहीं आये वे फ्लू की चपेट में हो सकते हैं। क्योंकि वे डिटॉल इस्तेमाल नहीं करते होंगे। जो डिटॉल इस्तेमाल करते हैं, वे खेलने आते हैं।

इसी तरह 'दाग अच्छे हैं' वाला विज्ञापन है जो नये मेडिकल अध्ययनों के बाद के वातावरण को आधार बनाकर कहता है कि दाग अच्छे हैं। यह विज्ञापन अपनी ही पुरानी कैच लाइन 'दाग ढूँढते रह जाओगे' को उलटकर चलता है। और उस विज्ञापन के क्या कहने जिसमें निरमा की स्त्री निरमा पावडर की सफेदी से इस कदर एम्पावर्ड है कि उछलते कीचड़ को सरेआम डाँट लगाते हुए कहती है—'वाशिंग पाउडर निरमा दूध सी सफेदी निरमा से आये, रंगीन कपड़ा भी खिल-खिल जाए। निरमा...' उसकी तर्जनी देख कीचड़ भी उधर से ठहरकर रह जाता है। लोग थमे हुए कीचड़ को चकित भाव से देखते हैं। जब औरत आगे गुजर कर कीचड़ से गिरने को कहती है तब कहीं जाकर वह गिरता है और दूसरे को गन्दा कर जाता है।

स्पष्ट है—बाजार का मिजाज बदलता है तो विज्ञापनों की थीम प्रस्तुति के तरीके भी बदलते हैं। विज्ञापनों के लिए कॉपी तैयार करने का अभ्यास करने वालों के लिए ऐसे विज्ञापनों का पढ़ना बड़े महत्त्व का काम है।

24 जनवरी, 2010

टीवी का आम आदमी

मीडिया सच का बिजनेस है। आज के समय में बिजनेस का सच सबका सच है। सबका सच बिजनेस का सच है। मीडिया अपने सच को आम आदमी का सच बताता है। आम आदमी का सच कुछ अलग हो सकता है। अपना सच बेचने के लिए इन दिनों मीडिया रह-रह कर आम आदमी को याद करने लगा है। खबरें आम आदमी के लिए हैं, मनोरंजन भी आम आदमी के लिए है, बिगबॉस में भी सब आम आदमी के लिए बात करते थे। टीआरपी भी आम आदमी की बात करती है। नेता आम आदमी की बात करते ही हैं, आम आदमी भी आम आदमी की बात करता रहता है।

हाल ही में एक चैनल पर रामगोपाल वर्मा की नयी फिल्म 'रण' के प्रोमो कार्यक्रम में अमिताभ बच्चन से जब पूछा गया कि वे भारतरत्न किसे देना चाहेंगे तो उन्होंने कहा कि वे उस आम आदमी को देना चाहेंगे, जिस पर सब गर्व करें। कितनी अच्छी बात लेकिन कितनी अमूर्त? यानी आम आदमी है और जरूर है और वह ऐसा है जिस पर सब गर्व कर सकते हैं। इन दिनों मीडिया में बनता आम आदमी एक नया आइटम है। यह पहले नहीं था। इन दिनों वह कुछ खास लोगों की टीवी चर्चाओं में आता-जाता रहता है। यह अच्छा लगता है, लेकिन मीडिया के आम आदमी के नये भजन में आम आदमी फिट नहीं बैठता। आज के मीडिया की सैद्धान्तिकी 'आम आदमी' के निर्माण को ही असम्भव करती है। आज का मीडिया जनता को विखण्डित कर अस्मिताओं का निर्माण करता है, इसलिए जब भी मीडिया पर बार-बार आम आदमी की गुहार लगायी जाती है तो ऐसा लगता है मानो मीडिया फिर एक झूठ, एक मिथ गढ़ने जा रहा है। धोखा गढ़ने जा रहा है।

आम आदमी एक पुरानी निर्मिति है। गाँधीजी शायद इसे 'आखिरी आदमी' मानते थे। बाद में कुछ लोगों ने इसे आम आदमी कहा। इसकी जाति-धर्मगत विशेष पहचान नहीं थी। आम आदमी जनता का दूसरा नाम था। जनता वह जो शासित होती है, वोट देती है, जिसके पास सत्ता नहीं होती। आम आदमी खास आदमी के विलोम की तरह था। आम आदमी गरीब था खास आदमी अमीर था। आमी आदमी भारत में रहता कहा जा सकता है खास आदमी इण्डिया में। हिन्दी साहित्य में नयी

कहानी नयी कविता के दौर में आम आदमी साहित्य का केन्द्र बिन्दु बना। छूट गये गाँव से जुड़ा हुआ कुछ शहरी-सा, कुछ साक्षर-सा, टाइपिस्ट बाबू बनता नौकरी में खटता हुआ। बीवी बच्चों की खींचतान में जीता, हम दो हमारे दो करता हुआ, कानून भीरु, कुछ डरा हुआ अजनबी-सा, पाँच साल में एक बार निष्ठा से वोट डालता हुआ, राशन की कतार से लगता हुआ, कुछ अनुशासित-सा दिल्ली की सड़कों पर साइकिल या बहुत हुआ तो दहेज में मिले स्कूटर से जाता हुआ आदमी, जिसके हाथ में दो तनियों वाला एक थैला रहता था...

पिछले साहित्य में आम आदमी की जगह जनता ने ले ली। नेता के लिए जनता प्रमुख हो गयी। मीडिया के लिए पब्लिक यानी जनता दर्शक बन गयी, टीआरपी बन गयी। कॉरपोरेट के लिए वह कंज्यूमर बन गयी। इस तरह जनता का विखण्डन हो गया। वह कट्टर धार्मिक सांस्कृतिक स्थानीय जाति या लिंगगत या भाषागत पहचानों में बदल गयी। जनता का विखण्डन करने में मीडिया ने अहम भूमिका निभायी।

इन दिनों अगर इस विखण्डित जनता के बीच से आम आदमी की कोई तस्वीर बनाने की कोशिश की जाए, उसके पहचान के लक्षणों को जानने की कोशिश की जाए तो एक रफ-सी तस्वीर कुछ इस तरह से बनायी जा सकती है—

मीडिया का बनाया यह आम आदमी कुछ नया-सा है। पुराना दीन दुखी प्रार्थना की मुद्रा वाला नहीं हैं। यह चण्ट हेकड़ भी है। उसका दैनिक मुहावरा राजनीतिक है। उसके मन में तुरन्त बड़ा आदमी बनाने की तमन्ना है।

आम आदमी खुद शिकायत नहीं करता कि मीडिया में हर समय बड़े ताकतवर लोग ही क्यों बैठे रहते हैं? वे ही सबसे ज्यादा वक्त बकवास क्यों करते रहते हैं? वे ही क्यों हर वक्त खबर के नायक बने रहते हैं? और वे ही क्यों अन्त में आम आदमी के रोल मॉडल बन उठते हैं कि वह अपने बच्चे को भी मीडिया में कुछ बना देखना चाहता है? आम आदमी के लिए मीडिया घर बैठे मनोरंजन का माध्यम है। सूचना का, ज्ञान का माध्यम है। वह बच्चों को बिगाड़ने वाला भी है, असंस्कृति फैलाने वाला भी है। वह नंगयी दिखाता है, अश्लीलता परोसता है और अन्धविश्वास पैदा करता है। इन सब सकारात्मक और उनसे ज्यादा नकारात्मक बातों के बावजूद आम आदमी मीडिया का दीवाना है, उसे देखता है, सुनता है, उसे सच मानता है और उसे अपना मानता है, उस पर अपना कब्जा करना चाहता है। अपना कैमरा खरीदकर सिटीजन पत्रकार बनकर वह खुद ही खबर बनाने वाला, खुद ही खबर देने वाला बनता है।

मीडिया ने उस पुराने आम आदमी को बदल दिया है। वह मीडिया सजग है। मीडिया का उपभोक्ता है। वह पुराने आम आदमी-सा मासूम नहीं है। वह ताकत पसन्द है। मीडिया को ताकत बढ़ाने वाला मानता है। उसे मीडिया का ग्लैमर अच्छा

लता है। नेम-फेम-पैसा उसके मूल्य बने हैं। वह जो देखता है, उसी जैसा बन जाना चाहता है। वह संयमप्रिय बचतप्रिय नहीं, कमाईप्रिय और खर्चप्रिय है। वह आत्मसंकोची नहीं आत्मप्रदर्शनप्रिय है। वह अधिक निर्मम होड़ में है। वह अपने हित को समझता है और दूसरे के हित को रौंदकर भी आगे बढ़ सकने की लालसा रखता है। नव उदारवादी समाज में वह प्रग्मेटिक है। व्यवहारवादी है, अवसरानुकूल चलने वाला है। वह 'बण्टी और बबली' से लेकर 'ओए लकी ओए' से होता हुआ 'कमीने' की कोटि में आ गया है। वह राजकूपर का 'जागते रहो' 'श्री चार सौ बीस' वाला ऐसा भोला चतुर भी नहीं है कि अपने को ठगाकर सुखी हो। इन दिनों आम आदमी का भजन मीडिया के सामाजिक शून्य को दिखाता है। जनता को दर्शक और दर्शक को टीआरपी के आँकड़े में बदलकर मीडिया ने अपने लिए जनता की जरूरत ही खत्म कर ली है जबकि ग्लोबल स्पर्धा के इस युग में मीडिया को हर बार नयी जनता तलाशनी होती है। आम आदमी का मुहावरा इसीलिए मीडिया में लौट रहा है। यह आदमी बड़ा हिसाबी है, डिमाण्डिंग है। आप नहीं जमे तो आउट। इस नये दर्शक को आम आदमी कहकर भजने की जगह इसके प्रति, इसकी पॉकेट के प्रति जिम्मेदार होना चाहिए। उसकी तारीफ से ज्यादा उसकी शिकायत पर ध्यान देना चाहिए। क्या चैनल उसकी कोई सत्ता मानते हैं? क्या फिल्मकार उसकी जेब से पैसा निकलवाने के अलावा उसे कुछ अतिरिक्त देते हैं? यह सवाल यह आम आदमी करता है। सोचिए न।

31 जनवरी, 2010

रियलिटी शो की नयी 'स्त्री सुबोधिनी'

औरतें चुप हैं। आदमी चुप हैं। आन्दोलनकारी महिला समूह चुप हैं। एक चैनल पर रियलिटी शो के नाम पर पढ़ी-लिखी लड़कियों के सम्बन्ध में की जाती भद्दी और फूहड़ एकदम मर्दवादी प्रोग्रामिंग पर सब चुप हैं। यह नयी 'स्त्री सुबोधिनी' है।

इस शो का नाम है—'राहुल दुल्हनियाँ ले जाएगा।' यह 'राखी का स्वयंवर' की पलट है। स्त्री यहाँ चयन की आजादी नहीं रखती। पुरुष रखता है। यह नया तत्त्व है।

पन्द्रह लड़कियाँ लायी गयी हैं। वे हर समय डिजाइनर कपड़ों में सजी रहती हैं। डिजाइनर ड्रेसें समकालीन उदारवादी हैं। जो बिपाशा ने बीड़ी जलाइले वाले सीन में पहना और जो कैटरीना, करीना या राखी ने या इस-उस ने इस-उस फिल्म में पहना वह सब किसी-न-किसी का लिबास है। यह रोज बदलता है, कई बार बदलता है।

इसमें एक दर्जन से ज्यादा लड़कियाँ हैं और इनके लिए एक दुल्हा है—राहुल महाजन। स्वर्गीय प्रमोद महाजन का बेटा। उनका नाम उनका परिचय है।

इस रियलिटी शो के सीन राजवंशीय महल के अन्दर के हैं। महलों का जिक्र आते ही ऐसे किस्से याद आते हैं जिनमें राजा अक्सर अपनी दुल्हनियाँ उठाकर ले जाया करते थे। पृथ्वीराज चौहान संयोगिता को ऐन मण्डप से उठाकर ले गया था। 'राहुल दुल्हनियाँ ले जाएगा' में 'उठाकर ले जाने' की व्यंजना स्पष्ट है।

इसे देख याद आता है कि सामन्ती युग में एक राजा होता था। उसके हरम में सौ दो सौ रानियाँ रखैलें हुआ करती थीं। वे उसकी एक नजर पाने को, उसके अपने साथ एक रात बिताने के लिए सब कुछ दाँव पर लगाती रहती थीं। राजाजी कभी एक के पास आते, उसे कुछ कह जाते, भेंट दे जाते। फिर दूजी के पास जाते उसे कुछ कह आते, कुछ दे जाते। इसी तरह होता रहता। हर रानी समझती कि वही राजा की प्रिय रानी है। सब उससे जलने लगतीं। इस तरह राजा विलास करता रहता। औरतें विलास की वस्तु बनी रहतीं और समझती रहतीं कि वे पटरानी हैं। वे ऐसे ही सजी-धजी रनिवासों में मर-खप जाती थीं। वे अक्सर 'उठायी गयी' या किसी के द्वारा बेची या युद्धों में लूटी गयी होतीं। उनका जीवन किसी पशु की तरह होता, जिसे हाँक लाया जाता है।

अब जमाना बदल गया है। जनतन्त्र है। कानून की नजर में एक नागरिक के

रूप में स्त्री-पुरुष दूर तक समान हैं, तो भी मर्दवादी सामन्त नहीं मरा है। वह नये वेश में आता रहता है।

जनतन्त्र, मीडिया, कानून और विकास ने स्त्री के लिए सीमित किन्तु महत्त्वपूर्ण नागरिक स्पेस बनाया है। शिक्षा बढ़ी है, उनकी हिफाजत के अवसर बने हैं। स्त्री अपने पैरों पर खड़ी होने लगी हैं। उनके संगठन हैं। उनकी आवाजें हैं। लेकिन न मर्द के मन का सामन्त मरा है, न आम औरत के मन में प्रिय बना दी गयी परम्परा प्रदत्त सामन्त की मर्दानगी वाली छवि मरी है। ऐसे शो सामन्ती अवशेषों को समकालीन जीवनमूल्य बनाते हैं।

यह ऐलीट कलाओं से लेकर पॉपलुर कल्चर में होता देखा जा सकता है। अपने ऐलीट समाज में पिछले अरसे से जो 'हाई कल्चर' बनी, उसके सामन्ती चिह्न नये बनकर लौटे हैं। फिर उन्हें पॉप कल्चर का, मीडिया का प्रदर्शन का हिस्सा बना दिया गया है। उदाहरण के लिए दूल्हा-दुल्हन के लिबासों के डिजाइनों, पालकियों और वास्तुकला में महल युग के सामन्ती चिह्नों के नये चलन को देखा जा सकता है।

'राहुल दुल्हनियाँ ले जाएगा' में ऐसे सामंती चिह्न पर्याप्त बनाये गये हैं। सबसे बड़ा चिह्न इसकी भाषा है जो एकदम लार टपकाऊ है। यह वातावरण यों ही अश्लील लगता है। इतनी सारी लड़कियों का एक पूर्व विवाहित अमीरजादे के लिए पूरे समय मचलते रहना, खुद को रानी और उसे राजा मानते रहना, पालकी में बैठ उसके रनिवास में जाना आदि ऐसे चिह्न हैं जो आज की स्त्री छवि को विद्रूपित करके पेश करते हैं। शो के हर सीन में हर लड़की मर्द के मुकाबले नीची नजर आती है। ये लड़कियाँ शो के लिए बनायी गयी लड़कियाँ हैं। उनका कोई व्यक्तित्व नहीं है। शो में एक 'हरम' सा बनते रह जा रहा है। इसकी भाषा बेहद सेक्सिस्ट है।

उनका काम राहुल की पत्नी बनने के लिए तरसते दिखना है। एक ने कहा कि वह जब चौदह साल की थी, तभी से राहुल पर मरने लगी थी। एक कहती है कि बस वे एक बार मुझे मौका दें। एक रोने ही लगी। यही सब पूरे समय होता रहता है। तीन सजी औरतें राहुल के लिए खाना बनाती हैं। राहुल खाना खाकर बतायेगा कि किसका भाग्य जगा? अन्तिम दुल्हन छाँटने के लिए किसी-न-किसी को 'एलिमिनेट' भी किया जाता है।

शो लड़कियों की दिमागी प्रोग्रामिंग करता है। उन्हें प्रकारान्तर से सिखाता है कि उनकी जिन्दगी का मकसद शादी है। वे इसके लिए किस तरह सजें? किस तरह का व्यवहार करें? वर को आकर्षित करने के लिए किस-किस गुण की जरूरत है? आदर्श वधू में क्या गुण होने चाहिए। खाना बनाने से लेकर रूमाल काढ़ने, गाना गाने, नाचने, अंग्रेजी बोलने की तमीज किस तरह आये? किस तरह वे हर लड़के में अपना पति देखें। लड़के लड़की से क्या अपेक्षा करते हैं? सीखें और वैसी बनें। एक जमाने में लड़कियों को गृहिणी धर्म की शिक्षा 'स्त्री सुबोधिनी' टाइप की किताबों

में दी जाती थी। अब सीरियल और रियलिटी शो देते हैं। यह आज के स्त्रीत्ववादी युग में स्त्रीमात्र की मर्दवादी प्रोग्रामिंग है, जो बेहद पतनशील है। यह स्त्री के स्वत्व का दमन करती है।

जागरुक समूहों में आदत के अनुसार टीवी की उपेक्षा का भाव है। वे समझते हैं कि टीवी 'तुच्छ संस्कृति' बनाता रहता है, उसे क्या देखना? टीवी अपने यहाँ घोर 'अनक्रिटीकल' वातावरण में अपनी प्रोग्रामिंग करता रहता है। कोई नहीं बोलता। अगर कोई बोलता है तो किसी सतही कारण को बताकर कार्यक्रम पर प्रतिबन्ध लगाने की बात करने लगता है। ऐसे रिग्रेसिव कार्यक्रमों के विरोध में जागरुक जन, जनता के बीच बहस चलाकर जनमत तैयार नहीं करते।

महिला आयोग ने जरूर कहा है कि वह शो पर निगाह रखे हैं, लेकिन बाकी महिला संगठन अब तक चुप क्यों हैं? एक चैनल द्वारा बनायी जाती नयी 'स्त्री सुबोधिनी' स्त्री समाज का विद्रूपण करती है। यह तर्कहीन और असह्य है। ऐसे में क्या चुप्पी उचित है?

7 फरवरी, 2010

असामाजिक तत्त्व मीडिया और दर्शक

मीडिया को विद्वान् ही 'समझते' हैं। यह विचार एक एलीटिस्ट विचार है। मीडिया की ऐसी 'विद्वानवादी' समझ अधूरी है। मीडिया को गुण्डा भी समझता है। विद्वान् बारीक थियरी निकालने में लगे रहते हैं, जबकि गुण्डा मीडिया का उपयोग करने में लगा रहता है। अपने यहाँ मीडिया के उपयोग के बारे में जितनी स्पष्ट समझ गुण्डों में दिखती है, उतनी विद्वानों में नहीं दिखती। यह दौर ऐसा ही है, जिसमें तरह-तरह के अपराधी, गुण्डे और आतंकवादी अपने हक में मीडिया का भरपूर प्रयोग कर गुजरते हैं, लेकिन मीडिया के प्रति इस गुण्डा-बोध की भी एक सीमा होती है। कई बार ऐसे तत्त्व जिस मीडिया का मनचाहा इस्तेमाल करते हैं, वे ही मीडिया के शिकार हो जाते हैं। मीडिया जनक्षेत्र बनाता है और यह अहसास दिलाता है कि वह सबका है। इसलिए आज मीडिया विद्वान् की चिन्ता का ही विषय नहीं बल्कि हर दर्शक का विषय है। हर पाठक/श्रोता/दर्शक मीडिया का विषय होता है। और हर पाठक/श्रोता/दर्शक मीडिया को अपनी चिन्ता का 'विषय' बनाता है। नये बनते जनक्षेत्रों से परेशान गुण्डा तत्वों के लिए भी मीडिया एक 'विषय' होता है। जिसके अवसर के अनुकूल उपयोग के बारे में वे अपनी एक रणनीतिक समझ रखते हैं।

नौ/ग्यारह के बाद मीडिया के कई प्रयोग सामने आये हैं। वे नागरिक प्रयोग नहीं हैं। वे छापामार प्रयोग या भितरघाती प्रयोग हैं, जो तेजी से बदलती दुनिया को बदलने से रोक लेने के लिए किये जाते हैं। बड़े पैमाने पर बिन लादेन या उस तरह के आतंकवाद के मीडिया प्रयोग इस सन्दर्भ में अलग से पठनीय हैं तो अतितुच्छ पैमाने में पर तालिबानी प्रयोग या हिन्दू तालिबानी प्रयोग भी पठनीय हैं।

जिन विकासशील समाजों के पब्लिक स्पेसों को तरह-तरह के लम्पट अपराधी हाँकने की कोशिश कर रहे हों, वहाँ मीडिया और गुण्डों के प्रयोगवादी रिश्ते पर निगाह डालना जरूरी है। पिछले दिनों गुण्डों और मीडिया के 'प्रयोगवाद' के कई मजेदार संस्करण बने हैं—

तीन दिन पहले उस स्थानीय चैनल के लिए वह गजब का सीन रहा। एक खुली जगह पर खुले मंच पर सामने बैठी जनता के बीच वेलण्टाइन पर लाइव चैनल चर्चा चल रही थी। वेलण्टाइन-डे पर लड़के-लड़कियों के मिलने के विरोध में उतरने वाले

नैतिकता के ठेकेदार अपनी मूँछों पर ताव देते कह रहे थे कि वेलेण्टाइन पर कोई लड़का-लड़की साथ दिखे तो वे उनकी शादी करा देंगे। साल भर पहले वे पब में बैठे लड़के-लड़कियों की पिटाई करा हीरो बन चुके थे।

तभी टीवी के फ्रेम में कुछ नया घटा। चार लड़के उठे। वे मंच की ओर आये। उन्होंने नैतिकता के इस कथित ठेकेदार को पकड़ा और देखते-देखते उसके मुख पर कालिख पोत दी। न मारा न पीटा। जरा सी 'होली' खेली और चले गये।

अचानक मीडिया पर इस कदर निरीह और पोच दिखाने के लिए वे तैयार न थे। मीडिया के खुले अन्तर्क्रियात्मक स्पेस में ऐसा कभी भी हो सकता था, उन्होंने सोचा न था। ठेकेदार जी आर्तनाद करने लगे कि ऐसा करने वालों को पकड़ा जाए। इसे 'रिवर्स रियलिटी शो' कह सकते हैं जिसमें कल का खल कार्टून बना।

टीवी चैनलों के गुण्डई के रिवर्स कवरेज का दूसरा संस्करण शिवसेना का है। वह पूरे सप्ताह 'माई नेम इज खान' के पोस्टरों को फाड़ती-जलाती रही और धमकी देती रही कि मल्टीप्लेक्सों में पिक्चर रिलीज नहीं होने देगी। जो देखने जाएगा उसे देख लेगी। जब पिक्चर रिलीज हुई तो शिवसेना कुछ न कर सकी। मीडिया ने प्रसन्न होकर कहा कि शेर डरकर अपनी माँद में घुस गया।

मीडिया पर अपनी मनमानी गुण्डई का तमाशा दिखाकर अपनी फासिस्टिक उग्र राजनीति करने वाले ये समझते रहे हैं कि वे एक्शन कर मनमाना कवरेज ले सकते हैं—मीडिया को स्टोरी चाहिए। स्टोरी तब बनती है जब कहीं एक्शन होता है। वे एक्टिविस्ट हैं। उनके पास एक्शन हैं। बस उन्हें मीडिया की 'लाइट' और 'कैमरा' चाहिए। 'एक्शन' वे खुद कर देंगे और एक एक्शनी कहानी टीवी पर आ जाएगी। कहानी के आते ही इलाके में उनका रुतबा होगा। वे रातों-रात नेता बन जाएँगे।

इसके लिए वे मीडिया का भरपूर और मुफ्त इस्तेमाल करने के आदी हो चले थे। अपने एक्शन के बारे में पहले से बताकर वेलण्टाइन पर हिंसा करने-कराने वाले महारथी बजरंगिये हों, परिषदिये हों या श्रीराम सेना के उक्त मुतालिक साहब हों या शाहरुख खान की पिक्चर के विरोध में तोड़फोड कराती शिवसेना हो, टीवी ने उनके साथ वही सलूक किया, जो सबके साथ करता है।

मुतालिक के साथ दर्शकों ने जब 'जैसे को तैसा' किया तो मीडिया ने उसका सीन भी जस का तस दिखा दिया। टीवी के आगे सारी हेकड़ी निकल गयी। सबके लिए हास्य का पात्र बने।

अब तक गुण्डे मीडिया में अपने को 'हीरो' बनाते हुए मनमाने सीन बनाते रहे हैं। किसी भी ध्यान खींचने वाले एक्शन को ही 'कहानी' समझ बैठने वाला मीडिया उनका मुफ्त का मंच रहा है।

गुण्डों की मीडिया-नीति सरल-सी रही है। कहीं कुछ बदमाश मीडिया के लिए एक 'घटना' कर देते हैं, और मीडिया उसके कवरेज में लग जाता है, और उसकी

लीला पर चर्चा कराता चलता है, जिसमें वह तटस्थता के नाम पर गुण्डा-पक्ष को भी जगह देता है। वहाँ वह अपनी दादागीरी की लाइन का बेशर्मी से जयघोष करता है। अक्सर चुना गया 'नरम निशाना' या सॉफ्ट टारगेट उसके आगे कमजोर हताश नजर आता है। सामान्य दर्शक इसे बुरा मानता है, लेकिन व्यक्त नहीं कर पाता। अब तक ऐसे ही सीन बनते रहे हैं, जिनमें कोई भी खल-अट्टाहास करता निकल जाता है। लेकिन अब टीवी का मूक किन्तु मानसिक रूप से हमेशा सक्रिय दर्शक बोलने लगा है। कभी-कभी वह कहानी में 'रिवर्स गीयर' भी लगा देता है। मुतालिक के मुख पर कालिख मलने की घटना इसी का सबूत है। इस घटना ने बताया है कि टीवी का दर्शक अब वयस्क हो चला है और नागरिक जीवन में गुण्डा तत्त्वों को बर्दाश्त करने वाला नहीं है।

14 फरवरी, 2010

सुपर आइकन सचिन

जिस दिन ममता बनर्जी ने रेल बजट पेश किया, उसी दिन सचिन ने वन डे क्रिकेट में डबल सेंचुरी ठोकी और लगभग न तोड़ा जा सकने वाला रिकार्ड कायम किया।

अखबारों ने रेल बजट को प्राथमिकता दी। सचिन की खबर को इसके बाद जगह दी, लेकिन इलेक्ट्रानिक मीडिया ने अपनी खबरों का ज्यादातर समय सचिन के रिकार्ड की कहानी के संग गुजारा। ऐसा लगा कि रेल बजट एक मामूली खबर है जबकि असल बड़ी खबर सचिन का रिकार्ड बनाना है। इस बात को एकाध अखबार ने भी लक्षित किया कि टीवी का ज्यादा समय सचिन की कहानी को मिला।

महत्त्वपूर्ण यह सवाल नहीं है कि यह ठीक हुआ या नहीं? मीडिया अध्ययन के लिए महत्त्वपूर्ण यह है कि क्या हमारा मीडिया खुद को आइकनी युग में ढाल रहा है? क्या दर्शक भी खुद को 'आइकन-सेवी' बनाने को मचल रहा है? क्या ऐसा मीडिया वातावरण बन गया है कि मीडिया हार्ड न्यूज की जगह सॉफ्ट न्यूज लेने लगे? सवाल और भी हैं। परम्परागत मीडिया जन-हिताहित से जुड़ी आर्थिक राजनीतिक खबरों को प्राथमिकता देता आया है। अब प्राथमिक खबर तय करने के या खबर का क्रम तय करने के मानक बदल रहे हैं। रेल बजट सम्बन्धी खबर बनाम सचिन का खबर एक ऐसा ही मामला है।

खबरों की प्राथमिकता के चयन के बदलते चलन के सन्दर्भ में एक कौतुकी सवाल करने का मन हो आया है कि पूछा जाय कि जिस दिन प्रणब मुखर्जी ने आम बजट पेश किया, अगर उसी दिन सचिन ने यह रिकार्ड तोड़ खबर बनायी होती तो क्या चैनल उस दिन भी सचिन की खबर को पहली खबर बनाते? बजट को उसके बाद की खबर बनाते? फिलहाल इस खयाली सवाल को सवाल की तरह छोड़ा जा सकता है।

रेल बजट और सचिन में कोई तुलना नहीं है। रेल बजट एक जन-सांस्थानिक क्रिया है। जो लोगों के हिताहित से सीधे जुड़ी है जबकि सचिन क्रिकेट द्वारा बनाये जाने वाले और उसके टी.वी कवरेज से बनने वाले जनक्षेत्र का आइकन है जो खेल कर जन-आनन्द की सृष्टि करता है। कुछ लोग पूछ सकते हैं। उनके नये रिकार्ड की कहानी अगर रेल बजट के बाद दी गयी होती तो क्या सचिन की महत्ता घट

जाती? शायद नहीं। ऐसा क्यों किया गया? क्या दर्शकों ने इसकी माँग की या उसे तुष्ट करने के लिए ऐसा किया गया? या चैनलों के न्यूज रूमों और सम्पादन कक्षों में कल्पित दर्शक की जिज्ञासा तुष्ट करने के लिए ऐसा किया गया या कि प्रायोजकों के आग्रह पर या चैनलों में बैठे 'नरम खबर' के हिमायतियों की वजह से ऐसा किया गया?

खबरों के चयन के नजरिये में तेजी से परिवर्तन हुआ। मिडिया ने समझ लिया है कि आइकन निर्माण और उसका समारोह वातावरण की तरह है। उसके दर्शन से दर्शक रूपी मधुमक्खियाँ आती हैं और मक्खियों की जेब से निकलने वाले कैश रूपी शहद के लिए कारपोरेट कटोरा आगे बढ़ाते हैं। बदले में वे मीडिया को लाभ रूपी शहद की चन्द बूँदे देते हैं। दर्शक को कोरा आनन्द मिलता है जो 'अमूल्य' होता है। इस तरह आकइन कारपोरेट, मीडिया और दर्शक के लिए दुधारू-तिधारू होता है। रेल बजट तो रस-विरस ही करता। बजट का सचिन से उस दिन कोई मैच नहीं बनता था।

सचिन का रिकार्ड उत्साह नामक स्थायी भाव को जाग्रत करने वाला रहा। क्रिकेट इस देश की जलती-बुझती देशभक्ति का महानन्दकारी रूपक है। इस ग्लोबल जगत् में वह हमें 'बिग प्लेयर' होने के नये अहसास कराता है। क्रिकेट अपने उत्तर औपनिवेशिक राष्ट्र का दुनिया के बीच दावा पेश करने वाला एक प्रतिवादी रूपक दिखाता है, जिसका निर्विवाद सुपर हीरो सचिन है। ग्लोबल कारपोरेट के उपभोक्ता-बाजार के लिए भी वह एक निर्विवाद आइकन है। उसके जरिये वे उसके प्रशंसकों तक पहुँच अपने ब्राण्ड से उन्हें आकर्षित करते हैं। जिस ब्राण्ड को सचिन स्पांसर करता है, वह अपने आप क्वालिटी प्राप्त कर लेता है। उसे आसानी से जन-स्वीकृति मिल जाती है। कारपोरेट ऐसा सोचते हैं। कारपोरेट के ब्राण्ड मेनेजमेण्ट में टीवी की बड़ी भूमिका है, जिसके लिए वह अपने चुने और गढ़े आइकनों का सहारा लेता है। शायद इसीलिए ममता दीदी की जगह सचिन के रिकार्ड ने अग्रता ली। सचिन क्रिकेट प्रेमी असंख्य जनता के हर्ष-विषाद के नायक रहे हैं। वे वहाँ पहुँच गये हैं जहाँ वे सिर्फ रिकार्ड बना सकते हैं। अगर वे खेल के इस दौर में कुछ खास नहीं कर पाते तो बहुत निराशा नहीं होती, लेकिन अगर करते हैं तो वह सहज ही अद्वितीय हो उठता है।

उनके मीडिया का प्रिय होने का एक कारण शायद यह है कि वे अब तक विवाद रहित आइकन हैं। विवाद रहित होना सामान्य आइकन से सुपरआइकन बनने का लक्षण होता है। खेल में प्रतिभा ही चमकती है, तिकड़म नहीं। सो खेल सचमुच की प्रतिभाओं को आइकन बनाते हैं। राजनीति नहीं बनाती। कलाएँ कभी बनाती थीं। लेकिन इन दिनों के विभक्त-विवादित समय में कलाएँ भी वैचारिक-विभक्तियों में फँस जाती हैं। इस युग में खेल ही ऐसे निर्मल उत्साह से निर्मित जनक्षेत्र सम्भव करते हैं जो निर्विवाद सर्व-स्वीकृत आइकन बनाते हैं। यद्यपि अमेरिका के ओजे

सिंपसन से लेकर टाइगर वुड्स तक की कहानियाँ विवादित होने लगी हैं। इसके बरक्स सचिन ऐसे खिलाड़ी हैं जो राजठाकरे के 'मुम्बईवाद' को मीठे तरीके से चैलेंज करके भी विवादित नहीं हुए हैं। उनकी यह दुर्जेयता सम्मोहित करती है।

यह सचिन का सुपर आइकन में तब्दील होना है। मीडिया ने इस अवसर को पहचाना। यह उसके आइकन युग में आने की निशानी है। आइकन सचिन को पीएम और राष्ट्रपति ने बधाई दी। यहाँ तक कि भाजपा के गडकरी तक ने बधाई भेजी। पूर्व महान् क्रिकेटर सुनील गावस्कर ने कहा कि वे सचिन के चरण छूना चाहते हैं। शेनवार्न या किसने तो कहा कि मानो ईश्वर खेल रहा था। किसी ने कहा कि अगर क्रिकेट धर्म है तो सचिन उसका भगवान् है। चैनलों ने तय पाया कि सचिन अब तक के महान् डॉन ब्रैडमेन से भी महत्तर हैं। लता मंगेशकर जो अपने आप में असधारण आइकन हैं, टीवी पर सचिन की प्रशंसा करते नहीं थकती थीं और क्रिकेट प्रेमी दर्शकों का उत्साह देखते बनता था। इस चिढ़ते और खीझते, अपनी हीनता से दर्पोद्धत समाज में कोई तो है जो सहज आदर का पात्र हो सकता है—ऐसा टीवी अनुभव बनता रहा।

सचिन की कहानी को पहली बड़ी खबर बनाना यह संकेत देता है कि टीवी खबर रंजकता के ऐसे दौर में आ गया है और 'विरस-समय' का अपने मधुर-रस से प्रतिकार करती है और अपनी जगह बनाती है। रेल बजट कुछ हो, सचिन के रिकार्ड की-सी रसमय कहानी तो नहीं ही बनता।

1 मार्च, 2010

चैनलों का नरम-गरम पोर्नरंजन

एक एफएम रेडियो चैनल पर एक विज्ञापन आता है। जिसमें एक लड़का पूछता है— आण्टी टीना (या शायद वह नाम रीना था) घर में है?

आण्टी यानी टीना की माँ कहती हैं—वो तो ऊपर वाले कमरे में है।

लड़का ऊपर जाने को हुमकता है तो माँ लड़के से व्यंग्य में कहती है—क्यों नितिन (या उसका नाम जो भी रहा हो) ऊपर जाना जरूरी है। क्या हमसे बात नहीं करोगे? जो सोशल गेम्स तुम ऊपर खेलते हो, हमारे साथ नहीं खेलोगे?

लड़का कहता रह जाता है—हं हं...

इसके बाद यह माँ इस लड़के के साथ क्या-क्या 'सोशल गेम्स' करती होगी, इसकी कल्पना की जा सकती है।

सोशल गेम्स एक नया पद है जो इधर मीडिया में प्रचलित होने लगा है। जाहिर है इसके पीछे सेक्स मार्केट के कुछ तत्त्व होंगे। सोशल गेम्स शब्द की व्याख्या करने की जरूरत नहीं। समझने वाले समझ सकते हैं।

टीवी के एक चैनल पर एक रीयलिटी शो जैसा कुछ आता है। टाइटिल है—'इमोशनल अत्याचार।' यहाँ लड़कियाँ अपने निकट मित्रों के ऊपर जासूसी कराती हैं, स्टिंग कराती हैं। स्टिंग में अक्सर लड़का दूसरी-तीसरी लड़की से इश्क फरमाता दिखता है। सब कुछ विजुअलों में आता है। जितना दिखता है, उससे ज्यादा कल्पना को उत्तेजित करता निकल जाता है।

खांटी पोर्न सब कुछ नंगा कर देता है। इण्टरनेट पोर्न से भरा है। यहँ सब कुछ है, सब कुछ नंगमनंग है। नंगयी की अति कुत्सा पैदा करती है। जो पूरा नंगा नहीं करता, वह भड़काऊ होता है। इन दिनों मनोरंजन के नाम पर टीवी पर ऐसी ही कामोत्तेजना बनायी जाती रहती है।

'राहुल दुल्हनियाँ ले जाएगा' के लार टपकाऊ भड़काऊ वातावरण देखिए। ऐसा लगता है कि उस टीवी चैनल पर साक्षात् इन्दरसभा आकर बैठ गयी है। 'इन्दरसभा' जैसा सीन होता है। एक इन्द्र है, शेष लड़कियाँ अप्सराएँ हैं जिनका काम इन्दर को रिझाना, मनाना है और वह अर्ध खल्वाट थुलथुल इन्दर लड़कियों के साथ डेट (एकान्त मिलन) पर जाता-आता है। डेट पर क्या बातें करते हैं? यही कि तुम्हारा

इससे पहले किससे सम्बन्ध रहा? लड़कियाँ हैं उसके साथ डेट पर जाने के लिए मचलती हैं और फिर टीवी पर चिपटने लिपटने के सीन देती हैं। इन्दर जी कभी इधर चूमते हैं, उधर चाटते हैं। इधर चिपकाते हैं, उधर चिपकाते हैं। गोद में बिठाते हैं।

लड़कियों के उत्थान के इस दौर में टीवी की इन लड़कियों ने गिरना मंजूर कर लिया है। वे सेक्स डॉल बनने को आतुर हैं। वे ऐसी वस्तु बन चली हैं जिन्हें बीवी बन परित्यक्त व्यक्ति को रिझाना है।

ऐसी गिरावट अभूतपूर्व है। इन पढ़ी-लिखी लड़कियों का काम कैरियर बनाना नहीं अपने लिए एक इन्दर खोजना है, उसे रिझाना है। उन्हें डेटिंग आनी चाहिए। उन्हें अपने पूर्व प्रेम प्रसंग बिना हिचक खोले बताने आने चाहिए। यह टीवी की नयी इन्दरसभा है। इन्दर जी एक अप्सरा से पूछते हैं कि क्या इससे पहले उसका कोई इण्टीमेट दोस्त रहा है? अप्सरा कहती है, हाँ रहा है तो इन्दर जी नाराज होते हैं और कहते हैं कि यह तो तुम्हारे 'सीवी' में नहीं था, तुमने छिपाया। इन्दर के भीतर बैठा मर्द पूछता है—सच बताओ तुम्हारे उससे कभी इण्टीमेट या सेक्स सम्बन्ध रहे हैं? इण्टीमेट रहे हैं तो कहाँ तक रहे? लड़की बताती है कि सम्बन्ध रहे हैं। सेक्स सम्बन्ध नहीं रहे। तब वह कहता है, ओके वह भूलने को तैयार है बशर्ते अप्सरा अपने पूर्व प्रेमी को अभी इसी वक्त सबके सामने फोन करे। कहे कि अब सम्बन्ध नहीं है। लड़की वहीं से उक्त पूर्व प्रेमी को फोन करती है, और कहती है अब उससे सम्बन्ध खत्म है। इन्दर जी सुनते हैं। दूसरी अप्सराएँ सुनती हैं।

यह लड़के-लड़कियों के बीच सम्बन्ध बनाने का नया कोड ऑफ कंडक्ट है, जिसमें डेटिंग, आपस में खुले डायलॉग, लिपटना-चिपटना-चूमना-चाटना-गोदी में बैठना-बिठाना सब जरूरी है।

इन्दरसभा के ऐसे नये सीन हर छोरे को इन्दर और हर छोरी को अप्सरा का भाव देते हैं।

बस एक सुहागरात की कसर है। अब आप इन्दरसभा में एक ठो सुहागरात के रियलिटी शो देखने के लिए मचल सकते हैं। सुहागरात हिन्दी फिल्मों का जरूरी सीन रहा है। कहानी के एक जुज के रूप में आकर सुहागरात का सीन अपने व्यंजनार्थ को परिवार के संस्थान में बिला देता था। सुहागरात कहानी से आजाद नहीं होती थी। टीवी की इन्दरसभा में सुहागरात की तैयारी कहानी से एकदम आजाद है।

मीडिया समाज को सामन्तीयता के बन्धनों से मुक्त करता है। व्यक्तियों को मुक्त करता है। इन दिनों के कई मनोरंजन कार्यक्रम इस मुक्ति को सामाजिकता या सांस्थानिकता से मुक्त करके, उसकी जगह 'सेक्सी' या 'सेक्सव्यंजक' या 'सेक्साभासी चिह्न' बनाते हैं और सारी मुक्ति कामना का, उसके फ्री स्पेस को 'अनिवार्यतः 'सेक्सिस्ट' बनाने में लगे हैं। सामन्तीय मानसिकता में बन्द समाज में हर ऐसा सीन मर्दवादी लम्पटीय लार' को बढ़ाता है। उसके प्रति बिना क्रिटीकल

हुए बिना जिम्मेदार आलोचनात्मकता के, सीधे निजी लार टपकाऊ आनन्द की सिद्धि में धकेलता है। यह फ्री स्पेस नहीं बनाता बल्कि एक फ्री स्पेस को लम्पट स्पेस के आगे सबसे तीखे ढंग से खोल देता है, जिसकी लम्पट प्रतिक्रिया हर बार लड़की मात्र को कमजोर करती है। ऐसे विज्ञापनों या शोज में लड़कियों को जिस गिरावट में दिखाया जाता है, उसमें वे अपने 'स्त्रीत्व' को पहचानने और उसका दावा करनेवाली या अपना फैसला लेने वाली नहीं दिखती हैं। एक प्रेमी को ना कहकर दूसरे की लार टपकाऊ चिरौरी करते दिखना, पहले की जगह दूसरे के आगे बिछना ही है। उक्त विज्ञापन में औरतें सेक्स के लिए भूखी हैं तो 'राहुल दुल्हनियाँ ले जाएगा' वाली इन्दरसभा में भी ये पुरुष की भूखी हैं। इसे 'नरम पोर्न' ही कहा जा सकता है।

ऐसे कार्यक्रम औरत को एक दरजा नीचा करके दिखाते हैं। क्या प्राइमटाइम का मनोरंजन अब 'नरम गरम पोर्नरंजन' बन चला है।

21 फरवरी, 2010

अखबार के भीतर विज्ञापनी परचे की लीला

सप्ताह में कम से कम दो दिन अखबार अपने अलावा भी कुछ देते हैं। वे इलाकाई बाजार के विज्ञापनों के परचे होते हैं। वे अखबारों की गोद में आते हैं। वे स्थानीय बिजनेस और हॉकर की संरचना होते हैं। वे न हों तो अखबार मनहूस लगता है। वे अखबार के दोस्त हैं। वे अखबार का कागजी बोनस हैं। उनकी भी मनोहरता है। सुबह हॉकर आपके यहाँ अखबार फेंक जाता है। आप दरवाजा खोलकर अखबार उठाकर खोलते हैं तो अचानक उसमें से कुछ नीचे सरककर गिर पड़ता है। उठाकर देखते हैं तो पाते है कि वह साड़ी का सेल का परचा है, जो मुहल्ले के बाजार में लगी है या किसी जूता सेल का या कार सेल का परचा है, जिसे अखबार में रख दिया गया है और जिसे एक अखबार हॉकर की कृपा से आप तक पहुँचा रहा है। परचा 'मीडिया के भीतर मीडिया' की लीला है। आप चिढ़कर इसे 'कूड़ा' कहते हैं।

अगर आप एक अखबार लेते हैं तो आपके पास सीजन टू सीजन अखबार के अन्दर रखे दो चार परचे पहुँचते ही हैं। अगर आप ज्यादा संख्या में अखबार लेते हैं तो प्रति अखबार दो चार परचे गिन लीजिए। यानी बहुत सा कूड़ा।

लेकिन यह कूड़ा अक्सर अखबार की हेडलाइन से ज्यादा जिज्ञासा जगाता है। वह एक झलक सारी बात कह देता है। वह मुहल्ले के उपभोक्ता कल्चर का वाहक होता है। वह हमें उपभोक्ता का दरजा देकर अपनी क्रयशक्ति के होने का अहसास कराता है। वह आपको एक दरजा देता है। आपकी जेब, जरूरत और रुचि की स्लाटिंग करता है। वह आपसे ज्यादा आपकी जेब और आपके घर, जीवन-शैली से संवाद करता है। आपको एक स्तरीय मेट्रो मध्यवर्ग में ढालता है।

वह ऐसा 'ओपिन हार्ट होता है, जो आपके पास पहुँचकर सब कुछ दिल खोलकर बता देता है। उसे परवाह नहीं कि वह एक नजर में पुराना हो जाएगा। परचा अपनी क्षणभंगुरता में विनम्र होता है।

वह ऐसा अजनबी होता है जो आपको आपके मुहल्ले के बाजार से शनिवार रविवार की सुबह जोड़ता है।

कई स्थानीय दुकानदार, शोरूम, रेस्त्राँ वाले, मिठाई वाले, ज्वेलर, रेडीमेड गारमेण्ट वाले, डॉक्टर, क्लिनिक बड़े अखबारों में विज्ञापन की जगह नहीं खरीद सकते।

उनका बजट उनको इसकी इजाजत नहीं देता। हर ग्राहक पटाना है। अपने होने को दिखाना है। काम करने वाले प्रोफेशनलों का इलाका है। सुबह निकलते हैं। रात को लौटते हैं। बाजार में आने का समय नहीं होता। तो क्यों न हमीं उनको खबर दें कि आपके बाजार में क्या-क्या उपलब्ध है? बाजार वाले सोचते हैं, हजारों दुकानों की भीड़ में अपनी पहचान बनानी है, इसलिए वे अखबारों की गोद में चुपके से बैठकर उपभोक्ता तक पहुँचते हैं।

इस काम में उनका सबसे बड़ा मददगार हॉकर होता है, जो वितरण के ठिकाने से सुबह चार बजे अखबार का बण्डल उठता है। और वहीं बैठकर उसके अन्दर परचे डालता है। और अखबार को साइकिल पर लादकर घरों में फेंकता है। हर परचे में उसकी पत्ती भी बनती है। इस तरह एक अखबार इस स्थानीय विज्ञापन का भी वाहक होता है। किसी मालिक या सम्पादक को यह ध्यान नहीं होता कि उसका अखबार कितने अतिरिक्त विज्ञापनों का वाहन बना है।

अचानक घर पहुँच जाने वाले ये विज्ञापनी परचे स्थानीय आबादी की जरूरतों और सप्लाई लाइन की गाथा कहते हैं। इनसे समाज के मिजाज का पता चलता है, मिडिल क्लास के मिजाज का पता चलता है। परिवारों के ढाँचे और उनकी जरूरतों का पता चलता है। दीवाली, होली, नया साल आदि के मौकों पर ये परचे अचानक बढ़ जाते हैं। कई बार वे चार तक होते हैं। फोर कलर आर्ट पेपर कागज के दोनों तरफ छपने वाले। नयी हेल्थ सर्विसेज के हेल्थक्लबों के जिमो के विज्ञापन, टीवी डीवीडी मोबाइल बेचने से लेकर उनकी मरम्मत करने वालों तक के विज्ञापन होते हैं। किराने की दुकान से लेकर शापिंग माल के होते हैं। किसी गुमशुदा के भी होते हैं।

एक बार किसी चमत्कारी बाबा का विज्ञापन आया, जो बाबा की गारण्टी देकर लोगों की कुशलक्षेम की गारण्टी देता था। भूतप्रेत बाधा से लेकर ऊपर की हवा, पागलपन से लेकर मिरगी के दौरे, खोए हुए माल और बेटे की तलाश और घर में कलह की जगह सुखशान्ति आदि के लिए बाबा से सम्पर्क करें। इसी तरह एक बार ऐसा परचा भी हाथ लगा जो कहता था कि आप अपने घर का वास्तुदोष सुधारें। आजकल जितने घर बनते हैं, उनमें कहीं न कही वास्तु दोष रह जाता है, जिसके कारण रहनेवालों की तरह-तरह की विपदाओं का सामना करना पड़ता है। आपको रक्षा कवच चाहिए और मन्त्र पूजित रक्षा कवच लीजिए, मकान में लगाइए। आप इस मोबाइल नम्बर पर सम्पर्क करें।

इसी तरह जब इम्तहान आते हैं तो ट्यूटरों के परचे आते हैं। कोचिंग क्लासेस के आते हैं। जो बच्चे कैट आदि करते हैं तो पूरे अखबार बराबर परचे भी आते हैं। इन दिनों तो कभी-कभी कोचिंग वाले अखबार के भीतर पूरे-पेज खरीद डालते हैं, जिनमें पास होने वाले, टॉप करने वाले बच्चों के फोटो और प्रतिशत भी होता है। कई बार हेल्थ कैम्प के विज्ञापन आते हैं, जो बताते हैं कि फ्री हेल्थ कैम्प लगा है।

शुगर, हार्ट ब्लडप्रेसर की फ्री जाँच करवाएँ।

यह स्थानीय सेवी इकानॉमी का संचार है। वितरण और उपभोग का संचार है। टीवी भी ऐसा नहीं कर सकता। परचे कर सकते हैं। अखबार वाले शरण दे सकते हैं या नहीं। वे एक क्षण आपको सूचना देकर खुद अपने में बदलते हैं। वे आपको कूडा फेंक सकते हैं, टीवी कूड़ा फैला नहीं, उसे फेंक नहीं सकता।

7 मार्च, 2010

टीवी की आंचलिकता

टीवी में दिखनेवाले घर की भाषा बदल रही है। टीवी में बड़े शहर दिखते रहे हैं। मेट्रो दिखते रहे हैं, सारी कहानियाँ उन्हीं के बाशिन्दों की आती रही है। अब चैनल कस्बाती और गँवई जीवन की कहानियाँ बनाने लगे हैं। उनकी भाषा कहानियों में आने लगी है। यह मीडिया में साइबर-आंचलिकता है। इसमें अंचल विशेष की भाषा और जीवन शैली का छौंक रहता है। इस प्रवृत्ति की पृष्ठभूमि में 'मालामाल वीकली', 'वेलकम टू सज्जनपुर' जैसी कस्बाई-ग्रामीण जीवन को दिखाने वाली फिल्में हैं और कई अन्य तत्त्व भी सक्रिय हैं।

'लापतागंज' शरद जोशी का लिखा एक व्यंग्यात्मक कस्बा ही है जो हर कहीं है। 'काशी' सीरियल की भाषा अलग है। 'देवी' की भाषा अलग है। 'जमुनिया' की भाषा अलग अंचल की है। और 'बालिका वधू' की भाषा अलग आंचलिकता लिए हुए हैं।

काशी के पात्र अवधी भोजपुरी मिलाकर बोलते हैं। लेकिन काशी खड़ी बोली हिन्दी ही बोलती है। काशी पढ़ना चाहती है। पढ़ने की भाषा खड़ी बोली ही है। वह उसे बोलती है। देवी के आसपास के घर की भाषा ब्रजी है। उसके माता-पिता ब्रजी बोलते हैं। लेकिन उन सबकी भाषा यात्रा खड़ी बोली की ओर होती है। यह नये किस्म का सांस्कृतिक शहरीकरण है। 'जमुनिया' में भी ग्राम्य भाषा का स्पर्श है। बालिका वधू में राजस्थानी भाषा का स्पर्श रहता है।

'हमार चैनल' पर आने वाले समाचार और मनोरंजक कार्यक्रम भोजपुरी में होते हैं। भोजपुरी के जानने वाले हमार चैनल की भोजपुरी को दोषपूर्ण कहते हैं, लेकिन मेट्रो कल्चर के लोगों को वह एक नयी तरह की भाषा लगती है।

टीवी में कस्बाती जीवन की कहानियाँ ज्यादा आने लगी हैं। उनके चरित्र घटनाक्रम और पात्रों की वेशभूषा आदि सब चटख और डिजाइनी होती हैं। उनमें ठेठ कस्बाती टच नहीं आ पाता तो भी वे मेट्रो की हिंग्रेजी के मुकाबले एक अलग तरह का संचार करती हैं।

टीवी के मनोरंजन उद्योग द्वारा बड़े शहरों और मेट्रो महानगरों की जगह कस्बाती कल्चर को बड़े पैमाने पर बनाया जाना बताता है कि टीवी चैनल अपने लिए कस्बों

और गाँवों में नये दर्शक बनाने में लगे हैं। अब उनमें इस नये बाजार के लिए स्पर्धा तक नजर आती है। मुफस्सिल कस्बाती और गँवई जीवन की ओर झाँकने के इस उद्यम के पीछे दो तीन तत्त्वों का हाथ है।

इस सन्दर्भ में कस्बों गाँवों के समकालीन उपभोक्ता बाजार का सबसे बड़ा केन्द्र बन उठना एक नया निर्णायक तत्त्व माना जा सकता है। यह बदलाव पिछले दस-पन्द्रह साल में आया है। कस्बे मेट्रो के रूप में ढलने लगे हैं और गाँव कस्बाती होने लगे हैं। 'बी' श्रेणी के शहर अपने 'अनक्रीज्ड' और 'स्लो' जीवन को छोड़ तेज गति में रहने लगे हैं। वहाँ माल्स और मल्टीप्लेक्स बनने लगे हैं। वे इकानॉमी को ड्राइव करने लगे हैं।

ऐसे में टीवी भला कस्बाती जीवन को अपना केन्द्र क्यों न बनाये? क्या हम ऐसे कार्यक्रमों में आने वाले विज्ञापनों के ब्राण्डों को नहीं पढ़ सकते। वे सब वही हैं जो महानगरीय जीवन के हैं और जो ग्लोबल हैं। कस्बों में, देहातों में अब ये ब्राण्ड घर-घर की बात हैं। यह नया संचार नये टीवी बाजार को गति देता है।

कस्बाती-देहाती जीवन की कहानियों को आधार बनाकर चलनेवाले सीरियल अब ब्राण्डों और कस्बाई अनुभवों को एकमेक कर देना चाहते हैं। इसी से टीवी को नये दर्शक मिल सकते हैं। मेट्रो और बड़े शहरों में दर्शकों की अन्तिम हद आ गयी है। वहाँ नये दर्शक नहीं बनते। असली दर्शक कस्बों और गाँवों में हैं जो बिजली के अभाव में बैटरी चलाकर, जेनरेटर चलाकर ट्रैक्टर चलाकर बिजली पैदा कर टीवी देखते हैं, वीडियो देखते हैं।

बी श्रेणी के शहरों-कस्बों और गाँवों के दर्शक-बाजार की नयी खबर तब हुई जब टीवी चैनलों ने रियलटी शोज में 'टेलेण्ट हण्टों' में 'आडीशन टेस्ट' करवाये। मालूम पड़ा कि लाखों युवा बच्चे-बच्चियाँ टीवी में एक पल को अपनी छवि दिखाने के लिए लाखों की संख्या में लाइन लगे हैं। यही नया दर्शक था और यही हिस्सेदार भी और यह सामने था।

टीवी में आंचलिकता की शिफ्ट का एक कारण यह नयी जमात रही जो प्रतिभा दिखाने को मचल रही है। उदारवादी अर्थव्यवस्था के दौर के पिछले बीस सालों के दौरान पली-बढ़ी दूसरी और शायद तीसरी पीढ़ी भी तैयार हो चुकी है। यह बात चैनलों की रियलटी शोज के पहले चक्र में मालूम हुई। मारकेटिंग शोधों ने इसे पहले ही बता दिया था। मीडिया क्रान्ति ने उपभोक्ता बाजार के केन्द्र बदल दिये हैं और छोटे नगरों को गतिविधि का हिस्सा बना दिया है। ऐसे में टीवी को उनकी प्रतिभा का मंच बनना ही था।

आंचलिकता की ओर इस शिफ्ट का दूसरा कारण टीवी और फिल्म उद्योग का विकेन्द्रित होना है। टीवी के ज्यादातर चैनल मुम्बई में न होकर नोएडा फिल्म सिटी में हैं। मुम्बई में सीरियल बनते हैं। लेकिन सीरियल की कला ऐसी है कि उसे बड़े

स्टूडियोज के बिना भी सम्भव किया जा सकता है। इस तरह वे कहीं भी बन सकते हैं। फिर नितान्त स्थानीय केबल टीवी चैनलों ने स्थानीय बाजार और स्थानीय आयोजनों के लाइव टेलीकास्ट दिखाकर उस दर्शक और बाजार को जगा दिया है, जो कहता है—टीवी मेरा। मैं टीवी का। रही—कसर मोबाइल क्रान्ति ने पूरी कर दी है।

फिल्म उद्योग की नियति बिग स्टार, बिग बजट, बिग मनी, बिग सर्कुलेशन, बिग रिटर्न के अन्तर्विरोध में फँसते रहना है। थ्री ईडियट्स की रिकार्ड तोड़ कमाई के बाद अब उसके वही प्रशंसक अफसोस कर रहे हैं कि उसकी कमाई के बाद का फिल्मी मारकेट बैठ गया है। बॉलीवुड का चूल्हा इन दिनों ठण्डा पड़ा है। जबकि टीवी उद्योग अपनी बढ़त बनाये हुए है। वहाँ प्रयोजकों की, विज्ञापनों की कमी नहीं है।

इसका कारण यही है कि टीवी सचमुच छोटा और उपयोगी माध्यम है। सस्ती हो रही तकनीक ने उसे मध्यम पूँजी का माध्यम बनाया है। और अब वह कस्बाती ग्रामांचली दिशाओं को खोल रहा है।

इसके लिए वह वहाँ की जीवन शैली और संस्कृति के रूप बना रहा है ताकि वह इन पिछड़े इलाकों की जनता के साथ 'सिंक' कर सके। इस काम में उपभोक्ता बाजार के ब्राण्ड उसकी मदद कर रहे हैं। कस्बाती यथार्थ का आना बताता है कि उपभोक्ता भी रचनात्मक हो सकता है।

यहाँ आप किसी गहन यथार्थवाद की उम्मीद न करें। टीवी तो इस जीवन को भी अपने ढंग से रंग चुनकर भरपूर मनोरंजक ही बनाएगा ताकि मेलो ड्रामे का मुहावरा बना रहे और दर्शक जुटे रहें।

28 मार्च, 2010

आईपीएल का जादू और मीडिया

आईपीएल यानी एक नया क्रिकेट, नया दर्शक, नया खेल संचार-अनुभव बन रहा है। यह है सुपरफास्ट क्रिकेट और उसे देखने-आनन्दित होने वाले फास्ट फूड की तरह खेल का आनन्द लेने वाले करोड़ों दर्शकों का अनुभव! हर उम्र के दर्शक और सबसे ज्यादा युवा दर्शक! देखा जा रहा है कि जो क्रिकेट लड़कियों में पॉपुलर नहीं था, अब हो रहा है।

मीडिया और खेल एक-दूसरे के दोस्त हैं। यह दोस्ती ज्यों-ज्यों बढ़ी है त्यों-त्यों आईपीएल जैसी स्पर्धाओं की संकल्पना बढ़ी है। टीवी की लाइव प्रसारण क्षमता और इस प्रक्रिया में स्पांसरों के ब्राण्डों की दुहरी-तिहरी दृश्यमानता (विजीबिलिटी) से उत्पन्न बिजनेस की सम्भावनाओं ने क्रिकेट का अनुभव बदल दिया है। वह यूरोपीय फुटबाल या अमेरिकी बेसबॉल, बॉस्केटबॉल और रग्बी के लोग जैसे क्रिकेट मैचों का जन्मदाता बन गया है। मीडिया और सुपर-स्टारों से भरे आईपीएल ने मार्केटिंग का जबर्दस्त संस्करण निकाला है, जिसमें खेल का खेल है और फिल्मी आनन्द का तत्त्व भी है। यह 'टू इन वन' है। आईपीएल ने क्रिकेट के पॉपुलर कल्चर को नये स्तर तक पहुँचा दिया है। पुराने क्रिकेट अनुभव से यह कई मानी में बेहतर है। यह ग्लोबल है, सामयिक है, सुपरफास्ट है। इस फास्ट लाइफ में किसके पास इतना समय है कि पाँच दिन क्रिकेट को झेले।

आईपीएल ने मार्केटिंग की नयी सम्भावनाओं को खोला है। मीडिया, मनोरंजन और बाजार ने क्रिकेट को 'ट्वेण्टी-ट्वेण्टी' संस्करण में ढाला है। क्रिकेट की परिभाषा बदल दी है। जो लोग पुराने क्रिकेट के अवसान की बात करते हैं, वे यह नहीं देखते कि खेल भी वक्त के हिसाब से बदलते हैं। वक्त बदला है, मीडिया बदला है, बाजार बदला है, क्रिकेट भी बदला है। आप उसकी आलोचना करें, लेकिन आप उसकी उपेक्षा नहीं कर सकते।

खबरें बताने लगी हैं कि आईपीएल-थ्री के मैच इन दिनों सबसे ज्यादा लोकप्रिय कार्यक्रम हैं। टीआरपी वाले कहने लगे हैं कि आईपीएल ने नया और बड़ा दर्शक वर्ग बनाया है। उनके दर्शक बढ़े हैं। ज्यों-ज्यों मैच अपने उच्चतर कम्पटीशन में जा रहे हैं, उनके दर्शक बढ़ रहे हैं।

खबरें आ रही हैं कि आईपीएल-तीन ने सीरियलों की टीआरपी की 'वाट' लगा दी है। 'बालिका वधू' या 'आवो हमारे देश' या 'देवी' या 'जमुनिया' के दर्शक कम हुए हैं और हालात यहाँ तक बदल गये हैं कि इन सीरियलों की कट्टर दर्शक गृहिणियाँ अपने प्रिय सीरियल छोड़ आईपीएल-थ्री को लाइव देखने में लगी हैं।

आईपीएल एक 'ग्लिट्ज़ी' 'ग्लैमरस' एक्शन पिक्चर की तरह है। इसमें लाइव एक्शन है। क्रिकेट का नया रोमांस है। यह ग्लैमरस है। कहीं युवराज और प्रीति जिण्टा का क्लोज भोज में आना और कहीं शाहरुख खान और रवीना टण्डन का एकदम मुखामुखम वाले पोज में आना है। क्रिकेट का क्रिकेट, पिक्चर की पिक्चर। और क्या चाहिए? है न 'पैसा वसूल'।

आप टीवी पर सिर्फ क्रिकेट नहीं देखते। अपने सुपर स्टारों को, सेलीब्रेटीज को पेज थ्री के लोगों को ऐन लाइव अपने सामने बैठे देखते हैं और सुन्दर चीयर लीडर्स को हर चौके-छक्के पर फटाफटिया नाचते-उठते-लहराते देखते हैं। मैदान में बैठे दर्शकों को ताबड़-तोड़ ताली मारते देखते हैं तो यह सब उबाऊ सीरियलों के रोते-गाते कोरसो-आलापों से बेहतर लगता है।

अब तक आईपीएल सिर्फ टीवी के लाइव प्रसारण पर निर्भर करता था। इस बार उसने देश के सात सौ पचास सिनेमाघरों में मैचों को लाइव दिखाने की व्यवस्था भी की है, जिसने गजब ढाया है। क्रिकेट को किसी बड़े 'शाहकार' का दर्जा दे दिया है। यह अनुभव अभूतपूर्व है। क्रिकेट के सम्प्रेषण के मानी बदल गये हैं।

क्रिकेट अगर आज भारत में और दक्षिण एशिया में सबसे अधिक लोकप्रिय खेल है तो इसीलिए कि उसे मीडिया ने लगातार अपने लाइव प्रसारण का विषय बनाया है। क्रिकेट अब तक तीन स्तरों पर सम्प्रेषित होता रहा है। इस प्रक्रिया में क्रिकेट बदलता गया है।

पहला सम्प्रेषण साक्षात् मैदान में होते क्रिकेट को देखने का रहा है, जिसे कुछ लोग ही देख सकते हैं। दूसरा अनुभव मैचों की लाइव रेडियो कमेण्ट्री सुनने का रहा है, जिसका लम्बा इतिहास है और जिसने क्रिकेट को इस मुल्क के घरों और दफ्तरों का सबसे लोकप्रिय खेल बनाया है। तीसरा अनुभव टीवी के लाइव प्रसारणों का है, जिसने क्रिकेट को ड्रांइगरूम का पारिवारिक अनुभव बनाया है।

सम्प्रेषण के चौथे स्तर में सिनेमाघरों में पहुँचकर क्रिकेट ने अपने को बड़े परदे के सुपर पिक्चर के रूप में ढाल लिया है, जिसमें लाइव आनन्द है और भरपूर एक्शन है। एक्शन भी फास्ट है। साथ में परदे पर आने वाले चेहरे पेज थ्री पर आने वाले वे सेलीब्रिटी चेहरे हैं जिन्हें देखने के लिए पब्लिक तरसती है और उन्हें देखकर वैसा ही होना चाहती है।

गम्भीर पत्रकारिता के कायल लोग पेज थ्री पर हजार नाक-भौं सिकोड़ें, लेकिन पेज थ्री की महिमा आज भी बनी हुई है। सेलीब्रिटीज की बारात से बेहतर 'चाक्षुश

दावत' (विजुअल फीस्ट) और क्या हो सकती है। सुपर आइकन सचिन तेन्दुलकर, सुपर क्रिकेटर धोनी, गांगुली, प्रीति जिण्टा, शिल्पा शेट्टी, शाहरुख खान ये सब एक साथ कहाँ नजर आ सकते हैं। दर्शक एक साथ एक प्रकार का 'मल्टीस्टार' का अनुभव लेता है।

आईपीएल ने मीडिया के साथ मिलकर क्रिकेट को यंगिस्तान का खेल बनाया है। खरबों रुपये की लागत वाले मीडिया और मनोरंजन उद्योग के लिए यह मामूली बात नहीं।

4 अप्रैल, 2010

मीडिया और माओवाद

अपने ग्लोबल मिजाज और मेट्रो कल्चर वाले मीडिया में पहले गाँव गायब हुए। उनसे भी पहले जंगल गायब हुए। मुख्यधारा के मीडिया के लिए छत्तीसगढ़ रायपुर में खत्म हो जाता है, झारखण्ड राँची में, उड़ीसा भुवनेश्वर में और आन्ध्र हैदराबाद में।

आईपीएल और सानिया शोएब की शादी में मस्त, टीआरपी बढ़ाकर कमाई में तल्लीन विजुअल मीडिया के पास माओवादियों को देखने की न नजर है, न समझ है, न साहस है।

मीडिया के लिए माओवाद एक पहेली है। अजब नहीं कि मीडिया में काम करने वाले बहुत से लोगों को 'माओवाद' या माओ का नाम और काम तक न मालूम हो। (कुछ अपवाद हो सकते हैं। कुछेक पत्रकार हो सकते हैं जो कभी किसी कम्युनिस्ट पार्टी के नजदीक रहे हों और इस कारण उनकी माओवादियों के बारे में जानकारियाँ आम पत्रकार से बेहतर हों)।

यथार्थ का मिथक्करण मीडिया का स्वभाव है। माओ मिथ है। माओवाद मिथ है। खतरनाक पहेली है। किशन जी मिथ है। वह अक्सर सर पर अँगोछा डाले मीडिया की ओर पीठ किए कन्धे पर बन्दूक रखकर बात करता है। वह नये रेडीकलिज्म की परफेक्ट तस्वीर देता है। मीडिया के बनाये मध्यवर्ग को वह 'नया एक्शन हीरो' लगता है।

यह स्वाभाविक है। मीडिया कई बार कम्युनिटों-सीपीआई, सीपीएम और एमएल के बीच भेद नहीं कर पाता। सीपीआई, सीपीएम तक के बारे में कई पत्रकार फर्क नहीं कर पाते।

जिन दिनों सीपीआई के नेता इन्द्रजीत गुप्त गृहमन्त्री थे, तब उनसे बात करने एक नयी पत्रकार गयी। उसने आखिर में इन्द्रजीत से ही पूछा—सर आपका नाम क्या है? इन्द्रजीत झल्ला पड़े। उस पत्रकार को नहीं मालूम था कि वह किससे बात करने जा रही है। यह थी उसकी तैयारी। यद्यपि यत्र-तत्र आजकल मीडिया में मुख्यधारा के कम्युनिस्टों की बातें अधिक तटस्थ रूप से आती हैं तो भी मीडिया में 'कम्युनिस्ट' अजनबी 'एक खतरनाक पहेली' की तरह हैं।

कोई जमाना रहा जब शीतयुद्ध की राजनीति दुनिया भर में छायी हुई थी। दूसरे

विश्वयुद्ध के बाद से लेकर सोवियत संघ के विघटन तक कम्युनिस्टों के बारे में मीडिया में खूब मिथ बने। शीतयुद्ध दुनिया के लोगों की 'मनोमस्तिष्क पर शासन' करने की नयी लड़ाई थी। शीतयुद्ध एक मुहावरे के रूप में विंस्टन चर्चिल की फुल्टन स्पीच से शुरू हुआ था। इसका मुख्य काम कम्युनिस्टों को हिंसक 'आतंकवादियों' के रूप में दिखाना रहा। 'क्रान्ति' आतंक और अराजकता का पर्याय बतायी जाती रही। इस मुहिम के सरगने इंग्लैण्ड अमेरिका रहे।

पिछली सदी के सन् पैंतालीस से नब्बे तक के लम्बे दौर में बहुत-सी प्रचार सामग्री बनती रही। फैलती रही। उसके प्रतिकार में सोवियत संघ कम्युनिस्ट विचार का प्रचारक बना। वह कम्युनिस्टों को समाजवादी क्रान्ति का वाहक बताता, उनका प्रचार करता रहा। शीतयुद्ध के दौर में मीडिया में कम्युनिस्ट पक्ष के और विरोधी सूचना और विचार सामग्री छापने के अनेक तौर-तरीके अपनाये गये। मीडिया पर इस राजनीति के गहरे दबाव रहे।

इस दबाव का भी लाभ था। ऐसे पढ़े-लिखे पत्रकार मिल जाते थे, जो कम्युनिस्ट विरोधी होते, लेकिन कम्युनिस्टों की रीति-नीति इतिहास भूगोल सब जानने वाले होते। उनकी रिपोर्टिंग में विचारात्मक झुकाव होते, मगर न्यूनतम तथ्य अवश्य रहते। बहसें छपतीं तो दम होता। ब्लिट्ज में ख्वाजा अहमद अब्बास से लेकर करंजई तक जमकर कम्युनिस्टों की तरफदारी करते। निखिल चक्रवर्ती की मेनस्ट्रीम पत्रिका उनका पक्ष लेती। व्याख्याओं पर बहसें चलतीं, लेकिन सूचनाएँ जरूर आतीं। कम्युनिस्टों का बनाया जाता मिथक टूटता। वे अन्य दलों से अलग गरीबों, उत्पीड़ितों के पक्षधर, सामाजिक सरोकारों वाले लोग नजर आते।

सोवियत और चीनी कम्युनिस्टों के बीच मतभेदों पर चर्चे होते। सारे कम्युनिस्ट एक से नहीं होते। यह बात महसूस होती। उन्नीस सौ बाराठ के चीन भारत सीमा युद्ध और विवाद के पहले चाउ एनलाई जब भारत आये तो हिन्दी चीनी-भाई-भाई के नारे से अखबार रंग गये। बासठ के बाद चीन, चाउ एनलाई और माओ सबसे बड़े खलनायक बन उठे। यह स्वाभाविक था। आखिर कल तक भाई-भाई कहने वाला अचानक भाई से कैसे लड़ सकता है?

बासठ के बाद से चीन एक परमानेण्ट खलनायक देश है। माओ एक खतरनाक नाम है। माओवाद खतरनाक विचार है। खतरनाक है तो उसे और भी समझना है ताकि उसका उपचार हो सके, लेकिन अपने यहाँ जो एक बार खलनायक बना, उसे पढ़ना उसे जानना भी बन्द कर दिया जाता है। माओवादी जानते हैं कि खतरा बिकता है, डर का बाजार है और खतरे को बाजार में बेचकर राजनीति की जा सकती है। किशनजी का चेहरे और पीठ पर अँगोछा रख, कन्धे पर बन्दूक रख, मीडिया से बात करने वाला चित्र इसीलिए बनाया जाता है ताकि माओवादी की छवि 'जमीन से जुड़े एक्शनयुक्त आदमी' की बने। किशनजी नये 'चे ग्वेवारा' दिखते हैं! यह छवि

उन्हीं की बनायी है। मीडिया उनके आगे उत्कंठित उत्तेजित आतंकित और जंगली भूमिगतता के रोमांटिक अहसास को भी रिपोर्ट करता है। यह सब कुछ किसी एक्शन भरे रियलिटी शो से ज्यादा आकर्षक लगता है। किशनजी मीडिया से खेलते हैं। मीडिया किशनजी को नहीं जानता। वह माओवाद के प्रति अनभिज्ञ-सा लगता है। इस सबसे नया मिथक बनता है। मीडिया में माओवाद का चेहरा ऐसा मिथक बन चला है जो जितनी बड़ी हिंसा करता है, उतना ही मीडिया भावुक कहानी बनाता है, जिसे देख-सुन मध्यवर्गीय दर्शक एक ही पल में सैन्य युद्ध के लिए भड़क जाए और सानिया की शादी का अगला किस्सा जानने के लिए चैनल बदल दे! मीडिया माओवाद के पीछे सक्रिय आदिवासियों की समस्याओं की जटिलताओं में नहीं जाता। उसके लिए जंगल एक रियलिटी शो है, जिसमें 'इस जंगल से मुझे बचाओ' का धन्धा होता रहता है। जिस तरह से पुलिस बल अपने 'शत्रु' से अनजान हैं, उसी तरह मीडिया भी अपने 'विषय' की जटिल चुनौतियाँ नहीं जानता।

11 अप्रैल, 2010

मोबाइल समाज

एक खबर यूएन से चली है। दूसरी खबर कानपुर की है। तीसरी खबर मयूर विहार के एक मोबाइल दुकानदार से आयी है। तीनों खबरें मोबाइल युग की विडम्बना हैं।

यूएन की खबर कहती है कि अपने देश में जितने मोबाइल हैं, उससे बहुत कम संख्या में शौचालय हैं। यूएन के अध्ययन में कहा गया है कि भारत में पचपन करोड़ के करीब मोबाइल हैं। उनके मुकाबले घरेलू शौचालयों की संख्या तैंतीस करोड़ के आसपास हैं। गजब का कण्ट्रास्ट है। कानपुर की खबर बताती है कि मोबाइल युग में भी असल समस्या शौचालय की है अगर आपकी भद्रता को चोट न लगे तो बराय मेहरबानी एक अखबार में छप चुकी इस खबर के सार को यहाँ पढ़ लें।

खबर कुछ इस तरह की बात कहती है—एक व्यक्ति ने अपने दूधवाले से कहा कि वह उसका पखाना साफ कर दे। दूधवाले ने कहा कि यह उसका काम नहीं है। लेकिन दूध लेने वाला व्यक्ति आग्रह करता रहा। बहरहाल उसने पखाना साफ कर दिया, लेकिन उसे इस जबरिया लिये गये काम में अपमान महसूस हुआ। अगले दिन दूधवाला आया तो मालिक कहीं गया हुआ था। उसने दूध देने के लिए आवाज लगायी तो उसकी पिचासी साल की माँ दूध लेने बाहर आयी। दूधवाले ने आव देखा न ताव—अपने खुखरी नुमा छुरे से उसे मार डाला। उसकी चीख सुनकर जब उसकी अट्ठावन साल की बीवी आयी तो उसको भी मार डाला और जब उसकी पच्चीस साल की बेटी दौड़ी आयी तो उसे भी मार डाला। इसके बाद की कहानी पुलिस थाना, कोर्ट कचहरी में चलेगी।

तीसरी कहानी मयूरविहार के एक मोबाइल कनेक्शन बेचने वाले ने बतायी कि इस इलाके में सौ मोबाइल रोज झपटे जाते हैं। पुलिस मोबाइल झपटमारों को पकड़ने में असमर्थ है। आप रास्ते में बात करते चल रहे हैं तो कोई आकर आपका मोबाइल झपट कर भाग जाता है। आप पुकारते रह जाते हैं। वो ये गया वो गया।

मोबाइल हैं, लेकिन पाखाने नहीं हैं। यह अपने विकास की कहानी की सबसे बड़ी विडम्बना है। पाखाने हैं, लेकिन मैला साफ करने के आधुनिक तरीके नहीं हैं ताकि मैला साफ करने-कराने की समस्या न रहे। ना ही अपने आप अपना काम करने वाली तमीज है।

आप अपने मुहल्लों के बाजारों को पढ़ें। वहाँ राशन की दुकानों से ज्यादा मोबाइल बेचने वालों की दुकानें मिलेंगी। एकदम रोशन-रोशन, फन्नेखाँ, चमकदार। उनमें बैठे युवक-युवती आपको एक-एक मोबाइल की खूबी बताते हैं। मोबाइल खरीदने पर उसको एक बड़े से नये डिब्बे में देते हैं जो चारों तरफ से सीलबन्द होता है। आप गर्वायमान होकर घर आते हैं।

यह मोबाइल अब सबके पास है। आप मुहल्ले के रिक्शेवालों को, ड्राइवरों को, सब्जी बेचने वालों को मोबाइल पर बात करते देख सकते हैं गाना सुनते देख सकते हैं, पिक्चर देखते देख सकते हैं, एसएमएस करते देख सकते हैं। मोबाइल गाँव-गाँव है।

रोज नये मोबाइल आते हैं, एक से एक मज़ेदार नये और महँगे। सब तो नहीं खरीद सकते न। सो छीनना है। सुना नहीं वह फिल्मी डॉयलाग कि 'जिस चीज पर अपना दिल आ जाता है उसे हम छीन लेते हैं'। सो नये मोबाइलों की छीना-झपटी है, दिमाग वहीं के वहीं हैं।

आधी आबादी मोबाइलमय है, मगर उतना ही जाहिलपन है। मोबाइल होने से जाहिलपन में कमी नहीं आयी है। मोबाइल कान तक पहुँचा है, दिमाग वहीं का वहीं है कि पाखाना साफ कराना है तो दूसरे से कराना है। मानो साफ सफाई करना कोई हीन काम हो।

पचपन करोड़ मोबाइल हैं, लेकिन समाज वही का वही लगता है, प्रेमचन्द की कहानी 'ठाकुर के कुँए' वाले जातिभेद वाला। दर्जनों दलित लेखकों की आत्मकथाएँ बताती हैं कि किस तरह मैला ढोना एक सहज काम बना डाला गया है। और किस तरह अब थोड़े बदलते समाज में प्रथा के नाम पर जारी यह दमन बर्दाश्त से बाहर हो रहा है और तब भी कुछ लोग हैं जो दूसरों की सेवा लेना अपना हक समझते हैं।

उक्त हत्यारी कहानी के बहुत से पेंच होंगे लेकिन उससे निकलती सामन्तीय मन की श्रेष्ठतावादी गाँठ कि 'सफाई तुझसे ही करानी है' का जाति दर्प और तदुपरान्त अपमानित व्यक्ति का हत्या करना' मोबाइल युग के बावजूद अपनी जगह बैठी है। यूएन की रिपोर्ट इसी यथार्थ की विडम्बना की कहानी है।

मोबाइल से संवाद तेज होता है, लेकिन दिमाग नहीं बदल जाते। दुनिया बदली-सी दिखती है, लेकिन अन्दर से बदली नहीं दिखती। दुनिया धीरे-धीरे बदला करती है और भारत की दुनिया? यह तो एशियाई उत्पादन प्रणाली के दिमागों वाली है। मोबाइल मात्र से सब कुछ बदल जानेवाला नहीं है। यन्त्रादि दिमाग के बदलाव की समाज के बदलाव की पारिस्थितिकी तैयार करते हैं। टीवी आ गया है। खान-पान, रहन-सहन, तौर-तरीके में बदलाव आया है। आदमी दिखता आधुनिक है, पर अन्दर कोई तुच्छ सा सामन्त फुफकारता रहता है। दिमाग में बैठे सामन्तवादी संस्कार अब भी हावी हैं।

विकास आता है। मारकेट आता है। मीडिया आता है, लेकिन दिमाग सिर्फ

इतने से नहीं बदला करते। उसके लिए शिक्षा देनी होती है, सांस्कृतिक बदलाव करने होते हैं, कानून बदलने होते हैं, बहसें करनी होती हैं, विचार बनाने होते हैं। बदलाव आया है लेकिन जितना तेजी से और जितना सार्वधिक चाहिए उतना नहीं है। मोबाइल का आना बदलाव का एक पहलू है। उसे विकास के दूसरे पहलुओं से जुड़ना चाहिए। चेतना परिवर्तन के पहलुओं से जुड़ना चाहिए। मीडिया मोबाइल चिन्तक मार्शल मकलूहन का मानना था कि 'माध्यम संदेश है।' इसका मतलब यह नहीं था कि माध्यम के आ जाने से सब कुछ अपने आप बदल जाएगा। माध्यम भूमिका बना सकता है। माध्यम का संदेश बदलेगा तभी कुछ बदलेगा न। मोबाइल क्रान्ति ने बदलाव की भूमिका बनायी है। उनके जरिए मार्केट की शक्तियाँ दिन-रात अपने संदेश भेजती रहती हैं। अगर कोई सरकार उनकी जगह समाज सुधार के न्यायधीश की न्यूनतम नागरिक जिम्मेदारियों और अधिकार के हाईजीन के संदेश प्रसारित किया करे तो कुछ तो बदलेगा।

जिस तरह टीवी पर कुछ प्रतिशत विकासमूलक संदेश दिये जाने की बात सरकार ने अनिवार्य बनायी, उसी तरह मोबाइलों पर भी किया जा सकता है। मोबाइल बदलाव में क्रान्तिकारी भूमिका निभा सकता है। यूएन की रिपोर्ट का निहित संदेश यही है।

18 अप्रैल, 2010

नहीं रहे सिनेमाहॉलों के फ्रण्ट बेंचर्स

आईपी विश्वविद्यालय में जनसंचार पाठ्यक्रम पढ़ने वाले कुछ छात्रों ने एक दिन आकर पूछा कि पुराने ढंग के 'सिंगल स्क्रीन' सिनेमा हॉलों के एक-एक कर बन्द हो जाने के क्या कारण हैं। उनके खत्म होते जाने पर आपको कैसा लगता है और जो 'सिंगल स्क्रीन' सिनेमा हाउस बचे हुए हैं, वे क्या भविष्य में बच पाएँगे?

जाहिर है, सवाल सोचने लायक है।

दिल्ली में 'सिंगल स्क्रीन' यानी छोटे परदेवाले या 'सत्तर एमएम सिनेमास्कोप' के परदे वाले पुराना सिनेमाघर अब बहुत कम नजर आते हैं। उनकी जगह मॉल शॉपिंग काम्प्लेक्स में मल्टी स्क्रीन वाले सिनेमाघर बन गये हैं। महानगरों में तो अब पुराने ढंग के सिंगल स्क्रीन वाले कुछ ही सिनेमाघर बचे हैं। पुरानी दिल्ली के कई सिनेमाघर देखते-देखते गायब हो गये। नयी दिल्ली के कई सिनेमाहॉल मल्टीप्लेक्स बन गये। बड़े हॉल के एक परदे की जगह अलग-अलग चार हॉल चार परदे वाले छोटे-छोटे हॉल बना दिये गये।

इस बदलाव पर रोया नहीं जा सकता। उसे समझा जा सकता है। ऐसा तेज बदलाव देख कइयों को अक्सर एक अतीतरागी भाव आ घेरता है। एक रूमानियत बेचैन करती है कि पुराना बढ़िया था, नया बेकार है। ऐसा सोचना उचित नहीं। हर समय का अपना मनोरंजन स्पेस होता है। समय के बदलने के संग मनोरंजन के साजो-सामान भी बदल जाया करते हैं।

पुराने सिनेमाघरों को पहला झटका टीवी क्रान्ति ने दिया। टीवी ने दर्शकों को घरों में कैद कर दिया। इस काम में मदद दी वीडियो क्रान्ति ने। कुछ रुपयों में किराये पर लाकर घर बैठे चौबीस घण्टे में कई पिक्चरें देखिए। वीडियो लाइब्रेरीज खुल गयीं। वे किराये पर कैसेट, पिक्चरें, टीवी, वीडियो सब देने लगीं। फिल्म रिलीज बाद में होती, पहले वह देखी जा चुकी होती।

टीवी ने सिनेमाहॉल कल्चर पर जितनी चोट की, उससे ज्यादा चोट वीडियो ने की। पिक्चर देखने का अनुभव एकदम बदल डाला। सिनेमाहॉल में लार्ज स्क्रीन पर पिक्चर देखने के मुकाबले एकदम पन्द्रह इंच के टीवी के परदे पर पिक्चर देखने में बड़ा फर्क था, लेकिन घर में देखना सस्ता और सुविधाजनक था। शायद इस

प्रक्रिया ने आज के मल्टीप्लेक्सेज की जमीन तैयार की। एक ऐसा विखण्डित दर्शक बन चला जो वीडियो के जरिये पन्द्रह इंच से लेकर उन्तीस इंच के टीवी पर पिक्चर देख सकता था। बड़े परदे पर हजार से ज्यादा दर्शकों के बीच पिक्चर देखने जाना पैसा और टाइम की बर्बादी थी। परिवार के साथ बैठे देखना बेहतर था।

इस बीच सिनेमा के स्पेस पर आतंकवाद और असुरक्षा के बादल बढ़े। 'बार्डर' फिल्म के प्रदर्शन के दौरान उपहार सिनेमा में लगी आग सिनेमा हाउसों को जानजोखिम का अड्डा बना दिया। और मल्टीप्लेक्सेज कल्चर को बढ़त मिली। अब मॉल-मोबाइल-मल्टीप्लेक्स पीढ़ी है। उनकी मल्टीप्लेक्सिया क्विकी पिक्चरों की कहानी हिन्दी में है। लेकिन नाम अंग्रेजी हैं जिनकी देहभाषा हालीवुडीय है। उनकी बुकिंग ईमेल, क्रेडिट कार्ड से है। युवा शाम को गाड़ी में निकलते हैं, पिक्चर देखते हैं, खाना खाते हैं। फिर कार में कानफोडू संगीत बजाते तेज रफ्तार लौटते हैं। उदारीकरण के बाद जमीनों पर बढ़ते कमर्शियल दबाव और नये मध्यवर्ग, नये विराट युवावर्ग के उदय ने सिनेमा के अनुभव की परिभाषाएँ बदल दी हैं।

मल्टीप्लेक्स पिक्चर देखने की नयी परिभाषा गढ़ते हैं। पुराने हॉलों में पान खाते और पीक यत्र-तत्र मारते, जाड़ो में मूँगफली टूँगते छिलके वहीं फेंकते, हर गाने पर बीड़ी-सिगरेट पीने बाहर आते और इण्टरवल पर सपरिवार खुली चाट पकौड़ी, छोले-भटूरे खाते लोग अब नहीं मिलते। अब अंग्रेजी हिन्दी बोलते यंगिस्तानी जोड़े मिलते हैं। जो पचास रुपये के पॉपकार्न का पैकेट खाते और साठ रुपये का कोक कैन पीते हैं। पिक्चर हाल उनके लिए कोई रसात्मक कल्चरल जगह नहीं रह गयी है बल्कि हैसियत दिखाने की जगह बन गयी है। मल्टीप्लेक्स पिक्चर देखने के एकान्त, अँधेरे कोने के रूमान को कोई जगह नहीं देते। अब पिक्चरों के पीछे लोग 'बावले' नहीं होते। बीड़ी-सिगरेट के धुएं के साथ पान पीक और बन्द हॉल की घुटन-भरी हवा अब नथुनों में नहीं भरती बल्कि रूम फ्रेशनर की गन्ध स्वागत करती है।

पिक्चर देखने के वातावरण में आया यह बदलाव दिलचस्प है। पुराने सिनेमाहॉल में पाँच-सात सौ या हजार लोगों के बीच एक पिक्चर देखना और मल्टीप्लेक्सों में छोटे हॉल में दो सौ दर्शकों के बीच पिक्चर देखना एक जैसा अनुभव नहीं है। इस वातावरण के कुछ फायदे हुए हैं तो कुछ नुकसान भी हुए हैं।

सबसे बड़ा नुकसान फ्रण्टबेंचर्स का गायब हो जाना है। आजकल सिनेमाहॉलों में फ्रण्टबेंचर्स बहुत कम दिखते हैं। मल्टीप्लेक्सेज में तो वे होते ही नहीं। बड़े हॉल में चवन्नियाँ-अठन्नियाँ खिड़की से लेकर एक सवा रुपये से होते हुए बालकनी की पाँच रुपये वाली सीटें कई वर्गों को जगह देती थीं। बालकनी की कीमत भले ज्यादा हो, पर फिल्म बनाने वाले के लिए असली कीमत फ्रण्टबेंचर्स की ही थी। फ्रण्ट में बैठे लोगों की ताली से पिक्चर का भाग्य तय होता था। बालकनी नहीं, चवन्नियाँ अठन्नियाँ क्लास की बेंचों की ताली ही पिक्चर को हिट करती थी। असली दर्शक

बेरोजगार, रिक्शेवाले, गरीब मजदूर शहर आये किसान लोग होते। उन्हें पसन्द आ गयी तो समझो पिक्चर हिट।

अब सब एक जैसी ही क्लास के दर्शक हैं। फ्रण्ट बेंचर्स अब मुहल्ले के केबल नेटवर्क पर पिक्चर देख लेते हैं। इस तरह पुराने सिनेमाघर ही गायब नहीं हुए हैं, सिनेमाहॉल से फ्रण्ट बेंचर्स वर्ग भी गायब हुआ है। दर्शकों की विविधता खत्म हुई है। अब सिनेमा हॉलों पर पहला शो को देखने के लिए खिड़की पर सुबह से इन्तजार करते, खिड़की पर मारकाट करते और गले में लाल रूमाल बाँधे टिकट ब्लैक करते लोग नहीं दिखते। चोरी से पिक्चर देखने का रोमांच जाता रहा है। अब तो सब खुला है। जैसा टीवी पर वैसा पिक्चर में है। छिपकर क्या देखना?

सिनेमा हॉल के अँधेरे में बनाये एकान्त में पिक्चर देखना एक समूचे दृश्य को ग्रहण करना है। छोटे हॉल वह एकान्त नहीं बख्शते जो किसी भी दर्शक के लिए जरूरी होता है।

2 मई, 2010

निजता और सार्वजनिकता

एक काल सेंटर में किसी कर्मी ने महिला शौचालय में गुप्त पेन साइज कैमरा फिट कर दिया। ऐसा करने वाले की गर्हित मानसिकता का अन्दाजा लगाया जा सकता है। एक दिन बात खुल गयी। वह पकड़ा गया। सोचने की बात है कि यह सब करके वह क्या करना चाहता था? कल्पना की जा सकती है कि वह किसी लड़की को ब्लैकमेल करने का खेल खेलता। कुछ दिन बाद पकड़ा ही जाता। यह निजता के हनन का ताजा उदाहरण है। कहीं न कहीं, किसी न किसी स्तर पर इन दिनों निजताओं का हनन होता रहता है।

मानसिक रूप से बोदे लोग ऐसी हरकतें करते रहते हैं। ऐसी खबरें आती रहती हैं। वे तकनीक को सिर्फ ताक-झाँक का जरिया मानते हैं और ताक-झाँक कल्चर का हिस्सा बन जाती है। लोग ताक-झाँक से दूसरे की निजता में पुराकर सूचना एकत्रित करते हैं और फिर उसका दुरुपयोग करते हैं। मित्र मण्डली में गुप्त तस्वीरों को दिखाते हैं, मजा लेते हैं। कुछ दुश्मनियाँ भी निकालते हैं।

सब कमाल मोबाइली कल्चर का है। मोबाइल सस्ते हैं। उनमें तमाम मीडिया उपलब्ध हो रहा है। मोबाइल में कैमरा आम बात है। इण्टरनेट आ रहा है। रेडियो आ रहा है। टीवी आ रहा है। सब कुछ है। युवा मोबाइल की इस अनेकमुखी उपयोगिता को समझते हैं, उसे एंज्वाय करते हैं। कुछ उसका सदुपयोग करते हैं। कुछ दुरुपयोग भी करते हैं।

मोबाइल के अपने समाज में अनन्त उपयोग हैं। हर आदमी ने मोबाइल को अपने ढंग से परिभाषित किया हुआ है। कोई इम्तहान में नकल करता है। कोई जासूसी करता है। कोई खुफिया सन्देश भेजता है, कोई मजेदार मजाक करता है। कोई अपना सामान बेचता है। कोई दोस्त बनने के लिए कहता है, कोई कहीं सस्ते लोन दिलाने की बात करता है। भद्र के लिए मोबाइल भद्र संवाद का जरिया है, अभद्र के लिए वह बदमाशी का जरिया है।

आम आदमी के लिए तकनीक उपलब्ध है। वह सूचना सुपर हाईवे का नागरिक बन चला है। कान में मोबाइल है। टेबिल पर कम्प्यूटर है। उसमें इण्टरनेट है। ड्राइंग रूम में टीवी है। मीडिया उसके पास हर वक्त है, इसलिए मीडिया उसके लिए क्रीड़ा

है और अपने को ताकतवर बनाने का जरिया है।

भूमण्डलीकरण और सूचना क्रान्ति के पद्रन्ह-बीस साल हो रहे हैं। उसके सारे, यन्त्र, औजार और साजो-सामान एक पिछड़े समाज में अचानक फैल गये हैं। पहली दुनिया की सारी तकनीकें और यन्त्र सब कल तक की दीन-हीन तीसरी दुनिया के बाजारों में उपलब्ध हैं। वे उपयोगी हैं। उनका ग्लैमर है। उनका आकर्षण है। वे सुविधाजनक हैं। आदमी चकित है। इन सबका क्या करें? सो जो मन में आता है, करता है। इसी से सीखता है और प्रयोग करता है। हर आदमी अपने हितों के हिसाब से तकनीकों और यन्त्रों का प्रयोग करता है।

कुछ साल पहले दिल्ली के एक पब्लिक स्कूल के छात्र द्वारा अपने नये मोबाइल से एक लड़की के अशोभन चित्र, खींचकर सबको एसएमएस कर दिये गये। लड़की की जिन्दगी तबाह हो गयी। लेकिन उसके बाद कैमरेवाले वैसे मोबाइल फोन लोकप्रिय हो गये। देखते-देखते हर मोबाइल फोन में यह सुविधा हो गयी। ताक-झाँक करना, दूसरे के जीवन में चुपके से घुसकर उसका कच्चा चिट्ठा तैयार करना, उसे ब्लैकमेल करना इत्यादि सूचना-संग्रह की व्यक्ति की दमित प्रवृत्तियाँ हैं जो पिछले एक डेढ़ दशक में खुली हैं।

तकनीक ने हर आदमी को सूचना 'दाता' और 'पाता' बना दिया है। हर आदमी चाहता है कि वह सूचना बनाये। भले वह इसके आगे यह न जाने कि उस सूचना का क्या करेगा? हर आदमी चाहता है कि वह टीवी पर दिखे क्योंकि टीवी पर दिखे की पहचान बनती है। तकनीक ने आदमी को सूचना की न्यूनतम ट्रेनिंग तो देनी शुरू कर दी है, लेकिन नये ग्लोबल समाज की नयी नैतिकता का पाठ तकनीक नहीं दे सकती। नये समाज में निजता और सार्वजनिकता की व्यवस्था तकनीक अपने आप नहीं कर सकती। अब तक सूचना इकट्ठा करने का काम दक्ष पत्रकार का होता था, अब हर आदमी करता रहता है। वह अब अपने यथार्थ को सूचना में बदलकर देखने का आदी हो चला है। अपना अखबार नहीं है, न सही, अपना टीवी नहीं है, न सही, पत्रकार की तरह वह पत्रकार न बन पाये, लेकिन मोबाइल-पत्रकार बनने में क्या हर्ज है? एसएमएसी पत्रकार बनने में क्या हर्ज है? मोबाइली कम्यूनिटी पत्रकार बनने में क्या नुकसान है?

एक मोबाइल चालित सोशल नेटवर्क बनाओ और आपस में सूचना का आदान-प्रदान करो और मित्रमण्डली बढ़ाओ। इसका अगला कदम इण्टरनेट है। सोशल नेटवर्किंग साइट्स हैं, ब्लॉग है। यह सब अब आपके मोबाइल पर उपलब्ध है। वहाँ मित्रों, अपनों को बुलाओ और मण्डली बनाओ। आप कहीं भी हों, मण्डली से जुड़े रहो। इसका लाभ है। अकेले समय में आप किसी से जुड़े तो हैं। यह नये किस्म का जुड़े हुए का अकेलापन है। यह फेसबुक से लेकर ट्विटर तक की सोशल नेटवर्किंग का सच है। जिस लड़के ने स्कूल में लड़की का चित्र खींचकर अपनी मित्र

मण्डली को एसएमएस किया, वह भी ऐसा ही सोशल नेटवर्क बनाने की इच्छा का परिणाम था। भले वह आपराधिक किस्म का काम रहा। इसी तरह शौचालय में ताका-झाँकी का काम भी लम्पट किस्म की नेटवर्किंग के लिए किया जा रहा था।

स्टिंग ऑपरेशन करने से जब पत्रकार नहीं हिचकते और जब बिना नेताओं की इजाजत के उनके फोन टेप करने में एक सरकार तक नहीं झिझकती, तब आम आदमी क्यों हिचके? ताका-झाँकी करना, खुफिया ढंग से खबर रखना, बिना बताये टेप करना, स्टिंग करना, रिकार्डिंग करना नागरिक समाज की व्यवस्था के लिए खतरनाक है इससे व्यक्ति की निजता का हनन होता है, निजता दाँव पर है, उसकी हद दाँव पर है।

प्रश्न है कि सबकी निजता अतिक्रमित होगी तो 'निजी क्या बचेगा? सूचना क्रान्ति में निजता की रक्षा का प्रश्न एक ही समय में बेमानी और उतना ही महत्त्वपूर्ण है। सूचना क्रान्ति के दौर की नयी नैतिकता बताने वाला एक और शब्द है 'पारदर्शिता'। इसकी भी हद तय नहीं है। उसके नियमन की व्यवस्था नहीं है। तकनीक सब कुछ खोलने में सक्षम दिखती है। वह जितनी सक्षम दिखती है, आदमी उतना ही डरता जाता है। वह हर तरफ से खुलना नहीं चाहता। एक निजी गोपन जगह उसे चाहिए। सूचना क्रान्ति के दौर में 'निजता' और सार्वजनिकता के बीच बुनियादी अन्तर्विरोध बन रहा है। इसकी व्यवस्था होनी चाहिए।

25 अप्रैल, 2010

आतंकी का स्पेस

आतंकवादी कसाब का कुल 'चिह्न' बेहद जटिल दानवीय चिह्न है। अपने साथियों के साथ उसके द्वारा किया गया दुर्दान्त हत्याकाण्ड और उसके व्यापक प्रभाव मीडिया के बनाये अब तक के सबसे सुदीर्घ और जटिल समाचार-चिह्न हैं। कसाब अब तक के आतंकवाद के रक्तरंजक इतिहास का सबसे प्रामाणिक खूंखार और गिरफ्त मे आया चेहरा है। उसका एक-एक चित्र सबकी तीखी घृणा का जिन्दा आलम्बन है। उसका चित्र सामने आते ही मन की सारी घिन, सारा क्रोध उमड़ने लगता है। उदार से उदार व्यक्ति भी देखते-देखते उसे फाँसी की सजा देने की वकालत करने लगता है।

वह आतंकवाद का साक्षात् रूप है। वह राज्यसत्ता पर हमला करने आया था। लोगों को मारने आया था। सबको मारता हुआ दिखा है, इसीलिए उसके प्रति न्यूनतम करुणा का भी अभाव है। ऐसी निष्करुणता इसी के चलते पैदा हुई है। इसे देखकर हैरत नहीं होती। कसाब के दुर्मद आतंकी हिंसक चिह्न ने सामान्य आदमी के दिल में प्रायः रहने वाले करुणा-भाव की भी हत्या की है। उसकी खुली बर्बरता ने दिलों को निष्करुण बनाया है। अदालत ने कहा कि वह ऐसा है, जिसे जीने का हक नहीं है।

अदालत द्वारा फाँसी की सजा सुनाने के बाद के जो सीन दिखे हैं, वे कसाब की आतंकी कहानी के स्वाभाविक परिणाम हैं। वे 'बदले' की स्वाभाविक कहानियाँ हैं। वे बिलखती हुई न्याय की गुहार लगाती आम लोगों के अनाथत्व की, अकेलेपन की, परेशानियों की और अनजाने डरों की दुःखद कहानियाँ हैं। कहानी का खलनायक एक कुख्यात आतंकवादी है। वह असाधारण अपराधी है इसीलिए उसके प्रति प्रतिक्रियाओं में असाधारणता ही है। मीडिया ने उसे उसकी आतंकवादी भीषणता में बनाया है। अपनी न्याय प्रक्रिया में न्याय मुश्किल से मिलता है। कसाब के केस में न्याय मिला है, इसलिए प्रकट खुशी भी है। यह सब स्वाभाविक है। मीडिया ने कसाब की कहानी को जिस तरह से बनाया है, उससे बेहतर तरीके से वह बना भी नहीं सकता था। लेकिन अपनी ओर से कुछ 'अतिरिक्त' भी बनाया है। मीडिया हर कहानी में कुछ-न-कुछ 'अतिरिक्त' जोड़ता है। दर्शक की स्मृति में, छवियों के आसंग में कहानी जारी रहती हैं। देखे-सुने की भावात्मक प्रतिक्रियाएँ बहुत दिनों तक बनी

रहती हैं। वे उच्छल होती हैं। मीडिया की भाषा जिस तरह से कहानी कहती है, उसी तरह से उत्कट स्मृतियाँ भी बनती हैं। बाइटों की भाषा ऐसी ही स्मृति की भाषा बनाती है। फैसले के प्रसारण के बाद वातावरण में अधीर प्रसन्नता बनी। खुशी हुई कि एक दानव को सजा हुई। अधीरता हुई कि उसे बिना देर लगाये फाँसी दे दी जाए तो ठीक।

इस प्रसंग में उन प्रतिक्रियाओं को जरूर पढ़ा जाना चाहिए जो फैसले के बाद वकील उज्ज्वल निकम, हमले से आहत परिजनों, टीवी पर या प्रिन्ट में बौद्धिकों, सामाजिकों और आमजनों के बीच से आई है। इण्टरनेट की सोशल नेटवर्क साइटों पर आई हैं। यह प्रतिक्रियाओं और फौरी अभिमतों का बहुत बड़ा संजाल है जो कुल मिलाकर आतंकवाद विरोधी सघन सूचना-वातावरण बनाता है, जिसकी अपनी कुछ मासूम अतियाँ भी प्यारी लगती हैं। जाने-अनजाने की इस 'अति' को एक कार्टूनिस्ट ने एक बाइट में बेहतर ढंग से पकड़ा है। कार्टून इण्डियन एक्सप्रेस (7 मई, 2010) के नामी कार्टूनिस्ट 'उन्नी' का है। कार्टून के फ्रेम में टीवी का एक चित्र बना है, जिसमें से वकील उज्ज्वल निकम के हाथ में नोटबुक है, जिसके मुखपृष्ठ पर फाँसी का फन्दा बना है। निकम साहब अति प्रसन्न होकर टीवी स्क्रीन से बाहर उछले हुए हैं। टीवी को देखते उन्नी का टिप्पणीकर्ता पात्र सामने खड़ा है जो अचरज से उन्हें देख कह उठता है—'जस्टिस शुड नॉट ऑनली बी डन बट एपीअर नॉट टू बी ओवरडन।' यह वाक्य निकम के लिए तो है ही, टीवी कवरेज के लिए भी है और उस भावोच्छलन के लिए भी जो बाद में होता दिखा है। इसे ही कार्टून में 'ओवरडन' (जरूरत से ज्यादा किया गया) बताया गया है। बात सटीक है। 'ओवर डू' करना मीडिया का स्वभाव है।

इसका उदाहरण भी उपलब्ध है। पूछा जाए कि मीडिया ने कसाब के वकील की दलीलों को कितना समय दिया? कितना कवर किया? फैसले के बाद उसकी प्रतिक्रिया को कितनी जगह दी? तो उसे इस मामले में पर्याप्त प्रासंगिक फुटेज निकालने में मुश्किल होगी। समूची बहसों-रिपोर्टों में जो कमी खली, वह बचाव पक्ष की अपर्याप्त कवरेज की थी। न्याय प्रक्रिया ठीक है, बहसें ठीक हैं, कसाब का कवरेज ज्यादा नहीं किया जा सकता—यह भी मान्य है, लेकिन बचाव पक्ष के वकील के विचार बताना न्याय की रिपोर्ट को कुछ सन्तुलित ही बनाता।

न्याय की कोई भी संरचना अपने 'बरक्स' को बराबरी दिये बिना पूरी नहीं होती। पत्रकारिता के प्रोफेशन की माँग यही हो सकती है। मीडिया को 'पब्लिकली करेक्ट' होने से पहले 'प्रोफेशनली करेक्ट' होना चाहिए। यही उसका जनतन्त्र है। माना इस प्रसंग में कसाब अपनी गिरफ्तारी के समय से ही सिद्ध अपराधी था तो भी अदालत में उसका अपराध सप्रमाण सिद्ध किया जाना था। अपराध बाजाप्ता सिद्ध भी हुआ, लेकिन जिन तर्कों और प्रमाणों के बरक्स हुआ, वे सामने रहते तो

और बेहतर होता। हमें पक्का यकीन है कि अदालत ने बचाव पक्ष को पूरा स्पेस दिया होगा, पर मीडिया पर ऐसा स्पेस मिलता नहीं दिखा। दिखता तो क्या बुरा होता?

इसी से जुड़ी दो बातें और। हमले से आहत लोग 'फास्ट ट्रेक' सजा की बात करते हैं। उन्हें डर है कि कहीं इस केस की गति संसद पर हमला करने वाले अफजल केस की जैसी न हो जाए। कहीं यह राजनीतिक दाँव और कानूनी पेंचों में न लटक जाए। ऐसे भावोत्तेजक प्रसंगों से मीडिया को 'पब्लिकली इमोशनली करेक्ट' होने की जगह 'लीगली करेक्ट' होना चाहिए (तभी 'ओवरडन' के आरोप से बचा जा सकता है) ताकि ऐसे संवेदनशील मामले में आम जनता का कानूनी ज्ञान बड़े और फौरी गुस्से का उच्छलन ही 'तर्क' न बन जाए। देश की कानूनी प्रक्रिया सबको (स्वघोषित हमलावर आतंकी तक को) बराबर की सुनवायी की जगह देती है। मीडिया को भी बराबर की सुनवायी की जगह देनी चाहिए थी ताकि दुनिया जान पाती कि भारत का मीडिया हर हाल में तटस्थता का निर्वाह करता है। मीडिया कह सकता है कि कसाब की कहानी खुद 'दानवी' थी। उसमें से कुछ भी 'मानवीय' नहीं निकाल सकते थे, लेकिन 'डेविल्स एडवोकेट' बनना भी मीडिया का ही काम है। भावोच्छलन के बाद भावों को सन्तुलित करना भी मीडिया का ही काम है।

9 मई, 2010

टीआरपी में दर्शक कहाँ

तब 'सास बहू' वाले सीरियल आते थे। वे बड़े हिट कहे जाते थे। उनकी टीआरपी को बढ़ा हुआ बताया जाता था। इस लेखक ने इस सबसे बेपरवाह होकर इन कार्यक्रमों की समीक्षा की, जो थोड़ी तीखी थी। कुछ दिनों बाद चैनल से फोन आया। कोई लड़की अंग्रेजी में बोल रही थी कि आप हमारे कार्यक्रम देखते हैं, इसकी हमें खुशी है। हम आपको अपने कार्यक्रमों की टीआरपी रेटिंग भेजना चाहते हैं। अपना पता दें। इसके बाद एक लिफाफा आया जिसमें दो तीन कार्यक्रमों के कुछ फोटो थे और टीआरपी रेटिंग के अलावा कवरिंग लेटर था, जिसमें आँकड़ा देखने के निवेदन के अलावा भेजने वाली पीआर अधिकारी का फोन नम्बर था।

अलग-अलग कार्यक्रमों के नाम के आगे रेटिंग लिखी थी, जो विभिन्न मनोरंजन कार्यक्रमों की 'टीआरपी' बताती थी। प्रतिशत दस के मूल्यांकन में से निकाला गया था। सबका आँकड़ा दशमलवों में आता था। इनमें किसी कार्यक्रम के कुल दर्शक कितने थे? इस जिज्ञासा का जबाव कहीं नहीं था। आप दस के मूल्यांक में से चार दशमलव आठ या नौ से कुल दर्शक संख्या तक कैसे पहुँचे? यह समझ में नहीं आया तो पलट कर पीआर अधिकारी को फोन कर कहा कि इनसे कुल दर्शक संख्या का पता नहीं लग रहा, जबकि जरूरत उसी की है। आप यदि सबसे ज्यादा रेटिंग लेने वाले कार्यक्रम की कुल दर्शक संख्या बता दें तो हमें आपकी रेटिंग का गणित समझने में आसानी होगी। उधर से जवाब था—आप इसे ही सही समझें, हमारे पास यही है। आप समझकर आँकड़ा निकाल सकते हैं। इतना तो आप जानते ही हैं कि इन दिनों हमारा यह कार्यक्रम सबसे आगे चल रहा है। हमने पहले दर्शकों की रुचियों के बारे में रिसर्च करायी थी कि लोग क्या चाहते हैं? उसी के बाद मेहनत करके कार्यक्रम शुरू किये हैं। हम पब्लिक को वही दिखा रहे हैं जो वह देखना चाहती है।

हमने कहा, वो सब तो ठीक है, लेकिन प्रतिशत वाले आँकड़े तो प्रोमोटर्स और विज्ञापनदाताओं के लिए ही उपयोगी हैं, हमारे काम के नहीं हैं। हमें तो आप कुल संख्या दीजिए ताकि उस पर विचार कर आपके दावे को परख सकें। आपका सैंपल मालूम हो सके। सैंपल जाने बिना क्या कुल संख्या समझी जा सकती है? आप कुल आँकड़ा जरूर भेजें। हम इन्तजार कर सकते हैं।

अधिकारी अंग्रेजी में बोलती थी। हम हिन्दी में। उसने कहा कि क्या आप अंग्रेजी में अपनी बात बता सकते हैं। हमने कहा, मैडम आप का चैनल हिन्दी से कमाई कर रहा है और आप हिन्दी से परेशान हो रही हैं। आपके यहाँ कोई हिन्दी वाला नहीं है क्या? हो तो उससे बात कराइए। मेरी बात आप समझ गयी हैं, उसे भी समझा देंगे। उसने कहा कि अभी उस विभाग को कनेक्ट करती हूँ जो इस टीआरपी आदि को डील करता है। इसके बाद हम इन्तजार करते रहे कि कोई लाइन पर आये, लेकिन कोई नहीं आया। दोबारा फोन किया तो किसी ने नहीं उठाया। यह टीआरपी के बाद का जबरिया 'पीआर' था, लेकिन वे गलत जगह सम्पर्क कर बैठे थे। यहाँ दाल गलने वाली नहीं थी। बात पहले राउण्ड में ही उलटी पड़ गयी। दाल गलती न देख उनकी ओर से आगे कोई सम्पर्क साधना नहीं हुई।

इस एक मामूली घटना से अन्दाजा लगाया जा सकता है कि टीआरपी के अनुकूल प्रचार कराने के लिए भी बहुत से पीआर किये जाते हैं। टीआरपी को लेकर इन दिनों मीडिया में जो बातें आ रही हैं, उन्हें देख-सुनकर यह किस्सा याद आ गया।

टीआरपी से जुड़े सारे उद्यम रहस्यवादी हैं। प्रसारक संस्थान अपने आँकड़ों को पहेली-सा बनाकर रखते हैं। टीआरपी के आँकड़े पब्लिक के लिए नहीं होते। वे कार्यक्रम की मार्केटिंग सम्बद्ध प्रसारकों और कारपोरेटों के लिए होते हैं। जब कोई कारपोरेट अपने ब्राण्ड के लिए टीवी टाइम खरीदने आता है तो प्रसारक टीआरपी के आँकड़ों के आधार पर अपने कार्यक्रम के बीच दिये जाने वाले विज्ञापनों के टाइम-रेट तय करते हैं।

टीआरपी की समकालीन बहस में इस टीआरपी की बखिया उधड़ रही है। पहले भी 'टेम' और 'इंटेम' नाम के दो 'दर्शक मापक' संस्थानों के आँकड़े विवादित रहे हैं। यहाँ तक खबरें आयी हैं कि इन संस्थानों को प्रसारक अपने-अपने ढंग से प्रभावित करते रहते हैं। टेम और इंटेम के आँकड़े जिस 'मॉनीटर सेम्पल' पर आधारित होते हैं, वही गलत है। साठ-सत्तर करोड़ टीवी दर्शक वाले समाज में सिर्फ चार-पाँच हजार मॉनीटर हैं और वो भी बड़े शहरों में। 'किस कार्यक्रम को कितनी बार, कितनी देर, किस समय में देखा गया?' इत्यादि के जवाब किस तरह से सँजोये जाते हैं और किस मानक से विश्लेषित किये जाते हैं, कोई नहीं जानता। आम दर्शक के नाम पर यह सब बिना किसी पारदर्शिता के निर्बाध चलता रहता है। जब कभी प्रसारकों के हितों में टकराव हो जाता है तो टीआरपी के झूठ-सच की दबी खबरें पब्लिक हो जाती हैं।

इन दिनों टीआरपी के अन्दर का झूठ-सच बाहर आने लगा है। कुछ प्रसारक टीआरपी के आँकड़ों की सच्चाई पर उँगली उठाने लगे हैं और दबे-छिपे ढंग से किसी नयी सरकारी संस्था से मॉनीटरिंग कराने की बात करने लगे हैं। जाहिर है, टीआरपी का कबाड़ा इसलिए हुआ है कि वह प्रसारकों और कारपोरेट के हाथों गिरवी है। उसके

भीतर-बाहर दर्शक का 'नाम जप' है लेकिन उसकी कोई जगह नहीं है। उधर प्रसारक अन्धी कमाई के चक्कर में दर्शक को सिर्फ 'निष्क्रिय एक-तरफा दर्शक' बनाते हैं, सक्रिय हस्तक्षेप कर्ता नहीं बनाते। हालात यह है कि प्रसारकों के यहाँ दर्शकों के 'फीडबैक' पर विचार करने के लिए अलग से कायदे का कोई विभाग तक नहीं होता। जैसे-तैसे दर्शक को खींचे रखने की मारामारी में किसी को फुरसत नहीं होती कि पब्लिक की सच्ची रुचि को जानें।

जिस तरह सारी राजनीति पब्लिक के नाम पर होती है और उसी को छलती है, उसी तरह सारी टीआरपी दर्शक के नाम पर होती है और उसे ही छलती रहती है। सरकार बहुत पहले चैनलों की मॉनीटरिंग करने से इन्कार कर चुकी है। इसलिए फिक्र न करें। टीआरपी पर सुलह हो जानी है। ठग विद्या उसी तरह चलती रहनी है।

16 मई, 2010

बिन्दास ब्लॉग साहित्य

नया मीडिया है। नया साहित्य है। साहित्य की जमीन बदल गयी है। आसमान बदल गया है। यह बहुत बड़ी 'शिफ्ट' है। यह हिन्दी साहित्य का 'दन्तेवाड़ा' है।

हिन्दी साहित्य बदल गया है। उसकी पौध बदल गयी है। खाद-पानी फल-फूल तने शाखें सब बदल गये हैं।

यह है हिन्दी का एकदम पोस्टमॉर्डन बिन्दास साइबर साहित्य। ब्लॉग साहित्य। फेसबुक साहित्य। ऑरकुट साहित्य। ट्विटर साहित्य। प्रिंट से अलग, लेकिन प्रिंट के साथ लेन-देन करता हुआ। सजग। हिन्दी की विविध परम्पराओं से वाकिफ। उनसे खुला संवाद करता, उनमें हस्तक्षेप करता, उन्हें बदलता और नित्य नूतन होता हुआ।

इन दिनों जिस रफ्तार से और जिस वॉल्यूम में नया लेखन हो रहा है, उसे देख कहा जा सकता है कि साहित्य की जगह, उसकी अवधारणा, उसका रंग-रूप, उसकी भूमिका बदल निर्णायक रूप ले चुकी है। आने वाले पाँच-सात सालों में आप हिन्दी 'साहित्य' की भूमिका को, उसके रंग-ढंग को, उसके तेवर को इस कदर विविध, इस कदर बहुआयामी और ग्लोबल पहचान वाला होते देखेंगे कि आप खुद अपने मानकों को बदलने के लिए आतुर हो उठेंगे।

कितना शुभ है कि एक बहुत बड़ी नयी ब्लॉग-पीढ़ी मैदान में आ गयी है, जो संकीर्ण, 'सेक्टोरल' नहीं है। जो 'अन्तरानुशासनिक' नजरिया रखती है। अपने-अपने सामाजिक सरोकारों के विविध स्तर रखती है। निश्चित विचार रखती है। राजनीति रखती है। उसका मुहावरा अलग 'बेबाक', 'बेलौस' दो टूक है। गम्भीर भी है और 'नो होल्ड बार' की शैली भी है। इस कदर खुला संवाद है कि इसके आगे हिन्दी की पुरानी पापी पाखण्डी शालीनता अपना बचा-खुचा साहस भी खो बैठी है।

साहित्य को सेक्टोरल मानने वाले प्रिंट मीडिया ने इसे अब जाकर (यत्र-तत्र) पहचाना है। वह भावों और विचारों से भरी हुई है। उसे अभिव्यक्ति चाहिए। खुला मंच चाहिए। ब्लॉग ने उसे अपना मस्त आजाद मंच दिया है।

एक खुले अनन्त साइबर स्पेस में यह नित्य साहित्य-लीला, विचार-लीला मनोहर है। उसमें घनीभूत हो चली साहित्यिक-वैचारिक जड़ता को तोड़ता हुआ, एक

अचानकता लिए हुए हस्तक्षेपकारी छापामारपन है। चिह्नों के, शब्दों के इस अनन्त दन्तेवाड़ा का छापामार कहीं छुपता नहीं। वह सबके सामने खुले में रहता है और प्रति-विचार को सीने पर सहता है। उसमें बेधड़कपन है। उसमें पुराने की जगह कुछ नया कर गुजरने की बेकली है। नियमित मुख्यधारा के मीडिया की परवाह न करते हुए इस युवा लेखन ने अपने आपको खुद रचना, खुद मंच, खुद अखाड़ा बना डाला है। हर बन्दा अपने आप में लेखक है। मंच है, आवाज है, संचार है। वादी है, विवादी है, संवादी है। साहित्य की, साहित्यकार की ऐसी 'तीखी समक्षता' हिन्दी में कभी नहीं देखी गयी। ऐसी सरल-सहज उपलब्धता नहीं देखी गयी। यहाँ साहित्य के फिक्स्ड रूप बदल गये हैं। विधाएँ मिक्स हो रही हैं। भाषा आज के यथार्थ की 'अति-जटिलता' की अभिव्यक्ति का माध्यम बन रही है और इसलिए तेजी से अपने 'कोश' को अपने मुहावरे को, वाक्य विन्यास को बदल रही है। उसमें बोलियाँ ठिठोलियाँ करती हैं, टपोरी और पटरीजनों के हिंगलिश के शब्द फिट होते हैं। कोई भी साहित्यिक सांस्कृतिक घटना गोपन नहीं है।

यह साइबर का जन-साहित्य है। भद्र ओर ऐलीट-साहित्य से वर्जित पदावली यहाँ खुलकर आती है। मत-भिन्नता है। दो टूक टकराव है। मारना है। मार खाना है। अपनी कहना है। दूसरे की सुनना-सहना है। यह 'दूसरा' राँची में भी हो सकता है और न्यूयार्क में भी। सब कुछ तुरन्ता।

साहित्य का नया व्याकरण बन रहा है। पाखण्ड की पोल खोलना इस लेखन का एक हस्तक्षेपकारी तेवर है। उसकी अतियाँ भी हैं। लेकिन यहाँ कोई किसी का आचार्य नहीं।

'काव्यप्रकाश' के मंगलाचरण में मम्मट ने बहुत पहले जो कहा था, वह अब साक्षात् हो रहा है—

'नियतिकृतनियमरहितां
ह्लादैकमयीमनन्यपरंतंत्राम्!
नवरसरुचिरां निर्मितीमादधती
भारती कवेर्जयति!!'

मम्मट कहते हैं कि ब्रह्माजी की सृष्टि कर्मफल के नियम से बन्धी है, लेकिन इस ब्रह्म (कवि) की सृष्टि नियम रहित है। ब्रह्माजी की सृष्टि दुःख-सुखमूलक है। इस ब्रह्म की अनन्य आल्हादमयी है। विधाता की परतन्त्र है, इसकी परम स्वतन्त्र। ब्रह्मा जी की सृष्टि में षड्रस हैं, इस ब्रह्म की सृष्टि में नवरस हैं। ऐसी कविता (साहित्य) की जय हो।

ब्लॉग साहित्य नये मीडिया की, नये रचनाकार की 'नयी सृष्टि' है। एक शाम 'मोहल्ला डॉटकाम यात्रा (पेंग्विन) बुक्स' और 'जनतन्त्र डॉटकाम' द्वारा आयोजित गोष्ठी में चर्चा तो 'मीडिया में साहित्य की कम होती जगह' पर थी, लेकिन जिस

मुक्त मस्त ढंग से प्रमुख वक्ताओं और श्रोताओं के बीच बातें हुईं, वे बता गयीं कि अब तक हिन्दी साहित्य के जराजीर्ण खूटे से बन्धे रहे नये साहित्य के 'हीरा-मोती' अपना पगहा तुड़ाकर, आजाद होकर साइबर स्पेस में दौड़ लिए हैं। वे हाथ नहीं आने वाले।

यह हिन्दी साहित्य में एक बड़ी शिफ्ट है जो नये मीडिया ने पैदा की है। लाख नाक-भौं सिकोड़िए, गरियाइए लेकिन इसकी अपनी धज है, अपनी ताकत है और देर-सबेर इसे सबको पढ़ना-समझना है।

23 मई, 2010

भीषण भाषावादी माओवाद

मीडिया में माओवाद कई तरह से आता है। अपने एक्शनों से वह हिंसा और क्रूरता की नयी-नयी मिसालें पेश करता है। यह भीषण भाषा वाला माओवाद है जो मीडिया में रिपोर्टित और चर्चित होता रहता है।

नये माओवाद के संग कुछ एनजीओ टाइप के, कुछ मानवाधिकार टाइप के हैं। वे बर्बर माओवादी एक्शनों को सत्ता की प्रतिक्रिया के रूप में देखते हैं। टीवी पर आते हैं। उनके हर बर्बर कृत्य को 'प्रतिक्रिया' कहकर सही ठहराने की कोशिश करते हैं। उनकी प्रतिक्रिया में प्रशासन के प्रवक्ता होते हैं और थर्ड पार्टी की तरह कुछ बुद्धिजीवी, स्वतन्त्र पत्रकार भी होते हैं जो माओवादी एक्शन के बाद उनका इन्तजाम करने के बारे में विचार करते हैं। दक्षिणपन्थी अतिराष्ट्रवादी सीधे फौजी एक्शन की बात करते हैं तो उदारतावादी प्रशाराक, उदारतावादी बुद्धिजीती और पत्रकार आदिवासियों के विकास में आयी चूक, उसकी दुरुस्तगी और 'फिलहाल' सुरक्षाबलों से ही काम चलाने की बात करते हैं।

इस 'सखा सखी चरचिंग चरपिंग' के सब आदी हो चले हैं। हर बार वही ढाक के तीन पात होते हैं। माओवाद के प्योर एक्शनबाजी नये संस्करण को मीडिया एक 'खूँखार खूरेजी' का 'लाइव आइटम' भर मानता है। वह प्रशासन की असफलता, अस्पष्ट नीति और राजनीतिक दाँवपेच की निन्दा करते हुए 'प्रतिशोध और निराश उदारता' के बीच झूलता रहता है।

जाहिर है, अपना मीडिया माओवाद के नये खूँखार संस्करण की राजनीति से, विचारधारा से, टेक्टिस से दूर तक अनभिज्ञ नजर आता है। हर एक्शन के बाद उनका कमाण्डर देश के चैनलों को देर तक देखता होगा ताकि अपने एक्शन के प्रभाव को जाँच अगला एक्शन प्लान कर सके। अपनी भीषण खूरेजी से उदार हृदयों को अशान्त कर, उनमें हताशा फैला हतप्रभ कर प्रशासन के निकम्मेपन को उजागर करना उनका लक्ष्य है ताकि कमजोर प्रशासन और एक विराट जन-असन्तोष उन्हें मनचाहा करने दे। यानी मामला सिर्फ रिपोर्टिंग या 'सखा सखी-चरचिंग चरपिंग' से निपटने वाला नहीं है।

पुराना माओवाद मीडिया निर्भर नहीं था। नये माओवाद की जान मीडिया में

रहती है। आखिरकार मीडिया ही उसकी जान निकालेगा। पुराने माओवाद के दौर में टीवी नहीं था, मोबाइल नहीं था, इण्टरनेट नहीं था। नये माओवाद के जमाने में टीवी का लाइव कवरेज है, मोबाइल सन्देश हैं और वेबसाइटें हैं जो उनके कार्यक्रमों को अंग्रेजी में बताती हैं, वहाँ उनके पैरोकार डिबेट करते हैं, पोलेमिक्स करते हैं।

पुराने माओवाद में आम जनता को छोड़ दिया जाता था, क्लास ऐनीमी को टारगेट किया जाता था। उसके खिलाफ एक पीपुल्स मोर्चे की बात की जाती थी। तब के माओवादी 'चीन का रास्ता हमारा रास्ता' कहते थे। 'चीन का चेयरमैन हमारा चेयरमैन' कहते थे। पुराने माओवादियों को मीडिया के नाम पर तब के चीन के पीकिंग रेडिया का पूरा समर्थन प्राप्त था। 'नक्सलबाड़ी क्रान्ति' की और उस जमाने की माओवादी पार्टी सीपीआई एमएल की घोषणा का विस्तृत खबर वहीं 'ब्रेक' हुई थी। पुराने माओवाद का एकाध मुखपत्र था। एकाध हमदर्द पत्र था। याद है 'लिबरेशन' पल्प पेपर पर छपता था। पुराना माओवाद 'मीडिया से' नहीं जीता था।

खबरें, अफवाहों में आया करतीं। अण्डरग्राउण्ड संगठन का मजा ही यह था कि वह उदार मिडिल क्लास में रूमानी क्रान्तिकारिता का माहौल रचता था। आप-हम जो शहरों में मध्यवर्गीय जीवन जीते हैं, उन्हें हथियारबन्द इस सिस्टम से बदला लेने वाले के रूप में देख मन ही मन कह सकते थे चलो, कोई तो लड़ने को तैयार है। उसकी शहीदी भावना को फील कर अपराध बोध उमड़ता। इस चक्कर में हिन्दी में कई कवि फ्री में 'रिवोल्यूशनरी' हो गये। कई नाम थे। तब बहुत तत्ते-गरम लगते थे, अब नरम हैं। हिन्दी साहित्य के इस माओवाद का फसाना फिर कभी।

पुराने नक्सल अंग्रेजी कम जानते थे। नये 'ऑक्सियन', 'अमेरिकी' झाड़ते हैं। पुराने माओवाद के जमाने में मानवाधिकारवादी समूह नहीं थे। नये में हर एक्शन के संग-संग गिफ्ट पैक की तरह मिलते हैं। नया माओवाद भीषणता का रीयल तमाशा पेश करता है, उसी से जीता है। प्रति भीषणता आमन्त्रित करता है। इस तरह वह अगर खड़ा भी है तो कमजोर पालिटीकल थियरी पर ही खड़ा है।

मुम्बई सियालदाह ज्ञानेश्वरी एक्सप्रेस उड़ाने के कुछ मीडिया रिपोर्टित सीन याद करें और मीडिया की भूमिका देखें— टीवी ने लाइव रिपोर्ट दी है। अखबारों ने रिपोर्ट दी है, चित्र दिये हैं। फिर वे कुछ और आइटम रिपोर्ट करने में लग गये हैं। इस रूटीनी रिपोर्टिंग से पाठक/दर्शक की कमतर होती संवेदनशीलता और कमजोर होती है। मीडिया अगर माओवाद को कमजोर करना चाहता है तो उसे पाठक-दर्शक की संवेदनशीलता को मजबूत करना होगा और उसे वैचारिक रूप से सन्नद्ध करना होगा। उसके लिए मीडिया को खुद तैयार होना होगा।

अगर मीडिया इस तरह की नृशंसता के हर सीन की गहन रिपोर्ट तैयार करे, गरीब आदिवासियों की और माओवादियों द्वारा मार डाले गये लोगों, आहतजनों के साक्षात जीवन की मार्मिक कहानियाँ दे तो माओवादियों की बर्बरता का पर्दाफाश हो

सकता है। मीडिया को माओवाद के इतिहास, उनकी विचारधारा, उनके कार्यक्रम की बारीकियों में जाना होगा और उनसे राजनीतिक डिबेटें चलानी होंगी। तभी उनकी मध्यवर्गीय रूमानियत की वेल्यू कम होगी।

ध्यान रहे—माओवाद का नया रूप आतंकवाद जैसा है। हर आतंकवाद यथार्थ की नंगी जमीन पर आने से डरा करता है, इसीलिए छिपता फिरता है। मीडिया ऐसे सभी अण्डरग्राउण्ड का दुश्मन है। वह माओवाद की महानता की हवा निकाल सकता है बशर्ते इस नये शत्रु के प्रति पर्याप्त सजग हो।

'सखा-सखी चरचिंग-चरपिंग' से उसका कुछ नहीं बिगड़ना।

30 मई, 2010

काइट्स से कोलम्बो तक

बिग बजट की फिल्म 'काइट्स' पिट गयी। कोलम्बो में आयोजित आईफा समारोह पिटा। दर्शक वर्ग ने पीटा। एक ही पखवाड़े की ये दो खबरें नये दर्शक वर्ग के 'निर्णायक' हो उठने की सूचना देती हैं।

'काइट्स' भारत के दर्शक-बाजार में पिट गयी। फिल्म का पीआर करने वालों का कहना रहा कि यह देशज दर्शक वर्ग के लिए नहीं बल्कि विदेशी सर्किट के लिए ही बनी थी। वहाँ चली है। कमायी की है। की है तो आपका सच आप जानें। सबसे महँगी फिल्म होने का रिकार्ड रखने वाली फिल्म अगर अपने घर में न चले और सिर्फ बाहर चले तो कहा जा सकता है कि बालीवुड अब सलेक्टिव एनआरआई दर्शक बाजार के लिए फिल्म निर्माण करता है और उतने से ही खुश रहता है। लेकिन अगर यह फिल्म अपने समाज में भी चली होती, दर्शक खींच पायी होती तो यह कहना मुश्किल ही था कि हमने तो विदेश के लिए बनायी थी।

बालीवुड के एक बड़े निर्माता का अपनी बिग बजट फिल्म की असफलता के बारे में ऐसा अवसरवादी विश्लेषण बताता है कि हिन्दी फिल्म बिजनेस करने वाले मनोरंजन उद्योग के ग्लोबलाइजेशन और फिल्मों में सीधे विदेशी निवेश के जमाने में भी वे अपनी परचूनिया बिजनेस बुद्धि से आगे नहीं बढ़े हैं। फिल्म बिजनेस को 'रणनीतिक बिजनेस' नहीं बना पाये हैं। उसे अब भी तदर्थवादी, अवसरवादी बनाये हुए हैं कि फिल्म चली तो पौ बारह और पिटी तो कोई झेंप मिटाऊ जवाब सोच लेंगे।

मनोरंजन का रणनीतिक बिजनेस करने वाले लोग दर्शक से लेकर बाजार के अनेक स्तरों को पूरी तरह विश्लेषित करके काम करते हैं। जन-रुचियों का पूरा अध्ययन करते-कराते हैं, तब जाकर सौ पचास करोड़ का दाँव लगाया करते हैं। यह काम हालीवुड करता है। वहाँ के बड़े प्रोडक्शन हाउस मार्केटिंग सर्वे, जनरुचि सर्वे कराते रहते हैं। 'आडिएंस रिसर्च' के काम में भारी पैसा लगाते हैं। दर्शक और बाजार के प्रत्येक पहलू को जाँचते-परखते हैं। वे इस बात पर भी भारी कंज्यूमर रिसर्च करा सकते हैं कि इस मन्दी के मूड में दर्शक को किस तरह उत्साहित किया जाए, किस तरह पटाया फुसलाया जाए और क्या खरीदवाया जाए कि वह उत्फुल्ल महसूस करे और फिल्म देखने आ जाए।

बालीवुड दर्शक को मालिक नहीं मानता। वह मनोरंजन के कारोबार में अपनी टुच्ची इजारेदारी पर इतराता है कि दर्शक जाएगा कहाँ? यही लाइन टीवी मनोरंजन उद्योग की भी है कि दर्शक जाएगा कहाँ? उसे टीवी देखना ही है और वहाँ हम होंगे ही। फिल्मी बिजनेस की भाषा जबरिया 'ब्लाइण्ड खेलने' की भाषा है। दाँव लगाना है, डिस्ट्रीब्यूशन की राजनीति करनी है, टीवी का टाइम लेना है। रिलीज से पहले टीवी पर कोई छोटा-मोटा विवाद छिड़वा देना है। दर्शकों की जिज्ञासा जगाना है। उत्तेजना पैदा कर दर्शक को लुभाना है। यहाँ विवाद भी प्रायोजित किये जाते हैं। जैसा 'माई नेम इज खान' के सन्दर्भ में प्रतीत हुआ। लेकिन फिल्म विवाद के बावजूद नहीं चल पायी। 'काइट्स' अपनी पूरी हालीवुडिया बारबरा और उसकी तकनीकी कौशल के हाइप के बावजूद नहीं चल पायी। दर्शकों ने बेवकूफ बनने से इनकार कर दिया।

भारतीय दर्शक 'मेच्योर' होता नजर आता है। नया दर्शक पुराने दर्शक की तरह का स्थिरचित्त वाला और भावुक उपभोक्ता नहीं रह गया है। आप उसे यूँ ही 'बना' नहीं सकते। न्यूनतम सूचना सजगता ने, तीखे घटना बहुल प्रसारणों ने इण्टरनेट पर उपस्थित जरूरी गैर-जरूरी ग्लोबल सामग्री ने उसे एक 'अस्थिर चित्त' और इस्टेंटी रुचि का 'फास्ट' निर्णय का आदी बना दिया है। भारी-भरकम की जगह शार्टकट का आइडिया, पॉप-बौद्धिकता, निर्भावुक तेज गति वाले नये यंगिस्तानी यथार्थ का चित्रण और कमेण्टबाज पेरोडी उसे पसन्द है। मुगलेआजम की जगह 'मान गये मुगलेआजम' और 'देवदास' की जगह 'देव डी' ने ले ली है। देवानन्दी 'काला बाजार' की जगह शाहिद कपूरी 'कमीने' ने ले ली है। राजकपूरी 'संगम' की जगह 'जब वी मेट' ने ले ली है।

मल्टीप्लेक्सज और क्विकीज ने फिल्म विधा को पोस्टमॉडर्न 'पॉप कॉर्न' बना दिया है। सब कुछ बदल गया है, लेकिन बालीवुड के बड़े खिलाड़ी नहीं बदले। काइट्स का पिटना इसका गवाह है।

बदलता दर्शक किस तरह से मनोरंजन को काबू करता है, इसका दूसरा उदाहरण कोलम्बों में हुआ। आइफा का समारोह है जिसमें चैम्बर्स ऑफ तमिल फिल्म्स की धमकी के बाद (कि वे 'कोलम्बो-आईफा-समारोह में जाने वाले कलाकारों की फिल्में दक्षिण में नहीं चलने देंगे) वह चमक नहीं रही जो बड़े सितारों के रहने से रहती थी। दक्षिण का बाजार बालीवुड के लिए बड़ा बाजार है। संगठित दर्शक और तमिल फिल्म उद्योग की एक भभकी काफी रही। बालीवुड को अपनी अभिव्यक्ति की स्वतन्त्रता भी याद नहीं आयी। ब्लैकमेल के आगे झुकना पड़ा। आईफा कार्यक्रम और कोलम्बो के मुकाबले बालीवुड ने दक्षिण के दर्शक की रुचि को बड़ा माना। अभिव्यक्ति पर अनुचित दबाव बना, लेकिन बिजनेस सेंस ने काम किया। लेकिन यह भी बिजनेस का 'तदर्थवाद' है।

समूचे मनोरंजन उद्योग की जान दर्शक के हाथ में रहती है। दर्शक बदलता रहता है और इन दिनों उसकी अभिरुचियाँ गजब की तेजी से बदल रही हैं, अस्थिर हो रही हैं। ऐसे में रुचियों का बिजनेस भी अस्थिर ही हो सकता है, इसलिए उसकी परख ज्यादा सावधानी से होनी चाहिए।

बिग बजट की फिल्मों में जितना पैसा चमक-दमक में स्वाहा किया जाता है, यदि उसका पाँच प्रतिशत भी जनता की रुचि की रिसर्च में लगे तो शायद नये दर्शक की मनोरंजन की जरूरतों को समझा जा सके।

मनोरंजन एक बड़ा उद्योग बन चला है। आप उसे और उसके बदलते दर्शक को मनमाने ढंग से नहीं ले सकते। उसकी 'अस्मितागत' राजनीति भी है। उसके प्रति अचानक 'संवेदनशील' होकर आप कोलम्बो जाने से बचते हैं, लेकिन अपने देश के दर्शक को जानने से भी डरते हैं।

6 जून, 2010

रियलिटी शो का मंच गाँव

'स्यालबा माजरी' गाँव नहीं, रियलिटी शो का मंच है। यह गाँव पंजाब में किस दिशा में है? किस शहर के पास है? यह नहीं बताया गया। अगर बताया गया होता तो रियलिटी शो की धज कुछ और ही होती। हो सकता है, रियलिटी शो की शूटिंग देखने दूरदराज से लोग आते और 'देसी गर्ल' को साक्षात् देखते। रियलिटी शो वालों ने गाँव की लोकेशन शायद इसलिए प्रचारित नहीं कि गाँव में कहीं बाहरी भीड़ न बढ़ जाये और गाँव की जिन्दगी में खलल न पड़ें, लेकिन हमें लगता है कि 'इमेजिन टीवी' वाले अगर ऐसा करते भी तो निराशा ही हाथ लगती। टीवी ने सब कुछ इतना पास-पास ला दिया है और परिचित बना दिया है कि अब कोई उसके ग्लैमर से प्रभावित नहीं होता। गाँव वाले भी नहीं।

बहरहाल स्यालबा माजरी गाँव की रियलिटी शो की पृष्ठभूमि बनाकर रियलिटी शो की धज बदल दी गयी है। जरूरी नहीं कि अब रियलिटी शो बिग बॉस की तरह पाँच सितारा होटल जैसी सुविधाओं से लैस किसी नये डिजाइण्ड आर्कीटेक्चर वाले हाईफाई बड़े से घर में ही हो। 'देसीगर्ल' शो ने बताया है कि रियलिटी शो नामक आइटम कहीं भी सम्भव हो सकता है। लेकिन इतना ही, इससे आगे कुछ नहीं। बाकी सारी चीजें वहीं हैं जो दूसरे रियलिटी शो करते हैं। वही बॉलीवुडिया टण्ट घण्ट। वही मेट्रो मस्त लड़कियाँ, उनकी आपसी बिचिंग और लड़ाइयाँ, एक-दूसरे को उठाने-गिराने की पूर्व निश्चित राजनीति। वही मेकअप और अन्ततः 'लड़की एक नम्बर वन' या 'दुल्हन नम्बर वन' में बदल जाने की कवायद।

रियलिटी शोज की बड़ी हद यह बन चली है कि हर शो के आखिर में दर्शकों को एक ही तरह के मेकअप में एक ही तरह के कपड़ों में हर बार कोई 'दुल्हन नम्बर वन' ही मिलती है। 'राहुल दुल्हनियाँ ले जाएगा' में कुछ दिन पहले एक तो 'नम्बर वन दुल्हन' मिली। अब 'देसीगर्ल' में मिल रही है। हो सकता है किसी देसी गर्ल की शादी किसी गाँव के छोरे से करने का आइडिया फेंका हो। लेकिन अब दर्शक चकित होकर अनिवार्य रूप से देखने नहीं बैठते। जब हर बार हर सीरियल में एक ही तरह की किराये की गोटेदार चमकीली ड्रेस पहने, हजारों बार झेले गये एक ही तरह के बालीवुडिया विदाई गीतों के स्लोमोशन में आती एक अदद दुल्हन ही मिलनी

है तो कोई क्यों देखे?

इसके बावजूद 'देसीगर्ल' शो ने शहर और गाँव को एक-दूसरे में मिक्स कर सूचना दे दी है कि गाँव बदल चुके हैं। मैट्रो शहरों, मॉडलों, टीवी कलाकारों की चकाचौंध से अब वे हतप्रभ नहीं होते। टीवी ने, मोबाइल क्रान्ति ने, विज्ञापनों ने, गाँव की दुकानों-बाजारों तक उपभोक्ता चीजों की आसान उपलब्धता ने ग्रामीण जीवनशैली में तेज बदलाव घटित किये हैं। इन प्रक्रियाओं ने गाँव का चेहरा भी 'एक सेमी मेट्रो चेहरा' बना दिया है। गाँव की 'रफनेस' को, उसके कच्चेपन को, नेचुरलनेस को और माटी की गन्ध को मेट्रो नखरों की 'लोरीयिल' और गर्निये ब्राण्डों के प्रसाधित रंगों और गन्धों से भर दिया है। सबका न्यूनतम सौन्दर्यबोध इतना एकसार बन चला है कि गँवई लड़कियों-लड़कों को, बुजुर्गों को कुछ भी जिज्ञासु नहीं बनाता, नहीं चौंकाता।

यह सम्पन्न और कस्बायी ढंग से बने मकानों वाले गाँव पंजाब में हो सकता है, लेकिन ऐसा गाँव धुर बिहार, यूपी, राजस्थान, गुजरात, महाराष्ट्र, बंगाल या तमिलनाडु में कुछ रूपभेद से कहीं भी हो सकता है। गाँव ग्लोबल हो गये हैं, भले उनकी आफतें उनकी गरीबी परेशानियाँ हिंसाएँ वही मध्यकालीन जड़ता लिये हों। गाँवों को आधार बनाकर या ग्रामीण बोली कथा कहानी का टच देकर चलने वाले मनोरंजन कार्यक्रम या देसीगर्ल जैसे कार्यक्रम बता रहे हैं कि मार्केटिंग मनोरंजन का अगला बड़ा निशाना यही क्षेत्र है।

ऐसे कार्यक्रमों की समस्या यह है कि ये गाँव की नेचुरलनेस और तेज परिवर्तनकामी मुक्त कामनाओं के बीच जीवन के नये तनावों के सवालों से नहीं जूझते, और दो शो के बाद बोर करने लगते हैं। वे नयी उठती समस्याओं को अपने मनोरंजन का विषय नहीं बना पाते। गाँव के शहरीकरण के लिए शार्टकट-सा बनाकर चलते हैं। उसे बैकड्राप की तरह इस्तेमाल करते हैं और ग्रामांचलों की बोली-बानी के मुहावरे यत्र-तत्र डाल गाँव को याद कर लेते हैं। यह बदलाव बुरा नहीं, लेकिन क्या गाँव सिर्फ आपके शो का 'परदा' भर है? मेट्रो शहर की लड़कियों को देसीगर्ल के स्यािलबा-माजरी गाँव भेजना बुरा आइडिया नहीं, लेकिन जो एक्शन कराये गये हैं उनकी दुहरावभरी हदें दिखने लगी हैं।

गोबर उठाने, चाय बनाने, झाड़ू लगाने, भैंस दुहने, उनको नहलाने, खाना बनाने के अलावा नाचने-गाने और आखिर में गाँव की कुछ शादी योग्य लड़कियों का मेकअप कर शादी की डिजाइन ड्रेस पहनाकर कम्पटीशन में उतारकर गाँव की 'नम्बर वन दुल्हन' बनाने आदि के 'टास्क' गाँव में देसीगर्ल ने किये हैं। सन्देश यह कि गाँव के ये खास काम शहरी लड़कियाँ नहीं जानतीं। आदर्श देसीगर्ल बनने के लिए शहरी लड़कियों को यह सब आना चाहिए। गाँव के कल्चर में रहने की बोली-बर्ताव का सलीका आना चाहिए, लेकिन देसीगर्ल ड्रेसबोध! वही मेट्रोवाला, टाइट जींस, छोटी

बनियान वाली अंग्रेजी बाला!

महत्त्वपूर्ण यह है कि इसके बीच कोई तनाव नहीं। मेट्रो की लड़कियाँ अपने मेट्रो बिन्दास स्टाइल से गाँव में मौजूद हैं, लेकिन गाँव को कोई कल्चरल झटका नहीं लगता। गाँव की जिन लड़कियों को दुल्हन बनने के लिए सजाया गया, वे सीन में आने के कारण प्रसन्न थीं। मेकअप कराती थीं। उनकी थुलथुल माताएँ असली ग्राम्य तत्त्व लगती थीं। अपने नेचुरल चेहरे-मोहरे के साथ खड़ी निदेशित ढंग से न हँस पातीं न रो पाती थीं। गाँव की सबसे बूढ़ी पोपली दादी भी दिखी। देसीगर्ल की एण्ट्री, से गाँव में किसी को कोई कल्चरल खतरा नहीं लगा। देसीगर्ल ने उस कथित कल्चरल खतरे को 'टाटा' कह दिया है जो अक्सर हिन्दी में प्रेमचन्दी गाँव की कैद से बाहर न निकल पाये लोगों को लगता है। देसीगर्ल गाँवों के शहरीकरण का शो है और खबर भी!

13 जून, 2010

नागरिक अनुभव के क्षण

एक बड़े उद्योगपति पर हत्या का आरोप लगा है। उसके ड्राइवर ने मौत के पहले का बयान दिया कि किसी ने पीछे से पेट्रोल छिड़ककर उसको आग लगा दी। उसे 85 फीसदी जली अवस्था में अस्पताल में दाखिल कराया गया। यह जानकर भी इतना जले आदमी का बचना मुश्किल होता है, मरने से पहले उसका बयान पुलिस ने या मजिस्ट्रेट ने दर्ज नहीं किया। यह बयान एक हिन्दी चैनल ने अपने कैमरे में दर्ज किया और प्रसारित किया। दबाव बना तो पुलिस जागी और उसने चैनल से सीडी माँगी।

यह एक ताजा घटना है जिसके पीछे एक चैनल खड़ा हो गया है। अन्य चैनल भी इस घटना का नोटिस लेने लगे हैं। आरोपित उद्योगपति के बयान लिये गये हैं। यह खबर एक बार फिर कमजोर और ताकतवर के बीच बनते न्याय के स्पेस और नागरिक स्पेस के बीच की कहानी है। इस खबर के कुछ पूर्वमान्य 'अहसास' और निष्कर्ष हैं। उदाहरण के लिए—अधिकांश दर्शक उद्योगपति नहीं हैं। वे खुद कमजोर तबके के हैं। उनकी हमदर्दी ताजा मामले में कमजोर तबके के ड्राइवर के साथ है। ड्राइवर कमजोर है। कमजोर को न्याय मिलना मुश्किल है। पुलिस की भूमिका हमेशा की तरह कमजोर के पक्ष में नहीं दिख रही।

ड्राइवर की मौत की खबर ने टीवी पर आकर कुछ 'दबाव' सा बनाया है। पुलिस को केस बनाने के लिए चैनल से सीडी माँगनी पड़ी। इसके बाद क्या होगा? ताकतवर सोचता है खबर चैनलों के इन नित्य उत्तेजित दिनों बड़ी-से-बड़ी खबर की उम्र एक सप्ताह से ज्यादा नहीं होती। धीरे-धीरे खबर अपनी मौत मर जाएगी। जितनी बदनामी होनी है, उतनी तो होगी। कुछ दिन बाद सब भूल जाएँगे और अदालत में हम निपट लेंगे। कमजोर सोचता है, अगर मीडिया ने साथ दिया तो कुछ हो जाएगा। लाखों ऐसे केस होते रहते हैं, जिनमें कमजोर अकसर ताकतवर के हाथ मात खाता रहता है। 'चौबीस गुना सात' की खबरों के जरिये मीडिया ने बताया है कि समाज में व्यापक न्याय-वंचना का भाव है। इसीलिए न्याय की गुहार के लिए एक न्यूनतम हरकत बढ़ी है। न्याय से वंचित रहने का जितना अहसास इन दिनों गहरा हुआ उतना ही न्याय पाने की हसरत बढ़ी है और उतना ही मीडिया पर दबाव बढ़ा है कि वह न्याय का पक्षधर बने।

मीडिया चूँकि घटना को खबर बनाने का उद्यम है और अपने समाज में अब भी किसी

आरोपित ताकतवर के बरक्स कमजोर या गरीब की निरीह मौत एक व्यापक हमदर्दी पैदा करती है और व्यापक हमदर्दी अधिक दर्शक/पाठक/श्रोता मुहैया करती है। यद्यपि करुणा के जागरण के इस काम में मीडिया को भी कभी-कभी 'चयन' के लिए बाध्य होना होता है। कहीं यह करुणा इस या उस हितों के खिलाफ तो न चली जाएगी और कहीं मीडिया के अपने हितों पर ही चोट तो न आ जाएगी? इस सबसे बचते हुए मीडिया 'नाजुक' खबरों की पतली गली से निकलकर काम करता है। मीडिया इसी सीमित अर्थ में 'लोकतन्त्र का चौथा पाया' है और इसी में 'न्यूनतम' में नागरिक की न्याय-शिक्षा का बड़ा काम हो जाता है। इस परम सीमित जगह में जितनी भी न्याय की प्रार्थना करने वाली खबर आ जाती है, वह उन्हें एक सहज मानवीय अधिकार का दर्जा देती चलती है। इस तरह प्रार्थनामूलक खबर में मीडिया के स्पेस और 'नागरिक स्पेस' के बीच मित्रता बनाती है। मीडिया का भी असली 'स्टेक होल्डर' नागरिक स्पेस ही है।

मीडिया ने अपनी तमाम बाजारस्पर्धी सीमा के बावजूद खबरों के जरिये उस नागरिक अहसास को बनाया-बढ़ाया है, जो आज से 25-30 साल पहले उपलब्ध नहीं था। खबर वाले समाज में खबर में निहित 'नागरिक अहसास' की कीमत बढ़ी है। यह अहसास न केवल न्यायमूलक सह-अस्तित्व की माँग करता है, बल्कि उसे सतत् पुनरुत्पादित भी करता है। यह अहसास लोकतन्त्र की जान है। इसीलिए हमें ऐसी बातें बार-बार सुनायी पड़ती हैं कि अगर मीडिया न होता तो न्याय से वंचित कर दिये गये 'बन्द केसों' को कौन खोलता? कौन व्यवस्था के बहरे कानों को सुनाता?

यह मीडिया द्वारा नित्य-जागृत नागरिक न्याय के अहसासों का समय है, जब अवसर-अनवसर ऐसे केस खबर बनते रहते हैं कि जिनमें न्याय की बराबरी की जगह गायब कर दी गयी होती है। मुक्त मीडिया ने अब घटनाओं का मुँह खबर की ओर खोल दिया है, जिसे मीडिया-मुकदमा कहा जाता है। अगर उसकी अतियों को अलग कर दें तो हर मीडिया न्याय की जगह बनाता है। इसको वे ज्यादा महसूस करते हैं जो इस व्यवस्था के ताकतवर पुर्जे नहीं हैं और जो न्याय वंचित होने को अभिशप्त हैं। असली दर्शक और न्याय के उपभोक्ता 'वंचित' ही हैं। 'वंचना' की खबर टीआरपी की जान है।

यह मीडिया की घोर व्यावसायिकता के बावजूद नहीं बल्कि उसके 'कारण' ही हुआ है। व्यवसाय एक सजग उपभोक्ता की दरकार रखता है। इसलिए मीडिया का व्यवसाय मीडिया में नागरिक स्पेस की जगह बनाता है। भण्डाफोड़ खबरों के प्रायोजक, तीखी चर्चाओं के प्रायोजक किसी 'टार्जन' सीरीज के उपन्यासों के 'औपनिवेशिक कबीला' से मुखातिब होकर हिन्दुस्तान में बेहतर उपभोक्ता बाजार नहीं बना सकते। उन्हें चाहिए एक्टिव कनेक्टेड उपभोक्ता जो नये ग्लोबल नागरिक स्पेस में ही रहता है। उभरते बड़े मध्यवर्ग की स्पृहाएँ और न्याय की उसकी पुकार में और नागरिक स्पेस की मिक्सिंग के इस दौर में मीडिया की खबरें एक खुले और सक्षम लोकतन्त्र की माँग बढ़ाती हैं। मीडिया का यह बड़ा अवदान है।

20 जून, 2010

मीडिया और जाति

मीडिया 'समाज' को 'समाज' के सामने खोलता है। अचानक बने घटनाक्रम को खबर बनाते हुए अपने समाज में जातिगत अनुभवों के बहुत से अण्डरग्राउण्ड पहलुओं को सामने लाता है। भूमिगत गुपचुप चलने वाले रीति-रिवाज जब मीडिया में खुलते हैं तो अक्सर अपने किये पर गर्व करते दिखते हैं और इस तरह वे 'मीडिया करेक्ट' होकर नहीं खेलते। वे अपने समाज को मीडिया पर ढोकर लाते हैं और उसकी हिफाजत करते हैं। उसको सही ठहराते हैं। जबकि उसके बरक्स 'नागरिक समाज (सिविल सोसाइटी) के तर्क और आधुनिक नागरिक कानून टकराते हैं और नये विचार-बिन्दुओं और तनाव-बिन्दुओं का जन्म होता है जो अपने पॉपुलर कल्चरल चर्चा फारमेट में सबका ध्यान खींचते हैं और एक तुरन्त बहस उठाकर जनक्षेत्र (पब्लिक स्पेस) में कुछ उद्वेग पैदा करते हैं।

मोनिका, कुलदीप व शोभा की जाति हत्याओं के सन्दर्भ में मीडिया ने यही भूमिका निभायी है। यहीं मीडिया और समाज की वह 'अन्तर्क्रिया' नजर आयी हैं, जो एक बार की बातचीत में ही फैसलाकुन नहीं होती लगती, लेकिन धीरे-धीरे जर्जर परम्पराओं में निहित 'अ-नागरिक बोध' के अण्डरग्राउण्ड की जकड़बन्दियों को ढीला करती प्रतीत होती है।

'ऑनर किलिंग' या 'जाति हत्या' को लेकर आये कवरेज ने जाति, गोत्र, पंच, पंचायत, जाति समुदाय के परम्पराबोध को आधुनिक नागरिक जीवन के बरक्स खड़ा कर जवाबदेह बनाया है।

मीडिया ने इस घटना के कवरेज के जरिये उस शहरी ग्लोबल आधुनिक अंग्रेजीदाँ हो चले शहरी बुद्धिजीवी समाज को भी चकित किया है कि वह जाति-गोत्र के, परम्परा के जड़ीभूत लेकिन बाजाप्ता 'जिन्दा' सूत्रों से कितना अनजान है। वह उन सामाजिक संरचनाओं में काम करती सत्ताओं के परस्पर उलझे-सुलझे ताकतवर धागों से कितना अनजान है जो मीडिया मार्केट, मनी, मोबाइल, मर्सिडीज, उदारीकरण और ग्लोबल वातावरण के लालच के बावजूद (या शायद उसके लाभ चुराकर लेकिन उसके जबर्दस्त बदलावों से डरकर उससे लड़ते-झगड़ते भी) अपनी मिथकीय परिपाटियों की जड़ों को और मजबूती से पकड़ 'ग्रामीण गर्व' में अकड़ते हैं, भले

उसके लिए उन्हें तबाह होना पड़े।

मीडिया ने दो काम और किये हैं। एक है जाति के अनजाने समाजशास्त्र को पॉपुलर कल्चरल बहस का विषय बना देना और दूसरी ओर मारे गये युवाओं के जीने के अधिकार की हिफाजत में खड़े होना। साथ ही शहरी पढ़े-लिखे उदार मध्यवर्ग से पूछना कि जातिगर्व खापगर्व प्रेरित हत्याकाण्ड पर आप बोलते क्यों नहीं? आप इसके खिलाफ जनमत क्यों नहीं बनाते? आप कहाँ हैं?

जब मीडिया ने राजनेताओं से, दलों से सवाल पूछा तो जाति गणना के पक्षधार दल, उनके नेता देर से ही सही आये और 'कानून सख्त हो और अपना काम करे, जैसी बात कह पतली गली से निकल गये। लेकिन हिन्दी का कोई नामी-गिरामी लेखक एक वाक्य नहीं बोला। कोई स्वनिर्वाचित 'पब्लिक इण्टेलेक्चुअल तक अपने आप नहीं बोला। कोई बड़बोला कवि, कोई बक्कू कथाकार नहीं बोला। कोई भी कथित साहित्यिक-सांस्कृतिक संगठन सामने नहीं आया। इस अण्डरग्राउण्ड जाति विमर्श के प्रति जो भी क्रिटिकल वातावरण बनाया, वह मीडिया ने ही बनाया। उसी 'नित्य निंद्य' मीडिया ने जो 'बुर्जुआ' है, 'क्रान्तिकारी नहीं है, रंगीन है, 'नंगी फोटो छापता' है, 'अश्लीलता परोसता' है, 'ग्लोबल' है, 'बाजारी' है, 'उपभोक्तावादी संस्कृति का पोषक' है, जिसने 'साहित्य की जगह कम कर दी है और जो 'विचार विहीन' है। मीडिया घटना को खबर बनाकर उसका सामाजिकीकरण सांस्कृतिकीकरण करता है। उसी में अन्तरंग तर्क-वितर्क और विमर्श चलते हैं। वे अलग से पेस्ट नहीं किये जाते। आज के विकसित मीडिया में उपदेश, आदेश उपहासास्पद होते हैं।

मीडिया खबर को तुरन्ता ढंग से सामाजिक चिन्ता का विषय बना जो पक्ष-विपक्ष पैदा करता है, उससे पॉपुलर विमर्श बनता है जो कालान्तर में पब्लिक का न्यूनतम क्रिटीकल पॉपुलर टेस्ट बन जाता है, जिसे अलग से पढ़ा जाना चाहिए। समाज में जाति है और उसके व्यर्थ होते जाने के अनुताप भी हैं। परिवार 'कुल' 'जाति' गोत्र का अण्डरग्राउण्ड कण्ट्रोल कमजोर हो रहा है।

जो जाति की लड़ाई दूसरे ढंग से लड़ रहे हैं, वे हारी हुई लड़ाई लड़ रहे हैं। उनके आगे चुनौतीपूर्ण किन्तु 'एफोर्डेबिल', 'अनजाना' किन्तु 'आकर्षक' उदार संस्कृति वाला समाज खुल रहा है, जिसमें वे जाना चाहते हैं, पर उसमें सक्षम नहीं हो पा रहे हैं। 'उदारता' महँगा मूल्य है अपने यहाँ।

सम्पन्नता ने बच्चों को 'निजी स्वायत्त' जगत् और 'स्पर्धात्मक दम्भ' दे दिया है जिसमें माता-पिता की मनचाही घुसपैठ असम्भव-सी हो रही है। घर-घर में रार ठनी है। अव्यक्त हिंसा है। बच्चे 'डिकण्ट्रोल' में हैं। उन्हें रिकण्ट्रोल' करना है।

— जाति गर्व सिर्फ बुजुर्गो में नहीं। नये युवा मर्दों में भी है।

— जाति तभी टूटती है जब कोई 'लड़की' किसी दूसरी जाति के लड़के से प्रेम या शादी करती है। जाति का दमन औरत पर ज्यादा है।

— आर्थिक विकास से मेल में रहने वाले विकसित सक्षम सामाजिक 'सांस्कृतिक' वैचारिक संस्थान नहीं बन रहे हैं।

— आर्थिक विकास से आयी उपभोक्ता क्रान्ति ने 'जाति' 'गोत्र' 'कुल' की मिथकीय शुद्धता में जीने वालों को भी उपभोक्ता बना डाला है। उनकी दमित कामनाएँ मुक्त कर दी हैं, लेकिन कामना की मुक्ति नये सामाजिक मूल्य नहीं गढ़ पायी है। टीवी जैसा ही बनना है। यह अटूट कामना है ताकि 'माडर्न' दिखें। कामयाब बनें। लेकिन जब ये स्पृहाएँ परिवार के कथित स्थिर नियमों से बाहर जाने लगती हैं तो सीधे गोली मारी जाती है। बदलाव के साथ पिछड़े जीवन का उदार संवाद नहीं बन पा रहा। एक वहशी संवाद ही बन पा रहा है। यह काम मीडिया का है कि वह इन तमाम भार्मिक तन्तुओं को गूँथकर निहित समस्याओं को मनोरंजक सांस्कृतिक विमर्श का हिस्सा बनाये। तभी नया और बृहत्तर 'नागरिक स्पेस' बनेगा। सरकार को 'कल्चरल थ्रस्ट' के क्षेत्र बनाने होंगे।

27 जून, 2010

मेट्रो के सांस्कृतिक तर्क

दिल्ली की मेट्रो रेल का 'जनस्थान' (पब्लिक स्पेस) और उसके अन्दर का परिसर सबको आकर्षित करता है। मेट्रो की चाल-ढाल, उसका रंग, फिर उसकी यति-गति मोहती है।

समय पर कभी काम न कर पाने वाली विश्व की नामी राजधानी में मेट्रो की वक्त की पक्की पाबन्दी सबको मुग्ध करती है, लगता है कोई तो है जो वक्त का पाबन्द है। कोई तो है जो हमें भी वक्त की कीमत समझा रहा है अपने भी समय की कीमत है, यह सबक मिल रहा है। अब आप दिल्ली में अपना एक सम्भव टाइम टेबल और दैनन्दिनी तय कर सकते हैं।

यह मेट्रो अनुभव है। इस मेट्रो का अपना 'सांस्कृतिक तर्क' है। इस सांस्कृतिक तर्क की अपनी 'नागरिक-भाषा' है। यह ग्लोबल संचार की ओर मध्यवर्गीय और 'मार्ग-शिष्ट' होने की मेट्रो-भाषा है। यह मेट्रो के वातावरण और परिसर से बनी है। जाहिर है, वातावरण और उनके बीच बने परिसर ही जन-व्यवहार का निर्माण करते हैं। दिल्ली जैसे ग्लोबल मेट्रो महानगर में 'जन-स्थान' की 'सभ्यता' सड़क की शिष्टता है कहाँ?

एक अजानी आपाधापी और एक अनाम निजी अनिर्वचनीय-सी लूट में बदहवास हर आदमी चिड़चिड़ाता-झगड़ता-सा दिखता है। बेकल आक्रोशमय, इधर-उधर झल्लाता दिल्ली वाला अब तक अपने शहर से दिल नहीं लगा पाया है।

'फार्मूला वन' की रेस की तरह स्पर्धा करते पचासों तरह के वाहनों का हजार तरह का शोर, ट्रैफिक नियमों से लापरवाह इधर-उधर मचलती सड़कों का यह ताकतवर शहर अक्सर किसी ऐसे गाँव का रूपक बन जाता है, जिसे किसी ने मन्त्र मारकर 'महाकाय' महानगर बना दिया है।

अपने से ही अतियाए आकुल-व्याकुल इस शहर में मेट्रो ने कुछ देर के लिए राहत का एक कोना दिया है। इस मानी में मेट्रो सिर्फ 'संचार' नहीं, सिर्फ 'यातायात माध्यम' नहीं बल्कि पूरा और नया ग्लोबल 'सांस्कृतिक संवाद' है। मेट्रो ने अपने परिसर से दिल्ली का 'जनस्थान' और उसका अनुभव बदल दिया है। यह साफ सुन्दर चमकीला, शीशों को पोस्टमॉडर्न पारदर्शिता, सड़क और ब्लूलाइन के परिसरों की

सुपरिचित हिंसा से कुछ देर अलग करता है।

डीटीसी की रेडलाइन और बाद में चलीं ब्लू लाइन या यलो ग्रीन लाइन बसों में बात-बात पर पंगा लेने वाले चिढ़-चिढ़ करते लोग, सीटों के लिए छीना-झपटी करते लोग, टिकट के दामों पर कण्डक्टरों से पंगा लेते लोग, कम टिकट ले या बेटिकट यात्रा करते खुद को हीरो बनाते लोग। ड्राइवर के बोनट पर एक डिब्बे में फिक्स कर दिये गये, इतने हंगामे में भी निमीलित नेत्रों से बस के हंगामे को निहारते, नीले-पीले प्लास्टिक रंगों के शिवजी या गणेश जी या अभय आशीर्वाद देते रहते साईं बाबा मेट्रो परिसर में नहीं दिखते। यह नया सेकुलर है।

तेज आवाज में बजते गाने हैं। जो बस में अन्दरूनी शोर में अपना शोर बुरी तरह मिक्स कर एक 'बस-गीत' बजाते हैं। ब्यू लाइन के कल्चर में यह सब अब भी है। मेट्रो में नहीं है।

मेट्रो का परिसर ही उसका 'कल्चर' है जो इन सबको कुछ देर के लिए ही सही शिष्ट और सुशील बनाता है। हमारा मन ऐसी जनतान्त्रिक शिष्टता में दक्ष नहीं है। वह एक-दूसरे को शान्त होकर सहने का शील नहीं जानता। लेकिन मेट्रो में प्रविष्ट होते ही हम उस शिष्टता को अपना लेते हैं।

दिल्ली में संचार के आठ नौ किस्म के संचार-परिसर हैं। हम इन सबमें कभी-न-कभी या अक्सर होते हैं, लेकिन इनके बारे में कभी सोचते नहीं। हम नहीं जानते कि एक शहर के इन अनिवार्य परिसरों से हमारा अपना रिश्ता क्या है? अपनेपन का है या उचक्केपन का?

रेलवे और अन्तराज्यीय बस अड्डों के अलावा शहर के भीतर ब्लू लाइन, चार्टर्ड आरटीवी, डीटीसी, टैक्सी, ऑटो और रिक्शा के संचार परिसर हैं। तुर्कमान गेट, अजमेरी गेट के ताँगों (जो इन दिनों कॉमनवेल्थ गेम्स के कारण संकट में बताये जाते हैं) को जोड़ दें तो दिल्ली में पूरे दस किस्म के संचार परिसर हैं। मेट्रो ने इनके बीच अपना परिसर बनाया है।

भीड़ यहाँ भी है दौड़-भाग यहाँ भी है। सीट के लिए छीना-झपटी भी है, लेकिन एक बार आप मेट्रो के भीतर बन्द हुए तो अपने खड़े या बैठे स्पेस में ठहर-से जाते हैं। उसके भीतर का चमकीला पारदर्शी साफ वातावरण अनुशासित करने लगता है, धक्का-मुक्की थम जाती है। एक-दूसरे को सहने की अजनबी सी तमीज आ जाती है।

मेट्रो का अपना बेगानापन भी है। आप सबके साथ होते हुए सबसे असंग होते हैं। कसे जींस, टी-शर्ट, टाप्स, सलवार, कमीज में कन्धे पर या पीठ पर रकसैक डाले, हाथ में मोबाइल थामे, कान में ईयर फोन लगाये, बात करते या आईपॉड से गाना सुनते या गप्प मारते या कुछ पढ़ते लड़के-लड़कियाँ, आदमी-औरतें, सरकारी बाबू, अफसर, अध्यापक, वकील, डॉक्टर, सदर-खारी बावली-चाँदनी चौक से थोक समान खरीदने वाले, आजादपुर सब्जी मण्डी में काम करने वाले बिजनेस मैन और कुछ जेब

कतरे सब मिलकर मेट्रो को अन्ततः देसी दिल्ली वाला बनाते ही हैं। मगर यहाँ आकर यत्र-तत्र पान पीक की नहीं मारते फिरते। बीड़ी-सिगरेट के टुर्रे नहीं फेंकते। खाँसते हैं तो शान्त होकर मगर थूकते नहीं।

क्या नगर-जीवन के ये नितान्त न्यूनतम सलीके बिना मेट्रो के नहीं आ सकते थे! शायद नहीं। वातावरण और परिसर ही हमारे संचार, हमारे संवाद और जन-व्यवहार के निर्णायक तत्त्व हैं। उनके बदलने से जनता का मिजाज बदलता है, आदेशों-उपदेशों से नहीं।

अपने शहर को पढ़ना अपने को पढ़ना है। अफसोस हिन्दी में अपने नगर संचार और मुहल्ला परिसरों को कोई नहीं पढ़ता। सब लोग मोबाइलमय हैं, लेकिन अपने मोबाइल तक को नहीं पढ़ते। सब अपने-अपने माध्यमों में हैं, लेकिन अपने माध्यम तक नहीं पढ़ते।

मेट्रो एक ग्लोबल अनुभव है। उसे पढ़ा जाना चाहिए।

4 जुलाई, 2010

गाली और गोली का युग

मीडिया में गाली देना अच्छा लगता है। मीडिया में गाली खाना बुरा लगता है। मीडिया को गाली देना अच्छा लगता है। मीडिया से गाली खाना बुरा लगता है।

समाज ने कुछ ऐसा सभ्याचरण सीखा है कि हर एक के पास दूसरे के लिए गाली मौजूद रहती है। यह युग गाली और गोली का है। मीडिया पर दोनों ही चलती दिखती है। दोनों की तुलना मजेदार है।

मूँछें गोली दागती हैं। मुँह गाली दागते हैं। दोनों का काम दूसरे की 'आनर किलिंग' है। गोली तुरन्त असर कर देती है। मुख से निकलकर गोली बनने में गाली को कभी-कभी कुछ वक्त लग जाया करता है। दोनों 'ऑनर किलिंग' का काम करते हैं।

गोली और गाली के बीच में 'ओ' की मात्रा का ही फर्क है। लेकिन कब गाली गोली बन जाए, पता नहीं चलता। कब गोली नरम होकर गाली हो जाए, कहा नहीं जा सकता। सब कुछ मारने-मरने या देने-लेने वाले पर निर्भर है। गोली शरीर को लगती है। गाली दिल को लगती है। गोली सोने में तो गाली कान में। गोली खाकर आदमी ठण्डा हो जाता है। गाली खाकर आदमी गरम हो जाता है। गोली निकलती है तो आग निकलती है। गाली निकलती है तो देने वाले के मुँह से फिचकुर निकलता है।

गोली में हिंसा है। गाली में भी हिंसा है, पर दबी हुई। गोली का मैगजीन एक बार में एक, दो छड़ से सौ सवा सौ तक हो सकती है। वे आर्डनेंस फैक्ट्री या कट्टा फैक्ट्रियों में बनती रहती हैं। गाली की मेगजीन कार्टिज तुरन्त तत्काल सेवा की तरह तैयार होती है। उनकी फैक्ट्री दिलोदिमाग में रहती है।

गोली अपने शिकार को जवाब का मौका नहीं देती। गाली देती है। चाहती है कि अगर कोई माई का लाल हो तो जवाब दे। मीडिया गोली चलती दिखा सकता है। गोली को लगते दिखा सकता है। गोली के घाव दिखा सकता है। शोक संवेदना करा सकता है। गाली लगी है—यह दिखाने के लिए मीडिया गाली देने वाले की गाली को बार-बार दिखाता-सुनाता है। जिसे लगी हो सकती है, उसके पीछे दौड़कर उसका जवाब दिखाता है।

मीडिया की भाषा में गाली गोली से बड़ी 'बाइट' होती है। गोली लगी दिखाते वक्त दर्शक को चेताना पड़ता है कि इन दृश्यों को देखकर आप विचलित हो सकते

हैं। कई बार वह गोली के दृश्य धुन्धला करके दिखाता है।

गाली के सीन के लिए किसी चेतावनी की जरूरत नहीं होती। यह मजेदार आइटम होती है, जिसे देख-सुनकर लॉफ्टर शो या भड़ैती का मजा आता है। कई बार गाली देने वाला प्रलापी पागल-सा नजर आता है।

गाली की बाइट के बाद फाइट की गारन्टी होती है। गाली देने वाले और लेने वाले आमने-सामने होते हैं। उनकी, उनके सिपहसालारों के आपसी गाली विनिमय में अखबार पेज भर सकता है। टीवी पूरा दिन निकाल सकता है।

गाली देने वाले और लेने के बीच सांस्कृतिक सम्बन्ध स्थापित होता है। इस तरह गाली 'सांस्कृतिक राजनीति' (कल्चरल पॉलिटिक्स) के क्षेत्र का विषय बनती है। सीधी प्रतिक्रिया पैदा करती है। देने वाला समझता है कि उसने तीर मार लिया लेकिन अक्सर गाली ब्रोकन एरो ही साबित होती है। बातचीत छोड़ गाली देने वाला कमजोर नजर आता है। गाली कमजोर का हथियार है।

टीवी के बनाये शिष्ट नागरिक-बोध के बीच गाली की 'कल्चरल पालिटिक्स' न केवल मनोरंजन का विषय बनती है। बल्कि गाली देने वाला उपहासास्पद हो उठता है।

गाली एक विचार है, नीति है और राजनीति भी है।

अमेरिका के जाने-माने जनरल मेकिस्टल अफगानिस्तान में गोली खा सकते थे, गाली नहीं। उनके सहायकों ने 'रोलिंग स्टोन' नामक संगीत पत्रिका में अमेरिका के बड़े नागरिकों की शान में कुछ बक दिया। मेकिस्टल साहब को जाना पड़ा।

पश्चिम बंगाल विधानसभा में तृणमूल कांग्रेस के नेता और स्पीकर के बीच किसी बात पर गाली चल गयी। दोनों ने एक-दूसरे को गुण्डा कहा। अगले दिन मिलेंगे तो शायद एक-दूसरे को नमस्कार गुण्डा जी कहेंगे। भाजपा के दिव्यानन्दकारी अध्यक्ष नितिन गडकरी जी ने भी एक गाली पर हाथ साफ कर लिया। कह डाला। आतंकी अफजत कांग्रेस का 'दामाद' है।... फिर कहा, मीडिया ने मेरा कहा दिखाकर, अच्छा काम किया। यह उत्तेजक कार्रवाई कहलायेगी। आपस में कोई इस भाषा का प्रयोग करता है तो लठ चल जाते हैं। जाहिर है वे कांग्रेस को जवाब के लिए ललकार रहे थे। कांग्रेस के प्रवक्ता मनीष तिवारी ने जब जवाब में कहा कि उन्हें मनोचिकित्सालय की जरूरत है तो तू-तू मैं-मैं का वातावरण बन गया। मीडिया ने यह भी दिखाया। मनीष तिवारी ने जवाब में उसी स्तर की गाली तो नहीं दी सिर्फ इतना कहा कि ऐसा कहने वाला इलाज कराये। इतनी प्रतिक्रिया तो आपकी टिप्पणी आमन्त्रित करती ही थी महाराज! बहरलहाल, गडकरी जी की छवि कुछ हल्की होती नजर आयी।

मीडिया इन दिनों यही करता है। वह दिखाकर मारता है। उग्र होकर गाली देता नायक समझता है कि उसने दिशाएँ जीत ली हैं। लेकिन दर्शक-जनता के बीच सुनी-देखी गालियाँ तृष्णा पैदा करती हैं।

मीडिया की सूचना बहुलता ने जनतान्त्रिक नागरिक शिष्ट भाषा वाला जो जनक्षेत्र (पब्लिक स्पेस) बनाया है, उसमें आकर गाली देने वाले को प्रशंसनीय नहीं बनाती बल्कि उपेक्षा और उपहास का विषय ही बनाती है।

पिछले बीस-पच्चीस साल के स्पर्धात्मक मीडिया ने जो नागरिक जनक्षेत्र तैयार किया है, उसमें न्यूनतम संवाद-शिष्टता की अपेक्षा हर एक से की जाती है। अगर किसी समाचार-चर्चा में सब एक-दूसरे पर गालियों के वार करते रहें तो दर्शक को वह असभ्य और लम्हों की सी-ग्रेड की भड़ेती का लाफ्टर शो की तरह ही लगेगी।

मीडिया ने ऐसी जोकरी के लिए लाफ्टर शोज की ईजाद की है।

11 जुलाई, 2010

दर्शक बदल गया

बिग बजट वाली और उतने ही बड़े हल्ले वाली फिल्म 'काइट्स' टिकट खिड़की पर पिट गयी। इसी तरह बड़े बजट पर बनी 'रावण' भी दर्शक-बाजार में औंधे मुँह गिरी।

हजारों, करोड़ रुपये का झटका लग गया। बॉलीबुडिया फिल्म-उद्योग का पूरा 'व्यापार-चक्र' (ट्रेड साइकिल) बैठ गया। फिल्में अखिल भारत की तमाम टेरीटरीज में वितरित की गयी थीं, लेकिन शुरू के दिनों में ही खेल खत्म हो गया। टिकट खिड़की के पास दर्शक आने से कतराते रहे। सिनेमाघरों में पैसा नहीं बरसा।

बड़े हीरो समझते थे कि वे अपने आप चलेंगे। जनता उन पर रीझी हुई है। इस उतार को देख वे खीझे होंगे। एक हीरो के पिताश्री ने ट्विटर पर ट्विटराते हुए रावण के निर्देशक और सम्पादक को इस सुपर फ्लॉप के लिए जिम्मेदार ठहराया। दूसरे ने दिल को तसल्ली देते हुए कहा कि हमारी फिल्म विदेशों में बढ़िया करोबार कर रही है।

तकरीबन सौ करोड़ रुपये के आसपास की लागत से बनी 'बिग बजट' की दोनों फिल्में अचानक अपने ही घरेलू बाजार में फ्लॉप हो गयीं। इस 'गिरावट' से बॉलीवुड में हलचल मचनी ही थी।

टीवी प्रोमोज धाँसू थे। फिल्म रागीक्षकों ने अगनी टीती समीक्षाओं में इन बड़ी बजटिया फिल्मों की अगवानी भी की थी। टीवी स्टूडियोज में इनकी अगवानी के दौरान हीरो-हीरोइनों को जनता के सामने बातचीत में बिठाया गया था। दर्शकों के बीच इनामी खेल खेलाये थे, लेकिन सब टोटके बेकार रहे।

इस साल के शुरू में (पिछले साल के आखिरी दिनों में रिलीज) 'थ्री इडियट्स' एक मात्र सुपर हिट फिल्म रही। इसने अब तक चार सौ करोड़ से ज्यादा रुपये नकद कमाकर गल्ले में डाले हैं।

इस बीच बॉलीवुड ट्रेड की दुनिया में एक सुखद अनहोनी और हुई। प्रकाश झा की 'राजनीति' हिट हो गयी। राजनीति के अचानक पॉपुलर हो उठने ने किसी फिल्म के 'सुपर हिट' होने या खासे प्रोमो-हल्ले के बाद किसी नामी बैनर की फिल्म के 'सुपर फ्लॉप' होने के कारणों पर पण्डितों को विचार करने को विवश कर दिया।

सब जानते हैं कि बिग बनैर वाली, बिगस्टार कास्ट वाली करन जौहर शाहरुख खान 'माईनेम इज खान' बॉक्स ऑफिस को अपेक्षित रूप से क्लिक नहीं कर पायी।

अपने विवादित 'प्रायोजित विवाद' के बावजूद वह देशी दर्शकों का ध्यान नहीं खींच सकी। इसी तरह सलमान खान की 'वीर' पहले चक्र में ही 'वीरगति' को प्राप्त हुई थी।

पिछले छह महीने से लेकर साल भर के बॉलीवुडिया फिल्म उद्योग के 'व्यापार चक्र' (ट्रेड साइकिल) के कुछ विचारणीय पहलू हैं जो फिल्म उद्योग की इस मन्दी से उभर कर सामने आये हैं जैसे—

—दर्शक की जेब से लेकर उसकी अभिरुचियों तक में खलबली है। फिल्म उद्योग और नया दर्शक समाज आने-सामने हैं। आज का दर्शक बड़ा जागरुक और आग्रहशील फिल्म-उपभोक्ता है। वह अपने 'दाम की कीमत' वसूलने का आदी है।

—यह महँगाई और मन्दी का कसमसाता दौर है। दर्शकों की आय में मनोरंजन का बजट सिकुड़ रहा है। सिनेमाघर जाना महँगी प्रक्रिया बन रही है।

—मन्दी में 'सुख संग्राहक सिद्धान्त' उसी तरह काम नहीं करता जिस तरह से 'इकोनामिक बूम' (आर्थिक उछाल) के दिनों में काम करता है। टेंट सिकुड़ती है तो सब कुछ सिकुड़ता है। फिल्मी मनोरंजन का देशी बाजार इस वक्त सिकुड़ा हुआ है, इसीलिए फिल्में देशज बाजार के साथ विदेशी बाजारों से भी जुड़ रही हैं।

—फिल्मों के दर्शकों का 'प्रोफाइल' बदल गया है। वह युवा है, गतिशील है। उसका जेबी बजट भी कुछ कम हुआ है। लेकिन यही दर्शक नयी फिल्म देखने मल्टीप्लेक्स तक पहुँचता है। फिल्में देखना उसके लिए पढ़े-लिखे मध्यवर्ग में शामिल होने का रास्ता बनाती है।

—यह एक विराट युवा वर्ग है, जिसकी अभिरुचियाँ बदल चुकी हैं। वह ईट एण्ड थ्रो' वाला है। एनजीओ मिजाज का है। अपनी और समाज की समस्याओं से न्यूनतम वाकिफ है। वह समस्याओं के प्रति पुराने दर्शक वाला भावुक और बोझिल नजरिया नहीं रखता। वह ग्लोब आशाओं से युक्त नागरिक है। उसकी रुचियाँ 'मेलोड्रामेटिक' नहीं हैं।

—वह हॉलीवुड से भी जुड़ा है हॉलीवुड की सैकड़ों हिट मूवीज हिन्दी में डब होकर टीवी पर आती रहती हैं। सुपर एक्शन के लिए वह हॉलीवुड को आदर्श मानता है। बॉलीवुड के एक्शन को वह उधारू और नकली मानता है।

—उसके भावबोध का मुहावरा 'मिनीमलिस्ट' है। उपदेश की जगह कटाक्ष, सिद्धान्त की जगह तीखा कमेण्ट, विद्रूप-दर्शन के साथ क्रान्तिकारी उपदेश की जगह उसका उपहास, खलनायकों की खबर लेने की जगह उनकी खलनायकी को मजे-मजे में तिरस्कृत करना और अगर जरूरत हो तो बॉक्स से हटकर नये ढंग की न्यूनतम न्याय मूलकता और बदलाव की बात करना, कुछ ऐसे नये तत्त्व हैं जो नये दर्शक को नया 'रसिक' बनाते हैं। बिग बजट बिग हीरो-हीरोइन की फिल्में इस नये रसिक समाज को सम्बोधित करने में असमर्थ लगती हैं। राजनीति ने अपनी मजबूत कहानी और उसमें व्यक्त कटु राजनीतिक यथार्थ को बेहद बेलौस ढंग से दिखाकर नये

दर्शक-अनुभव को जन्म दिया है।

'राजनीति' को छोड़ दें तो बिग बजट की दोनों फ्लॉप फिल्मों के मुकाबले कम बजट की 'लव सेक्स और धोखा' फिल्म नये दर्शक समाज के दिलों को अचानक छू लेती हैं।

यह 'छोटे' का जमाना है। 'न्यूनतम' का समय है। फालतू बजट खड़ा कर फालूत हल्ला किया जा सकता है, लेकिन जनता को हल्ले से नहीं रोका जा सकता। दर्शक जनता चतुर हो गयी है। उसके आई क्यू से नीचे का दिमाग रखने वाली फिल्म अब नहीं चलती।

18 जुलाई, 2010

टीवी का शब्दकोश

टीवी पूर्व के समय में राजनीति जमीनी होती थी। साक्षात् जनता। साक्षात् मंच। माइक भाषण। नारे फिजिकल अभिव्यक्ति। आह्वान। संघर्ष। जोश। एक सीधा लेकिन सीमित होकर ऐन्द्रिक जन सम्पर्क। सीधी तुरन्त अन्तर्क्रिया। ड्रेमेटिक तत्त्व या नाटकीयताएँ कम रहती थीं। वह 'रीयल' थी उसका शब्दकोश काफी हद तक संवादात्मक होता था।

टीवी युग की राजनीति रीयल नहीं 'रियलिटी शो' की तरह होती है। उसमें रूपंकरता भरपूर रहती है और मनोरंजन का तत्त्व अनिवार्य रहता है। पहले 'प्लेइंग टू द प्रेस गैलरी' होता था अब 'प्लेइंग टू टीवी कैमरा' होता है। वह अनिवार्यता 'प्लेइंग टू मीडिया' होती है। यह साक्षात् जमीनी स्पेस की राजनीति नहीं होती बल्कि जमीनी स्पेस कण्ट्रोल करने के लिए साइबर स्पेस की राजनीति है। यहाँ जनता भी साइबर जनता होती है। वह 'दर्शक' में बदल जाती है। वह घर में बैठकर, राजनीतिक बतकही और तू-तू मैं-मैं देख आनन्द लेती है। इसका शब्दकोश अलग है। नया है।

अब भी कुछ राजनीति धरना, प्रदर्शन, नुक्कड़ सभा, रैली की भाषा में होती है, लेकिन वह सब टीवी पर खबर बनकर जो असर पैदा करती है, वह तीखी अन्तर्क्रियात्मक होते हुए अन्ततः एक गैर-जिम्मेदार शोर में बदल जाती है।

मीडिया की अपनी राजनीति हो सकती है लेकिन टीवी पर अपने दल समूह का पक्ष लेने आये नेताओं की राजनीति रूपंकरी ही होती है। वह टीवी की बुनियादी अतिवादी, ताकतवादी, जबर्दस्ती करने वाली भाषा के साथ 'पगी' होती है।

जमीनी मंच स्थानीय होता है, लेकिन टीवी मंच अखिल भारतीय, अन्तरराष्ट्रीय होता है और तुरन्ता लाइव होता है। टीवी की राजनीति तुरन्तावादी होती है, इसीलिए उसकी भाषा बाइट की भाषा होती है। टीवी बाइट ध्वनि की सबसे छोटी इकाई होती है। छोटी इकाई बड़ी राजनीति नहीं कर सकती। एक शब्द, एक मुहावरे में, एक इशारे में एक हुंकार, चीत्कार, फूत्कार या पप्पी-झप्पी में जो भाषा बनती है, वह राजनीति को 'सडन डैथ' के खेल में बदल देती है। 'पहले मारे सो मीर' की भाषा टीवी की अन्तिम भाषा है, वही उस पर की जाती राजनीति की भाषा है।

टीवी इसी क्रिया में भाषा गढ़ता है। जन-स्वभाव गढ़ता है। व्यवहार गढ़ता है।

शैलीं गढ़ता है और उसे पॉपुलर करता है। टीवी की मूल भाषा मार्केटिंग की, बड़ी पूँजी की, विज्ञापन की, ब्राण्ड की, ताकत की भाषा है। इस महाभाषा की पारिस्थितिकी से हमारे स्वभाव, व्यवहार, शैली, शब्दकोश तैयार होते हैं। यह 'महाभाषा' है। कण्डीशन करने वाली भाषा है। टीवी उसकी पारिस्थितिकी है।

इस सन्दर्भ में अपने खबर टीवी चैनलों पर नित्य प्रसारित राजनीतिक शब्दकोश और भाषा को याद करें। सोचें कि कौन से शब्द मुहावरे बाइटें बार-बार दुहरते स्थापित होते हैं? एक शब्द में कहें तो इस शब्दकोश में संवाद नहीं बनता। विवाद और चीत्कार, फूत्कार, धिक्कार तिरस्कार ज्यादा बनता है। निर्लज्ज होकर अपनी बात को ऊपर रखने की जिद और हर बार अपनी तरह से मनवाने की कोशिश दिखा करती है।

इस भाषा के उदारहरण रोज बनते हैं। बिन लादेन ऐसे ही बोलता आया है। बुश बोला ही करते हैं। अहमदीनेजाद की भाषा यही रही। पाकिस्तान के नेताओं की भाषा यही है। तालिबान ऐसे ही बोलते हैं। बिहार की असेम्बली में कुर्सी-मेज, गमले-उछाल जूतम पजार की भी यही भाषा थी। कर्नाटक बेलगाम में यही दंगाई भाषा थी। शिव सेना की भाषा तो हर वक्त ऐसी रहती है। संघ सम्बन्धी एक रिपोर्ट से उत्तेजित हुए सभी कार्यकर्ताओं के चैनल पर हिंसक हमले और बातचीत की भाषा जबर-जोर की थी। सोहराबुद्दीन की हत्या के लिए सी.बी.आई. आरोपित गुजरात के गृहमन्त्री अमित शाह के पक्ष में भाजपा वालों की भाषा ऐसी ही रही।

वक्त पड़ने पर हर दल इसी भाषा का सहारा लेता है। यही हमारा नया राजनीतिक शब्द कोश है।

टीवी सिर्फ बच्चों को ही नहीं, राजनीति को भी हिंसक लालची उपभोक्ता बनाता है। जो भाषा आपस में खेलते-लड़ते बच्चों की होती है, वही नेताओं की होने लगी है। यह विज्ञापन-आत्मावज्ञापन और हिंसक ताकत के उपभोग की नृशंस भाषा है। इसे बोलने वाला नेता या दल गैर-जिम्मेदारी लम्पटता और हिंसा का बाजार बनाता है और हिंसा का उपभोग सिखाता है। इस क्रिया में असंवाद, आरोप-प्रत्यारोप, तू-तू, मैं-मैं, 'अभी देख लूँगा' वाली अ नागरिक भाषा ही बनती है।

वह हर बार इसी तरह चलती है—मुझ पर आरोप लगाने वाले पहले तू अपने गिरेबान में झाँक कि तू खुद कितना बड़ा पापी है। (वाक्य में दो मोटे-मोटे 'सुभाषित' साइलेण्ट हैं)

— तूने ये किया। ये किया। तू ये किया। तेरे पाप तो मेरे से भी बड़े हैं। सब जानते हैं। (यहाँ तीन 'सुभाषित' शान्त हैं)

उधर पर-पक्ष अनेक उच्चकोटीय सुभाषितों को प्राइवेटली शान्त करता हुआ कहता है—

— अबे तेरी ये हिम्मत। बाहर निकल। देख लूँगा। तू तो मेरे से भी ज्यादा बड़ा

पापी है। उसके बाद के सीन सहज कल्पनीय हैं।

पाप और पापी दर्शक को निश्चित बेहयाई की भाषा के जरिये अ-नागरिक जगत् में धकेल देते हैं। अ-नागरिकता, लम्पटता ही भाषा बन जाती है। आज यही भाषा टीवी संवादों की भाषा है। बॉलीवुड की धर्मेंद्र, अजीत, अमरीशपुरी वाली फिल्मों में एक उग्र भाषा देखने-सुनने को मिला करती थी। फिल्मी मेलोड्रामा में वह चरित्र की व्याख्या करती थी। तीन घण्टे बाद यह हिंसक भाषा आपसे दूर हो जाती थी। आप उसके भार से मुक्त हो जाते थे, पर टीवी पर राजनीति की आवारा भाषा तो आपके घर में हर वक्त रहती है। नित्य प्रसारित इस तरह की राजनीति का नया टीवी शब्दकोश रोजाना बनता है।

25 जुलाई, 2010

'फेस बुक' का स्पेस : एक नीला आईना बेठोस!

'इकॉनामिस्ट' ने बताया कि ब्रिटेन के पीएम डेविड कैमरन पिछले दिनों एक बुनियादी सवाल से दो-चार हुए, जवाबी टिप्स के लिए एक सज्जन से पूछ बैठे-'बन्धुवर। यह रहस्य समझाइए कि 'करोड़ों करोड़ लोगों के प्रति 'उत्तरदायी' (रेस्पांसिबिल) और 'एकाउण्टेबिल' होना 'कैसा लगता' है'। जिससे पूछा गया वह कोई सरकारी 'थिंक टैंक' नहीं था। न कोई देशी-विदेशी अनुभवी, राजनीतिक खिलाड़ी था। वह था 'फेसबुक' जैसे सबसे सफल 'सामाजिक सम्पर्क संजाल' (सोशल नेटवर्क) का युग-प्रवर्तक, संस्थापक और मुखिया मार्क जुकरबर्ग।

आज 'फेसबुक' सर्वाधिक सफल 'सामाजिक सम्पर्क संजाल' कहा जा सकता है। लोग उसे 'राष्ट्रों के ऊपर भूमण्डलीय राष्ट्र' मानते हैं, जो राष्ट्रों को बाउण्ड्री नहीं गानता, क़ानून नहीं मानता। दबिश में आने पर कुछ-कुछ मानता है, लेकिन कई बार उनका भी उल्लंघन कर जाता है और सबल राष्ट्र तक कुछ नहीं कर पाते। वे हद-से-हद उसका नेटवर्क जाम कर देते हैं, लेकिन वह फिर कहीं से उससे जुड़ने का रास्ता बना लेता है। 'फेसबुक' स्वयं ऐसे रास्ते छोड़ता जाता है कि लोग कहीं से भी किसी तरह से जुड़ जाएँ। अपने को कनेक्ट कर लें।

चीन की सरकार ने पिछले दिनों उसकी निर्बधता पर प्रतिबन्ध लगाया, क्योंकि चीन की काम्युनिस्ट सत्ता को उसके 'सामाजिक सम्पर्क संजालकरण' से 'एक पार्टी नियन्त्रित समाज' के भीतर नये समाज, नये समुदाय बनने के खतरे महसूस होने लगे थे। बाद में दोनों ने कुछ इधर-उधर करके समझौता कर लिया। यह 'फेसबुक' के साइबर स्पेस के 'सामाजिक संजाल' की क्षमता की मार थी, जिससे चीन को अन्ततः संवाद करना पड़ा। चीन जो किसी की नहीं मानता, उसे भी 'फेसबुक' के साथ समझौता करना पड़ा। बीती जुलाई 2010 तक 'फेसबुक' के 50 करोड़ उपभोक्ता (यूजर) रहे, जबकि 2009 तक यह आँकड़ा कुल 15 करोड़ था।

'फेसबुक' ने दो महानुभावों की उक्त वार्ता को खूब प्रचारित-प्रसारित किया। वे बात करते रहे कि किस तरह 'फेसबुक' जैसे संजाल सरकारों के कामकाज में उनकी मदद कर सकते हैं। 'इकॉनामिस्ट' ने इस घटना को नया अर्थ देते हुए पूछा है कि यह दो राष्ट्राध्यक्षों की बातचीत थी या सिर्फ एक पीएम और एक नेटवर्क

के चेयरमैन की?

कहने की जरूरत नहीं कि सवाल में दम है। 'फेसबुक' युग के बाद हम सब एक ग्लोबल विलेज में रहते हैं जिनमें अलग-अलग राष्ट्रों की पुरानी सीमाएँ दरक चुकी हैं। डेविड साहब उसके महत्त्व को समझ रहे थे और इसीलिए वे उसके चेयरमैन से मिले। उन्हें लगा कि शायद राष्ट्रों से परे सीधे संजालों के जरिये जो दुनिया बनती है, उसमें एक 'साइबर विश्व' बनता है, जिससे जो बहुत कुछ 'अविगत' सा होता रहता है, उसका असर दुनिया के राष्ट्रों की दैनिक परिस्थितियों में कुछ-न-कुछ तो होता ही रहता है और जितना आज होता है, आगे-आगे उससे ज्यादा ही होने वाला है। भविष्य में राष्ट्र 'अर्थहीन' हो सकते हैं। वे होते हुए भी 'नहीं' हो सकते हैं। ऐसा सम्भव है। कुछ-कुछ तो इन दिनों ही दिखने लगा है।

राष्ट्रों की जनता कल तक अपने राष्ट्र को अपनी पहली पहचान बनाती रही है। अब कमतर भावोत्तेजना से बनाती है। राष्ट्र शायद पासपोर्ट की पहचान भर रह गया है। इसी मानी में 'फेसबुक का नागरिक' कुछ कार्यों के लिए राष्ट्र का नागरिक है। बाकी समय वह 'विश्व-नागरिक' के अनुभव में रहता है। यह साइबर की विश्व-नागरिकता की 'नयी सजगता' है जो सिर्फ 'साइबर' तक महदूद नहीं रहती। वह ठोस इकोनॉमी और 'पॉलिटिकल सिस्टम्स' में भी घुस जाती है। उन्हें प्रभावित करती है। वह व्यक्तियों के चित्त में निहित हो रहती है। चेतन-अवचेतन में रहती है और तेजी से बदलते, जाने-अनजाने व्यवहारों में रहती है।

'फेसबुक' अपने देश में भी बेहद लोकप्रिय संजाल है। 50 करोड़ उपभोक्ताओं में 12 करोड़ से ज्यादा भारतीय हैं और 13.5 करोड़ चीनी हैं। आँकड़ों से आगे का असल मुद्दा 'फेसबुक' के प्रभावों का है, जिन्हें पढ़ा जाना चाहिए।

कमतर जिज्ञासु, किसी से ज्यादा सवाल न पूछने वाला, अपने आप में तुष्ट-सा परम स्वायत्त-सा दिखता मध्यवर्गीय नया युवा एक नये किस्म का विश्व नागरिक है, जो हरपल 'लोकल' और 'ग्लोबल' होता रहता है। चंचल चित्त और सुप्रकट न्यूनाधिक औद्धत्य की ओर जाता हुआ आत्मविश्वास और उसकी जगह लेता उसका फूला हुआ अहं, इस विश्व नागरिक के चेहरे पर दिखता है। वह सन्देहवाद और आत्म सन्देह से परे है। अगर कभी सन्देह घेरता है तो वह हाथ में कलावा बाँध किसी आध्यात्मिक गुरु की तलाश में निकल पड़ता है।

'फेसबुक' के नाम से ही स्पष्ट है कि यहाँ 'फेस' ही पूरी बुक है। उसका चेहरा उसकी किताब है। यह कहावत अब चरितार्थ हो रही है। 'साक्षात्' से आगे जब यह फेस 'साइबर फेस' में होता है तो ऐन्द्रिक न रहते हुए भी उससे ज्यादा मारक होता है। जो पब्लिक जमीन पर होती है, वह हाड़-मांस की होती है। जो 'फेसबुक' पर होती है, वह डिकण्ट्रोल्ड सूचना में बदल जाती है। तेज ग्लोबल अन्तर्क्रिया में बदल जाती है। बेहद चंचल, तरल, तुरन्ता पकड़ से बाहर, एकदम आजाद, नियन्त्रणमुक्त,

अबाध, निर्बाध हो रहती है। यह दुनिया आने वाले दिनों में ऐसे ही विश्व नागरिकों की है, जिसमें चाहें तो हम सब दाखिल हो सकते हैं।

यहाँ जो फेस है, वह फेसलेस भी है। कौन राष्ट्र, कौन कानून, कौन पुलिस किस तरह किसे कण्ट्रोल करेंगे और घर में दादा जी, पिता जी किस तरह कण्ट्रोल करेंगे? प्रख्यात पॉलिटिकल थियरिस्ट बेनेडिक्ट एण्डरसन ने राष्ट्र को कल्पित समुदाय माना था। अब विश्व साइबर समुदाय बन रहा है। वह कल्पित नहीं है। साइबर 'जैसा बेठोस' है। हिन्दी कवि शमशेर की कविता 'एक नीला आईना बेठोस' की तरह! शायद!!

1 अगस्त, 2010

नागरिक संवाद की जगह

हमारा मीडिया 'नागरिक जगह' की जरूरत के बारे में बताता है लेकिन जरूरी नागरिकता का निर्माण नहीं करता। उसके पास अपना कोई नागरिक समाज नहीं है, न उसकी कल्पना ही है। इसलिए वह उस नागरिक स्पेस को खुद ही रौंद डालता है, जो शायद उसकी सबसे बड़ी जरूरत है।

मीडिया की दुनिया में दर्शक-जनता 'न्यूनतम' और 'निम्नतम' मनोवृत्तियों से संचालित उपभोक्ता है। जिस तरह हमारे दुकानदार या प्रोविजन स्टोर 'मैक्सीमम रिटेल प्राइस' की चिप्पी चिपकाकर सबसे खराब सामान अधिकतम दाम में पहले निकालते हैं, उसी तरह मीडिया अपने दर्शक से व्यवहार करता नजर आता है। तो भी कहा जा सकता है कि किसी 'जनता' का, किसी 'लक्षित (टारगेट) दर्शक' का एक आइडिया मीडिया के पास है। इस तरह आम आदमी का एक आइडिया भी उसका है, ऐसा माना जा सकता है। मीडिया के कार्यक्रमों—मनोरंजन और खबर से दोनों के इस लक्षित दर्शक की तस्वीर बनायी जा सकती है।

यह मध्यवर्ग का वह दर्शक है, जिसके पास कुछ पैसा नित्य जीवन की सुख-सुविधा के लिए रहता है, जो कमाता है, जिसकी ग्लोबल कामनाएँ हैं, जिसके बच्चे पढ़ते हैं, जिसका सपना बड़ा मकान है, सदा जवान बने रहने का है। उसे कार चाहिए, 'सास बहू' वाला सजा-धजा घर चाहिए। सीरियलों-विज्ञापनों वाले बीवी-बच्चे चाहिए।

मीडिया मानकर चलता है कि दैनिक जीवन से थका-माँदा आम आदमी शाम को जब घर आता है तो उसे थोड़ी राहत, थोड़ा मस्ती की जरूरत होती है। उसे 'दिक' न किया जाए। थकान उतारने के लिए किसी का भण्डाफोड़ पीप शो, सनसनी दी जाए। उसे हँसाया जाए, नचाया जाए, मनोरंजन दिया जाए। हर चीज में रंजकता की छौंक उसकी खबर तक मुहावरा बन चला है। इस तरह मीडिया के कार्यक्रम और उसका कल्पित आम आदमी एक-दूसरे के पूरक हैं। इसी प्रक्रिया में मीडिया ने अपराध, राजनीति और भ्रष्टाचार कथाओं को इतना नित्य मनोहर बना डाला है और ऐसे मुहावरे में पेश किया है कि आप खबर को तथ्य से, तथ्य को सत्य से, सत्य को न्याय से मिलाकर नहीं देख पाते। हर कहानी में खबर का उद्घाटन देख पता

नहीं कर पाते कि वस्तुतः क्या हुआ है? दुहराव और बाइट के चंचल शोर में भूल जाते हैं कि इस चक्कर में न्याय होगा कि नहीं।

तन्त्र की न्याय के पक्ष में निष्क्रियता, बेहद ढीली उदासीन सक्रियता या मुड़ी-तुड़ी क्रिया और लापरवाही 'प्रदर्शित अन्याय' को स्थाई मूल्य बनाती चली गयी है और आम दर्शक न्याय-अन्याय को लेकर किसी भाग्यवादी से भी बदतर सिनीकिल हो चला है कि वह तुरन्त खबर को सच मान उससे उत्तेजित हो अतिशय क्रोध कर सकता है या ठहाका लगाकर हँसता रह सकता है। इस पूरी प्रक्रिया में अन्याय एक अमर मूल्य बनकर बैठता जाता है जिसमें हरेक दर्शक के अपने जीवन में होने वाले अन्याय मिक्स हो रहते हैं और उसके भावकोश प्रायः क्षुब्ध रहते हैं। अन्यायित होने का, अन्याय का शिकार होने का, विक्टिम होने का भाव दर्शक का मूल्य और मनोविकार बन जाता है। शायद इसीलिए इन दिनों निरीह और मासूम अन्याय के शिकार नहीं दिखते या दिखाये-बताये नहीं जाते बल्कि ताकतवर और सक्षम कहते दिखते हैं कि उनके साथ अन्याय हुआ है।

मीडिया ने 'न्याय-अन्याय' की परिभाषाओं के वैधानिक नागरिक मानक स्थिर न कर अपनी तरह के 'पॉपुलर न्याय' और 'पॉपुलर अन्याय' का अहसास प्रसारित किया है। दर्शकों के बीच अन्याय के बरक्स न्याय बेचने और टीआरपी और उससे जुड़े विज्ञापन जुटा बड़ी कमाई करने की उसकी आदत की सबसे बड़ी सीमा यह है कि पॉपुलर अन्याय के आइटम पर मीडिया खुद मुद्दई होता है, गवाह होता है, वकील होता है और जज भी हो रहता है। वह अदालत से भी पहले और तुरन्त एक 'अपराधी' बनाता है, उस पर इकतरफा मुकदमा करता है और 'दामिनी' फिल्म के सनी देओल की भाषा में अदालत की 'तारीख पे तारीख, तारीख पे तारीख' वाले झंझट से बचाकर 'सीधे फैसला' करता चलता है। यहीं कहीं 'लिंच मॉब' व 'मॉब्स्टर' अवतार ग्रहण करते हैं। यह मीडिया का 'तुरुतावाद' है। यह हमारी सुपर-स्लो न्याय व्यवस्था के बरक्स तुरन्त-फुरत न्याय की बेचैनी की अभिव्यक्ति है। यह एक तरह की थिरेप्यूटिक कार्रवाई है, लेकिन यह फिल्म की तरह नहीं है। यह अन्तर्क्रियात्मक है। दर्शक जनता के नित्य व्यवहार में इस तुरुता पॉप न्याय की अन्तर्किया से दो नये सांस्कृतिक लक्षण दिखने लगे हैं। पहला—खुद को हमेशा 'अन्यायित हुआ' महसूस करते रहना। 'गमन' फिल्म के 'इस शहर में हर शख्स परेशान सा क्यों हैं?' गाने की तरह। दूसरा—'क्षोभ' और 'आक्रोश' को अलंकार की तरह पहनना।

ऐसे 'पॉपुलर क्षोभ' के उदाहरणों की कमी नहीं है। निरपेक्षता में चिर, अन्यायित रहने के भाव को जागृत करते हुए क्षोभ को रोष में, क्रोध में, घृणा में बदलते हुए किसिम-किसिम के तालिबान भाव या ऐसे ही नये पुराने संगठन अक्सर ऐसे भावबोध से संचालित संगठनों की तरह नजर आते हैं। वे अन्यायित हैं, इसलिए अन्यायकर्ता से बदला लेने के लिए जो करते हैं, उसे सही बताते हैं। वे मीडिया में

नित्य नजर आते हैं। अन्याय और अन्याय की ऐसी निरपेक्षतावादी परिभाषा अब राजनीतिक व्यवहार बन चुकी है, जिसमें अन्याय और न्याय के सापेक्ष होने के बारे में एक पल सोचा भी नहीं जाता कि अन्याय-न्याय अपनी देशकाल की पारिस्थितिकी से एकदम निरपेक्ष एकतरफा नहीं होता। यह एक प्रक्रिया में होता है और उसके बरक्स न्याय भी अपनी पारिस्थितिकी और सापेक्षता रखता है।

इस सापेक्षता की समक्षता में ही संवाद के शब्दकोश की जगह बनती है। मीडिया खबरों में 'सुपर एक्शन' दिखाने का शॉर्टकट न अपना अगर मतभेदों के बीच गम्भीर संवाद की जगह बनाने की कोशिश करे तो उत्तरदायी जनतन्त्र के निर्माण में बड़ी भूमिका निभा सकता है। कश्मीर, मणिपुर, मिजोरम, नगालैण्ड से लेकर आन्ध्र, छत्तीसगढ़, झारखण्ड में टूटे संवाद फिर कायम हो सकते हैं।

8 अगस्त, 2010

□□